한국어로 내려온
New Bible

새로운
성 경

제60권

4부 | 총10부

하얀마음

하나님 말씀 중에서

1. 사랑의 하나님

- 세상을 창조하신 하나님은 모두를 사랑하신다. 인간만 특별히 더 사랑하지 않고, 우주 만물을 다 똑같이 사랑하신다. 그러니 하나님이 창조하신 천지 만물과 화친하고, 미물까지도 소중히 대하라.

- 하나님은 특정 종파나 민족만을 더 사랑하지 않으신다. 자기 자신만 구원받겠다는 욕심을 버리고, 자기 종파만 구원받는다는 편협한 교리에서 벗어나야 한다. 종파를 초월해서, 모두를 사랑하라.

- 원수까지 사랑하라 했으니, 이 세상에 사랑하지 못할 자가 누가 있겠는가? 종파가 다르다고 해서 부모 형제와 원수처럼 지내는 자는 인간의 근본을 모르는 자다. 가장 가까운 가족부터 사랑할 때 남도 진심으로 사랑할 수 있다.

- 한 사람을 원수같이 생각하던 마음에서 사랑하는 마음으로 돌리면, 자기 자신의 마음이 가장 기쁘고 행복하다. 하나님께서는 인간의 마음속에 무거움이 없이 기쁘고 행복한 삶을 살기를 바라신다.

- 이웃을 "내 몸처럼" 사랑하라 했으니, 마지막 한 장 남은 천국의 티켓도 이웃에게 양보하라. 자기 중심적인 신앙에서 벗어나서 남을 위해 살아야 한다.

- 독초도, 약초도, 이단도 사탄도 천사도 다 필요하기에 존재한다. 독초일지라도 극소량을 사용해서 생명을 살릴 수 있고, 약초라 하더라도 남용하면 생명을 잃을 수 있다.

- 세상 모든 것을 명약으로 활용하는 것은 인간의 지혜에 달렸다. 어떤 것이든 어떤 사람이든 적재적소에 꼭 필요한 명약으로 승화시키라.

- 사탄도 이단도 천사도 모두 하나님의 주관하에 존재한다. 진정한 하나님의 백성은 사탄과 마귀까지도 감화시켜서 천사로 거듭나게 한다.

2. 기도

- 하나님은 인간의 생각까지 모두를 다 알고 계신다. 우리의 소원도 이미 알고 계시기에, 소원의 기도를 할 필요가 없다. 우리가 받을 자격이 되면 내려 주신다.

- 죄를 짓고 아무리 회개를 해도 용서받지 못한다. 도둑질한 자는 용서해 달라고 기도하고, 도둑맞은 자는 도둑을 잡게 해 달라고 기도하면, 공의의 하나님은 누구의 편에 서시겠는가?

- 자기가 잘못한 것은 그 사람에게 직접 갚고 용서를 구하라. 그가 용서하면 하나님도 용서하신다. 땅에서 매면 하늘에서도 매이고, 땅에서 풀리면 하늘에서도 풀리는 이치다.

- "회당에서 기도하지 말고 골방에서 기도하라" 했다. 눈에 보이는 골방이 아니라, 골방과 같이 고요한 마음이다. 잡념을 버리고 하나님을 향해 마음을 집중하며, 사랑하고 용서하는 아름다운 생각만 나오도록 하라.

- "두드리면 열릴 것이다." 하는 것은 육의 소원을 위해 두드리라는 것이 아니라, 진리의 깨달음을 얻기 위해 두드리라는 것이다.

- 기도하는 방법: 생활 속에서 수시로 기도하는 삶을 살아야 한다.

- "저의 죄를 용서하여 주옵소서." 하는 회개의 기도를 하라.
- 범사에 "하나님! 감사합니다." 하라. 현재 가진 것에 감사하며, 과욕하지 말라. 자기 노력 이상의 것을 더 갖고자 기도하는 것은 도둑놈심보다. 공의의 하나님은 각자 노력한 만큼 주신다.
- "하나님 뜻대로 살아가겠나이다." 하며 마음의 각오를 다지라.

- 기도는 하나님의 말씀을 받아서 "행하는 것"이다. 하나님이 계심을 굳건히 믿고, 하늘을 향하여 한 점 부끄럼 없이 사는 삶 자체가 가장 위대한 기도이며, 삶이 곧 예배다.

3. 지도자

- 똑같이 사랑한다는 말을 해도, 순수하게 하는 말은 천사의 말이지만, 사기 쳐서 재산을 가로채려고 하는 말은 사탄의 말이다.

- 종교 지도자가 아무리 훌륭한 설교를 해도, 신도의 재물을 거둬서 더 큰 교회를 짓고 자기의 부귀영화를 바라며 설교하면 사탄의 가르침이 된다.

- "저희 교회는 만원사례요, 믿음은 다 같으니 이웃의 개척 교회에 가서 예배를 드리시오." 하며, 이웃 교회의 부흥을 먼저 생각하여 제 신도를 보내는 종교 지도자가 있다면 그를 따르라. 그가 하나님의 사랑을 실천하는 자다.

- "부자가 천국에 들어가는 것은 낙타가 바늘구멍을 통과하는 것보다 더 힘들다" 하였거늘, 지금의 교회에서는 부자가 되기만을 기도하고 소원하니, 이는 곧 천국을 포기하고 지옥 행 열차의 티켓을 사는 것과 같다.

- 예수는 빈손이었다. 종교 지도자가 예수보다 더 호화롭고 편안하게 살아간다면 잘못된 것이다. 부귀영화와 명예를 바라는 자는 절대로 갈 수 없는 좁고 협착한 길이 종교 지도자의 길이다.

- 종교 지도자는 유리로 비춰 봐 한 점의 부끄러움이 없이 살아야 한다. 의식주도 직접 일해서 해결하고, 예수의 가르침과 행함을 그대로 따라야 한다.

- 종말은 없다. 지금의 잘못 가는 종교 집단에게만 종말이 있다. 보이지 않는 하나님은 보이는 육의 종말은 관여하지 않으신다. 환경 파괴로 인간이 스스로 멸망을 자초하는 것이다. 종파끼리 싸우기 전에, 무너진 인성을 바로잡고 지구의 몸살을 해결하는 데 뜻을 모으는 게 급선무다.

4. 성전이란

- 이 세상 자체가 하나님께서 만드신 성전이다. 자연보다 더 아름다운 성전이 있는가? 보이는 건물이 성전이 아니라, 성스러운 마음가짐이 성전이다.

- 반석 위에 교회를 지으라 했다. 지상의 단단한 돌은 인간이 쪼갤 수 있으나, 마음속의 굳은 결의는 세상 무엇으로도 쪼갤 수 없다. 바르고 굳건한 믿음으로 성경의 가르침을 실천하는 것이 마음의 반석 위에 교회를 짓는 것이다.

- 손으로 지은 건물의 교회에 모여서 복음을 전하는 것이 아니라, 교회를 개인과 가정에 심어 주어야 한다. 무너지고 부서지는 건물을 짓지 말고, 마음속에 영원히 불변하는 참진리의 교회를 지으라.

5. 십계명

- 십계명은 인간이 죽어서 반드시 통과해야만 하는 열 개의 관문이다.

- 부모를 공경하지 아니한 자는 "네 부모를 공경하라." 하는 제5계명의 관문이 열리지 않으니 구원받을 수 없다.
- 살인, 간음, 거짓, 우상 등의 나머지 계명도 마찬가지다.

- 십계명은 하나님의 친필이다. 모기소리만 한 하나님의 음성이라도 들어 보겠다고 여기저기 찾아 헤매지 말고, 십계명부터 암송하고 지키라.

- 십계명은 영혼을 구원하는 양식이며, 십계명을 지키는 것이 구원을 받는 길이다. 인간이기에 지키고자 노력하고 또 노력한다면 지킬 수 있다.

- 십계명을 지키고 천사처럼 아름답게 살아가는 그 마음 하나면 세상에 이루어지지 않는 것이 없다.

6. 보물

- 하나님은 재물이 아니라 우리의 마음을 받으신다. 사랑을 실천하며 천사처럼 변하는 마음이 하나님께 바치는 보물이다.

- 보이지 않는 하나님께 재물을 바치려 하지 말고, 너희를 길러 준 부모에게 용돈 드리고, 찾아뵙고, 효성을 다하라. 그것이 하나님께 효도하는 것이다.

- 하늘에는 선과 악의 창고가 있다. 자기 창고에 선이 많으면 천국으로 구원을 받고, 악이 많으면 심판받아 지옥으로 간다. 그것이 바로 "선한 일을 행한 자는 생명의 부활로, 악한 일을 행한 자는 심판의 부활로" 나오는 것이다.

- "선악과를 따먹지 말라"는 것은 양심을 지키라는 것이다. 선과 악을 구분할 수 있는 양심을 최초에 인간에게 주셨다. 선한 열매는 취하고, 악한 열매는 버리며, 양심에 비추어 부끄럼 없는 삶을 살아가라.

- 가장 작은 거짓말을 하지 않고, 가장 작은 죄를 짓지 않으며, 가장 작은 선행을 하고, 가장 작은 악행을 멀리하는 것이 율법의 일점 일획도 빠뜨리지 말고 다 지키는 삶을 사는 것이다.

7. 우상

- 박물관에 있는 불상은 하나의 예술품이다. 그 조각품에 대고 제 소원을 빌 때 우상숭배가 된다. 십자가라 하여도 그 앞에서 소원을 빈다면 우상숭배하는 것이며, 하나님께 소원을 빈다면 하나님을 우상으로 전락시키는 것이다.

- 지금 기복신앙에 젖어 있는 모든 사람이 우상 앞에 절을 하고 있다. 조각품을 우상이라며 파괴하지 말고, 네 마음속에 있는 욕심의 우상을 무너트리라.

- 생수를 약초가 먹으면 약을 만들고 독사가 먹으면 독을 만든다. 같은 성경을 봐도 선한 지도자는 신도를 천사로 만드는 데 활용한다. 그러나 욕심이 가득한 지도자는 재물을 거두어들여 제가 부귀영화를 누리는 데 악용한다. 그가 바로 성경을 우상숭배의 도구로 전락시키는 거짓 선지자다.

- 성경을 한 획도 빼거나 더하지 말라는 것은, 그 가르침을 빠트리지 말고 온전히 지키라는 것이다. 성경 속에서 자기에게 유리한 구절만 보는 것은, 자기에게 불리한 구절들을 빼 버리는 것이다. 믿음이 제일이요, 행함은 구원과는 관계없다는 것은 자신에게 유리한 쪽으로 성경을 악용하는 것이다.

- 진정한 종교 지도자는 종파에 관계없이 어떤 종파든 어떤 책이든 접하고 보고 깨우쳐 견문을 넓히도록 인도한다. 참진리를 모르고 자신이 없는 자가 남을 이단이라며 배척하고, 신도들의 눈과 귀를 가린다.

8. 예수

- 예수의 재림은 없다. 예수가 다시 온다 해도, 과연 누가 그를 예수라고 믿겠는가? 예수와 같은 삶의 행함이 곧 예수의 재림이다. 각자 모두가 "재림 예수"가 되는, 차원 높은 믿음으로 가야 한다.

- 예수는 "주여 주여 하지 말고, 아버지의 뜻대로 행하라"고 했다. 예수가 전한 하나님의 뜻이 곧 "길이요, 진리요, 생명"이며, 그 가르침이 예수의 보혈처럼 소중한 것이다. 예수를 믿는 것은, 예수의 가르침을 믿고 따르는 것이다.

- 예수는 낮은 자로서 만백성을 섬기고자 했다. 만나는 모든 사람을 다 하나님이라 생각하라. 돈을 벌수록 겸손하고, 높은 지위를 얻을수록 낮아지라.

▪ 예수는 종파를 만들지 않았다. 인간이 만든 종교와 인간의 교리를 따르지 말고, 예수를 통해 전한 하나님의 참진리를 연구하고 따르라.

▪ 예수가 2천 년 전에 만백성을 위해 죽었으니, 지금 이 땅에는 예수의 가르침대로 사는 천사만 존재해야 한다. 예수가 죽어 가면서 바란 것은 만백성이 천사가 되어 예수의 자리를 채워 주는 것이지, 지금과 같이 재물을 바치면서 중언부언 제 소원만을 비는 백성들을 바란 것이 아니다.

9. 구원

▪ 천사가 사는 천국에는 천사만 갈 수 있으니, 천사 같은 마음을 길러야 한다.

- "천국 열쇠를 네게 주리니 땅에서 무엇이든지 매면 하늘에서도 매일 것이라" 했다. 땅에서 천사같이 사는 자가 하늘에서도 천사가 되어 천국에 들어간다. 모든 사람에게 천사같다는 말을 듣는 삶을 살아야 한다.

▪ 천사의 곱고 아름다운 마음은 부모를 공경하고 어른을 어른으로 대접하는 데에서 출발한다. 효도하는 자는 형제와 화목하게 지내기에 가정이 화목해지고, 이웃과 화목해지고, 국가가 화목해지고, 온 인류가 화목해진다.

- 그러므로 지상의 아름다운 소왕국은 가정에서부터 이루어야 한다.

▪ 선택된 14만 명만 구원받는 것이 아니라, 천사처럼 변하고자 하는 14만 명을 기초로 온 인류가 천사처럼 거듭나는 영적인 개혁이 시작되는 것이다.

▪ 천 년에 걸쳐서 하늘에서 이루어진 것같이 이 세상을 낙원으로 만들어, 만백성이 지상의 천국에서 살다가 죽어서 그대로 하늘의 천국으로 들어가는, 영원한 지상 낙원을 건설하는 것이 하나님의 계획이다.

- **이것이 구약과 신약에 이어 "새로운 성경"으로 역사하시는 하나님의 창조의 완성이다.**

▪ 지금의 믿음으로 구원받을 수 있다면 그 길을 가라. 그러나 자신이 없다면 하나님께서 직접 내리신 160권의 "새로운 성경"을 읽고 구원의 길을 보라!

하나님 머리말씀

이 새로운 성경을 읽는 너희 모두는
이 율법에 따라 행하면 영원히 구원받을 것이니라.

너희 인간이 수년, 수십 년, 평생
성서를 공부하고 기도하는 것은
하늘나라 나의 곁으로 오고 싶은 소망일진대,

몇천 년 전의 너희 인성과 생각이
지금의 너희와는 판이하게 다르니,

꺾여 가고 병들어 가는 너희를 고칠 수 있는 길은,
오늘 내가 선지자에게 내리는 새로운 성경과 같이
너희가 변화되는 것뿐이니라.

나의 예수가 태어난 것처럼
내가 아들 선지자를 선택하여
나의 새로운 성경을 온 세계에 전하고자 하니,

묵은 것은 버리고 새로운 것은 취하여,
너희 모두는
'여호와 하나님! 저의 죄를 용서하여 주옵소서.'
하는 기도문으로 기도하고, 죄를 뉘우치라.

이 새로운 성경은
수천 년간 내려온 성서를 요약한 것이니,
너희는 이 책을 정독하여 쉽게 깨달음을 얻고,
이대로 실천하여 하늘에 오르라.

대역자 머리말

■ 하나님의 율법을 지키는 선지자로 선택을 받도다.

저는 남들처럼 그저 열심히 살아온 평범한 사람이었습니다. 그러나 50대 중반에 사업에 실패하여 많은 부채에 시달렸으며, 건강도 악화되어 눈이 잘 안 보이고, 걷기도 어렵고, 두통이 심해서 잠을 이룰 수 없는 고통의 나날을 보냈습니다. 그때 제가 선택할 수 있는 것은 육의 삶을 끝내는 길뿐이었습니다.

죽기 직전에 그동안에 죄를 지은 이들에게 용서를 빌고 인생을 끝내기로 작정하였습니다. 어려서부터 지은 죄를 빌고 빌다 보니 끝이 없었고, 죽음으로도 그 많은 죄를 용서받을 길이 없다는 생각에 하염없이 눈물이 흘렀습니다. 그 순간 '재래식 화장실의 구더기는 죄를 짓지 않는데, 나는 인간으로서 구더기만도 못한 삶을 살았구나.' 하는 생각이 들면서 괴로움에 몸부림칠 때, 갑자기 하나님의 음성이 들렸습니다.

"나는 여호와 하나님이니라. 너는 십계명을 암송하고 내가 내려 주는 메시지를 받아 책으로 만들어 만백성을 구하라." 하시며, 제 눈을 손으로 문지르게 하시고, 아픈 머리와 다리를 손으로 두드리게 하셨습니다. 그러고 나니 눈도 잘 보이고 걸을 수 있었으며 머리의 통증도 말끔히 낫게 되었습니다. 그때부터 십계명을 암송하고 나면 들려주시는 말씀을 기록하였고, 1999년 8월부터 2004년 7월까지 권당 288쪽, 총 160권을 받아서 "새로운 성경"이라는 책으로 펴내게 되었습니다.

그러한 저에게 죽기보다도 힘든 길이 시작되었습니다. 모든 교인들이 저에게 사탄이요, 이단이요, 악마요, 마지막 시대에 온 거짓 선지자라 하면서 공격하였고, 저를 짐승을 보듯이 대하는가 하면, 편협한 종교 지도자들의 선동으로 신도들이 이 책을 직접 읽어 보고 평가할 기회마저 막아 버렸습니다. 그래서 하나님의 말씀을 세상에 내는 데 많은 어려움을 겪으며, 피를 토하는 심정으로 책을 전하고 있습니다.

그러나 아무리 인간의 힘으로 막으려 해도, 하나님의 뜻이 세상에 전해지는 위대한 역사는 계속될 것입니다. 책으로 전해지는 "하나님의 말씀"은 세상 끝날까지 항상 우리와 함께하실 것입니다. 사람은 죽어도, 책에 기록된 말씀은 영원히 남으니까요.

■ 따뜻한 실천

하나님께서는 어려운 사람들에게 삶의 터전을 마련해 주고, 미래를 열어 주는 것을 기뻐하십니다. 어려운 이웃이 스스로 자립할 수 있도록 이끌어 주는 것이 진정으로 이웃을 돕는 것이라고 말씀하셨습니다. 그래서 일자리가 없는 제자들에게 작은 사업장을 만들어 주는 "달란트 사업"을 하고 있습니다. 식당, 반찬 가게 등을 차려 주고, 기존의 어려운 사업장이 자립할 수 있도록 돕고 있습니다(커피숍, 미용실, 의상실 등).

하나님께서는 교회에 나와서 모든 시간과 재물을 쏟기를 원하지 않으시고, 그 시간과 재물을 교육에 투자하여 스스로 미래를 열어 가기를 원하십니다. 그래서 제때 공부하지 못한 제자들에게 학업을 이어 가도록 하였습니다. 중화요리 주방장을 하며 초등학교 검정고시부터 공부하여 2012년에 방통대를 졸업한 36세 남성, 만학도들의 2년제 중학교에 입학해서 2007년에 명지대학을 졸업한 38세 여성, 중학교 검정고시를 시작으로 숭의여자대학을 졸업한 47세 여성 등이 있습니다. 그밖에도 많은 제자들에게 나이를 초월하여 배우고 깨우쳐서 사회 속의 당당한 일원이 되도록 인도하고 있습니다.

학자금 대출로 힘겨워하는 젊은이들을 위해 "따뜻한 바람 장학회"를 발족하여(2016년 12월) 대출받은 학자금 전액을 매월 갚아 주고 있습니다. 또한, 다문화 가정을 위해 "다문화 가족 랜드"를 조성하여, 각종 시설을 무료로 활용하도록 하고 있습니다.

이러한 따뜻한 실천이 아직은 미약합니다. 그러나 책의 수입이 늘고, 저와 뜻을 같이하는 분들이 늘어나면 계속 확대할 것입니다. 지도자로서 신도의 재물을 헌금으로 거둬들여 착복하는 것이 아니라, 하나님께서 기뻐하시는 일에 사용하도록 중매 역할만 하며 살아가고자 합니다. 이런 제가 과연 사탄이고 이단인가요? 하나님께서 기뻐하시는 일이라면, 저에게 사탄이라 하든 거짓 선지자라 하든 굽히지 않고 실천해 나갈 것입니다.

끝으로, 일상의 삶 속에서 "지금 내가 하는 행동이 과연 하나님께서 기뻐하실까, 슬퍼하실까?" 생각하고, 매사에 하나님께서 기뻐하시는 길을 택하기 바랍니다. 교회에 모여서 집단적으로 예배 드리는 것이 아니라, 개인이나 가정 단위로 새로운 성경을 읽어 스스로 깨우치고 그대로 행하면 충분합니다. 그것이 마음속에 성전을 짓고, 신령과 진정으로 예배 드리는 길입니다. 그러면 천국의 문에 들어서게 됩니다.

2017. 2. 1.

하나님 말씀 대역자 김용철

차 례

십 계 명

이 책은 십계명을 암송하고 나면 내려 주시는 "하나님의 음성"을 듣고 그대로 받아쓴 기록입니다. 하나님께서 십계명을 모세에게 내려 주셨지만, 그것은 만백성에게 내려 주신 것입니다. 마찬가지로 이 책의 모든 말씀도 저에게 내려 주셨지만, 만백성 각자에게 들려주시는 말씀입니다. 여러분도 이 책을 접할 때마다 십계명을 암송하고 나서 정독해 주시기 바랍니다.

제일은, 너는 나 외에는 다른 신들을 네게 있게 말지니라.

제이는, 너를 위하여 새긴 우상을 만들지 말고, 또 위로 하늘에 있는 것이나, 아래로 땅에 있는 것이나, 땅 아래 물 속에 있는 것의 아무 형상이든지 만들지 말며, 그것들에게 절하지 말며, 그것들을 섬기지 말라.

제삼은, 너는 너의 하나님 여호와의 이름을 망령되이 일컫지 말라.

제사는, 안식일을 기억하여 거룩히 지키라.

제오는, 네 부모를 공경하라.

제육은, 살인하지 말지니라.

제칠은, 간음하지 말지니라.

제팔은, 도적질하지 말지니라.

제구는, 네 이웃에 대하여 거짓 증거하지 말지니라.

제십은, 네 이웃의 집을 탐내지 말지니라.

나 여호와가 존재함을 믿는 그 자체가 구원의 길에 들어서는 기본이요 근본이며, 나의 새로운 성경을 가슴에 안고 정독하는 자, 반석 위에 서서 하늘에 오르는 찬란한 빛을 보게 되는 영광을 얻게 됨이니라. 진정 나를 따르고 믿는 자는 감히 사탄이나 마귀도 근접하지 못하느니라.

〈하나님 말씀〉

2003년 1월

4,423 번째 하나님 말씀

2003년 1월 4일 02시 30분

1 사랑하는 나의 아들아!
2 지금의 종교 집단에 속해 있는 너희
조상들의 믿음은 과연 어떠하였던가?
3 그 조상들의 시대가 열렸던 구약의 시
대는 실패한 시대로서 끝이 났으며,
4 우상을 섬기는 시대요, 그와 같은 형
국으로까지 전락하는 모습을 보였음
이니라.
5 그리하여 신약의 시대가 열렸음이니
그 신약의 시대도 또한 실패함이니,
6 그는 바로 지금까지 내려오는 모든 종
파들의 형국이 나 여호와의 뜻과는 전
혀 관계도 없는 그와 같은 믿음으로
가고 있기 때문이니라.
7 너희들이 구약의 시대는 과연 어떠하
였느냐?
8 순결한 자와 순결하지 못한 자를 엄격
히 구분하는 그와 같은 너희들의 규율
아래 너희들이 사람을 구분하던 시대
가 아니었던가?
9 너희들은 순결하지 못한 자 사람 취급
을 하지 아니하였으며, 순결치 못한
자는 인정받지 못하며 또한 사람대우
를 받을 수 없도록 그리 만들어 놓았
음이니라.
10 그리하여 순결치 못한 자라 판정받은
자, 순결한 사람으로 바로 서고자 할
때는 재물을 수없이 갖다 바쳐야 하는
그와 같은 형국이었으며,
11 재물을 바치는 자를 사해 주는 그와
같은 형국의 시대였음이니라.
12 과연 그들을 용서해 주는 자들은 누구
였던가?
13 대제사장이요, 믿음의 관리라는 자들
이 특권 의식 속에서 독버섯처럼 존재
했음이니,
14 그 시대의 잘못된 관행을 너희는 알아
야 할 것이니라.
15 그와 같이 구약의 시대에 추하고 더러
운 역사가 지속되었으며, 이를 볼 수
없어 나의 아들 예수를 세상에 내보내
소중한 나의 백성 너희들을 직접 깨우
쳐 주고자 하였으며,
16 나 여호와가 나의 백성 모두를 사랑함
을 알리고자 나의 아들은 몸소 실천하
고 행하였음이니라.
17 그러나 또한 너희들이 그를 핍박하여
죽게 하였음이니, 그를 이해하지 못한
그 시대의 백성들의 사악한 형국을 지
금 너희들은 들여다볼 수 있을 것이니
라.
18 그 시대에 저주받았으며 순결치 못하
다는 백성, 그리고 돌팔매를 맞던 사
람들, 그들을 예수는 사랑했으며,
19 너희들이 정녕 들여다볼 수 없는 환자
들, 문둥병 앓는 그와 같은 사람들의
마음을 위로했으며,
20 세리나 죄인처럼 취급받는 자들, 또는
천민과 교제하며 귀신 들린 자, 정신
못 차리는 자, 부족한 자들과 식사하
며, 너희들이 순결치 못하며 깨끗지

못하다는 그와 같은 백성들을 나의 아
들 예수는 사랑했으며 그들과 더불어
생활하는 것을 보여 주었음이니,
21 그 시대의 백성들이 그를 이해하지 못
했으며 그를 따를 수가 없었음이니라.
22 이는 곧 그 시대의 백성들도 나 여호
와의 사랑이 무엇이며 내가 베푸는 사
랑이 무엇인가를 전혀 몰랐으며,
23 나의 아들이 나의 사랑을 행하고 실천
하는 그 자체를 그들은 들여다볼 수도
없었으며 이해할 수도 없었음이니라.
24 나의 아들은 어찌 행했던가?
25 간음한 여인에게 죄짓지 아니한 자 돌
을 던지라 하는 그와 같은 깨달음과
그와 같은 행함을 더불어 너희들에게
깨우쳐 주며,
26 너희들이 바로 서는 것이 얼마나 위대
한 사랑인가를 몸으로 실천하는 그와
같은 모습을 너희들에게 보이고자 하
였음이니라.
27 그러나 그 시대의 백성들은 어떠하였
는가?
28 저희들이 누리고 있는 모든 특권과 특
혜를 나의 아들 예수의 시대에 그가
존재함으로 그들이 누릴 수 없다는 그
와 같은 불안한 마음으로 하여금 그
지도자들이 예수를 이해하지 못하였
으며 그를 용서하지 못하였으며,
29 그리하여 그들은 그 특권을 박탈당하
는 것이 무섭고 두려워 나의 아들을
어렵고 힘든 고통의 길이요, 인내할
수 없는 그와 같은 어려운 고통 속으
로 죽게 하였음이니,
30 신약의 시대를 문 닫게 하였으며, 또
한 그 실패의 역사가 반복되지 아니하
였는가?
31 그렇다면 그 후손들인 지금 믿음의 길
을 가고 있는 자들이 정녕 믿음은 바
라보지 아니하면서 황금만능주의로
써 저희들의 육의 생활의 안일을 위하
여 거기에 젖어 있으니,
32 지금의 종교 집단들이요, 종교를 믿고
가는 지도자 그 또한 어찌 가고 있는
가?
33 지금 나의 성령이요, 나의 뜻을 태워
나의 아들을 통하여 160권의 대장정
의 책으로 내려보내어 그 누구도 이룰
수 없는 그 역사의 기적을 이루고 있
는 나의 법전이 세상에 나가니,
34 이를 너희들이 또한 예수에게 준 고통
보다 더 무서운 방법으로써 고통을 주
며,
35 예수가 사랑을 베푸는 것을 사탄이요,
사악한 자라 몰아붙였던 그 당시 믿음
의 후손들이 지금도 그 믿음으로 가고
있으면서 나의 법전이 세상에 나가는
것을 말살시키려 하고 있음이니,
36 이제 너희는 더 이상 그와 같은 형국
으로 밀어붙인다 하여 쓰러지는 사랑
하는 나의 아들의 제자가 되어서는 아
니 됨을 알아야 할 것이니라.
37 어떠한 시련과 고통이 있어도 나의 아
들 예수처럼 쓰러지는 그와 같은 형국
이 되어서는 아니 됨을 너희들은 알아
야 할 것이니라.
38 그와 같은 역사가 다시 반복된다 하면
이 세상은 영원히 돌이킬 수 없는 무
서운 재앙으로써 내가 손을 놓게 됨이
니,
39 이를 명심하여 너희들은 전해야 할 것

이니라.
40 예수 시대의 백성들이 얼마나 간악하
고 사악하였으면 나의 아들이 아무나
말할 수 없는 그와 같은 '독사의 자식
들'이라 하며 독사와 같은 자식들이라
는 그 과격한 말로써 그들을 탓했겠는
가?
41 나의 아들이 독사와 같은 자식들이라
는 과격한 말을 할 수 있었던 것은 어
떠한 백성을 보고 그리 말하였는가?
42 나의 아들이 그와 같이 무서운 말을
할 수 있었던 것은 다음과 같은 생각
을 가지고 믿음의 길을 가는 백성들을
향해 그들을 용서하지 못하기 때문에
43 그들에게 독사와 같은 자식이라 부르
짖었음을 지금 나의 법전에 기록하여
너희들에게 전함이니, 이 뜻을 깊이
깨우쳐 전하도록 하라.
44 저희들만이 나 여호와를 알며, 저희
손으로 지은 성전에 가 재물을 바치며
기도하는 자만이, 그리고 종교 지도자
가 설교하는 것에 대해 절대 맹신하는
자들만이 나 여호와를 안다 말하는 자
들이요,
45 저희들의 믿음만이 구원의 길이라 고
집하는 자들, 그들에게 나의 아들이
부르짖었으며,
46 저희들처럼 종교 집단에 매달려 믿음
의 길을 가지 않는 자는 나 여호와를
믿는 것이 아니라고 선전하는 그와 같
은 백성들, 자기 자신만이 하늘의 뜻
이요, 나 여호와의 뜻을 안다 말하는
그와 같은 자들을 향하여 부르짖었으
며,
47 나 여호와의 사랑을 저만 받는다 생각
하는 백성, 저만이 참진리의 길을 안
다 말하는 그와 같은 백성을 향하여
독사라 말하였으며,
48 저만이 구원을 받았다 말하는 자,
49 재물을 바치면 면죄부를 받을 수 있다
말하며 가르치는 그와 같은 종교 지도
자들,
50 그리고 그를 믿고 맹신하는 자들, 재
물로 구원을 받을 수 있다 생각하는
자들,
51 재물로써 천국에 쌓아 놓을 수 있으며
천국에 가 그 재물의 양에 따라 면죄
부를 받는다 그리 가르치고 그를 믿고
가는 백성, 그들을 향하여 독사의 자
식이라 부르짖었음이니라.
52 자기가 드리는 기도는 나 여호와가 들
어준다 생각하는 자, 그리고 제가 기
도하며 만백성에게 축복을 내려 주라
하면 그 축복을 내려 줄 수 있으며 내
릴 수 있다 말하며 내려 준다 말하며
받았다 생각하는 그와 같은 어리석은
백성들,
53 자기의 믿음만이 깨끗하다고 생각하
는 자, 모든 믿음을 자기 잣대로 재며
모든 백성들을 제 수준에 맞춰 제 잣
대에 맞지 않는 자를 사탄이라 부르짖
는 사악한 자들을 향해 독사의 자식이
라 말하였으며,
54 죄지은 자 죄짓지 아니한 자를 제가
편 가르며 제가 심판자처럼 심판하여
누구는 죄인이요, 누구는 죄인이 아니
라 그리 말하는 사악한 자들,
55 독선에 빠져 영적인 성장을 더 나아갈
수 없으며 중단된 자들,
56 저 자신이 영적인 성장을 하지도 못하

는 자가 남을 탓하는 자,
57 저 자신이 구원받지 못하는 자가 남까
지도 지옥으로 인도하는 자, 그와 같
은 행위를 하는 자들에게 나의 아들이
독사의 자식이라 말하였음이니,
58 너의 제자들은 이 뜻을 깊이 깨우치
며, 이와 같은 자들을 향하여 나의 아
들이 누구도 할 수 없는 그와 같은 과
격한 단어로써 말했음이니,
59 그 시대의 백성들이 과연 어떠하였던
가를 너희들은 들여다봐야 할 것이니
라.
60 지금 몇천 년이 흘러온 나의 피조물
만백성을 구한다는 종교 집단이요, 지
도자요, 그를 따르며 저희들만이 구원
받았다는 우월주의에 빠져 있는 그 어
리석은 백성들이 지금 내가 나열한 이
몇 가지 뜻대로 행하지 아니한다면 그
들은 진정한 믿음의 길을 가는 자요,
61 그와 같은 행위를 지금도 하고 있다면
그들은 독사의 자식이니, 사탄의 자식
들이 하고 있는 광란의 짓임을 너의
제자들과 나의 법전을 읽은 만백성은
바로 보고 깨우쳐, 스스로 너희들이
그곳에 빠지지 말며 구원의 길에 오르
도록 그리하라.

4,424 번째 하나님 말씀

2003년 1월 4일 02시 40분

1 사랑하는 나의 아들아!
2 "네, 아버님! 말씀하옵소서."
3 지금 너희들이 가고 있는 그 믿음의
형국은 과연 어떠하던가?
4 나 여호와가 하늘에서 그 작태를 바라
볼 수 없는 그와 같은 형국이니,
5 나 여호와가 스스로 고개를 돌려 내
모든 뜻을 내려보내고자 하는 것이,
나 자신이 너희들을 보기에 마음이 아
플 정도인 나 여호와의 심정을 너희들
이 아는가?
6 나에게 침을 뱉으며 나를 짓밟으며 짓
이기는 그와 같은 형국으로써 지금 가
고 있는 자들이 나를 위하여 만백성을
인도하는 종교 지도자라 그리 말하고
있음이니,
7 너희들은 정녕 어찌하여 그와 같은 형
국으로써 가고 있으면서도 깨닫는 자
가 그리도 없단 말이던가?
8 그를 바로잡고자 하여 내가 내리는 나
의 법전이요, 참진리의 뜻마저도 들여
다보지 않으려 하는 것이 지금 사악한
집단의 마음 자세이니, 이를 어찌하여
야 되겠는가?
9 나 여호와의 계명이요, 성경에 의하여
깨달음을 얻고 의인을 양성하는 것이
너희들이 지금 해야 할 임무가 아니던
가?
10 그리하여 너희들이 부족한 백성들을
천사와 같은 마음이요, 나 여호와의
심성과 같은 마음으로 바꿔 놓고 깨우
치도록 인도하고 가르치는 것이 너희
들이 하여야 할 길이거늘,
11 너희들은 참진리를 깨우치는 것에는
관심이 없으며 십일조와 각종 헌금을
거둬들이는 데만 관심이 있음이니,
12 그리하여 너희들이 지금 가고 있는 것
은 재물을 거둬들이기 위한 믿음이요,
깨우침을 가르치는 믿음이 아니니라.
13 너희들의 말에 '염불에는 관심이 없고

차려 놓은 잿밥에만 관심이 있다.'는
말과 같이 행하고 있는 것이 지금 믿
음의 길을 가고 있는 지도자요, 그곳
을 따라가는 백성들이 가고 있는 작태
이니,
14 내가 너희들을 내려다보는 것이 어떠
한 줄 알겠는가?
15 모든 단상에서 종교 지도자요, 설법하
며 교리를 가르치는 자들은 속이 썩을
대로 썩어서 그 썩은 냄새가 하늘까지
진동하고 있건만, 너희들만 그를 모르
는 것이니라.
16 너희는 겉만 보다 보니 속이 썩어져
있는 것은 알지도 못하고 있음이니,
17 이것이 바로 내가 내려다보는 그 믿음
의 길을 가는 자요, 가르치는 자의 얽
히고설킨 그와 같은 형국이니라.
18 정녕 너희들이 바로 서고자 한다면 너
희들은 겉과 속이 다른, 썩은 속에 냄
새 나는 것을 씻어 버리는 것부터 먼
저 해야 할 것이며,
19 그와 같은 변화되는 믿음의 길을 선택
하지 아니한다면, 너희들은 정녕 가르
칠 자격도 없으며 지도할 자격이 없는
것이니라.
20 너희들은 지금 내가 만들어 놓은 모두
의 아름다움이요, 내가 역사하고자 함
이요, 참진리를 모르는 어리석은 자들
임을 알아야 할 것이니라.
21 어찌하여 너희들은 만들어진 그릇의
형태만을 가지고 값진 것이요, 값이
없는 것이라 그리 평가하는가?
22 그 그릇 속에 담겨 있는, 진짜 그 안에
있는 아름다움이요, 보화를 보지 못하
고 그릇을 보고 평가하는 그와 같은
것에 연연하는 것이 지금의 종교 집단
너희들이 가고 있는 어리석음이니,
23 내가 이와 같은 뜻을 너희들에게 두
번, 세 번 강조하여 가르침이니,
24 너희들은 담겨 있는 그릇의 형태를 보
고 평가하지 말고, 그 속에 들어 있는
의미를 알며,
25 그와 같은 소중한 것을 들여다볼 수
있는 변화의 역사를 갖지 아니한다면
나로부터 구원을 받을 수 없음이니라.
26 다시 한 번 내가 너희들에게 말함이
니, 너희들이 겉으로 보기에는 번지르
르하나 속은 썩을 대로 썩어서 그 썩
은 냄새가 진동하여 하늘까지 오염시
키며 내가 그를 볼 수도 없으며 들을
수도 없는 그와 같은 추한 형국을 바
로잡고자 하는 나의 뜻을 보고 너희들
이 바로 서야 할 것이니 그리 알라.

4,425 번째 하나님 말씀

2003년 1월 4일 02시 48분

1 사랑하는 나의 아들아!
2 "네, 아버님! 말씀하옵소서."
3 성서에 기록되어 너희들을 가르치기
를, 이리 말하여 가르쳤느니라.
4 '회칠한 무덤'과 같은 것이 너희들의
지금의 믿음이라 그리 말하였으니, 회
칠한 무덤이라는 것이 무엇이더냐?
5 겉으로는 아름답게 보이나 그 속에는
죽은 사람의 뼈와 더러운 것이 가득하
다 하였음이니,
6 지금 너희들의 종교 집단이 가는 형태
가 그러함이니라.
7 그와 같이 너희들의 믿음의 형태가 변

화될 때,
8 새로운 성령으로써 새로운 심판의 시
대가 내려지며 무서운 결과의 역사가
이루어진다는 것을 내가 전한 그 뜻임
을 알라.
9 너희들은 또한 성서에 기록되기를,
'화 있을진저 외식하는 서기관들과 바
리새인들이여, 너희는 교인 하나를 얻
기 위하여 바다와 육지를 돌아다니다
가 한 생명을 얻게 되면 너희보다 배
나 더 지옥으로 가는 자식이 되게 한
다.' 하였음이니,
10 이 또한 나의 아들 예수가 너희들에게
가르치기를, 오늘의 그와 같은 시대의
변화가 되었을 때 심판의 역사가 내린
다는 것을 의미함이니라.
11 너희들이 지금 모든 백성들을 전도하
고 이끄는 형국이 어떠하던가?
12 너희들은 정녕 천국이요, 하늘에 오르
는 길을 위하여 참진리 속으로 그들을
인도하는 것이 아니요,
13 어찌하다 한두 사람의 이웃을 따라 구
원의 길이라 하여 너희 손으로 지은
그 성전에 가는 순간에 그들까지 죽음
이요, 지옥으로 가게 하는 그와 같은
형국이 이루어지는 그때가 심판의 시
대이며,
14 그때 새로운 성경으로써 구원할 자,
버릴 자를 다스리는 역사가 이루어지
는 것을 미리 예고하여 거기다 기록해
놓은 내용임을 너희들은 알아야 할 것
이니라.
15 문자의 뜻만을 그대로 해석해서는 나
여호와가 그와 같은 시대가 이루어질
것을 미리 예언하여 내가 그 시대에
심판한다는 그 뜻을 아무도 모르며,
16 종교 지도자도 모르며, 성경을 열 번,
백 번, 천 번을 읽어 암송해도 기록된
그 뜻을 모르니, 지금 내가 나의 아들
을 통하여 너희들에게 깨우쳐 줌을 알
라.
17 '화 있을진대 외식하는 서기관들과 바
리새인들이여 너희는 선지자의 무덤
을 쌓고 의인들의 비석을 꾸미며 가로
되' 너희들이 하는 말은 무어라 했던
가?
18 '만일 우리가 조상 때 살았다면 저희
가 선지자의 피를 흘리는데 참여하는
사악한 짓을 하지 않았을 것이라 말함
이니 그러면 너희가 선지자를 죽인 자
의 자손 됨을 스스로 증거함이라' 그
리 말하였느니라.
19 이는 즉 그 뜻이 무엇이던가?
20 너희들이 바로 그와 같이 사악한 마음
을 버리지 못하며 그 사악한 뿌리가
계속 연결되어 선한 자요, 선지자요,
목자가 세상에 왔을 때
21 나의 예수를 죽였으며 선지자를 피 흘
리게 했던 그와 같은 사악한 짓을 계
속 할 자들이니,
22 그와 같은 역사를 행하고 있는 자들이
바로 사악한 자요, 너희들이 악의 씨
라는 것이며 너희들 스스로 악의 씨라
인정하였음이니,
23 지금의 믿음의 길을 가고 있는 백성이
참진리는 연구하지 아니하며,
24 참진리요, 아름다운 뜻이요, 나 여호
와가 직접 너희들을 깨우쳐 주는 나의
성령이 내려왔을 때 너희들은 그 선지
자를 피 흘려 죽이는 것처럼 사악한

자들로 변하여질 것이니,
25 그때 나 여호와가 새로운 성경을 내려
보내며 새로운 성경으로써 너희들을
심판한다는 그와 같은 의미이며,
26 미리 그와 같은 역사가 이루어질 것을
예언한 대목임을 너희들은 알아야 할
것이니라.
27 이것은 나의 뜻이며, 내가 미처 기록
하지 아니한 것이며, 내가 비유로 가
르친 그 뜻의 답을 너희들에게 깨우쳐
주기 위하여 나의 아들을 통하여 지금
너희들에게 설명해 줌이니,
28 이 뜻을 깊이 받아 너희들 것으로 만
들어야 할 것이니라.
29 '너희가 너의 조상의 양을 채우라. 뱀
들아, 독사의 새끼들아! 너희가 어떻
게 지옥의 심판을 면하겠느냐?' 그와
같은 무서운 말을 성서에 기록해 두었
음이니라.
30 지금의 종교 집단이 선지자요, 의인을
죽인 저희 조상들보다도 더 사악하여
져 있음을 너희들은 알아야 한다는 것
이며,
31 '너희 조상의 양을 채우라.' 하는 것은
바로 너희들이 조상들보다도 더 사악
하고 악한 자로서 모두가 다 채워질
것이며,
32 그와 같은 자들이 세상을 지배하여 그
들을 벌하는 그와 같은 역사가 이루어
질 것을 너희들에게 깨우쳐 줌이니,
33 오늘의 핍박과 박해가 있음을 미리 예
고함이니라.
34 이는 나의 아들을 따르는 제자 너희들
이 당하여야 할 고통이며,
35 저희 조상들의 사악한 마음보다도 더
그득히 채워진 자들이 너희들을 핍박
하고 너희들을 존재치 못하게 하며 너
희들을 박해하는 역사가 이루어져,
36 나의 성령이 세상에 내려왔을 때 그것
까지도 말살하려는 그와 같은 백성들
이 존재하여 악의 씨가 계속 전해진다
하는 것을 내가 미리 너희들에게 전하
였음이니 이를 알라.
37 전 세계 종파의 백성들이, 나의 법전
이 내려가는 것을 막기 위하여
38 지금의 종교 집단들이요, 온 세상에
퍼져 있는 모든 종파들이요, 거기에
신도라는 백성들이 다 하나가 되어
39 이곳저곳에서 너희들을 죽이려 할 것
이며 너희들을 멸망케 하려 할 것이며
너희들을 존재치 못하게 하는 무서운
역사가 이루어질 것을 미리 대비하여
내가 비유로 기록하였음이니라.
40 '너희들 씨앗들이 지금의 선한 백성을
죽일 것이라' 그리 내가 성서에 기록
해 놓았다면,
41 그들은 그와 같은 역사를 찾아서 다
죽여 지금에 그나마 선한 백성의 뿌리
마저도 남지 아니하였을 것을 알기에
내가 비유로써 말했음이니,
42 이 모두는 오늘에 사악한 형국으로 이
루어질 것을 미리 예고하여 기록한 것
이니,
43 이제 나의 아들을 통하여 나의 성경의
문을 열어 너희들에게 전함을 알라.

4,426 번째 하나님 말씀

2003년 1월 4일 08시 48분

1 사랑하는 나의 아들아!

2 "네, 아버님! 말씀하옵소서."
3 너희들 말에 이르기를, '시작하는 것
이 반의 역사를 이룬다'는 말이 있듯
이,
4 네가 지금 나에게 기도하며 경배하여
나의 법전을 세상에 만들어 냄이니,
5 이제는 네가 많은 책을 만들어 세상에
전하게 되었음이니라.
6 그는 너의 노력이요, 네가 꾸준히 변
하지 않는 그 마음으로써 그 모든 역
사가 이루어짐이니,
7 곧 너희들이 변하는 것, 깨닫는 것, 너
희들이 나의 뜻에 의하여 살아갈 수
있는 그와 같은 모든 것이 쉬지 않고
노력하는 속에서 이루어짐을 너희들
은 알아야 할 것이니라.
8 너희들은 일순간에 무엇을 얻고자, 무
엇을 구하고자 그와 같은 마음으로써
달궈진 마음으로 믿음의 길을 간다 하
면 아무것도 얻을 수 없음을 알아야
할 것이니라.
9 내가 너의 제자들에게 일러 말하기를,
나 여호와가 존재함을 먼저 믿으며,
나의 법전이 나의 성령이요, 이를 기
록하여 책으로 만든 네가 나의 아들이
라는 것을 굳건히 믿고 믿는 그 마음
의 자리를 잡았을 때 너희들이 모든
역사를 이룬다 하였음이니,
10 우선 너희들의 마음 한자리서부터 다
스려야 할 것이니라.
11 너희들이 어렵고 힘들 때 등을 돌리며
어렵고 힘들 때마다 환경에 따라 마음
이 변하는 그와 같은 너희들 제자로서
는 아무것도 이룰 수 없음이니,
12 또한 내가 너희들에게 축복과 영광을
내릴 수 없는 것이니라.
13 너희들 말에 태풍이 불어도 흔들리지
않는 그와 같은 마음의 자세로써 너희
들이 바로 서는 것이 우선이며,
14 그와 같이 역사가 이루어졌을 때 모두
는 다 이루어지는 것을 너희들은 알아
야 할 것이니라.
15 과연 지금 너를 따르는 제자들, 그리
고 나의 법전을 읽고 깨우쳤다는 그
백성들이 생각하는 마음의 뿌리가 어
디까지인가?
16 그들이 정녕 저희 생명이요, 모두를
다 바쳐 구원을 받고자 하며 구원의
길에 오르는 것이 저희 모두를 다 바
치는 소원이라 말하나,
17 막상 그 길을 가르쳐 주며 그 역사가
시작되어 내가 그들에게 법전을 쥐여
주며 나로부터 강론을 직접 듣도록 하
여 내가 너의 제자라 하여 백성을 선
택하였으니,
18 이 세상에 그들보다 더 나의 뜻을 알
아들으며 나의 성령을 들으며 하늘에
오르는 길이 무엇이며 참진리의 뜻이
무엇인지 아는 자가 없음이니라.
19 그러나 그와 같은 너희 제자들의 마음
이 흔들리고 있다 하면,
20 정녕 예수를 따랐던 열두 제자들의 마
음의 흔들림과 지금의 너희 제자들의
흔들리는 마음이 같음이니, 그것은 바
로 무엇이던가?
21 너희들이 즉석에서 무엇을 얻고자 하
며 즉석에서 무엇을 구하는 것을 얻고
자 하며 그와 같은 역사를 이루기를
바라는 것이니,
22 그들과 너희들과의 다른 점이 하나도

없음을 알라.
23 지금의 시대에 내가 무엇으로써 보이
는 기적이 아니요, 나의 160권의 대장
정의 법전을 세상에 보내 영원히 변하
지 않는 그와 같은 책으로 만들어 만
백성을 구하는 그 역사의 기적보다 더
위대한 것이 없다 내가 나의 법전에
누차 기록하였으나,
24 너희들이 그 의미와 그 깊은 뜻을 모
르기에, 지금 내가 너의 제자들을 바
라보는 그 마음이 태풍만 한 번 몰아
쳐도 한 사람도 제자리에 버틸 자가
없음이니,
25 이유와 이유를 대고 떠나게 되어 있는
것이 그들의 마음이니, 그 마음을 너
는 그들에게 전해 주도록 그리하라.
26 그 마음을 바로 세우고 굳건히 세우지
못했을 때 아무것도 얻을 수 없다는
것을,
27 그리고 너희들이 변화된 마음이요, 경
지에 오르는 마음이요, 삶의 행동이
과연 한 점의 부끄러움이 없는 삶을
사는가 그것부터 또한 다스려 너희 스
스로 깨우치도록 그리 전하라.
28 한 점의 부끄러움이 있는 자, 그는 나
를 경배하며 나를 따르는 참된 백성이
아님이니라.
29 나 여호와의 성령을 들으며 내가 존재
함을 믿으며,
30 나의 법전이 만백성을 구하며 심판하
는 나의 보혜사요, 내가 내리는 보혜
사요, 나의 아들이 그를 받아 기록하
는 자라 하면, 너희들은 과연 어떠한
형국으로 가야 할 것인가?
31 그와 같이 완벽한 마음 자세가 되지
아니하고 너희들이 '설마, 설마' 하는
의혹을 가지고 가며 흔들리는 자세로
써는 아무것도 이루어질 수 없다는 것
을 그들에게 깨우쳐 주도록 그리하라.
32 이제 그들의 마음에 결정할 시간이 없
느니라.

4,427 번째 하나님 말씀

2003년 1월 4일 10시 06분

1 사랑하는 나의 아들아!
2 "네, 아버님! 말씀하옵소서."
3 나의 피조물 만백성 너희들이 살아가
면서 남들보다 좋은 집을 준비하며 그
와 같은 것을 너희들이 취했을 때 그
를 자랑하고 싶어 하며,
4 남들이 가지고 있지 아니한 보석이라
는 것을 가지고 있을 때 그를 자랑하
고 싶어 너희들의 마음이 참지를 못하
는 것이 아니던가?
5 좋은 옷이요, 좋은 것을 가지고 있을
때 남들에게 보여 주고 싶어 하며 그
를 자랑하고 싶어 하는 것이 너희들의
심리가 아니더냐?
6 너희들은 자식 자랑을 하며 또한 재물
의 자랑을 하며 너희들이 가지고 있는
귀한 것을 가지고 남에게 보여 주고
자랑하기를 끊임없이 하는 그와 같은
마음속에서 살아가느니라.
7 그러나 너희들은 지금 어찌하여 이 세
상에 무엇과도 바꿀 수 없는 가장 값
지고 보배로운 것을 갖고 있으면서도
그를 자랑하고 남에게 보여 주는 데는
주저하며 그리 움츠리고 있는가?
8 나의 법전을 접하며 나의 법전을 가슴

에 안은 자들이요, 나의 아들을 통하
여 내리는 나의 성령의 뜻을 듣는 너
희들에게 그보다 더 귀하고 보배로우
며 값진 것이 없거늘,
9 그를 전하기 위하여 남들에게 보여 주
며 자랑하는 것을 어찌하여 너희들은
그리도 꺼리며 두려워하는가?
10 이를 자랑하고 이를 보여 주는 데 너
희들이 얼마만큼 노력하며 얼마만큼
움직이고 있는가 하는 것을 너희들은
돌이켜 봐야 할 것이니라.
11 나의 법전이 이 세상의 그 무엇보다도
소중한 보배이니,
12 그 소중한 보배를 너희들이 제일 많이
갖고 관리하고 있으면서 어찌하여 남
들에게 그리 전하여 주며 보여 주는
것을 두려워하는가?
13 많이 전하도록 하라.
14 그리고 너희들이 전하는 데 어찌 노력
을 하는가를 너희 스스로 한번 봐야
할 것이니라.
15 가장 나로부터 값진 보화요, 보배를
가지고 있는 너희들이 이를 가지고 전
하지 아니하며,
16 너희들 것이라 하여 너희들만 가지고
구경하며 너희들만이 닦고 관리하는
그와 같은 저 혼자만이 즐거움을 얻는
보배요, 보물이요, 보석이 되어서는
아니 되지 않더냐?
17 많은 이에게 보여 주며 만인에게 전하
는 그와 같은 역사에 잠시도 게을리하
지 않는 나의 선택된 아들딸로서 너희
들이 거듭 태어나며 다시 태어난 그
역사의 삶을 살아가도록 그리하라.
18 이제는 많은 보배요, 보화를, 네가 50
권이라는 그 권수를 넘겼으니,
19 이제는 너희들이 만백성에게 전해도
당당할 것이며, 너희들이 전하는 것을
받는 자가 기적이 아니라 말하지 않을
수 없으니,
20 이제는 전하고 전하는 데 게을리하지
말라, 사랑하는 나의 아들딸들아!

4,428 번째 하나님 말씀

2003년 1월 4일 10시 14분

1 사랑하는 나의 아들아!
2 내가 일찍이 성경에 비유로써 기록하
여 너희들에게 그 뜻을 깨닫게 하고자
하였으나, 너희들은 그 뜻을 알지 못
하며 그를 이해하지 못하며 왜곡되게
가르치고 있음이니,
3 내가 하늘의 뜻을 이제야 너희들에게
문을 열어 보여 주고자 함이니라.
4 성서에 기록되기를, '거짓 선지자가
많이 일어나 많은 사람을 미혹하겠으
며, 불법이 성하므로 많은 사람의 사
랑이 식어지는 그와 같은 때가 있을
것이라.' 말하였음이니,
5 그는 그 당시의 너희들을 말하는 것이
아니니라.
6 너희들이 말하는 거짓 선지자란 무엇
이더냐?
7 한두 사람이 나의 아들을 대신하여 온
자요, 무엇을 받았다 하는 그와 같이
부르짖는 자들이 과연 거짓 선지자로
서 세상을 다 덮을 수 있다 생각하는
가?
8 너희들은 잘못 가고 있음이니라.
9 지금 잘못 가르치는 종교 지도자요,

너희들이 나 여호와의 뜻을 모르며 성
경의 그 비유의 뜻을 모르면서 성경
을 가지고 모든 백성을 구하는 지도자
라 하는 그 종교 집단과 그 지도자들
이 바로 거짓 하는 선지자임을 알아야
할 것이니라.
10 나의 뜻과는 전혀 관계도 없는 그와
같은 것을 가지고 가르치며,
11 나 여호와와는 관계도 없으며 하늘에
오르는 길이요, 깨우침의 길이 아니라
지옥으로 가는 그와 같은 길로 나의
백성을 이끌고 가는 것이 바로 거짓
선지자가 아닌가?
12 너희들보다 많은 백성을 속이고 잘못
된 길로 인도하는 자가 어디 있는가?
13 너희들보다 더한 집단은 없음이니라.
14 지금의 종교 집단보다 더 이 세상의
나의 피조물 만백성에게 거짓 하며 그
들을 우롱하는 그와 같은 집단이 없으
니,
15 너희들은 너희 자신이 얼마나 지금 미
혹하는 짓을 하고 있는지를 알고 있는
가?
16 나의 아들이 죽은 후 2천 년의 역사가
흘러오면서 잘못되고 잘못 가르치는
지금의 종교 집단들, 그리고 많은 백
성들을 잘못 가르치는 너희들이 바로
이단이요,
17 너희들이 잘못 가는 거짓 선지자임을
알아야 할 것이니라.
18 너희들을 증명하기 위하여, 너희들이
오늘의 이와 같은 역사를 이룰 수 있
기에 미리 너희들의 집단을 내가 예언
하여 기록한 것이 바로 그 내용이니라.
19 너희들보다 사악한 집단이 없으며 너
희들보다 사악한 자들이 없으며 너희
들보다 나의 백성을 속이고 거짓 하는
자가 없음이니,
20 지금 사랑을 베풀며 믿음을 이끌어 가
며 깨우친다는 종교 집단이 재물이요,
금화요, 물질 만능주의로 변하는 그
추악한 모습을 단죄해야 되며,
21 그와 같은 역사가 이루어질 때를 미리
예언하여 내가 여기에 기록하였으며,
22 그를 단죄할 자가 세상에 온다는 것을
또한 내가 거기에 암시하였음이나 너
희들은 그를 모르는 것이니라.
23 성서에 기록되어 가르치기를, '너희들
의 불법이 성하므로 많은 사람의 사랑
이 식는다.' 내가 말하여 가르쳤음이
니,
24 지금 너희들은 불법이 성하며, 사악한
자며 도둑이 들끓는 세상이라 말하며,
오는 자 가는 자 다 도둑놈이라 말하
며, 종말이요, 말세라 말하느니라.
25 지금처럼 부모와 자식 간에 재물로써
서로 죽이고 살리며 재물에 의하여 부
모를 버리며 자식을 버리는 이와 같이
사악한 시대가 어디 있는가?
26 이보다 더 사랑이 식어지고 황폐한 때
가 어디 있었는가?
27 지금과 같이 황폐하고 사랑이 식은 세
상이 없음이니라.
28 이제는 너희 인간의 사랑만 식은 것이
아니요, 내가 하늘의 낙원같이 이 지
상에 만들고자 하는 이 지구의 온기가
다 시들어 가며 식어 가는 그와 같은
지금의 형국에 이르렀음이니라.
29 너희들이 사악하며 사랑이 없으며 황
폐하며 잘못 가는 그것은 너희로서 끝

나는 것이 아니라,
30 지금 내가 아름답게 하늘에서 이루어
진 것같이 이 땅에서 이루고자 했던
나의 지상의 땅덩어리가 식어 가는 이
와 같이 무서운 형국이 되어 있음을
너희들은 알아야 할 것이니라.
31 내가 성서에 기록하여 말하였느니라.
'이 천국의 복음이 모든 민족에게 증
거되기 위하여 온 세상이 전파되리니
그제야 끝나리라.' 내가 그와 같은 비
유의 말을 전하였음이니,
32 이것은 바로 새로운 성경이 세상에 내
려와 많은 백성을 구하는 새로운 역사
가 이루어진다는 것을 증명함이니라.
33 곧 이는 나의 법전이 온 세상에 펴져,
내가 이야기하기를 너희들이 3부라는
48권까지는 세계의 언어로써, 각 나
라의 언어로써 번역되어 나가나,
34 49권서부터 160권까지는 지금 너희
들이 말하는 동양의 작은 나라의 글로
써, 내가 내린 이 글로써 세상을 다 덮
어,
35 언어와 생활의 풍습과 너희들이 기도
하는 방법과 나의 뜻을 이해하는 것을
모두가 다 나 창조주의 뜻을 그대로
전할 수 있도록 언어를 통일하여 세상
을 하나로 이루고자 하는 것이니,
36 새 시대가 열리는 것이며 새로운 역사
가 이루어지며 새로운 성경이 내려와
새로운 시대에 새로운 세상을 만들어
간다는 것을 말하며 증거함이니라.
37 모든 민족에게 복음이 전파된다는 것
은, 새로운 성경이요, 나의 성령이요,
나의 뜻이 다시 내려와 세상을 덮게
됨을 말함이니,
38 너희들의 지금의 방법으로써는 세상
을 통일할 수가 없으며 하나로 만들
수가 없음이니라.
39 그리하여 내가 온 세상에 그것이 다
전파되어 만백성이 선한 자로 변화될
때 모두가 다 끝이 난다는 의미를 여
기에 기록하여 전한 그 뜻을 알아야
할 것이며,
40 너희들은 그 뜻조차도 모르고 지금 구
원의 길이라 가고 있는 그와 같은 형
국이니라.
41 이를 깊이 깨우쳐 너희들이 행하도록
그리하라.

4,429 번째 하나님 말씀

2003년 1월 4일 10시 24분

1 사랑하는 나의 아들아!
2 내가 성서에 가르쳐 너희들에게 이와
같이 전하였느니라.
3 '그때 큰 환란이 있을 것임이라, 창세
로부터 지금까지 이런 환란이 없었고
후에도 없으리라.' 하는 구절을 거기
에 기록하였으니,
4 그 뜻은 바로 나의 아들 예수가 세상
에 나와 너희들을 깨우치고자 한 이후
의 2천 년의 역사에 흐르는 그 세월을
말하며,
5 지금의 사악한 이때를 말하며 의미함
을 너희들은 알아야 할 것이니라.
6 이는 구약의 시대와 신약의 시대가 지
금보다 더 험악한 시대는 아니었음을
말하는 것이며, 지금같이 험악하지는
아니하였다는 것을 말하는 것이니라.
7 구약의 시대에 모세를 배신하며 우상

을 만들고 그 광란의 짓을 했으며 신
약의 시대에 나의 아들을 그리 죽게
만들었으며 그 뜻을 세상에 전하지 못
하게 했던 사악한 너희들의 뿌리들이
8 지금보다는 그래도 덜 사악했다는 것
이며, 지금보다 더 사악한 백성은 아
니었음이니,
9 그 시대에 그와 같은 모진 짓을 한 지
금의 믿음의 너희들의 조상들이 한 그
만행보다도
10 지금의 너희들이 더 간악하며 더 잔인
하며 더 가혹한 자들로 되어 있으며
사랑이 메마른 자들이 되어 있음이니
라. 그러하니 이와 같은 너희들의 시
대는 다시 없을 것이며,
11 이제 또 나의 법전이 세상에 나와 너
희들을 다스려 나가며 너희들을 벌하
며 심판하여 내가 원하는 백성만이 이
세상에 존재하도록 내가 지금 끌어가
고자 함이니,
12 너희가 감히 구약의 시대와 신약의 시
대보다도 더 사악한 행위를 하는 것을
용서할 수 없다는 의미가 여기에 있음
을 너희들은 알아야 할 것이니라.
13 구약과 신약의 그 사악한 시대요, 지
금은 너희들이 더 사악해져 있으나,
14 앞으로는 나의 법전이 세상에 나오니
더 이상 너희들이 사악해질 수가 없다
는 그와 같은 것을 예언하여 기록한
나 여호와의 뜻임을 너희들이 깊이 깨
우쳐야 할 것이니라.
15 내가 기록하기를, '그날들을 감하지
아니하면 모든 육체가 구원을 얻지 못
할 것이나 그러나 택하신 자들을 위하
여 그날들을 감하리라.' 그와 같이 예
수를 통하여 기록하였음이니라.
16 이는 무슨 뜻인지 너희들이 정녕 깨닫
고 있는가?
17 너희가 회개하고 변하지 않으면 구원
받을 자 하나도 없다는 것이며,
18 새로운 세상을 열지 않으면 너희를 다
버리겠으며,
19 내가 지금까지 너희들이 온 그 모든
형태와 너희들이 가고 있는 그 믿음의
형태를 볼 때,
20 너희들을 다 버리고 손을 놓고자 하며
나의 재앙으로써 너희들을 다스리고
자 하는 그와 같은 것이 나 여호와의
뜻이나,
21 내가 선택한 새로운 백성이, 새로 내
려오는 성경이요, 내가 뜻을 보내며
전하는 새로운 성경, 나의 법전을 세
상에 내려보냈을 때 그를 믿고 따르는
나의 백성들이 있기에,
22 나 여호와가 역사를 다시 이루고자 하
며 다시 새로운 시대를 열고자 하는
그를 위하여 따라오며 그를 믿고 가는
백성들이 있으니,
23 그들로 하여금 내가 인내하고 참고 있
다는 그 뜻임을 알아야 할 것이니라.
24 오늘과 같이 사악한 시대에 마지막 말
세와 같은 시대가 되어 있으나,
25 나로부터 선택된 백성들이요, 나의 새
로운 성경이 내려갔을 때 그를 믿고
따르는 백성들이 있으며 새로운 역사
를 준비할 수 있는 선택된 백성이 있
기에 내가 오늘 너희들을 인내함이니,
26 지금까지 너희들이 살아온 그 형태와
믿음으로써는 너희들 누구 하나도 구
원받을 수 없다 함을 내가 여기에 깊

이 심어 전하는 뜻임을 너희들은 알아
야 할 것이니라.
27 '그러면 사람들이 너희에게 말하되 보
라 그리스도가 광야에 있다 하여도 나
가지 말고 골방에 있다 하여도 믿지
말라.' 내가 성서에 기록하여 그리 전
하였음이니,
28 그 뜻이 과연 무엇인지 알겠는가?
29 새로운 성경이 세상에 나오니 너희들
을 구원하기 시작하며 지금의 종교 집
단들을 내가 그 뿌리를 뽑으며 그들을
사악한 자와 사악하지 않은 자로 구분
하며 심판을 내리는 그 역사가 내려지
며,
30 나의 법전이요, 새로운 성경이 세상에
내려가니 그들이 존재할 수가 없으며
뿌리를 박을 수 없으며 그들이 더 이
상 버틸 수가 없기에,
31 그들은 지금까지 간악한 방법이요, 흉
악한 방법으로써 나의 피조물 만백성
에게 재물을 거둬들이며 물질 만능의
믿음으로 가도록 그리 만들었으며 거
기에 종사하는 백성을 기계처럼 만들
었으나,
32 나의 법전이 세상에 내려가며 이를 보
고 깨우치는 백성이 너희들을 단죄하
며 너희들에게 등을 돌리기 시작할 것
이니,
33 그 백성들이 나의 법전을 정독하기 시
작하며 나의 법전을 사랑하며 이는 정
녕 나 여호와의 뜻이라 생각할 때,
34 지금까지 종교 집단 너희들이 끌고 왔
으며 그들을 이끌어 왔던 것에 대해
그 단죄를 받는 것이 두려워 너희들
스스로 내부에서 변화와 개혁을 이루
기 시작할 것이며,
35 너희들이 개혁과 변화를 이루어 새로
운 방법으로써 나의 많은 백성들을 속
이며 그들을 다시 이끌어 가고자 그리
할 것이니라.
36 그때를 대비하여 내가 너희들에게 내
린 구절임을 알라.
37 나의 법전이 세상에 내려가니, 이를
보고 이는 창조주 나 여호와가 마지막
심판하는 진정한 새로운 성경이라 너
희들 신도들이요, 많은 백성이 읽고
깨우쳐 너희들을 단죄하게 될 때,
38 너희들이 두렵고 무서워 그곳에서 살
아나고자 하여 대변화요, 개혁을 이루
어 새로운 작전으로써 나의 피조물 만
백성을 우롱하며 그들을 이용하고자
할 것이니라.
39 너희들은 그때 그와 같은 자들의 뜻에
따르지 말며, 변화되는 듯이 양의 탈
을 쓰고 있는 그들에게 현혹되지 말라
하여 내가 가르치는 것이니라.
40 지금까지 권좌를 누렸으며 모든 것을
제왕보다도 더 누렸던 그 집단의 종교
지도자들과 그들이 지금 나의 법전에
의하여 변화되는 백성들을 바로잡을
수 없고 돌릴 수 없기에,
41 저희들 자신이 변화되는 새로운 역사
를 이루며 새로운 수법과 새로운 계획
으로써 나의 사랑하는 백성들을 그와
같이 끌고 가고자 하며 너희들을 떠나
지 못하도록 하며 다시 잡아 그 위에
군림하고자 갖은 수단과 방법을 다 동
원할 것이니,
42 그때 그들이 동원하는 그 수법과 너희
들을 이끌어 가고자 하여 너희들에게

전하는 그 모든 말을 너희들이 들어서
또다시 그들에게 이용당하는 그와 같
은 길을 가지 말며,
43 그들이 현혹하고 유혹하며 그들이 새
로 만든 교리를 갖고 너희들을 유혹하
고자 할 때, 너희들의 귀를 막고 들여
다보지 말라 하는 것이 나의 이 뜻임
을 알라.
44 나의 법전으로써 너희들이 스스로 깨
우쳐 읽고 터득하여 구원을 받으면 되
는 것이며,
45 종교 지도자들이 개혁하여 지금까지
의 수법에서 바꿔 달콤한 말로써 너희
들을 제왕처럼 받든다는 그와 같은 권
모술수를 쓴다 하더라도,
46 너희들은 그것이 독약이요, 지옥으로
가는 것이라는 것을 깨달아 그들의 말
에 귀를 기울이지 말라 함이니,
47 그들이 광야에서 기도하든 너희들을
어떤 방법으로 유혹하든, 너희들을 유
혹하고 쓰러트리고자 하는 그 사악한
그들의 계획에 넘어가지 말라 하는 뜻
으로 여기다 기록하였음이니,
48 이제 때가 되어 성서의 문을 열어 너
희들에게 가르침이니 그리 알라.

4,430 번째 하나님 말씀

2003년 1월 4일 10시 31분

1 사랑하는 나의 아들아!
2 '번개가 동편에서 나서 서편까지 번쩍
임 같이 인자가 임함이 그러하리라.'
그리 말하였음이니라.
3 많은 인자가 세상에 나온다 그리 전하
였음이니, 이 뜻은 과연 무엇이던가?
4 새로운 성경이요, 새로운 나 여호와의
뜻이 세상에 나와 번갯불처럼 모두를
다 덮었을 때 많은 백성이 깨우치며,
5 인자요, 나의 성령과 내가 지시하며
내가 원하는 나 여호와와 같은 심성으
로 변하는 백성들이 세상을 덮기 시작
함이니,
6 그것이 곧 하늘에서 이루어진 것같이
지상의 낙원이 이루어지는 역사의 대
변화이니라.
7 그러나 지금 너희들이 가고 있는 종교
집단이요, 지금의 형태로써는 그와 같
은 역사가 이루어질 수 없으니,
8 이는 곧 새로운 성경이 세상에 나와
번갯불처럼 일시에 세상을 다 덮어 버
려 만백성을 깨우침 속에서 바로 볼
수 있도록 하며,
9 지금의 지옥 불로 흘러가는 그들을 잠
에서 깨우는 그 역사의 대변화가 이루
어지는 것을 의미함이니,
10 이는 곧 새로운 성경이요, 나 여호와
의 뜻이 세상에 전해질 때 그와 같은
역사가 이루어진다는 뜻임을 너희들
은 알아야 할 것이니라.
11 이는 곧 무엇이더냐?
12 너희가 지금 나의 법전을 만들고 읽고
깨우치고 있지 아니하는가?
13 내가 160권의 법전을 세상에 내보내
는 것이 새로운 성경이요, 이가 번갯
불이 번쩍하는 그 순간에 세상을 다
덮어 버렸을 때,
14 지금의 종교 집단이 스스로 개혁해 가
며, 거기에 너희들의 뜻에 맞춰 너희
들에게 낮은 자세로 너희들을 이끌어
가고자 하는 그와 같은 사악한 형국으

로 변화되며, 그들이 그와 같은 개혁
을 이룰 것이니라.
15 그때 너희들이 현혹되지 아니하면 되
는 것이며, 거기에 너희들이 현혹되어
서는 영원히 구원을 받을 수 없다는
것을 내가 의미함이니라.
16 세상을 다시 이루기 위하여 내가 나의
성령을 기록하여 세상에 내려보내는
나의 법전이 새 성경임을 너희들이 알
게 될 것이니라.
17 이제는 너희들이 지난 과거의 그와 같
은 방법으로써는, 지금의 종교 집단의
가르침과 너희들의 그와 같은 깨우치
는 것으로써 많은 백성을 하늘에 오르
는 길로 인도한다 하나,
18 너희들의 지금의 종교 집단에서 하는
의식과 교리로써는 의인이 하나도 세
상에 나올 수 없다는 것을 너희들은
알고 있을 것이며,
19 내가 이미 기록하여 너희들에게 전하
여 주었음이니라.
20 그리하여 내가 지금 나의 성령이요,
나의 법전을 세상에 내보내 번갯불과
같이 이 세상을 덮는 순간이 올 것이
니,
21 그때야말로 나의 뜻을 아는 자들이요,
내가 이루고자 하는 것을 알아 나의
법전을 읽고 깨우친 자들이 의인이 수
없이 많이 나와 이 세상을 아름답게
가꾸어 갈 것이니라.
22 그들로 하여금 새로운 세상이 열림을
너희들에게 비유하여 내가 뜻을 알려
줌이니,
23 이와 같은 깊은 뜻을 너희들이 깨우쳐
야 할 것이니라.
24 지금 너희들은 모르느니라.
25 나의 법전 160권이 세상에 나왔을 때
번갯불보다도 빠른 속도로 이 세상을
다 덮을 것이며,
26 만백성이 이를 보고 깨우쳐 진정한 교
리가 무엇이며, 나 여호와가 원하는
것이 무엇이며, 나의 뜻이 무엇이며,
미래에 이루는 것이 무엇이며, 미래에
내가 이루고자 하는 역사가 무엇인가
를 깨달아
27 너희들이 스스로 내가 새로운 시대를
열며 새로운 나라를 이루고자 하는 것
에 동참하는 백성으로서 아름답게 살
아가는 그 마음으로 될 때 곧 그것이
의인이니,
28 의인이 수없이 세상을 덮고 많은 의인
이 세상에 나와 있을 때, 하늘에서 이
루어진 그 역사가 이 세상에서 자연히
이루어짐을 너희들은 알아야 할 것이
니라.
29 그와 같은 역사가 아니고는 절대 이룰
수가 없음이니라.
30 지금 같이 사악하고 추한 모습이요,
너희들이 수천 년 동안 믿어 왔고 하
늘에 오르는 길이라 하여 만백성을 깨
우친다 하여 아집을 부리며,
31 너희들만이 구원의 길이라 부르짖으
며 이웃을 돌보지 않으며 사람으로 취
급하지 아니하고 오만하고 자만해 왔
던 너희들의 믿음으로써는 한 사람도
의인을 만들 수가 없으며, 내 뜻과는
전혀 반대의 길을 가고 있음이니,
32 너희들은 하늘에 오르는 그 길조차도
보지 못하며,
33 너희들을 부르고자 하며 너희들을 구

원하고자 하는 나에게 등을 돌리고 사
탄 쪽으로 지금 두 주먹을 쥐고 달려
가는 그와 같은 형국에 있는 것이 너
희들이니, 이를 어찌하겠는가?
34 그 속에서 어찌 너희들이 의인을 구할
수 있으며, 천사와 같은 마음을 가진
자가 나오며, 나 여호와의 심성을 닮
아 내 뜻을 깨우치는 백성이 나올 수
있겠는가?
35 전혀 나올 수 없음이니라.
36 내가 성서에 비유한 그 뜻을 너희들이
알려면 예수가 하고자 했던 그 뜻을
알 때 너희들이 그 모두를 알 수 있다
하였음이니,
37 예수가 전하고자 하며 이루고자 한 그
역사를 모르는 너희들은 성서의 비유
를 알 수가 없음이니라.
38 그리하여 오늘 내가 그 비밀의 문을
하나하나 열어 너희들에게 깨우쳐 줌
이니,
39 이를 보고도 깨우치지 못하는 자, 이
를 보고도 사탄이요, 사악한 자가 하
는 짓이라 욕하는 자는 영원히 구원받
을 길이 없음을 알라.

4,431 번째 하나님 말씀

2003년 1월 4일 10시 41분

1 사랑하는 나의 아들아!
2 "네, 아버님! 말씀하옵소서."
3 내가 이루고자 하는 것이 무엇이더냐?
4 하늘에서 이루어진 것같이 이 지상에
낙원을 이루어, 내 사랑하는 피조물
만백성 너희들이 이곳에서 아름답게
살다가
5 죄짓지 아니하며 남에게 부끄러운 짓
하지 아니하며 내가 너희들에게 처음
에 내려 준 그 원심의 아름다운 마음
으로 살다 하늘에 올라와
6 영원히 사는 나의 나라에 와 너희들이
영광을 얻도록 하고자 하는 것이 나
여호와의 간절한 뜻이 아니던가?
7 그와 같은 나의 뜻이, 지상에서 내가
원하는 그 모두가 하늘의 영광처럼 이
루어지려면 너희들은 과연 어찌 살아
가야 하는가?
8 가장 이를 방해하며 이 역사를 방해하
며 이루지 못하도록 하는 것이 지금의
저희들만이 위대하다고 믿고 가는 그
굳어진 종교 집단들이며,
9 그들이 마음의 문을 열지 못하는 것으
로 모두가 이루어지지 못하며 그 모두
가 지연되어, 새로운 역사를 천 년의
세월 동안 이루고자 함이니라.
10 지금의 종파들이 2천 년이란 세월이
흘러오면서 그와 같은 하늘에서 이루
어진 영광의 나라를 이루기 위하여 아
름다운 마음으로 변하며 사는 것이 아
니요,
11 저희들이 이기주의요, 저희들의 욕심
이요, 물질 만능의 시대로 믿음을 가
르치며, 진정한 참진리를 가르치지 아
니하는 그와 같은 사악한 자들의 지시
에 따라 지금 이와 같이 극에서 극으
로 가는 사악한 시대가 되었음이니라.
12 그리하니 지금 그와 같이 하늘의 영광
이 이 지상에서 이루어지려면,
13 저만의 믿음이, 저희 집단만이 나 여
호와의 뜻이라 말하는 그 종파에 소속
된 모든 나의 백성들이 깨달음을 얻어

야 할 것이니라.
14 그들이 높이 쌓아올린 그 담을 허물지
아니한다면 정녕 아름다운 이 세상을
너희들로 하여금 이룰 수 없으며,
15 지금 구원의 길이요, 참진리요, 나 여
호와가 저희들만을 사랑하며 저희들
만이 구원을 받았다 하는 그와 같은
우물 안 개구리처럼 되어 버린 그들이
넘을 수 없는 담을 쌓아 놓고 있음이
니,
16 그 담을 넘는 용기 있는 행위가 이루
어지지 아니한다면, 계속 쌓아 올리고
또 쌓아 올리는 그 담을 쌓는 것을 중
단하지 아니한다면,
17 저희들과 같이 가는 종파에 소속되지
아니한 자들을 사람으로 여기지 아니
하며 인간으로 취급하지 아니하는 그
와 같은 넘을 수 없는 무서운 그 벽을
무너트리며 벽을 넘지 않은 한,
18 정녕 아름다운 세상을 만들 수 있는
나의 뜻을 너희들이 이루지 못하게 함
이요,
19 그 뜻을 이루고자 하는 것은 서서히
시간만이 지연된다는 것을 너희들은
알아야 할 것이니라.
20 그 모두를 이루지 못하도록 역사하는
것이 바로 지금의 종파 너희들임을 알
아야 할 것이니라.
21 너희들이 지금 얼마나 사악해져 있던
가?
22 너희들에게 속하지 아니하며 너희들
과 같은 믿음을 가지 아니한다면, 너
희들은 이웃 사람은 물론 형제와 부모
까지도 경원시하는 집단이요,
23 그 종파의 그와 같은 형국이 바로 서
지 아니하면 모든 것은 이루어질 수
없음을 알아야 할 것이니라.
24 너희들은 어찌 살아가는가?
25 너희들이 얼마나 몰인정하고 얼마나
잘못된 인간들이던가?
26 너희들과 같이 가는 사람이 아니요,
같은 종파에 속해 있는 자가 아니면,
27 그가 어떠한 역경과 고통에 처해 있어
도 너희들은 그를 돌보려 하지 아니하
며 나 몰라라 하는 몰인정한 인간으로
변하게 만들었으며, 나 몰라라 하는
것이 당연한 것이며,
28 저희들과 같은 종파요, 같은 소속에
속해 있지 아니하며 같이 가지 않는
백성이 고통과 시련 속에 가며 그가
아무리 위급함에 있어도 그를 구원하
지 않는 것이 당연시되어 버리도록 가
르쳤으며,
29 그것이 나로부터 축복을 받는 것이며
종교 지도자요, 가르치는 그 목자에게
충성을 다하는 것인 것처럼, 그에게
상을 받고 사랑을 받는 것인 것처럼
그와 같이 변질되어 있으니,
30 그와 같은 간교한 믿음이요, 간사한
믿음으로 타락된 나의 백성이 그와 같
은 속에서 벗어나지 못하며 그와 같이
저희들만이 최고라는 그 울타리의 벽
을 허물지 않는다면,
31 이 세상은 너희들이 아무리 무어라 해
도 아름다운 세상으로 이루어질 수 없
는 것을 알아야 할 것이니라.
32 지금 너희들이 살아가는 모습이 어떠
하던가?
33 '너는 너요, 나는 나'라는 식으로 살아
가며 '우리'라는 마음까지도 너희들이

갖지 못하고 사느니라.
34 너희들이 지금 '우리'라는 마음을 갖
지 아니하며 '너는 너고 나는 나'라는
그와 같은 마음만 가지고 산다 해도
35 내가 오늘 나의 아들을 통하여 이와
같이 160권의 법전에 하늘의 뜻이요,
성서의 비유의 뜻을 너희들에게 가르
치는 문을 여는 그 고통의 시간을 갖
지 아니하였을 것이니라.
36 너희들이 어찌 변했으며 얼마나 사악
한 자들로 되었는가?
37 사랑을 베풀며 나눔을 베푼다는 너희
들이 '네 것은 네 것이요, 내 것은 내
것'이라는 형식이 아니라,
38 '네 것도 내 것이요, 내 것도 내 것'이
라는 이와 같은 착각 속에서 사는 것
이 너희들 사악한 종교 집단이 지금
가고 있는 것이니,
39 '네 것은 내 것이요, 내 것도 내 것'이
라는 그 사악한 벽을 넘지 못하는 너
희들이 어찌 만백성을 구원한다 하는
가?
40 그리고 너희들 자신이 구원받았다 그
리 말할 자격이 없음이니, 그와 같이
지금 가고 있는 모든 종파 너희들은
구원의 '구' 자도 너희들 입으로써 뇌
까리지 말라.
41 너희들이 입으로 구원이라는 소리를
그 '구' 자만 부르짖어도 나 여호와가
듣기에 역겨우며 나의 마음이 뒤틀림
을 너희들은 아는가?
42 너희들의 그 음성이 세상을 오염시키
는 것을, 내가 이제 그 입을 봉하며 너
희들의 뿌리를 뽑고자 하는 대역사의
변화가 이루어지고 있음을, 무서움을
너희들은 알라.

4,432 번째 하나님 말씀

2003년 1월 4일 21시 44분

1 사랑하는 나의 아들아!
2 "네, 아버님! 말씀하옵소서."
3 모세가 그 백성을 이끌고 나와 그들을
인도하여 나로부터 선택된 땅으로 가
는 그 기적과 역사를 이루며 그 많은
저희들이 행할 수 없는 역사를 내가
이루게 하였음이니라.
4 그러나 그런 모세가 나로부터 기도하
며 경배하며 나의 계명을 받고자 할
때 그 백성이 과연 어찌하였던가?
5 그들은 우상을 만들며 광란의 짓으로
써 모두가 다 뒤집혔음이니,
6 그는 모세를 배신한 것이 아니요, 나
여호와를 배신한 것이며 나를 능멸하
고 나를 경멸한 것이 아니던가?
7 그것은 그들이 모세에 대한 거부나 모
세에 대한 불만이나 모세에 대한 반박
이 아니요,
8 나 여호와를 향하여 창을 던지며 활을
쏘는 그와 같은 사악한 형국으로써 그
들이 나에게 대적한 역사임을 너희들
은 돌이켜 보고 생각해야 할 것이니라.
9 나에게 창을 던지며 활을 쏘며 나를
능멸하며 나를 핍박한 그 백성이요,
그 후손들을 내가 또 어찌하였는가?
10 그들에게 사랑을 베풀며 내가 무조건
의 사랑으로써 나의 아들을 내려보내
그 후손의 백성들을 구하고자 하는 새
로운 역사의 시대를 열었음이니라.
11 그러나 그 또한 어찌 되었던가?

12 그를 따르며 모두를 배우며 모든 정을
주며 그리도 믿고 신뢰했던 그 제자들
이 예수를 팔아먹으며 그를 등지고 배
신하는 그와 같은 형국의 처참한 꼴이
이루어지지 아니하였던가?
13 그리하여 나 여호와를 경배하며 나를
믿으며 율법에 살아간다는 그 백성들
이 저지른 일이 무엇이더냐?
14 나의 아들 예수를 그리 팔아먹고 넘겨
주며 그 처참한 형국으로써 나의 아들
을 죽게 하였음이니,
15 그것이 또한 너희들이 두 번째 행한
행위이니라.
16 그것 또한 너희들이 나의 아들을 핍박
하여 죽게 한 것이 아니요,
17 나 여호와에게 창칼을 대며 나를 핍박
하며 나를 죽게 하였으며 나에게 그
모두의 사악한 행위를 직접 한 것이나
무엇이 다르던가?
18 너희들은 그리 나를 죽이는 행위를 했
음이니라.
19 나의 아들은 나와 같다 하며 삼위일체
라 부르짖는 너희들의 지금의 믿음의
세계에서 볼 때, 그 예수는 누구였던
가?
20 곧 나라 너희들이 말하지 아니하던가?
21 나와 같다 말하지 아니하는가? 나의
아들은 그것도 나의 명을 받아 세상에
나갔으니 나와 같음이니,
22 나를 능멸하고 나를 짓뭉개며 나를 저
주하며 원망하는 그와 같은 형용할 수
없는 작태를 부린 것이 너희들이니,
23 그는 예수에게 행함이 아니요, 나 여
호와에게 너희들이 직접 그와 같은 행
위를 했음을 알아야 할 것이며,
24 그 뜻을 깨우치고 그와 같은 것으로써
너희들이 깨달아 받아들이며, 너희 조
상이 얼마나 사악하고 음흉했던가 하
는 것을 너희들은 깨닫고 봐야 할 것
이니라.
25 내가 나를 믿는 모세를 보냈을 때 너
희들이 그 모세를 통하여 나를 능멸하
였으며,
26 나의 아들 예수를 보냈으나 또한 그를
너희들이 짓밟아 나를 짓밟는 그와 같
은 행위를 했으며,
27 나를 저주하며 나를 기억도 아니 하는
그와 같은 행위를 하였음이니라.
28 그리하여 지금 2천 년의 역사가 흘러
와 나와는 관계도 없는 사악한 무리들
이 세상을 덮어 나의 사랑하는 백성을
지옥으로 이끌어 가는 그와 같은 형국
이 벌어지고 있음이니,
29 내가 너희들을 보기를 또 가슴 아파하
여 지금 새로운 시대의 역사를 이루고
있음이니,
30 나 여호와의 사랑이며 나 여호와의 희
생이 과연 어떠하던가?
31 내가 이보다 더한 희생이요, 이보다도
더한 고통의 시련을 겪어야 너희들이
바로 서고 바로 볼 수 있겠는가?
32 내가 다시 나의 성령을 내려보내어 너
희들을 심판하며 너희들을 구원하는
마지막 기회를 너희들에게 다시 한 번
내려보냄이니,
33 나 여호와의 사랑이요, 내가 베푸는
마음의 뜻을 너희들이 깨우쳐야 할 것
이니라.
34 그러나 지금 너희들은 어찌 가고 있는
가?

35 나의 아들 예수를 죽게 했던 그것보다
도 더 간악한 방법으로 더 간악한 수
법으로써 모든 사탄들이 힘을 합하여
나의 법전을 세상에 나오지 못하도록
하며,
36 이는 이단이요, 사탄이요, 사악한 자
가 기록한 것이라 하여 이 법전을 들
여다보지 못하게 하며 보지도 못하게
하는 그와 같은 죄를 짓고 있음이니,
37 그 죄를 너희들이 어찌 다 받으려 하
는가?
38 너희들은 깨우쳐 주어야 할 것이니라.
39 여기서 가장 어리석은 백성이요, 잘못
가는 믿음은 저만이 나 여호와로부터
구원을 받으며 저만이 구원을 받는 자
라 생각하고 착각하는 것이니,
40 그와 같은 너희들의 마음의 벽을 무너
트리지 못하고 그와 같은 생각에서 벗
어나지 못한다면,
41 우물 안 개구리와 같은 믿음으로 가고
있는 너희들의 종교 집단이 바로 사탄
이요, 이단이요, 사악한 자요, 이방인
이라는 것을 잊지 말라.

4,433 번째 하나님 말씀

2003년 1월 4일 21시 51분

1 사랑하는 나의 아들아!
2 "네, 아버님! 말씀하옵소서."
3 너희들이 살아가면서 참진리요, 진정
한 진리의 길을 잘못 가고 잘 가는 것
을 너희들이 알 수 있지 아니하는가?
4 참진리의 길과 참진리의 길이 아닌 것
은 살아가면서도 엄격히 이를 볼 수
있으며 구분할 수 있는 것이 너희들이
지금의 살아가는 지혜의 능력이거늘,
5 어찌하여 너희들은 이를 엄히 다스려
구분하려 하지 아니하는가?
6 너희들은 알아야 할 것이니라.
7 참진리요, 나 여호와의 가르침은 나의
백성들을 순화시키며 순리에 따라 살
아오도록 변화시키는 것임을 알아야
할 것이니라.
8 참진리가 아니며 사탄의 가르침은 너
희들을 순화시키는 듯하나, 다 자기
중심이요, 자기 사랑으로 변화되도록
하며 가슴에 사랑을 메마르도록 하는
것임을 너희들은 알아야 할 것이니라.
9 나로부터 받아 가지고 나간 인간의 인
성은 그와 같은 본래의 마음으로 살
아가 너희들이 나에게 오르는 길을 올
수 있는 것이나,
10 내가 너희들을 세상에 내보낼 때의 아
름답고 착한 그 인성의 본래의 마음이
지금 사탄의 잘못된 가르침에 의하여
동물적으로 변하며,
11 동물적으로 변하기 시작하는 나의 백
성들은 이기적인 형태로 변화되어 이
아름다운 낙원을 폭력과 파괴로 얼룩
지도록 그리 만들고 있음이니,
12 그것이 사탄으로부터 배운 백성들이
하는 짓이요, 사탄에 물들어 가며 사
탄의 종으로서 움직이는 나의 백성들
이 하는 행위이니,
13 이와 같은 형태를 본다면 너희들은 이
를 구분할 수 있을 것이거늘,
14 어찌하여 이 엄연한 현실 속에서 나의
백성들이 깨우침을 얻지 못하며 악과
선을 구분하지 못하며, 참진리요, 악
의 가르침이라는 것을 구분치 못하는

가?
15 이와 같은 형국이 되어 있음이니, 나
여호와의 마음이 오죽이나 고통스러
우며 인내할 수 없으면 밤과 낮을 가
리지 아니하고 나의 아들을 통하여 나
의 성령을 책으로 만들어 너희들에게
전하겠는가?
16 나의 법전의 160권이 세상에 나오는
것도 너희들은 그리 말하느니라.
17 나 여호와의 참진리요, 뜻이 아니라,
선한 양의 탈을 쓰고 있는 이리와 같
은 것이라 표현하며,
18 그리하여 나의 백성들에게 이를 보지
못하게 하며 읽지 못하도록 너희들이
그리 가르침이니,
19 어찌하여 너희들은 나의 법전에 과연
무어라 기록되어 있나 그 뚜껑을 직접
열어 그를 체험하고 깨닫는 길로 선택
하지 아니하는가?
20 나의 법전을 너희들이 열고 접할 때
나 여호와가 너희들과 같이한다는 이
뜻을 내가 기록하여 전하였거늘,
21 어찌하여 너희들은 이 깊은 뜻을 알려
하지 않으며 들으려 하지 아니하는가?
22 너희들은 들어야 할 것이니라.
23 나의 160권의 법전이 세상에 나가는
것을 거짓 탈을 쓴 이리와 같다 너희
들이 그리 말함이니,
24 나의 법전 160권에 기록되어 있는 그
내용이 끝까지 너희들을 악으로 변하
도록 하거나 악으로 가는 길을 가르치
도록 그리 기록된 글귀가 없으며 너희
들을 그리 깨우치는 것이 아니며,
25 너희들이 참진리요, 인간의 그 인성을
되찾는 데 너희들을 깨우치도록 하며,
천사와 같은 마음으로 너희들이 변해
갈 수 있도록 나의 법전의 160권이 처
음서부터 그 끝을 맺을 때까지 변함이
없이 그와 같은 내용으로 너희들에게
전하는 것이라 하면, 너희들은 과연
어찌하겠는가?
26 너희들이 그때 이미 때는 늦음이니라.
27 그러니 지금 육이 살아 있는 시점에서
너희들이 구원을 받을 수 있는 그 기
회를 놓쳐서는 아니 될 것이니,
28 잘못 가르치는 종교 지도자들이요, 잘
못 이끄는 너희들의 종교 지도자들의
그 말에 현혹되지 말라.
29 내가 무어라 말하였더냐?
30 인생 중에 살아가면서 가장 불행한 사
람이,
31 잘못 가는 종교 집단으로 너희들을 데
려가고자 권고하며 안내하는 자로 인
해 끌려가는 그가 가장 불행한 백성이
라 내가 너희들에게 말하였으니,
32 너희들은 그와 같은 곳에 끌려가는 것
을 다시 한 번 돌이켜, 가던 발길을 멈
추며 나의 법전을 열어 진정한 길이
무엇인가를 스스로 깨달아 구원을 받
는 그 영광을 얻도록 해야 할 것이니
라.
33 지금 내가 나의 백성들을 통하여 너희
들에게 전하나니, 나의 아들의 제자로
서 선택된 백성이요, 그리고 나의 법
전을 읽은 백성, 너희들은 세상의 무
엇보다도 소중하고 귀한 것이 나의 법
전이라는 것을 깊이 깨우쳐,
34 그 귀하고 소중한 것을 남에게 보여
주며 남들이 볼 수 있도록 그들에게
설명하는 그와 같은 것에 게을리하지

말도록 그리 전하라, 사랑하는 나의
아들아!

4,434 번째 하나님 말씀

2003년 1월 4일 21시 55분

1 사랑하는 나의 아들아!
2 "네, 아버님! 말씀하옵소서."
3 네가 눈물의 기도를 나에게 그리 드렸
느니라.
4 네가 왕사탄이라 하여도 네가 나 여호
와의 뜻에 거역하지 아니하며 그리 살
아갈 것이니,
5 너를 따르는 너의 제자들을 영원히 구
원해 주는 아버님의 은혜요, 은총과
영광이 없다면 너는 감히 이 길을 갈
수 없다 나에게 그와 같이 말하였으며,
6 너의 제자들을, 그 착하고 선한 너의
제자요, 나로부터 선택된 아들딸들을
구원하는 확고한 답을 주지 아니한다
면 네가 정녕 이 길을 갈 수 없을 것
같다며 네가 눈물의 기도를 드렸으며
그 답을 나에게 달라 그리 말하였음이
니라.
7 나는 너의 그 마음을 아느니라.
8 네가 너의 제자들을 사랑하며 네 제자
들이 너를 따라 변하고자 하는 마음을
아느니라.
9 너의 제자들이 아무리 변하고자 노력
하여도 그들이 정녕 깨우치지 못하는
것을 네가 불안하게 생각하여,
10 그들을 아끼기에 그들의 잘못된 점을
나 여호와의 사랑으로써 덮어 그들을
다 구원의 길로 인도하여 주십사 하는
그와 같은 애절한 마음의 뜻을 나는
알고 있느니라.
11 너는 비록 지옥으로 간다 해도, 너를
믿고 지금 따라가며 나의 법전을 듣고
공부하는 그 백성이 구원을 받지 못하
며 지옥으로 가는 것을 네가 더 두려
워하고 무서워하며 그와 같은 답을 달
라 네가 그리 나에게 눈물로써 기도함
이니,
12 내가 너에게 답을 주지 아니하였던가?
13 바로 그 답이니라.
14 그를 너의 제자들에게 일깨워 주며 그
제자들에게 가르쳐 주어, 그들의 마음
을 다스리며 그들의 마음을 추스르는
것부터 먼저 할 수 있도록 그리 네가
행하도록 하라.
15 나 여호와가 네 마음을 아느니라.
16 너의 제자들, 순박한 그들을 하나하나
사랑하며, 네가 죽어도 그들은 구원의
길을 가기를 바라며,
17 네가 죽어도 그들은 살리고 싶어 하며
지옥의 길에서 구원하고자 하는 그 마
음을 내가 아느니,
18 너희들이 인간 세상에서 자신은 먹지
못하여도 자식은 먹이고 싶으며, 자신
은 헐벗어도 자식은 입히고 싶으며,
자신은 죽어도 자식은 살리고자 하는
그 부모의 마음보다도
19 네가 더 진하고 애절한 마음으로 나에
게 눈물의 기도를 드리기에 너의 제자
들이 구원을 받을 수 있는 그 답을 내
가 너에게 깨우쳐 주었음이니,
20 그를 너의 제자들에게 직접 전하여 그
들이 바로 설 수 있도록 그리하라, 사
랑하는 나의 아들아!

4,435 번째 하나님 말씀

2003년 1월 4일 22시 03분

1 사랑하는 나의 아들아!
2 "네, 아버님! 말씀하옵소서."
3 이 세상 그 모두를 창조하였으며 이
자연의 모두를 세상에 내려보내어 이
를 존재하도록 한 나 여호와이니,
4 육의 형태를 가지고 있으며 눈으로 보
이는 것은 창조주가 아니며 신이 아니
며 절대적인 나 여호와가 아니라 내가
너희들에게 수없이 깨우쳐 주었음이
니라.
5 정녕 나는 너희들이 볼 수도 없으며
들을 수도 없으며 만질 수도 없는 나
여호와요, 오로지 창조주요, 절대적인
나 여호와는 하나뿐이니라.
6 그러니 이 세상에 그 누구도 이룰 수
없으며 공의롭게 자기 자신을 지키지
못하는 나의 백성 너희들은 과연 어떠
하겠는가?
7 내가 이 모두를 창조하였으며, 인간
너희들이 지키지 못하며 공의롭게 살
아가지 못하는 그 마음에 나 여호와마
저 흔들려 그와 같이 공의로운 하나님
이 못 된다 하면, 과연 너희들은 어찌
되겠는가?
8 나 여호와는 세상을 창조한 자요, 만
백성을 내가 창조했으며 이 세상에 너
희들이 살아가는 지구상의 모든 움직
이는 동물이요, 미물이요, 모든 식물
까지도 다 내가 창조하여 세상에 내려
보냈음이니,
9 곧 나의 뜻은 법이요, 공의요, 정의임
을 너희들은 알아야 할 것이니라.
10 나 여호와만큼은 공의로운 하나님으
로서 존재하며, 어떠한 것도 타협이
있을 수 없으며 잘못된 불의를 용서함
이 없는 것이니라.
11 그 불의를 보고도 덮어 둘 수 있는 나
여호와가 아님을 너희들은 알아야 할
것이니라.
12 창조주인 나 여호와가 공의롭지 못하
다 하면 이 세상은 정녕 통제할 수 없
으며 너희들이 걷잡을 수 없는 혼란
속에 빠져들어 감이니,
13 지금의 이 시대보다도 더 사악한 형국
으로 변화되는 그와 같은 너희들의 변
화가 이루어질 것이니라.
14 너희들은 먹이를 하나 놓고 그를 차지
하기 위해 수만 마리가 싸워 대드는
독수리 떼와 같은 그와 같은 형국이
될 것이며,
15 너희들의 지상은 스스로 파괴되며 너
희들조차 존재할 수 없는 그와 같은
무서운 형국으로 변화될 것이니,
16 이 세상을 창조한 나 여호와만이라도
공의로운 하나님이요, 너희들이 말하
는 공의로운 그 자세를 지키고 있기
에, 나 여호와로서 그와 같은 자세를
지키며 내가 존재하기에 너희들이 그
나마 지금 지키고 견딜 수 있다는 것
을 알아야 할 것이니라.
17 사랑하는 나의 아들딸들아!
18 나 여호와는 공의의 하나님이요, 정의
로움을 지키며 진리로써 너희들에게
모두를 비추어 주는 나 여호와가
19 너희들이 무엇을 얻고자 무엇을 구하
고자 너희 나름대로 급하고 너희 마음
대로 조급하다 하여 무엇을 얻고자 원

하는 것을 내가 너희들에게 들어준다
하면,
20 나 여호와가 과연 공의의 하나님이겠
는가?
21 나의 법전을 만들고 깨우쳐 읽는 너희
들이 소중한 것은 내가 두말할 것도
없으며 이 세상 그 무엇과도 바꿀 수
없으나,
22 너희들이라 하여 내가 특별히 무엇을,
너희들이 얻고자 하며 이루고자 하는
그 마음의 뜻을 다 들어준다 하면, 나
는 만백성을 사랑하는 공의의 하나님
으로서의 그 자세를 지키지 못함이니,
23 그리되었을 때 이 세상은 하루아침에
혼란과 파괴와 재앙으로 덮인다는 것
을 알아야 할 것이며,
24 통제할 수 없는 그와 같은 무질서한
형국으로 변하게 됨이니라.
25 서로 살인을 하며 동족과 동족 간에
전쟁을 하는 그와 같은 무서운 형국으
로 벌어지는 형태가 올 것이며, 형제
도 없으며 부모도 없으며 이웃도 없는
그와 같은 것으로 변화될 것이니라.
26 그와 같기에 나 여호와가 공의로운 마
음이요, 나 자신을 지키며 내가 진리
만을 갖고 너희들을 사랑하며 지켜 가
거늘,
27 너희들이 무엇인가를 얻고자 그 고통
의 아픔을 나에게 전하며 너희들이 구
원을 받고 얻고자 한다는 것은 바로
너희들도 마음속에 가지고 있는 욕심
을 정녕 버리지 못한 것이니라.
28 너희들이 지금 욕심을 버리며 나의 법
전을 보고 천사와 같은 마음으로 변하
고 살아가고자 하니,
29 너희들이 세상 것을 다 잃는 것 같으
며 너희들만이 손해를 보며 너희들만
이 바보 같은 삶을 사는 것이며,
30 너희들 같은 자는 이 세상에 존재할
수 없으며 너희들 같은 자는 처자식도
관리하지 못하는 무능한 자로 전락되
는 것 같은 불안과 공포를 느낄 것이
니라.
31 그러나 너희들은 알아야 할 것이니라.
32 너희들이 천사와 같은 마음으로 변하
는 것이 나 여호와에게서 그 상이 얼
마나 위대하고 큰 것인가를 너희들은
모를 것이니, 반드시 그 상을 받게 될
것이니라.
33 그러나 너희들이 악을 행하고 죄를 지
으며 그와 같이 사악한 방법으로써 행
하고 살아갔을 때, 내가 너희들을 벌
하지 아니하여도
34 죄지은 자, 악한 자, 악한 짓을 한 자,
사악한 행위를 하며 사탄이요, 그와
같은 마음을 가지고 산 백성은 저희들
스스로 넘어지게 되어 있으며,
35 제가 지은 대가를 저희들이 스스로 찾
아가 그 대가에 대한 벌을 받도록 되
어 있음이니,
36 그를 하나도 변하지 못하며 모면하지
못하며 내가 관장하는 그 죄의 심판을
벗어날 수 없음을 너희들은 알라.
37 지금은 저희들이 가장 행복하며, 저희
들이 유리하며, 이득을 많이 보고 살
며, 행복한 자며 영리한 자라 생각하
나,
38 너희들이 짓고 사는 그 죄는 하나도
빠짐없이 스스로 너희들이 그 죄의 대
가를 받기 위하여 내 앞에 와 그와 같

은 죄의 대가를 너희 스스로 치르는 그 길을 가지 아니하면 아니 됨을 너희들은 알라.

39 그리하여 너희들이 그 고통과 시련을 겪는 것을 내가 볼 수 없어 나의 백성들을 구원하고자 하여,

40 내가 구약과 신약의 그 시대에 나를 짓밟고 나에게 창칼을 대며 나를 능멸하며 나를 모욕했던 그 모두를, 나 여호와를 잊어버리며 나를 따르는 것이 아니요,

41 사탄의 세계로 가 사탄에게 힘을 주는 그와 같은 사악한 자들로 나의 백성이 그리 전락해 가도

42 내가 너희들을 버리지 아니하고 마지막 다시 한 번의 기회를 주는 이 역사의 뜻을 깊이 깨우쳐, 나의 법전을 정독하고 깨우치도록 그리하라.

43 이를 정녕 깨우치지 못하는 자 구원의 길을 볼 수 없음을 내가 수천 번 나의 법전에 전하여 기록함이니, 너희들은 이를 깊이 깨우치는 눈을 뜨도록 하라.

4,436 번째 하나님 말씀

2003년 1월 4일 22시 13분

1 사랑하는 나의 아들아!

2 "네, 아버님! 말씀하옵소서."

3 내가 너희들의 변화의 역사는 계주를 하는 것과 같이 구분된다 말하였음이니라.

4 그리하여 구약의 시대는 모세가 이룰 그 역사의 한계가 있으며, 또한 신약의 시대는 나의 아들 예수가 이루는 그 한계의 부분이 있는 것이니라.

5 지금은 나의 법전이 세상에 내려오니 이 법전이 또 이루어야 할 한계가 있으며 역사할 것이 다 단계적으로 구분되어 있음을 너희들은 알아야 할 것이니라.

6 너희들은 이를 인정해야 할 것이며 이를 받아들여 너희 것으로 만들어야 할 것이니라.

7 이를 거부하고 그렇지 않다고 고개를 좌우로 흔드는 백성이 있으며 종교 지도자들이 있다 하면, 너희들은 나 여호와의 뜻을 거역하는 것이며 하늘의 뜻을 거역함이니,

8 너희들이 지옥으로 가는 것은 내가 관계치 않으나, 나의 사랑하는 백성들까지 지옥으로 이끌고 가는 그와 같은 우를 범하는 죄, 그게 얼마나 참혹한 것인가를 너희들이 알게 될 것이니라.

9 구약의 시대에 모세가 존재하던 그 역사에는 그 당시 일부분의 백성이요, 선택된 백성들에 의하여 부분적인 깨우침을 전하도록 하였으며,

10 그 시대 일부분에 대한 집중적인 깨우침이요, 가르침을 이루고 나의 피조물 만백성을 다스리는 그 역사의 한 토막이었음이니라.

11 전체 세상의 모든 인류를 위한 깨우침이 아니요,

12 부분적인 인원에 의하여 제한된 인구에 의하여 제한된 가르침으로써 제한된 역사로써 일부분을 담당하여 나 여호와가 존재하는 그 역사의 한 페이지의 장을 열었음이니라.

13 그리고 신약의 시대는 또한 어떠한 것이던가?

14 나의 아들 예수 또한 부분적인 깨우침
이요, 그는 한정된 그 백성들을 위하
여 한정된 속에서 만백성에 대한 일부
분을 깨우치고자 하여 그 시대에 역사
하였음을 너희들은 알아야 할 것이니
라.
15 그리하여 나의 아들 예수는 설교로써,
말로써, 그리고 너희들이 말하는 구전
의 복음 전파로써 모든 그와 같은 방
식으로써 일부분의 가르치는 것에만
국한되어 있으며,
16 제한된 백성에게 제한된 그 시대에 제
한된 부분에 대한 깨우침을 이루고자
했던 것이 나의 아들 예수가 이룬 것
임을 너희들은 알아야 할 것이니라.
17 지금 제3의 시대는 그렇지 아니하니
라.
18 이제는 모든 백성이요, 만백성을 위하
여 내가 이를 전하고자 하며,
19 하나의 통일된 방법으로써 나를 찾으
며 나에게 기도하는 그 음성이요, 뜻
과 행하는 것이요, 그 뜻을 이해하는
그 자체를 하나로 묶어 통일하여 나에
게 경배하며 너희들이 깨우침을 얻도
록 하고자 하는 그와 같은 방법밖에
없음을 알라.
20 몇백 년, 몇천 년의 세월이 흐른 다음
에 지금 나의 아들로부터 강론을 들으
며 나의 법전을 보고 배운 백성들은
극소수의 제한된 사명이 있듯이,
21 지금 몇천 년이 흘렀을 때 너희들은
지금에 존재하는 나의 아들딸이요, 나
의 아들을 따라서 법전을 만들며 이를
전파하며 역사를 했다는 선택된 백성
들의 임무가 있듯이,
22 모세는 모세로서의 임무가 있었으며
예수는 예수로서의 그 부분적인 임무
가 있었음이니라.
23 그러나 지금의 제3의 시대는 모든 인
류를 다 구원하고자 하는 역사를 이루
는 것이 나 여호와의 뜻이요, 내가 그
리하여 직접 관장함을 알라.
24 나의 160권이요, 그리고 나의 아들을
통하여 내리는 모든 나의 성령의 가르
침을, '인자가 번갯불처럼 온다' 했듯
이, 일순간에 이 세상에 전하고자 하
며 이 세상을 덮고자 하여 만백성을
구하는 대역사가 정녕 이루어지는 것
이니,
25 바로 이 지상에 사는 모든 백성을 하
나로 깨우치며 하나의 언어로써 통일
하며 하나로 묶어 너희들이 하나가 될
수 있으며 깨달을 수 있는 그 역사는
지금만이 이루어지는 시대임을 너희
들이 알아야 할 것이니라.
26 모세의 시대는 이와 같은 역사가 있기
위하여 그 기초적인 단계요, 일부분의
그 역사로써 그들이 존재하였으며,
27 예수의 시대 또한 오늘의 마지막 제3
의 시대가 오는 그 역사의 기틀을 위
하여 준비되어 부분적인 임무를 맡아
행한 것이거늘,
28 너희들은 그로 인하여 모두가 역사하
며 그로써 구원을 받으며,
29 그것이 모두 이 세상에 너희들이 새로
운 시대를 열어 가는 데 적용되는 그
와 같은 뜻이라 그리 알고 있음이니,
그게 아님이니라.
30 그리하여 이제 번갯불이 세상을 하루
아침에 비춰 지나가듯이,

31 나의 제3의 시대에 새로운 성경이 이
세상을 덮어 내가 원하는 그 새로운
시대를 열며 한 백성으로 묶는 그 대
단원의 역사는 지금서부터 시작함이
니라.
32 그를 위하여 구약의 시대와 신약의 시
대요, 모세가 존재했으며 나의 아들
예수가 세상에 나와 존재하였음이니,
33 지금은 바로 나의 법전이 나의 성령이
요, 내가 직접 내려가 너희들을 관장
하며, 그리하여 나 여호와가 직접 관
장하기에 내가 이 세상을 밝히는 그
생명의 빛을 내려보내는 것은 지금의
시대요, 나 여호와의 시대요, 내가 이
루는 그 역사를 위하여 이루어지는 것
임을 너희들은 깨우쳐 너희 것으로 만
들도록 그리하라.
34 이를 거부하는 자, 이를 부인하는 자,
이를 듣지 않는 자는 나 여호와를 짓
밟는 자며, 나 여호와가 존재함을 믿
지 않는 자니,
35 너희들이 나를 찾고 구원의 길에 기도
드리지 말며 나의 이름을 찾지도 말며
나에게 기도드리는 그와 같은 행위를
하지 말라.
36 나는 그를 듣지 아니함이니라.

4,437 번째 하나님 말씀

2003년 1월 4일 22시 28분

1 사랑하는 나의 아들아!
2 "네, 아버님! 말씀하옵소서."
3 밤과 낮을 가리지 않고 너를 달구어
내가 너를 통하여 세상에 내려보내는
이 대장정의 160권의 법전이 무엇이
라 말하였느냐?
4 구약과 신약의 시대를 지나 총결산으
로서 모든 심판의 역사가 이루어지며,
5 온 세상의 나의 피조물 만백성을 구원
할 자와 구원하지 못할 자, 버릴 자와
구원할 자, 그리고 저희들이 깨달아
구원의 길을 올 자와 오지 못할 자로
그와 같이 구분하는 그 대역사의 길이
나의 법전으로 하여금 이루어지는 것
이며,
6 그를 위하여 내가 지금 너를 달구어
이 법전을 세상에 내보낸다 하였음이
니라.
7 그러니 창조주요, 절대자인 내가 창조
한 나의 피조물 만백성을 구원하고 구
원하지 않는 그 역사의 심판을 하는
그 법령을 지금 내려보내고 있으니,
내가 이를 내려보내는 것은 과연 무엇
이던가?
8 나의 백성을 버리고자 하는 것이더냐,
내가 너희들을 버리고자 하는 것이던
가, 내가 너희들의 손을 놓고자 하는
것이던가, 구원의 길에서 내가 너희들
을 멀리 보내고자 하는 것이던가?
9 내가 너희들을 사랑하고 아끼기에 너
희들을 구원의 길로 인도하고자 하는
나 여호와의 마지막 절규와 같음을 너
희들은 알아야 할 것이니라.
10 그러니 나 여호와가 만백성을 구하고
자 역사하며 내가 이루고자 하는 법전
을 세상에 내보내니, 나로부터 선택된
나의 백성은 나의 법전을 전하는 것이
누구의 역사에 의해 누구의 뜻을 위하
여 하는 것인가?
11 너희들이 인간 세상에 부모의 뜻을 위

해서 하는 것이던가, 상사의 뜻을 위
해서 하던가, 너희들의 조직의 단체에
서 원하는 것을 너희들이 하고 있는
것인가?
12 그와 같은 것이 아니니라.
13 너희들이 나의 법전을 만들어 세상에
전하는 그 대역사를 이루는 것은 나
여호와의 일을 대신하는 것이며,
14 내가 해야 할 그 모든 고충이요, 어려
운 일을 너희들이 대신해 주는 나의
사랑하는 아들딸이라는 것을, 너희들
이 잠시도 그 생각을 잊어서도 안 되
며 너희들의 머릿속에서 그 생각을 지
워서도 아니 될 것이니라.
15 너희들이 나의 법전을 전하는 것은 나
여호와가 하고자 하는 그 뜻을 너희들
이 대신하여 짐을 지고 뛰고 있는 것
임을 알라.
16 나를 대신함이니라.
17 법전을 전하는 것은 나 여호와의 일이
며, 내가 역사하고자 하는 것이며, 내
가 간곡히 이루고자 하는 그 뜻을 이
루기 위하여 너희들이 지금 내 일을
대신하고 있는 것이니 그리 알라.
18 나 여호와 창조주를 대신하여 너희들
이 이룸이니라.
19 나는 빛이요, 형체가 없으며, 너희들
에게 보여 줄 것이 없는 나 여호와이
니라.
20 나의 법전을 가지고 책으로 만들어 주
었음이니, 이건 인간 세상에서 너희들
이 읽고 깨우치며 너희들이 전하여야
할 것이며, 만백성을 깨우치는 데 그
들의 가슴에 심어 주어야 할 것은 형
체를 가지고 있는 너희들이 해야 할
일임이니,
21 너희들이 나 여호와를 대신하여 내 일
을 역사하고 있다는 자부심을 가지고
살아야 할 것이며, 그 자부심 또한 너
희들이 잠시도 버려서는 아니 될 것이
니라.
22 나 여호와가 새로운 시대의 기초를 이
루고 새 역사를 이루고자 할 때, 반드
시 그 기초요, 터전이 필요한 것이니
라.
23 지금 나의 법전을 전하고 새로운 역사
의 나의 뜻에 따라 나의 일을 대신하
는 것은 새로운 시대를 여는 그 기초
를 다지는 준비를 너희들이 이루고 있
음을 알아야 할 것이니라.
24 무더운 뙤약볕에 먹이를 나르는 개미
들의 그 역사함과 같이 나의 사랑하는
아들딸들이 나의 법전을 들고 역사하
는 그 모습이 그보다 더 아름다움이
니, 나 여호와의 기쁨이 과연 어떠하
겠는가?
25 나 여호와가 천국이요, 하늘에서 이루
어진 그 모든 형체를 이 지상에 그대
로 이루고자 하는 것이니,
26 하늘에서 이루어진 것같이 이 땅에서
이루어지는 천국과 같은 새로운 세상
을 이곳에 열고자 준비하는 이 사업
을, 이 역사하는 것을 너희들이 대신
하고 있음을 알아야 할 것이니라.
27 나의 법전을 전하는 것이요, 나의 법
전을 만백성에게 보급하는 것이 무엇
이던가?
28 새로운 역사를 이루는 데 그 일꾼들이
그 터전을 닦아 나와 더불어 새 시대
를 열어 가며, 나의 백성들을 악에서

구원하며 잘못 가는 길에서 참진리의
길이요, 영원히 구원을 받는 나의 길
에 오를 수 있도록 너희들이 그들을
깨우쳐 주며, 나의 뜻인 복음을 전하
는 그와 같은 역사를 하고 있는 것이
너희들이니라.
29 너희들이 그와 같이 나의 뜻을 위하여
나를 대신하여 내가 역사하는 그 뜻을
따라 움직이고 뛰어다니며 노력하는
그 모습을 바라보는 것이 나 여호와의
가장 큰 기쁨이요, 나의 행복임을 너
희들이 알아야 할 것이니라.
30 너희들이 지금 움직이고 뛰는 그 모습
이야말로, 법전을 들고 만백성에게 조
심히 법전을 전하며 그들을 깨우치고
자 뛰고 또 뛰며 움직이는 그 모습이
야말로 가장 나에게 행복함임을 너희
들이 알아야 할 것이니라.
31 모든 백성에게 나의 법전을 전하여 모
두를 구하고자 하는 것이 나 여호와의
뜻임을 너희들은 알라.
32 나는 모든 백성을 구하고자 함이니라.
33 어떠한 형국에 있든, 죄를 지은 자요,
부족한 자요, 잘못된 자라 할지라도
그 모두를 다 구원하고자 하는 것이
나 여호와이니라.
34 나의 아들딸이기 때문이니, 너희들이
그 일을 대신하고 있는 자들임을 알라.
35 그리하여 너희들은 잠시도 쉬지 말고
나의 법전을 전하는 데 최선을 다하라.
36 오로지 나의 법전만이 너희들이 새로
태어나는 생명의 빛이요, 새로 태어나
구원의 길을 볼 수 있는 것임을 너희
들이 잊어서는 아니 될 것이니라.
37 정녕 너희들이 이를 알 날이 머지아니
하였거늘, 어찌하여 나의 이 애절한
뜻을 너희들이 듣지 아니하며, 몸부림
치며 절규하는 나의 음성을 듣지 아니
하며,
38 내가 내리는 나의 성령의 뜻을 어찌하
여 한 번도 들여다보지 않으려 하는
어리석은 백성으로서 남고자 하는가?
39 이를 깊이 깨우쳐 전하도록 하라.

4,438 번째 하나님 말씀

2003년 1월 4일 22시 51분

1 사랑하는 나의 아들아!
2 "네, 아버님! 말씀하옵소서."
3 나 여호와가 이 지상을 만들며 세상을
창조하여 너희들에게 내려보낸 그 길
고도 긴 역사 속에서, 너희들이 구약
과 신약의 그 많은 세월을 지나오는
세월 속에서 지금처럼 너희들이 사악
하며 추악한 그와 같은 시대는 없었으
며,
4 남을 속이며 거짓 하며 권모술수요,
그와 같은 형국이 지금처럼 이루어진
시대는 없었음을 너희들은 알아야 할
것이니라.
5 대홍수로써 내가 심판하던 그때도 지
금처럼 이와 같이 사악한 시대는 아니
었음이니라.
6 그때보다도 더 무섭고 더 사악한 나의
백성으로서 변질되어 있음이니, 구약
과 신약의 몇천 년 동안에 성서에 사
랑을 베풀고 살아야 구원을 받는다 가
르치고 가르친 종교 집단들, 너희들의
그 결과의 산물이 바로 이와 같은 형
국이 되었음이니라.

7 너희들의 그와 같은 형국이 바로 무엇
이던가?
8 너희들이 잉태하여 세상에 내놓은 그
생명체가 바로 지금 형용할 수 없는
무서운 세대로 변화되는 그 씨앗을 세
상에 내놓음과 같으니, 이를 보는 나
여호와의 마음이 과연 어떠하겠는가?
9 잘못된 씨앗을 세상에 배출하였으며
그 씨앗을 성장시킨 것이 지금의 종교
집단 너희들임을 알아야 할 것이니라.
10 나의 뜻을 가지고 세상의 만백성을 구
하고자 내려갔던 예수를 그 제자들이
팔았으며 그로부터 등을 돌렸으며,
11 그와 같은 사악한 시대에 또한 나를
믿는 종교 집단들이 나의 아들 예수를
그리 십자가에 못 박아 죽게 했던 그
때보다도 지금 현재의 너희들이 살아
가는 형국이 더 사악하며 더 모진 시
대라는 것을 알겠는가?
12 지금이 그때보다도 더 모질며 추악하
며 사악한 시대가 이루어지고 있음을
너희들은 알아야 할 것이니라.
13 그러면 이와 같은 시대는 과연 누가
만들었으며 오늘의 이 형국은 과연 어
찌 만들었는가?
14 너희들의 믿음의 가는 길이요, 나 여
호와의 뜻을 전하며 사랑을 베풀며 살
아가는 만백성을 하늘의 길로 인도한
다는 너희들이 진정 나 여호와의 뜻이
요, 나의 성령을 가르친 것이 아니라,
15 인간을 물질 만능주의로 변하게 하였
으며 말로써 소리 지르며 말로써 외우
는 그 구원의 길을 가는 것으로 만들
었으며, 너희들이 죄를 짓고 또한 물
질로써 갖다 바치고 눈물로써 기도하
고 회개하면 그 죄를 용서해 준다 하
며,
16 심지어 너희들이 그들을 이용하고 그
들을 농락하기를, 그들이 가지고 있는
재물을 하늘에 많이 바침으로 인해 창
고에 많이 쌓임이니,
17 그들의 죄가 창고에 쌓인 재물만큼 가
벼워지며 그들이 죽어 하늘의 나에게
왔을 때 그 창고의 문을 열어 주며,
18 '네가 육의 세상에 있을 때 부지런히
나 여호와를 경배하며 나를 생각하여
그 소중한 금화와 은화를 이리 많이
바쳤으니 그 숫자만큼 너의 죄를 용서
해 주며 너를 사랑한다' 하는 그와 같
은 착각과 환상 속에 빠지도록 나의
백성들을 만들어 수없이 재물을 갈취
했으며,
19 그 갈취를 당하면서도 갈취당하는 것
을 모르고 바친 지금의 나의 백성이
요, 너희들이 말하는 신도라 하는 자
들, 그저 옹고집으로써 저희들이 가는
길만이 구원의 길이라 그리 믿고 가는
그 종교 집단의 지도자 밑에서 배우는
백성이 너희들로 하여금 고삐 풀린 망
아지가 날뛰는 그와 같은 형국이 되었
으며, 그보다도 더 무서운 시대가 지
금 되어 있음이니라.
20 무질서한 시대요, 아래위가 없는 시대
요, 질서가 없는 시대요, 법도가 없는
그와 같은 형국의 시대로, 지금의 작
태로 만들어 놓은 것이 종교 집단 너
희들이 있기 때문이니, 너희가 원흉임
을 알아야 할 것이니라.
21 그리하여 너희들은 지금도 너희들이
가는 길이 정녕 구원의 길이라 그리

인도하고 나의 백성을 이끌고 달려가
고 있으니, 그는 하늘에 오르는 길이
아니요, 나와는 점점 멀어지는 죽음의
길이요, 지옥의 길로 너희들이 인도하
고 있으며 너희들이 스스로 가고 있다
는 것을 어찌 알지 못하는가?
22 지금의 너희가 존재하고 있는 이 시간
에, 지금 육이 존재하며 육으로써 나
에게 기도하며 경배할 수 있는 이와
같은 시간 속에 살아 있음이니, 그게
얼마나 소중한 것이며 귀한 것인가를
내가 너희들에게 깨우치라 하였거늘,
23 너희들은 지금의 잘못 가르치는 종교
지도자들이 그 스스로 구원을 받는 길
이라 하여 고삐 풀린 망아지처럼 그와
같이 날뛰는 무서운 형국의 그 시점에
가 있는 것이니, 이를 보고도 너희들
이 바로 서지 못한다 하면 과연 어찌
할 것인가?
24 그 모두는 스스로 너희들이 죄의 대가
를 치러야 할 것이며, 스스로 너희들
이 심판을 받아 그를 치른다는 것을
잊어서는 아니 될 것이니라.
25 너희들은 그와 같은 잘못된 자들에 현
혹되어, 너희들이 기도하며 경배하며
회개하며 깨우칠 수 있으며 구원받을
수 있는 그 소중한 시간을 함부로 놓
치지 말라.
26 지금 너희들이 가지고 있는 이 시간
에, 육이 존재하며 숨을 쉬며 나로부
터 은혜를 받은 육의 삶을 살고 있는
이 속에서, 너희들이 속죄할 길이 있
으며 속죄할 기회가 있으며 너희들이
다시 태어날 수 있는 그와 같은 역사
의 변화를 이룰 수 있는 이 귀중하고
소중한 시점의 삶을 어찌하여 너희들
은 함부로 초개와 같이 그리 던지며
살아가는가?
27 지금 나의 법전이 내려와 만백성을 구
할 자, 버릴 자 구분하는 그와 같은 심
판이 시작되었다는 것을 내가 너희들
에게 그리 깨우쳐 주거늘, 너희들은
이를 듣지 아니하려 하며 너희 것으로
깨달으려 하지 아니함이니, 너희들을
어찌해야 될 것인가?
28 너희들은 정녕 구원의 길을 볼 수 없
으며 구원의 길을 올 수 없다는 것을
알아야 할 것이니라.
29 지금의 잘못 가르치는 종교 집단들이
이끌어 가는 형태가 아름다운 지상의
낙원으로 만들고자 내가 만든 세상을
다 썩게 하였으며, 그로 인하여 얼룩
진 그 무서운 형국의 썩은 내가 지금
하늘까지 진동하고 있는 것을 너희들
은 알겠는가?
30 썩어져 가고 있는 그 속에서 점점 더
썩어져 가며 병균이 발생하는 이와 같
은 형국 속에 너희들 자신을 던지지
말라.
31 너희들이 그 길에 너희 자신을 던지는
그와 같은 삶을 산다면 너희들은 나와
는 정녕 다시 만날 수 없는 그와 같은
길을 감을 알라.
32 너희들이 인간 세상에 살아가는 것도
낳아 준 부모가 세상을 떠났을 때 아
무리 잘못되고 잘못된 자식이라도 눈
물을 흘리며 후회하는 것이며 그 헤어
짐을 슬퍼하거늘,
33 너희들에게 영혼을 주며 생명을 준
창조주인 나 여호와와 점점 멀어지며

나와 다시 너희들이 만날 수 없으며
부모와 자식 간의 그 인연을 이룰 수
없다 함이니, 이를 바라보는 나의 마
음이 얼마나 아프며, 너희들이 얼마나
불행한 백성인가?
34 너희들이 깨우치고 너희들이 스스로
일어서 구원의 길에 올 수 있도록 그
리하라.
35 이 모두는 너희들 스스로 해결해야 할
일이며 너희들 스스로 다 이루어야 할
역사임을 알라.
36 사랑하는 나의 아들아, 만백성에게 이
간곡한 나 여호와의 뜻을 전하는 데
잠시도 주저하지 말며 게을리하지 말
며 멈추지 말라.

4,439 번째 하나님 말씀

2003년 1월 5일 08시 01분

1 사랑하는 나의 아들아!
2 **"네, 아버님! 말씀하옵소서."**
3 구약과 신약 시대의 그 모두를 다 통
괄하여 나 여호와가 그를 바탕으로 기
초로 하여 만백성을 구하는 대역사의
대명을 이루고 있는 것은 너희들 인간
의 사업이 아니라 내가 말하였음이니
라.
4 나 여호와가 하고자 하는 일을 대신하
며 나 여호와의 뜻을 전하는 것이 너
희들이라 하였음이니, 어찌하여 너희
들은 인간 세속에 살아가는 생각을 버
리지 못하고 재물을 낚으며 부귀와 영
화를 낚는 그와 같은 삶으로써 너희들
의 생활을 맞춰 가는가?
5 너희들은 재물을 낚는 사람이 아니요,
명예를 낚는 사람들이 아님을 알라.
6 너희들은 고기를 낚아 올리는 어부와
같이 나의 피조물 만백성을 구원하고
낚는 것이 너희들의 임무이니,
7 너희들이 과연 나의 피조물 만백성을
얼마나 구했으며 몇 명이나 깨우쳐 나
의 법전을 공부하며 나의 성전에 와
나의 아들이 내리는 강론을 들었는가?
8 너희들은 나의 백성을 낚는, 사람을
낚는 어부요, 금화와 명예와 재물을
낚는 그와 같은 너희들이 아니거늘,
9 나의 성전에 와서 보배보다도 더 소중
한 나의 아들의 강론을 들으며 나의
법전을 듣는 너희들이 어찌하여 금화
와 은화요, 명예를 낚는 일반 백성들
과 차별화된 생활을 하지 못하며 그를
벗어나지 못하는가?
10 과연 그러고도 너희들이 무엇인가 소
원하는 뜻을 이루고자 하는가?
11 내가 너희들에게 무엇을 준다 말하였
으면 그는 반드시 내가 내려 줌이니,
너희들은 사람을 낚는 어부로서 나의
피조물 만백성을 구하는 길에 얼마나
노력하였느냐 그에 따라서 너희들이
받고 못 받음이니,
12 너희들이 나무 밑에 가서 열매가 떨어
지기를 바라고 입을 벌리고 있는 그러
한 형국으로써는 아무것도 이룰 수 없
느니라.
13 오늘부터 너희들이 나의 백성을 낚는
어부로서 얼마나 최선을 다하는지 거
기에 따라 내가 너희들이 이루고자 하
는 것을 들어줄 것이며 이루어 줄 것
이니 그리 알라.
14 그것만이 너희들이 가야 할 길이며 이

루어야 할 길이라는 것을 이제 너의
제자들에게 확실히 심어 주도록 그리
하라.

4,440 번째 하나님 말씀

2003년 1월 5일 08시 07분

1 사랑하는 나의 아들아!
2 "네, 아버님! 말씀하옵소서."
3 사랑하는 나의 피조물 만백성 중에 너
를 따르는 제자들과 너의 강론을 듣고
깨우친 백성, 나의 법전을 읽고 깨우
친 백성, 그들이야말로 나로부터 선택
된 백성이니, 너희들이 과연 누구를
위하여 기도하며 누구를 위하여 경배
하며 누구를 위하여 살아가야 하는가?
4 너와 너의 제자들은 너희들 자신이요,
개인을 위해서 존재하며 너희들을 위
하여 기도하는 그와 같은 역사를 이루
는 자들이 아님을 알라.
5 너희들이 재물이요, 금화를 거둬들이
며 명예를 얻고자 한다면 너희들은 너
희들 자신을 위해서 기도하며 너희들
자신을 위해 경배하는 자들이 아니던
가?
6 너희들은 그러한 백성으로서 나에게
선택된 자들이 아니니라.
7 너희들이 나로부터 선택된 것은 만백
성을 구하기 위하여 기도하는 자들이
며 만백성을 구원하고자 너희들이 선
택된 자며 그 역사를 위하여 가는 자
들이지 너희들이 스스로 무엇을 위해
서 가는 사람이 아니거늘, 어찌하여
그 어리석은 한계를 깨우치지 못하고
있는가?
8 너희는 나의 법전이요, 지금 새로 내
려오는 나의 성경대로 살며 순종하며
사랑을 실천하며 행하는 그와 같은 증
거하는 백성으로서 나에게 굳게 선택
되었음이니라.
9 그러니 너희들은 모든 것을 사랑으로
실천함을 증거하며, 또 사랑으로 실천
하는 그 마음으로 굳게 무장되어야 하
며,
10 어떠한 사탄이나 사악한 자들의 시험
에도 넘어지지 아니하며, 그에 견디지
못하는 그와 같은 자들이 아니요, 그
를 견뎌 이길 수 있는 굳건한 믿음으
로 굳혀져야 하는 것이 너희들이 가야
하는 길이니라.
11 너희들이 그와 같이 굳어지며 굳건한
형태로 바로 서지 못할 때, 이 세상에
갖은 악의 시험으로써 너희들은 견딜
수 없으며, 그들이 무너트리고자 하는
그 유혹에 너희들은 견디지 못하고 넘
어지게 됨이니라.
12 너희들이 넘어지면 지금 썩어져 가는
나의 피조물 만백성이요, 천국이요,
나에게 오는 길이라 하여 가는 그 길
이 지옥으로 가는 길을 위하여 달려가
는 백성을 누가 구원하며, 내가 이 세
상에서 하늘과 같이 지상을 아름답게
이루고자 하는, 천 년에 걸쳐 이루고
자 하는 그 역사의 계획을 과연 누가
이루겠느냐?
13 너희들이 병들어 썩어져 가고 있는 이
나의 지상의 낙원을 고치지 아니한다
면 아무도 이를 고칠 수가 없음이니,
이는 오로지 너희들의 희생이 따를 뿐
이니라.

14 그리하여 너희들이 선택된 백성이며,
그 역사를 이룰 수 있는 나의 백성들
이기에, 너희들이 어떠한 명예를 위하
여 노력하는 것이 아니요, 나의 법전
을 세상에 전하여 만백성을 구하고자
하는 마음으로 살아가는 그 속에서 영
광이 있을 것이며,
15 너희들 자신을 위해서 기도하는 그와
같은 기도요, 경배가 아니라, 만백성
을 구하고 구원하는 그와 같은 마음의
기도하는 자세로써 바뀌어야 할 것이
며,
16 이는 즉 살아가는 그것이 너희 자신을
위해서 사는 것이 아니요, 봉사하고
희생하고 남을 위해 살아가는 것이니
라.
17 너희들이 기도하는 그 뜻이 무엇이던
가?
18 나의 뜻을 행하여 실천하는 것이 기도
이니라.
19 말로써 수다를 떠는 것이 기도가 아니
요, 나의 성령이요, 나의 계명이요, 나
의 법전대로 살아가고자 노력하는 그
것이 너희들이 나에 대한 기도요, 경
배임을 알라.
20 말로써 하는 것이 기도가 아님을 너희
들은 이제는 깨우쳐라.
21 행하고 실천하는 것이 곧 나에 대한
경배하는 기도요, 나를 따라 너희들이
하늘에 오르고자 하는 그 기도의 소리
임을 알라.

4,441 번째 하나님 말씀

2003년 1월 5일 08시 12분

1 사랑하는 나의 아들아!
2 내가 너희들에게 일깨워 전하기를, 구
약의 시대를 실패하였으며, 그리하여
내가 신약의 시대를 열어 너희들을 구
원하고자 하였으며, 나의 아들 예수를
통하여 너희들을 정녕 하늘에 오르는
길로 인도하며 천국의 뜻이 무엇이며
나 여호와의 가고자 하는 것이 무엇인
가를 깨우치려 하였으나,
3 나의 아들을 따르던 그 제자들이요,
믿음의 길을 가는 백성들로부터 나의
아들은 갈기갈기 찢어지는 상처요, 그
와 같은 고통을 받게 되었으니,
4 서로 믿고 의지했던 제자들로부터 팔
림을 당하고 배신을 당하는 그 고통을
겪었으며, 같은 나 여호와를 믿는 백
성들로부터 그는 얼마나 처참한 그 결
과를 받았는가?
5 그리하여 결국 가장 고통스러운 십자
가에 그를 죽게 한 것이 바로 나를 믿
는 백성들이며 그 제자들이 한 행위이
니라.
6 그리하여 그는 그것을 무엇으로써 다
감내했던가?
7 그 조롱과 학대를 그는 죽음으로써 모
두를 다 감내했으니, 그가 부르짖고자
했던 그의 절규의 음성을 너희들은 지
금 생각하는가?
8 그가 고통 속에 너희들을 구원하고자
몸부림치던 그 절규를 생각하지 아니
하고 너희들은 그의 보혈로써 그저 구
원을 받았다고 안일한 생각을 하고 있

는 자들이니라.
9 나의 아들을 배신한 자, 그들은 나의
아들을 배신한 것이 아니라 나 여호와
를 배신했으며 나 여호와를 버린 자들
임을 알아야 할 것이거늘, 어찌하여
그의 피로써 그저 수다 떠는 것으로써
너희들이 구원받았다 그리 생각하는
가?
10 나 여호와가 존재함을 믿는다는 백성
들이 나 여호와의 존재함을 부정하였
으며 나를 배신하였으며 나로부터 등
을 돌렸음이니라.
11 그리하여 나의 아들과 나를 배신하여
그를 울리고 나에게 아픔의 고통을 전
가했던 그들이 지금 무엇을 하고 있는
가?
12 나를 고통스럽게 그리 배신하고 부정
한 너희들이 그것으로도 부족하여 나
의 사랑하는 백성까지 멸망의 길로 이
끌고 가는 것이 지금 그들의 후손이
요, 지금 종교 지도자들이 하고 있는
것이니라.
13 너희들이 우리 부자에게 했던 그 모든
만행도 부족하여 또 나의 사랑하는 백
성을 지옥으로 인도하는 그 역사의 흐
름 속에서 그와 같은 행위를 계속하고
있는 것이 지금의 종파의 지도자들이
하고 있는 것이니,
14 정녕 너희들이 그 길로 간다는 것은
나의 피조물 만백성까지 죽게 함이니,
너희들이 죽는 것으로써는 내가 용서
할 수 있으나, 나의 아들딸들까지 죽
도록 하며 나의 백성까지 지옥으로 이
끌어 가는 그 행위야말로 너희들이 얼
마나 무서운 그 대가를 치르는가를,
머지않은 육의 삶의 종말을 거두는 날
그를 알게 될 것이니라.

4,442 번째 하나님 말씀

2003년 1월 5일 12시 01분

1 사랑하는 나의 아들아!
2 "네, 아버님! 말씀하옵소서."
3 너희들이 나의 법전을 아무리 정독하
고 읽으며 나의 강론을 경청하여 듣는
다 하여도 그 모두는 다 스스로 너희
들 각자의 몫임을 알아야 할 것이니라.
4 너희들이 깨닫고 변화되어 나에게 오
르고 못 오르는 그 또한 다 각자 자기
몫이며, 다 스스로 해결하며 스스로
이루어야 되는 역사임을 너희들은 잊
어서는 아니 될 것이니라.
5 너희들이 변화되는 것도, 나 여호와의
뜻에 살아가는 것도, 남에게 한 점의
부끄럼이 없는 아름다운 삶을 사는 것
도 남이 대신해 줄 수 없으며 남이 대
신 임하여 줄 수 없는 것이 아니더냐?
6 그 모두는 다 너희들 스스로 하며 너
희들 각자에게 책임이 있듯이, 너희들
이 구원을 받고 나에게 오르고 못 오
르는 것 또한 각자의 책무임을 알아야
할 것이니라.
7 그 모두는 스스로 너희들 것이며 자신
에게 관여되어 있다는 것을 잊어서는
아니 될 것이니라.
8 오늘 나의 아들이 너희들에게 말하였
느니라.
9 나 여호와가 한 알의 겨자씨를 세상에
내려보내 그가 바로 크기를 바라니,
10 그를 도와주었으며 그에게 물을 주었

으며 그의 버팀목으로 그가 오늘까지
이리 성장하도록 한 그것이 바로 너희
들이 이룬 역사이며,
11 너희들의 그 공 또한 너희들이 죽어
내 앞에 왔을 때 그를 알게 될 것이니
라.
12 내가 이르기를, 너희들은 이 세상에
가장 소중한 보배요, 가장 귀한 것을
가지고 있다 하였음이니, 이는 곧 무
엇을 말하더냐?
13 이 세상에 무엇보다도 소중하고 귀한
것을 가지고 있다 하였음이니, 그것은
나의 법전이요, 나의 성령을 듣는 것
이라 하였음이니,
14 나의 성령을 들으며 나의 법전을 가지
고 있는 너희들이 가장 귀한 보배를
가지고 있듯이 내가 가장 귀한 보배를
내렸으니 그걸 가지고 있을 수 있는
자격이 있는 것이 너희들이며, 그를
보관할 수 있으며 관리할 수 있는 것
이 너희들이니,
15 이 세상에 너희들보다 더 소중하고 위
대한 백성은 없음을 너희들은 알아야
할 것이니라.
16 너희들은 다 인생이 허무하다 말하지
않더냐?
17 너희들의 재물이요, 권력이요, 그 모
두는 죽어 왔을 때 너희들이 가지고
오는 것이 하나도 없음이니라.
18 그러나 너희들이 죄를 지은 것과 선
함을 행한 것은 가지고 영원히 나에게
온다 하였음이니,
19 너희들이 오늘 아름답게 변하며, 선한
마음이요, 천사와 같은 마음으로써 나
여호와의 심성을 알고자 그리 변하고
자 노력하며 사는 것이 얼마나 소중
하며 값진 인생인가를 너희들은 알아
야 할 것이니라.
20 그와 같은 세상에 더 소중한 것이 없
으며 더 귀한 것이 없는 것이 너희들
임을 너희들은 알아야 할 것이니라.
21 너희들이야말로 나에게 올 때 당당한
모습으로 올 수 있으며, 너희들이야말
로 나 여호와의 기쁨으로서 나를 맞
이할 수 있는 백성이라는 것을 너희들
은 잊어서는 아니 될 것이니라.
22 나의 법전에 기록되어 있기를, 너희들
을 음해하며 너희들을 사악한 자로 만
들며, 또 나의 아들이 강론하기를 지
금 물질 만능시대에 너희들에게 재물
을 거둬들이라 가르치며 재물을 바치
라 가르치던가?
23 지금의 모든 종파요, 지금에 가고 있
는 모든 집단이 나 여호와의 참진리를
깨우치며 나의 백성에게 진리를 깨우
쳐 하늘에 오르는 그 빛과 새로운 생
명을 구할 수 있는 그 길로 인도하는
것이 아니요, 물질 만능시대에 재물을
거둬들이며 재물로써 모두를 평가하
는 그와 같은 시대가 되었음이니, 나
와는 정녕 관계도 없는 길을 가고 있
으며,
24 내가 너희들에게 말했듯이 세상이 썩
어져 가는 그 악취를 내가 하늘에서
더 맡을 수 없다면, 너희들은 알겠는
가?
25 나 여호와의 진노함이 이제는 더 이상
갈 길이 없어 내가 너희들의 손을 놓
으며 너희들을 재앙으로써 모두를 심
판하고자 하나,

26 나의 법전을 읽고 정독하는 너희들이
있기에 내가 오늘의 그 모두를 다스린
다고 하였음이니, 너희들은 나에게 소
중한 백성들이니라.
27 인간 세상에서 소중하고 대우를 받으
며 권위가 있으며 권좌에 앉으며 재물
을 관리하는 그와 같은 능력이 있는
자로서 너희들은 평가하지 말라.
28 너희들은 나 여호와가 평가하며 내가
바라보는 가장 소중한 백성이며,
29 이 세상에 나의 법전이요, 나의 성령
처럼 소중한 것이 없듯이, 나의 성령
이요, 나의 법전이요, 값진 보배를 가
슴에 안고 그를 관리하며 통제할 수
있는 것이 너희들이니, 너희들보다 더
위대한 백성이 없으며 소중한 백성이
없음이니,
30 오늘 내가 너희들에게 나의 뜻을 전함
이니 이를 받아 깨우쳐 너희들 자신이
바로 서는 그 역사를 이루도록 하라.
31 이제는 너희들이 나의 사업을 하며 나
의 뜻을 위하여 5달란트의 역사를 하
는 것을 내가 수없이 만들어 줄 것이
니, 그곳에서 너희들이 나의 법전을
전하며,
32 그곳의 주인은 법전을 읽고 정독하여
많은 사람들에게 그를 갑론을박할 수
있는 지도자로서 그곳의 자리를 지키
도록 하라 그리 이르라.
33 그가 그곳에서 법전을 읽고 정독하여
교사요, 선생으로서 이제 그들을 내가
놓은 것이지, 너희들에게 재물을 모으
기 위하여 그 자리에 놓은 것이 아님
이니, 이 뜻을 깊이 깨우쳐 그리 행하
도록 하라, 사랑하는 나의 아들아!

4,443 번째 하나님 말씀

2003년 1월 6일 08시 54분

1 사랑하는 나의 아들아!
2 "네, 아버님! 말씀하옵소서."
3 너를 따르는 너의 제자들과 나의 법전
을 읽는 만백성, 너희들은 성령의 깨
달음이요, 나의 법전대로 살아가는 그
모두가 너희들이 지켜야 할 근본이며,
4 너희들이 그리 산다 하여 그것이 영광
이요, 은혜라 그리 생각해서는 아니
되느니라.
5 너희들이 나의 계명대로 살며 나의 법
전대로 사는 그 자체가 나에게 영광과
축복을 받는 길이라는 생각을 이제 너
희들은 마음에서 버릴 때가 되지 아니
하였는가?
6 너희들이 나의 십계명대로 사는 것이
요, 나의 법전대로 사는 것은 나로부
터 은혜를 받은 특별히 선택된 백성으
로서 축복과 영광을 받는 것이라 생각
해서는 아니 되느니라.
7 그는 너희들이 가야 할 길이며 지켜야
할 당연한 것을 너희들이 하는 것이니
라.
8 그를 지키지 못하고 그와 같이 살지
못하는 백성이 잘못된 것이요, 그를
지키는 것은 정도의 가는 길이며 그것
이 기준의 근본이니라.
9 그러니 너의 제자들이 나의 계명을 지
키고 나의 법전대로 살아가는 것으로
너희들이 특별한 백성으로서 축복과
은혜를 나에게 받고자 하는 생각을 버
리라 그리 전하라.
10 너희들은 정상적인 기준이요, 정상적

인 삶을 사는 것이니, 그것이 너희들
이 지켜야 할 도리요,
11 인간이 지켜야 할 그 도리를 지키면서
노력한 자요, 변화된 자요, 그리고 경
지에 오른 자라 하여 나로부터 영광과
축복을 받아야 된다는 그러한 생각을
해서는 아니 되느니라.
12 그리하여 모든 성경이요, 나의 법전이
너희들이 하늘에 오르는 축복이요, 영
광을 받는 것이 아니라, 너희들을 채
찍질하여 길들이는 그와 같은 교과서
요, 교본이라 한 뜻을 너희들은 깨우
쳐야 할 것이니라.
13 '나의 법전을 가슴에 안고 정독하는
자 반석 위에 서서 하늘에 오르는 찬
란한 빛을 본다'는 그 영광을 아는가?
14 너희들이 정상적인 궤도에 서서 정상
적인 생활을 할 때, 그때부터 너희들
이 깨우침이요, 경지에 오르는 것이며
하늘의 뜻을 알게 됨이니,
15 너희들이 지금 계명과 나의 법전대로
살지 못하는 것은 너희들이 기본이요,
근본이요, 기초가 안 되어 있음임을
알아야 할 것이니라.
16 인간이면 누구나 지켜야 할 것이며,
지키고 가야 하는 것을 지키지 못하는
너희들이 함량미달이요, 너희들이 잘
못된 것이니,
17 이제 그를 지키는 자 정상적인 무게를
갖추며 함량이 채워지는 것이거늘, 그
정상적인 위치로 돌아오면서 너희들
이 은혜와 영광을 받으며 너희들이 또
노력하여 상을 받을 것이라는 그와 같
은 생각을 버려야 됨을 이제는 너희들
이 알 것이니라.
18 너의 제자들과 나의 법전을 읽는 만백
성은 나의 새로운 성경이요, 나의 법
전대로 사는 것이 너희들이 미달된 함
량에서 그 함량을 채우는 그와 같은
것이니 그 이치를 깨우쳐 알아야 할
것이니라.
19 그러면서 너희들이 그 길을 간다 하여
축복을 받는다 하지 말라.
20 함량이 미달인 상태이거늘, 너희들이
나로부터 무슨 영광이요, 축복을 받고
자 한다면 이는 공의의 나 여호와가
아니며 잘못된 것이 아니던가?
21 이 이치를 너희들이 깨우쳐 살아가는
그와 같은 삶을 살라. 함량 미달인 자
가 함량을 채우는 그와 같은 자로 너
희들이 스스로 되어야 할 것을 잊지
말라.
22 나는 함량 미달 자인 너희들에게 무엇
을 내릴 수 없으며 축복과 영광을 줄
수 없다 하였음이니, 너희들이 기본의
이치만 지킨다 하여도 내가 모두를 다
준다 하였음이니, 그때부터 내가 너희
들에게 내릴 것이니라.
23 그리고 너의 제자들과 나의 법전을 읽
는 만백성 너희들은 알아야 할 것이니
라.
24 너희들은 남의 마음을 훔치는 그와 같
은 삶을 살지 않도록 그리하라.
25 너희들이 인간관계에서도 한 사람이
진실되게 너희들을 사랑하거늘, 그를
진실로 받아들이지 아니하며 그 마음
을 역이용하는 자, 그는 바로 그 마음
을 도둑질하는 자니 얼마나 사람을 슬
프게 하며 사악한 자인가 너희들은 알
아야 할 것이니라.

26 남의 마음을 훔치는 자가 얼마나 사악
한 자인가?
27 너희들은 아랫사람을 부리며 종을 부
리며 품삯을 주어 사람을 부릴 때, 그
사람의 능력을 알며 그 사람의 한계를
알면서도 세 치의 혓바닥으로 그 사람
에게서 더 능력을 거둬들이고 더 수고
스럽게 하고자 하며 그리고 그를 이용
하여 교묘한 방법으로 사람을 부리고
쓰는 것까지도 그게 남의 마음을 훔치
는 것이니라.
28 진실을 진실로 받아주지 아니하며 진
실을 주는 그 마음을 역으로 이용하는
그와 같은 것이 다 남의 마음을 훔치
는 것이니, 남의 마음을 훔치는 것이
그 사람을 얼마나 아프게 하며 슬프게
하는 것인지 너희들은 아는가?
29 상사가 아랫사람의 마음을 알면서 그
마음을 역이용하는 그와 같은 수법이
남의 마음을 훔치는 것이니, 남의 마
음을 훔치는 그와 같은 삶을 너희들은
살아가서는 아니 됨을 알라.
30 너희들을 사랑하고 믿기에 최선을 다
하며 있는 노력 없는 노력을 다하는
그 사람의 마음을 역으로 이용하며,
그가 바치는 마음과 똑같은 마음으로
받아들이지 아니하고 너희들이 형식
적인 마음으로 사람을 상대할 때, 그
게 남의 마음을 훔치는 것이니, 살인
과 같음을 잊어서는 아니 될 것이니라.
31 너희들은 남의 마음을 훔치는 짓을 하
지 말라.
32 진실을 진실로 받아들이지 아니할 때,
정말 사랑하는 마음을 사랑으로 받아
들이지 아니할 때, 모든 것을 다 위선
으로 받아들이며 위선으로 하는 것,
그리고 계산적으로 사람을 상대하는
것, 계산적으로 사람을 이용하는 것,
그와 같은 방법의 마음가짐이 다 남의
마음을 훔치는 것이며 남의 사랑을 훔
치는 것이니라.
33 남의 마음과 사랑을 훔치는 백성이 되
지 말라 그리 전하라, 사랑하는 나의
아들아!

4,444 번째 하나님 말씀

2003년 1월 6일 09시 05분

1 사랑하는 나의 아들아!
2 "네, 아버님! 말씀하옵소서."
3 사랑하는 여인에게 한 송이의 아름다
운 꽃을 전할 때, 꽃을 받는 여인이 그
꽃을 전하는 남자의 마음을 모르면서
형식적으로 그를 받는다 하면, 그리고
말로써 온갖 칭찬과 감사의 표시를 다
하며 속마음이요, 생각은 다른 곳에
있다 하면 이것은 곧 무엇이던가?
4 남의 마음을 훔치며 사랑을 훔치는 것
이며, 살인하는 자보다도 더함이니라.
5 그리고 거짓 하는 것은 살인과 같다
하였으니, 그 얼마나 무섭고 잔인한
사랑을 너희들이 훔치는 것이며 살인
하는 것인가를 알아야 할 것이니라.
6 그것이 너희들이 가져야 할 마음이며
너희들이 깨달아야 할 것이니라.
7 남들이 할 수 없는 어려운 자를 도우
며 저에게 도움을 주고자 노력하는
자, 그와 같은 주는 사람의 마음을 너
희들이 정녕 그대로 읽지 못하며 그
감사함을 모르며 그가 전하는 뜻을 받

아들이지 못하며, 세 가지 네 가지 잣
대로 계산하는 자, 그것이 얼마나 살
인하는 자보다도 무서운 마음이요, 사
랑을 훔치는 자인지를 알겠는가?
8 남들이 너희에게 무엇을 원하고자 무
엇을 이루었을 때 그 마음은 그렇지
아니하느니라.
9 순수한 사랑과 존경하는 마음이요, 기
쁜 마음으로 그를 행하거늘, 그를 너
희들은 계산된 행동이라 생각하며 너
희에게 무엇을 빼앗아 가고자 하여,
무엇을 얻어 가고자 하여 그가 그와
같은 친절과 사랑을 베풀었다 생각하
는 것을 수십 가지로 너희의 검은 머
리로 생각하여 그를 계산하고 또 계산
한다면, 너희들은 만백성을 죽이는 자
보다도 더 사악한 자이니라.
10 너희들이 마음을 훔치지 아니하고 사
랑을 훔치지 아니할 때, 서로 신뢰하
는 믿음 속에서 의인이 나올 수 있으
며, 만백성이 사랑하는 마음으로 천사
와 같이 변할 수 있는 것이니라.
11 제가 하지도 못하는 아름다운 마음을
행하는 자를 행하지 못하도록 하며 그
와 같은 자들에게 고통을 주며 그와
같은 자들의 마음을 상하게 함이니,
사랑을 베풀고 나눔을 행하고자 하는
자들마저도 그를 중단케 하는 그와 같
은 사악한 행위를 하는 것이니라.
12 남들이 너에게 베풀며 도와주고자 하
는 것, 그리고 나누고자 하는 것, 그
모두를 그 사람의 순수한 마음으로 그
대로 받아들이는 그와 같은 마음을 갖
지 못하는 자는 살인자와 같으니, 남
의 마음을 훔치는 도둑이요, 남의 사
랑을 훔치는 도둑과 같음이니라.
13 이와 같은 이치를 깨우쳐 너희들은 남
의 마음을 훔치는 것이요, 아름다운
사랑을 훔치는, 그와 같은 나의 아들
로부터 선택된 백성이 되어서는 절대
로 아니 되며,
14 나의 법전을 읽은 백성이 그러한 행위
를 해서는 절대적 아니 됨이니, 이를
너희들은 알아야 할 것이니라.
15 설사 그들이 계산적으로 하며 너희들
에게 무엇을 얻고자 취하고자 하여 너
희들에게 베푼다 하여도, 그가 베푸는
그것만큼은 너희들이 사랑으로 어루
만져 주는 그와 같은 백성이 되어야
할 것이니라.
16 기르는 동물을 주인이 쓰다듬을 때 그
동물은 행복을 느끼고 즐거움을 알고
사랑을 느끼듯이,
17 어린아이들의 마음을 너희들이 어루
만지며 포근히 감싸줄 때 그들이 눈물
을 흘릴 수 있는 그와 같은 너희들의
마음의 자세로써, 만백성의 사랑하는
마음과 그들이 가지고 있는 마음이요,
사랑하는 것을 훔치지 말라.
18 훔치는 도둑이 되어서는 너희들은 정
녕 하늘에 오르는 길을 볼 수 없으며
오를 수 없음을 알라.
19 모든 집단에서 가고 있는 종파들, 그
리고 세상의 나의 피조물 만백성 너희
들은 너희들이 서로 행하지 못하는 그
아름다운 마음을 도둑질하지 말며, 아
름다운 사랑하는 마음을 도둑질하는
백성이 되지 말라.
20 내가 너희들을 사랑하노라.

4,445 번째 하나님 말씀

2003년 1월 6일 09시 14분

1 사랑하는 나의 아들아!
2 "네, 아버님! 말씀하옵소서."
3 구약의 시대에 모세가 이끄는 선택된
그 백성으로 하여금 이 세상에 하늘에
서 이루어진 것같이 지상의 낙원을 이
루는 백성으로 뿌리를 내리고자 하였
으나, 그들은 우상을 섬기며 광란의
짓을 하며 그리하여 구약의 시대에 또
한 실패의 역사를 너희들이 자초하였
음이니라.
4 그리고 신약의 시대를 열어 나의 아들
예수를 통하여 너희들을 구원하고자
하였으나, 나의 아들을 따르던 제자들
과 믿음의 길을 가고 있던 백성들로부
터 갈기갈기 찢어지는 상처를 나의 아
들은 받았으며, 서로 믿고 의지했던
제자들로부터 팔림을 당했으며 배신
을 당하는 그 고통을 겪으며, 같은 백
성으로부터 믿음의 조롱과 학대를 받
게 됨이니,
5 그리하여 예수는 죽음으로써 그 모두
를 감내하며 너희들을 깨우치고자 하
였음이니라.
6 구약과 신약의 역사에 흐른 너희들이
실패하는 그것을 보며 너희들은 공의
의 뜻으로 가는 나 여호와의 마음이
요, 나의 뜻을 알 것이니라.
7 너희들이 스스로 변하지 아니할 때 내
가 어떠한 형태든 너희들을 변화시켜
구원하는 그와 같은 역사는 공의의 하
나님이 아니요, 진정한 나 여호와가
아니라는 그 뜻을 너희들은 여기서 알
아야 할 것이니라.
8 이제는 너희들이 그 뜻을 안다 하면
내가 이 세상을 통제하고 지배하는 그
흐름의 방향과 내가 역사하고자 하는
뜻을 알 것이니라.
9 그리하여 그와 같은 구약과 신약이 실
패하였음이니, 나의 아들을 배신하는
자들이 나 여호와를 배신하는 그와 같
은 행위를 한 것이며,
10 나의 아들을 갈기갈기 찢어 죽이는 그
와 같은 처참한 행위를 한 자들이 나
여호와를 그와 같이 갈기갈기 찢는 사
악한 짓을 한 자들이니라.
11 나 여호와가 존재하는 것을 믿는 자들
이요, 나 여호와가 존재함을 믿는 그
백성이 등을 돌렸음이니,
12 그들은 나 여호와가 존재함을 믿지 아
니하며 나를 배신하였으며 나로부터
심판을 받는 그와 같은 것을 지워 버
리며 생각지 않는 그와 같은 무섭고
사악한 마음으로 돌변한 것이니,
13 이 세상을 창조한 나 여호와 자체를
부정하는 그와 같은 행위를 저지르며
사는 것이 너희들이니라.
14 너희들은 그와 같은 행위도 부족하여
지금 나의 백성을 지옥으로 이끌어 가
고 있는 것이며, 그 후손들 또한 나의
백성을 멸망케 하며, 그 백성의 후손
들이 또 그 백성을 지옥으로 이끌고
인도하는 그와 같은 흐름의 역사가 계
속 반복되고 있음이니,
15 이를 보는 나 여호와가 심판하며 구할
자와 버릴 자를 선별하는 그와 같은
역사의 흐름은 당연한 것이며, 그 모
두는 너희들이 이루었음이니라.

16 내가 동시에 너희들을 구원할 자라 하
여 구원하며 버릴 자라 하여 버리는
그와 같은 것이 아니요,
17 너희들 스스로 깨달아 바로 서고자 역
사하는 백성은 구할 것이며, 육의 삶
의 향락에 젖어 변화할 줄 모르는 자,
변화하지 못하는 자, 그와 같은 자는
내가 버리는 그와 같은 심판의 시대가
열려 가고 있음을 너희들은 알아야
할 것이니라.

4,446 번째 하나님 말씀

2003년 1월 6일 09시 18분

1 사랑하는 나의 아들아!
2 성서에 기록된 한 구절에 '그가 큰 나
팔소리와 함께 천사들을 보내리니, 그
들이 그 택하신 자들을 하늘 이 끝에
서 저 끝까지 사방에서 모으리라.' 한
그와 같은 구절을 너희들은 과연 어찌
가르치는가?
3 큰 나팔소리와 천사가 온다는 것을 너
희들은 나팔을 불며 그저 근엄하고 장
엄한 자세로써 나 여호와가 세상에 내
려와 너희들을 구하며, 나의 아들이
재림하여 너희들을 구하는 것이며, 만
백성을 모아 놓고 갑론을박이요, 그와
같은 설교요, 교리를 가르친다는 그와
같은 생각을 하고 있느니라.
4 나의 아들이 재림하여 세상에 내려와
너희들을 모아 놓고 깨우치는 그와 같
은 역사의 변화가 다시 재연될 것이
며, 그 시대에 너희들만이 구원을 받
는다 그리 생각하고 그 꿈속에서 헤매
는 믿음을 가고 있으며,
5 그리 가르치는 종교 지도자의 교리와
설교에 금화와 은화를 바치며 손뼉 치
고 광란의 짓을 하고 있는 것이 너희
들이 가고 있는 형국이니라.
6 너희들은 큰 나팔소리라는 것이, 나팔
소리가 얼마나 크게 불며 얼마나 우렁
차게 울려야 세상을 다 덮는다 말하는
가?
7 큰 나팔소리와 함께 천사들이 온다는
것은, 천사와 같은 나의 성령이요, 새
로운 성경이 세상을 다 덮는다는 그와
같은 형국의 뜻을 너희들에게 가르쳐
주는 것이며,
8 하늘 끝까지 모든 끝에서 끝에 있는
백성들이 사방에서 모여든다는 이야
기는, 세상의 보이지 않는 곳까지 세
상 방방곡곡에 가지 아니하는 곳이 없
이 나의 성령이요, 나의 뜻이요, 나의
가르침이요, 나의 말이 퍼져 나간다는
것이니,
9 법전이 전해져 세상에 가지 아니하는
곳이 없다는 것을 의미하는 그와 같은
것을 내가 예언하여 나의 아들로부터
기록하게 한 대목임을 알라.
10 천사를 보내는 것은, 그와 같은 마음
으로 다스려지는 새로운 성경이 세상
에 내려보내지며 내려온다는 것을 전
함을 너희들은 알아야 할 것이며,
11 곧 나팔소리라는 것은 천지를 개벽하
는 그 새로운 성령의 말씀을 보고 듣
고 놀라는 자들을 말하며 그를 환영하
는 자들, 그리고 찬양하는 자들을 말
함이니 그리 알라.
12 이곳저곳 사방에서 모으리라 하는 것
은, 너희들이 모여서 지금과 같은 집

회의 형국으로써 집단을 이루어 너희
들의 뜻을 위에서 아래로 내려 그리
가르치는 것이 아니요,
13 이는 나의 법전이요, 나의 새로 만든
책으로써 나 여호와의 새로운 성경이
방방곡곡 온 천지를 다 덮는다는 가르
침을 내가 말했듯이 그리 전하는 것이
며,
14 이를 하나의 언어로 통일하여 못 읽는
자가 없으며 보지 못하는 자가 없도록
그리 깨우쳐 각자가 깨우치는 그와 같
은 역사를 이루어 가는 것이니,
15 책의 말씀이요, 책에 기록된 나의 뜻
이 세상을 덮어 전한다는 의미를 기록
한 것임을 너희들은 알아야 할 것이며,
16 여기에 너희들 마음대로 해석하고 생
각하여 너희들이 갖다 붙이는 교리가
잘못되어 있으니, 나의 성경의 비유의
뜻을 전혀 모르느니라.
17 성경은 2천 년 전에 너희들이 기록하
여 전하였으나, 새로운 성경은 지금의
시대, 제3의 시대요, 새로운 역사가
열리는 그 상황의 변화를 그대로 너희
들에게 알려 줌이니,
18 너희들은 그와 같은 의미를 깊이 깨우
쳐 법전의 내용을 하나하나 너희 것으
로 만들어,
19 마음을 훔치며 사랑을 훔치는 사람으
로 살아가지 말라.

4,447 번째 하나님 말씀

2003년 1월 7일 0시 44분

1 사랑하는 나의 아들아!
2 "네, 아버님! 말씀하옵소서."
3 내가 너에게 무어라 말하였느냐?
4 진정한 종교 지도자는 저 자신 앞에
재산을 쌓을 수가 없으며, 또한 제 자
식이요, 제 후손이요, 제 주변 사람 앞
으로 그 재산의 명의를 할 필요성이
없다 하였음이니라.
5 그와 같이 재산을 축적하며 그 재산을
관리하고자 하는 자는 나 여호와가 존
재함을 믿지 못하는 자요, 그 믿음이
없기에 불안하여 그와 같은 준비를 하
는 것이라 하였음이니라.
6 너희들은 여기서 이제 하나를 더 깨우
쳐야 할 것이니라.
7 세상사 살아가는 나의 피조물 만백성
이요, 너희들 형제가 너희에게 어떠한
섭섭함이요, 어떠한 조롱이요, 어떠한
핍박을 해도, 너희들은 나의 뜻을 알
며 하늘의 뜻을 알며 구원을 받을 수
있는 그 길을 아는 백성이니,
8 세상에서 가장 큰 보배요, 가장 소중
한 것을 가지고 있는 너희들이 작은
것에 시시비비하는 그와 같은 마음을
가져서야 되겠는가?
9 즉 나로부터 선택된 종교 지도자는 나
여호와의 성령이요, 나의 뜻을 들어
그가 구원을 받을 수 있는 그 선택됨
으로 세상 것 재물에 관심을 갖지 말
아야 하듯이,
10 너희들이 어떤 시련과 고통과 이웃의
형제와 시시비비를 할 때 너희들이 사
랑하는 마음으로 용서하는 마음으로
그를 바라보지 아니한다면, 너희들은
불안하여 재물을 쌓아 놓는 종교 지도
자와 무엇이 다르던가?
11 그것이 너희들이 가야 할 길이고 너희

들이 행하여야 할 길임을 알아야 할
것이니라.
12 너희들은 세상에 누구도 가질 수 없으
며 누구도 구할 수 없는 가장 소중한
보배요, 가장 위대한 구원의 길을 가
고 있음이니, 그보다 무엇이 소중하고
아깝기에 세상사 살아가는 것을 양보
하지 못하며 용서하지 못할 것이 무엇
이 있겠는가?
13 너희들은 세상 것 모두를 다 준다 해
도 아까운 것이 없으며, 모두를 다 남
에게 준다 해도 불안할 것이 없으며
탐할 것이 없으며 욕심낼 것이 없으며
갖고자 할 것이 없는 것이 너희들의
마음임을 알라.
14 가장 귀한 것을 가진 자가 그렇지 못
한 자가 가진 것까지 갖고자 한다면,
너희들 말에 이런 말이 있지 않으냐?
15 곡식의 수확을 많이 한 자가 적게 한
자로부터 제 양을 채우기 위하여 그를
빼앗아 가는 것이 너희들 인간 세상에
가진 자가 하는 행위라 하는 말이 있
듯이, 너희들은 그와 같은 백성이요,
그와 같은 사람이 되어서는 아니 됨을
알라.
16 이제 너의 제자들에게 깨우쳐 주라.
세상에 가장 소중한 보배요, 보화를
가지고 있고 그 누구도 가질 수 없는
것을 가진 너희들이 무엇을 놓지 못하
며 무엇을 용서하지 못하겠는가?
17 너희들이 정녕 어떤 극한 상황에서도
용서하지 못하며 사랑하는 마음으로
나의 피조물 만백성을 다스리지 못하
는 것은, 종교 지도자가 나를 믿지 못
하며 불안하기에 재산을 축적해 놓는
것처럼 그들과 똑같이 나를 믿지 못하
며 나를 신뢰하지 못하며 나 여호와가
존재함을 믿지 못하는 마음에서 그와
같은 행동을 하는 것이니라.
18 세상 것 무엇을 너희들이 용서하지 못
하며 너그럽게 하지 못하는가?
19 너희들이 일찍 죽는다 하여 그것이 나
에게 부름을 받는 자요, 나의 천국에
오를 수 있다는 그 확신을 가지고 있
다 하면 그 죽음 앞에 무엇이 두렵겠
는가?
20 너희들이 구원을 받고 영원히 사는 나
의 나라에 올 수 있는 것을 확신하지
못하기에 죽는 것이 두렵듯이, 너희가
나를 믿지 못하기 때문에 남을 용서하
며 남에게 재물을 나누어 주며 어려운
자를 도와주는 그와 같은 사랑을 베풀
수 없음이니,
21 그 모두는 너희들이 믿음이 없으며,
믿음이 약하며, 나 여호와가 존재함을
믿지 못하는 데서 그와 같은 역사를
이룰 수 없음이니라.
22 내가 존재한다 하면 너희는 어찌하겠
는가?
23 내가 나의 아들을 통하여 너희들에게
무어라 말하였느냐?
24 길가에 쓰러져 있는 자에게 너희들이
만 원을 주었을 때 그가 천사요, 그로
하여금 너희들이 천국에 오를 수 있다
면 만 원이 아니라 너희 재산을 다 줄
수 있는 것이 너희들이 아니더냐?
25 확실하게 너희 눈으로 보며 확실히 믿
었을 때 너희들은 모두를 다 던질 수
있으며 목숨도 바칠 수 있는 것이 너
희들의 마음 자세가 아니던가?

26 나 여호와가 존재하며, 지금 내리는
법전이 나의 성령이요, 이를 보고 깨
우쳐 행하는 나의 선택된 백성 너희들
은 구원의 길에 오를 수 있으며 내 품
에 올 수 있다는 것을 확신을 갖는다
면 무엇이 두렵겠는가?
27 너희들이 확신을 가지지 못한다면 이
세상 어느 백성도 그 확신을 갖지 못
하며 믿지 못하는 그와 같은 형국이
될 것이니, 이를 어찌하여야 너희들이
그들에게 깨우쳐 줄 수 있겠는가?
28 그를 너희 스스로 연구하고 너희들 자
신을 다스려 나가며 너희들의 마음의
자세를 돌아다보는 그와 같은 시간을
갖도록 그리하라.

4,448 번째 하나님 말씀

2003년 1월 7일 0시 56분

1 사랑하는 나의 아들아!
2 "네, 아버님! 말씀하옵소서."
3 내가 성서에 기록하여 너희들을 깨우
치기를, '무화과나무의 비유를 배우
라.' 그리 말하였느니라. '그 가지가 연
하여지고 잎사귀가 피면 여름이 가까
운 줄 아나니' 그와 같이 내가 성서에
기록하여 두었으며 무화과나무의 그
뜻을 알라 하였음이니라.
4 무화과나무라는 것은 어찌하여 열매
가 여는가?
5 스스로 그 꽃이 피지 아니하며, 그 봉
오리 자체에서 스스로 제가 사람들이
취할 수 있는 열매를 묵묵히 이루어
가는 것이 무화과나무요, 그 열매이니
라.
6 봄과 여름이 지나면 담홍색 같은 색으
로 변하며 무화과 나무는 열매를 열게
됨이니라.
7 열매를 맺지 못하는 나무는 과연 무엇
에 쓰는가?
8 그는 그 종족을 번식시킬 수 없는 것
이니라.
9 내가 너희들을 깨우쳐 말하기를, 포도
나무를 견주어 말한 뜻이 무엇이던가?
10 포도나무가 열매를 열지 못하면 그 나
무는 아무런 기둥이요, 어떤 재목으로
도 쓸 수가 없으며, 땔감으로밖에 쓸
수가 없느니라.
11 그러니 말없이 묵묵히 열매를 열어 만
백성에게 취할 수 있도록 하는 그 무
화과나무같이, 너희들은 말없이 제 임
무를 다하는 그와 같은 삶을 살라는
의미를 가르치며,
12 또한 봄과 여름의 계절이 지나면 가을
이 오며 겨울이 오듯이, 지금 너희들
이 깨우쳐 가고 있으나 나의 법전이
세상에 내려갔을 때만이 만백성이 이
를 보고 깨우쳐 많은 백성이 내가 원
하는 그와 같은 백성으로 변하는 그
결실을 여는 시대가 온다는 것을 여기
서 의미했음을 너희들은 알아야 할 것
이니라.
13 또한, 내가 성서에 기록하여 이르기
를, '너희들이 이 모든 일을 보거든 인
자가 가까이 곧 온 줄 알라.' 그리 말
하였음이니, 이 또한 무엇이더냐?
14 만물이 무성하게 자라고 여름이 지나
며 가을이 지나면 그 결실의 계절에
거둬들인다는 그와 같은 말이 있듯이,
15 구약과 신약의 시대는 한 부분의 역사

를 이루기 위하여 그가 존재하였으니,
그 시대가 지나면 나 여호와가 이루고
자 하는 새로운 나라를 이루는 그 역
사를 내가 다스리고 깨우쳐 주기 위하
여 내가 직접 나의 성령을 책으로 만
들어 법전이라 하여 세상에 내보내 너
희들을 구원하고 구원하지 않는 심판
의 시대의 역사가 이루어짐이니,
16 그때 나로부터 선택된 백성이 바로 새
로운 시대의 역사를 이루는 자들이니
그들이 바로 무엇이더냐?
17 '한 사람의 인자가 세상에 있다 하면
내가 세상을 멸하지 않는다.' 했듯이,
그 인자의 나의 백성이 수없이 이 세
상에 존재하게 됨이니, 그때를 의미하
여 성서에 비유로써 기록된 내용임을
알라.
18 너희들은 여기서 가장 귀중한 한 구절
의 의미를 알고 넘어가야 할 것이니라.
19 내가 성서에 기록하여 너희들에게 깨
우치기를, '내가 진실로 너희에게 말
하노니, 이 세대가 지나가기 전에 이
일이 다 이루어지리라.' 그리 말하였
음이니,
20 내가 성서에 기록하여 지금 그 시대에
이루어지는 것이 아니요, 한 시대의
역사가 지나가기 전에 너희들이 볼 수
있다 그리 말하는 것은 바로 내가 너
희들에게 신약의 시대에서 무엇이 이
루어지는 것이 아니요, 너희들이 존재
하는 그 세상에서 다 그를 볼 수 있고
느낄 수 있고 체험할 수 있는 그와 같
은 역사가 이루어진다 하였음이니라.
곧 이는 무엇이던가?
21 내가 새로운 성경을 내려보내니, 나의
성서요, 나의 뜻을 지금 내려보내 이
를 접하는 백성이 그 역사의 변화를
안다 하였음이니라.
22 내가 나의 법전에 기록하여 전하기를,
나의 법전을 보고 깨우치는 만백성 너
희들은 나의 아들이 사탄이 아니요,
사악한 자가 아니요, 이 법전이 나의
성령의 뜻임을 세상에 전하는 것을 보
게 되니, 너희들이 10년 안에 그 답을
다 안다고 하였음이니라.
23 여기서 너희들의 세대에 그 모두가 다
이루어질 것이며 너희들의 세대에 그
를 알게 된다는 것은, 나의 법전이 세
상에 나와 이를 보고 깨우치며 나의
아들의 제자요, 나의 법전을 읽고 깨
우친 그 백성들이 죽기 전에 10년 안
이요, 그 시대의 짧은 기간 동안에 그
모두의 역사가 이루어지는 것을 보고
체험한다는 그 뜻이니,
24 이는 구약과 신약의 시대에 새로운 세
상이 이루어지는 것이 아니요, 너희들
이 존재하는 한 너희들이 이루어지는
것을 보는 것이 아니라,
25 내가 직접 나의 법전을 세상에 내려보
내 심판이 시작이 될 때, 그 성경을 보
고 읽고 깨우친 백성들만이 그들의 생
명이 다하기 전에 10년이라는 그 안
에서 그들이 모두를 다 볼 수 있다 하
였음이니라.
26 2천 년이라는 역사가 흐르는 속에서
너희들이 보지 못하며 알지 못하였으
며 구약의 4천 년이라는 그 역사의 흐
름 속에서도 알지 못하며 보지 못했던
그 역사를, 나의 법전이 세상에 나온
다음에 10년 동안에 이를 보고 깨우

친 너희들은 직접 그 역사함을 알게
되며 나 여호와의 뜻이라는 것을 알게
된다는 그 의미를 성서에 기록하여 비
유하여 전한 뜻임을 이제 너희들은 알
아야 할 것이니라.
27 그리하여 내가 성서의 그 비유의 뜻을
너희들에게 이제 깨우쳐 줌이니,
28 오로지 이것은 나의 법전이 세상에 내
려가 너희들의 심판을 시작하며, 나의
아들이 나의 성령을 받아 법전을 전하
는 이 시점에서만이 나의 아들을 통
하여 성서의 비유의 그 뜻을 열게 되
었으며, 그 문을 열어 만백성에게 그
진실한 뜻을, 내가 원하고자 하는 성
서에 기록된 그 비유의 뜻을 이제 가
르치기 시작함이니, 너희들은 그 뜻을
알아야 할 것이니라.

4,449 번째 하나님 말씀

2003년 1월 7일 01시 05분

1 사랑하는 나의 아들아!
2 "네, 아버님! 말씀하옵소서."
3 내가 성서에 기록하여 너희들에게 전
하기를, '천지는 없어지겠으나, 이 세
상의 모두는 다 부서지고 깨져서 존재
하지 아니한다 해도 내 말은 없어지지
아니한다.' 내가 너희들에게 기록하여
전하였음이니라.
4 이는 바로 무엇을 의미하는가?
5 구약과 신약은 나 여호와의 선택된 백
성이, 예수가 행하고자 했던 그 뜻을
그 제자들이 많은 세월이 지나고 흐른
다음에 그들이 들은 것을 전하며,
6 또한, 그들이 남으로부터 깨달은 체험
담이요, 그 당시에 있던 그들에게 전
해오던 이야기로써 그 모두를 기록하
였으며, 저희들이 더러는 환상으로 또
는 꿈으로써 내가 비춰 준 그와 같은
것이 전해지는 그 내용을 수집하고 또
모아 만들어 낸 것이 바로 복음서가
아니던가?
7 그리하여 지금에 와서 누구의 복음서
요, 누구의 복음서라 하여 그리 기록
되어 있는 것이 너희들이 지금 하늘에
오르는 길이라 하여 가고 있는 것이니
라.
8 지금은 나의 법전에 나의 뜻과 내가
이루고자 하는 것을 내가 직접 전하는
것이며, 내가 누구를 통하여 세월이
지난 다음에 그것을 기록하며 전하는
것이 아님이니라.
9 지금은 내가 직접 나의 아들에게 내
려, 그가 이를 한 자도 빼고 더함이 없
이 그대로 기록하여 전하는 것이 나의
법전이며, 이는 그리하여 내가 직접
관장하는 것이라 내가 너희들에게 말
하였느니라.
10 새로운 성경을 내가 직접 세상에 내려
보내어 그 성경만이 영원히 지속되며,
그리고 세상이 다 부서진다 해도 나의
법전이요, 나의 성령은 없어지지 않는
그와 같은 역사의 기적으로써 이루어
진 법전이 바로 나의 성령이요, 나의
뜻이기 때문에, 나는 이미 그를 의미
하여 너희들에게 예언하여 가르친 내
용임을 너희들은 알아야 할 것이니라.
11 나의 아들 예수요, 모세가 구원하고자
했던 것은 그들이 한 시대에 한 부분
을 맡아 나 여호와가 하늘에 존재하는

것을 너희들에게 깨우치고자 하였으
며, 새로운 성서가 새로운 시대에 새
로운 역사를 위하여 이룬다는 것을 너
희들에게 깨우쳐 주기 위한 준비의 단
계였으나,
12 내가 정녕 지금 영원히 없어지지 아니
하는 나의 성령이요, 나의 말이요, 나
의 가슴의 뜻을 전한다 하였음이니,
13 지금 나의 법전을 내가 직접 기록하여
나의 아들에게 내려보냄이니,
14 이는 고쳐지는 것도 없으며 더하는 것
도 없이 그대로 기록되어 영원히 존재
하는 나의 법전이니라.
15 그리하여 새로운 성경이 내려감을 내
가 미리 예언하여 너희들에게 깨우쳐
주었음을 이제 나의 아들을 통하여 너
희들에게 전함이니 그리 알라.

4,450 번째 하나님 말씀

2003년 1월 7일 01시 13분

1 사랑하는 나의 아들아!
2 "네, 아버님! 말씀하옵소서."
3 너희들이 옷을 입을 때 첫 단추가 잘
못 끼워졌다면 그를 바로잡기 위해서
는 다시 그 복장을 갖춰야 하는 것이
아니던가?
4 지금 수천 년 동안 흘러온 그 믿음의
길을 가는 백성들이 처음에 그들이 잘
못 갔으며 잘못 잡혀 있으니, 이를 바
로잡기 위해서는 처음부터 다시 다스
려 잡아야 하는 것이 너희들이 진정한
깨달음이요, 하늘에 오르는 길을 볼
수 있는 것이니라.
5 지금 수천 년 동안 흘러오는 그 믿음
자체가 처음에 시작이 잘못되었음이
니, 그 잘못된 시작에 의하여 계속 그
와 같이 역사가 흐르다 보니 지금에
와서 걷잡을 수 없는 그와 같은 형국
이 되어 있음이니라.
6 너희들이 남들과 대화할 때 첫 번째
대화하계를 거짓으로써 그를 속이기
위하여 그와 같은 말을 했을 때, 너희
들은 그 거짓을 지키기 위하여 거짓은
거짓을 낳으며 거짓말을 계속하게 되
어 있는 것이 너희들이 살아가는 형국
이 아니던가?
7 처음에 너희들이 진실을 말하였다면
진실만을 계속 할 수 있으나, 첫 대화
에 거짓으로 시작한다면 너희들은 그
를 지키기 위하여 계속 거짓말로써 거
짓으로써 유지됨이니,
8 지금의 너희들의 믿음의 흐름이 그와
같은 형국이 되어 있음을 알아야 할
것이니라.
9 시작할 때 처음부터 너희들은 잘못되
었으며, 나 여호와의 뜻을 알지 못하
면서 너희들이 그 뜻을 아는 것처럼,
나로부터 선택되지 않은 백성이 선택
된 것처럼 그리 왔기에, 지금 수천 년
이 흘러온 동안에 거짓으로써 유지된
것이 지금의 역사이니, 그 뿌리를 어
찌 잡을 수 있겠는가?
10 너희들이 한 번, 두 번이나 세 번, 네
번, 다섯 번의 고비를 넘어 거짓을 해
서 그 거리가 벌어졌다면 너희들은 용
서를 빌며 되잡을 수 있으나,
11 지금의 2천 년이라는 세월을 흘러오
면서 그 믿음이 바른길을 가지 못하며
잘못된 길로 계속 지금까지 흘러왔으

니, 그 잘못된 간격이 지금은 얼마나
벌어졌는가?
12 이를 바로잡고 다스릴 수 없는 것이
지금 너희들이 가고 있는 믿음이니라.
13 2천 년 동안 거짓과 잘못된 것으로써
나의 피조물 만백성을 우롱하며 깨우
쳐 온 그 길고도 긴 역사에 너희들이
잘못한 그것이 쌓이고 쌓여 이제는 돌
이킬 수도 없으며 바로잡으려야 바로
잡을 수 없는 그와 같은 형국이 되어
있음이니, 이를 바로잡는 것이 얼마나
어렵고 힘들겠는가?
14 내가 지금 너희들에게 말함이니, 너희
들이 거짓을 하기 시작하면 계속 거짓
말을 한다 하였음이니라.
15 2천 년 동안 거짓 하고 잘못 흘러온
것은, 너희들이 고산에 몇십 년 동안
구부러진 노송과 같이 휘어져 있음이
니 이를 바로잡을 수 있는 것은 아무
것도 없듯이, 너희들이 2천 년 동안
흘러오며 사악해진 그 인성을 바로잡
을 수가 없음이니라.
16 그와 같이 너희들이 노송을 바로잡기
위하여 그를 붙잡고 매달리나 그는 쓸
수 있는 바른 나무로 설 수 없음이니,
바로 내가 어찌해야 되겠는가?
17 지금 차라리 하나의 소나무의 씨를
심어 10년이요, 20년 후에 그가 바로
서 큰 재목으로 쓰는 것이 내가 할 수
있는 일이며 그리하는 것이 더 쉬운
일이니, 그리하여 지금 내가 그와 같
은 방법을 선택하였음을 알아야 할 것
이니라.
18 2천여 년 동안이나 흐른 그 잘못된 노
송이, 그 아름드리나무가 휘고 휘었음
이니, 그를 바로잡아 쓴다는 것이 편
하고 쉬울 것 같으나, 그 노송은 절대
로 바로잡을 수가 없음이니라.
19 그리하여 내가 다시 하나의 씨앗을 뿌
려 10년이요, 20년 안에 그를 내가 쓸
수 있는 재목으로 이루고자 함이니,
그리하여 내가 나의 아들을 세상에 내
려보내니 그 겨자씨를 하나 세상에 심
었다 하였음이니라.
20 그 겨자씨를 엮어 주고 받쳐 주는 것
이 너희들 제자였으며, 오늘날까지 나
의 아들이 비바람이 몰아쳐도 쓰러지
지 않을 만큼 지금 소나무가 그리 컸
음이니라.
21 그리하여 그 소나무가 반듯이 곧게 커
가을을 맞이할 때 그 나무를 베어서
내가 역사할 수 있듯이,
22 나의 아들의 머리카락이 하얘졌을 때
그가 나의 경지에 오르며 예수가 이루
었던 그에 못지않은 역사를 이룰 수
있는 변화를 이룬다 하였음이니,
23 이는 내가 심은 그 소나무 씨가 자라
고 자라서 그가 큰 재목으로 쓸 수 있
때, 그 머리가 하얘지는 그때이니라.
24 그러니 그때는 내가 그것을 베어서 쓸
것이니, 그때까지 너희들에게 기다리
라 함이며 너희들이 인내하고 가라 함
이었거늘,
25 어찌하여 너희들은 너희들 말에 '우물
가에서 숭늉을 찾는다.'는 그와 같은
경박한 처세로써 오늘의 나의 아들의
옳고 그름을 따지며, 나의 법전의 옳
고 그름을 나의 아들이 살아가는 그
모습에 비추어 시시비비를 하는가?
26 그것이 다 너희들의 오만이요, 욕심이

요, 잘못된 것임을 알아야 할 것이니
라.

4,451 번째 하나님 말씀

2003년 1월 7일 01시 31분

1 사랑하는 나의 아들아!
2 "네, 아버님! 말씀하옵소서."
3 내가 성서에 기록하여 너희들에게 전
하기를 '그날과 그때는 아무도 모르느
니라. 하늘의 천사도 나의 아들도 모
르며 오직 나 여호와만이 안다.' 그리
기록되었음이니,
4 새로운 시대요, 새로운 성령으로써 새
시대에 심판의 역사가 이루어지는 것
은 그 누구도 알 수 없으며 오로지 창
조주 나 여호와만이 안다는 그 뜻이
거기에 기록되었음이니라.
5 너희들은 이와 같이 기록된 이 구절의
의미를 잘 되새겨 생각해 보며 깨우침
을 얻어야 할 것이니라.
6 구약과 신약은 나 여호와가 직접 관리
하는 시대가 아니며, 내가 너희들을
심판하기 위해 내린 구약과 신약의 그
시대의 역사함이 아님을 너희들은 알
아야 할 것이니라.
7 구약과 신약은 내가 직접 심판하고자
하는 나의 뜻이 아니니라.
8 오로지 모세와 예수를 통하여 나의 뜻
을 전하고자 하였으며, 너희들을 깨우
쳐 하늘에 나 여호와가 존재하며 너희
들이 심판을 받는, 그와 같이 바로 살
아갈 수 있는 그 길을 안내하며 인도
하는 교본으로써 구약과 신약이 세상
에 내려왔으며 그가 존재했음을 너희
들은 알아야 할 것이니라.
9 그리하여 내가 직접 심판하며 나 여호
와가 모두를 다스리며 내가 직접 관장
하는 그와 같은 시대는 내가 새로운
역사요, 새로운 성령으로써 세상에 내
려보내며 그 성령으로써 내가 너희들
을 다스리며 심판한다는 그와 같은 뜻
을 여기에 기록하였음이니,
10 내가 직접 나의 성령을 가슴을 태워
만백성을 구하기 위하여 책으로 만들
어 세상에 전하며, 그 책을 읽고 깨우
친 자 심판대에 설 수 있으며, 그를 접
하지 아니한 자 심판의 자격도 얻지
못한다 하는 그와 같은 역사가 이루어
지는 것을,
11 나의 아들이나 그 누구도 몰랐으며 천
사도 몰랐던 그와 같은 것을 나 여호
와만이 알고 있었음이니, 이는 곧 지
금의 성령이 세상에 내려감을 내가 너
희들에게 말하는 것임을 알아야 할 것
이니라.
12 새로운 성경이 내려오는 것은 지금의
새 시대에 새 역사를 이루며 내가 직
접 관장하는 그와 같은 시대임을 알아
야 할 것이니라.
13 내가 일찍이 새로운 성경이 세상에 내
려오며 내가 직접 너희들을 심판하고
다스리는 시대가 내려올 것이라 그대
로 성서에 기록했다면 지금보다도 너
희들은 몇천 배 사악한 형국으로 변화
되었을 것이며,
14 스스로 너희들이 구원을 받을 수 없으
며 나 여호와가 직접 관장하는 그 시
대만이 심판을 받는다 하여 너희들은
모세의 시대에 우상을 섬기는 백성보

다도 더 난폭한 그와 같은 백성으로
변할 것이 당연한 이치이기에,
15 내가 오늘과 같은 새로운 성경이 내려
오며 내가 직접 심판하는 시대가 열린
다는 것을 그와 같이 비유하여 기록했
음을 너희들은 알아야 할 것이니라.
16 그리하여 제3의 시대에 역사를 이루
는 그때는 아무도 모르며, 천사도 모
르며 나의 아들도 모르며 오로지 창조
주 나 여호와만이 알고 있다는 그 시
대가 바로 이 법전이 내려온 지금의
시대임을 알아야 할 것이니 그리 알라.
17 너희들은 또한 성서에 기록되어 그 깨
달음이 있는 것이 무엇이던가?
18 노아의 홍수요, 노아의 방주에 대하여
너희들은 어찌 생각하는가?
19 홍수가 생기기 전에 노아는 방주를 만
들었으며, 그들은 그 방주에 타는 것
만이 나 여호와의 뜻에 의하여 구원을
받을 것이라 그리 말하였느니라.
20 많은 사람들이 즐기고 먹고 놀며 장가
가고 시집가며 온갖 인간의 쾌락을 즐
기며 살아가는 그 당시에, 노아는 홍
수가 나서 모든 백성이 멸하게 될 것
이니 지금 배를 지어 그 배를 타서 구
원을 얻는 것만이 나 여호와의 뜻이며
구원을 받을 것이라 그리 그들에게 외
치고 가르쳤음이니라.
21 그러나 그 당시에 그를 본 백성들이
과연 무어라 말하였느냐?
22 정신 나간 자요, 미친 자라 말하였으
며 저와 같이 불쌍한 자가 세상에 없
을 것이라 그리 말하였을 것이니라.
23 즐거운 인간의 삶에 도취되어 있으며
향락을 위해 살아가는 그 백성들에게,
'하늘에서 비를 내려 멸망하게 할 것
이니 배를 만들어 그를 타는 자만이,
그리고 내가 만든 그 배를 타는 자만
이 홍수에서 살아날 수 있다.' 그와 같
이 그 백성에게 아무리 깨우치고 부르
짖어도 그들은 그것을 들었겠는가?
24 정신이상자라 말하였을 것이니라.
25 살아가기도 힘들며 살아가기도 바쁜
지금에 허구한 날 맑은 날에 무슨 청
천벽력같이 비가 내려 이 세상을 멸
한다 하느냐 하며 정신 나간 자라 하
며 그를 비웃었을 것이니라.
26 그 노아를 보고 얼마나 그들은 조롱하
였으며 그를 핍박하며 그를 세상에서
가장 어리석은 자라 말하였겠는가?
27 그러나 결국 어찌 되었는가?
28 나 여호와의 재앙은 물로써 내려, 홍
수가 나 그 배를 타지 못한 자는 과연
어찌 되었느냐?
29 그들은 모두 귀중한 생명을 잃었으며,
저희들이 모든 종말의 역사를 맞이하
게 되었음이니, 그 비참한 형상을 너
희들은 생각해 보라.
30 그렇다면 지금 바로 무엇이던가?
31 수천 년 동안 믿어 온 너희들의 믿음
이 잘못 가고 있으며, 처음서부터 단
추가 잘못 끼워졌듯이 너희들이 처음
서부터 거짓이요, 사악한 마음으로써
흘러온 그 2천 년의 역사가 나 여호와
와는 전혀 관계없는 그 길로 가고 있
음이니,
32 내가 모든 종파의 문을 닫도록 하며
모든 종파의 그 성전에 거미줄을 치
며, 홍수가 난 것보다도 더 무서운 방
법으로써 내가 나의 피조물 만백성을

심판한다 그리함이니,
33 너희들을 심판하는 것이 나의 법전이
요, 구원하는 것도 또한 나의 법전이
요, 지금 성령을 태워 내려보낸 나의
이 법전, '하늘에 오르는 길'이라 하는
이 책을 읽지 않는 자는 구원을 받지
못한다 말함이니, 너희들은 지금 뭐라
말하느냐?
34 배를 만들어 타지 아니하면 구원을 받
지 못한다 한 그 노아를 그리 비웃고
음해했듯이, 지금 나의 아들이요, 나
의 법전을 읽고 깨우치는 그 백성을
핍박하며 경멸하며, 사탄이요, 사악한
자요, 마지막 시대에 만백성을 혼란에
빠트리는 거짓 선지자가 왔다 그리 너
희들은 말하나,
35 이는 노아의 방주에 탄 자만이 구원을
받는 것보다 더 무서운 현실이 지금
이루어지고 있음을 너희들은 알아야
할 것이니라.
36 나의 법전이 너희들의 구원의 길이요,
생명의 길임을 보지 못하고 이단이요,
사탄이라 그리 비방하는 자, 너희들은
곧 심판을 받을 날이 머지않았음이니,
지금 심판이 시작되어 있음을 너희들
은 알아야 할 것이니라.
37 지금 이 세상에 너희들이 수천 년 동
안 흘러왔으며 오로지 성서요, 저희들
이 믿는 그것만이 구원의 길이라 하여
그 고집을 꺾지 못하며 저희들 것만이
최고라 부르짖는 그 백성들 앞에, 지
금 나의 법전만이 구원을 받는 것이며
이는 나 여호와의 뜻이요, 창조주의
뜻이니 이를 보고 깨우치라 말할 때,
38 너희들 보고 정신 나간 자라 말하며
사탄이라 하여 너희들과 겸상하기를
싫어하며 대화하기도 싫어하며 너희
들을 짐승같이 보는 그 백성들이 바로
노아의 방주 때 그 배를 타지 못하고
물속에 죽어 간 처참한 형국으로 간
그 백성보다도 더 무서운 재판이요,
심판을 받고 있음을 그들에게 깨우쳐
야 할 것이며, 나의 법전을 읽는 만백
성들은 그 무서운 사실을 알아야 할
것이니라.
39 노아의 방주에서 그 배를 타지 아니하
여 죽는 것보다도 더 무서운 심판이
시작되었음이니, 너희들이 나의 법전
을 읽고 깨우치는 그 현명함을 알라.
40 맑은 날에 배를 만들지 아니하면 홍수
로써 죽어 간다고 말한 그 노아의 말
을 믿지 아니하였듯이, 너희들이 나의
법전을 믿지 않는 어리석은 백성이 되
지 말라.
41 이것이 내가 너희들에게 마지막 깨우
쳐 주는 경고이며, 마지막 예를 들어
서 너희들에게 가르쳐 주는 뜻이니라.
42 노아의 방주를 내가 다시 한 번 너희
들에게 상기시킴은, 이로써 내가 노아
의 방주의 그 무서움이요, 그를 믿지
않았던 백성이 어찌 되었는가 하는 것
을 이 밤에 마지막 나의 아들을 통하
여 너희들에게 간절히 전함이니,
43 나의 뜻의 무서움을 알고 행하도록 그
리하라.
44 그자만이 구원을 받을 수 있음을 알라.

4,452 번째 하나님 말씀

2003년 1월 7일 01시 38분

1 사랑하는 나의 아들아!
2 "네, 아버님! 말씀하옵소서."
3 너희들의 말에 '우는 아이에게 젖을
준다.'는 말이 있느니라.
4 아이가 울 때는 그 뜻이 있어서 울며
그 이유가 있어서 울지 않는가?
5 밤에 짖는 그 강아지의 소리는 과연
그가 심심해서 그 목청을 돋워 짖겠
는가?
6 그 짖는 이유가 있으며 짖어야 하기
때문에 그가 짖는 것이 아니던가?
7 그렇다면 지금 나의 아들이 나의 성령
이요, 나의 뜻이라 하여 기록하여 그
누구도 이룰 수 없는 160권의 대장정
의 법전이라 하여 나의 성령을 기록하
여 세상에 전하며, 만백성에게 이것을
읽는 자 이를 깨우치는 자만이 구원을
받는다 그리 울부짖으니,
8 나의 아들이 부르짖는 소리가 배고파
우는 아이의 목소리만도 못하며, 도둑
이 들어 또는 제가 짖어야 되기 때문
에 짖는 강아지의 소리만큼도 너희들
은 아니 들리고 그리도 가볍던가?
9 강아지가 울어 대면 너희들은 방문이
라도 열어 보고 그를 쳐다볼 것이며
왜 짖는가 한번 보기라도 할 것이니라.
10 그러나 나 여호와의 성령이요, 나 여
호와의 뜻이요, 나의 가슴의 성령을
태워 나의 아들을 통하여 세상에 전함
이니, 288쪽이라는 그 책의 160권이
라는 것이 과연 단시일 내에 너희 인
간의 힘으로 인간의 능력으로 이루어
질 수 있다 할 수 있겠는가?
11 그와 같이 인간의 힘으로 이루기 어려
운 대장정의 역사를 이루며 '이것을
보는 것만이 구원의 길이요, 제발 이
것을 보고 하나님의 뜻을 깨달으시
오.' 그리 부르짖는 나의 아들의 그 소
리에 너희들은 어린아이가 우는 목소
리요, 강아지가 짖는 소리만큼도 그를
믿으려 하지 아니하며 인정하려 하지
아니하며 생각하려 하지 아니함이니,
너희들의 지금 마음 자세가 그러하니
라.
12 이 세상의 그 모두는 다 나 여호와의
뜻에 의하여 내가 필요하기에 창조하
여 만들었다 하며, 수천 년 동안 흘러
오며 종교 지도자요, 믿음의 길을 가
는 그 백성이요, 너희들의 조상이 그
리했고 너희들도 그리하느니라.
13 세상 것에 나 여호와의 뜻이 없이 이
루어진 것이 없으며 내가 필요치 아니
하여 만든 것이 없다고 그리 말하면서,
14 나의 아들이 160권의 법전을 밤과 낮
을 가리지 아니하고 만백성 너희들을
구원하기 위해 만들어 이를 보고 하늘
에 오르는 길을 보며, 너희들을 잘못
가르치는 종교 지도자의 그 음성에 현
혹되어 지옥 불로 가는 그 발길을 멈
추고 이 파란 하늘에 오르는 법전을
읽어 깨우침을 얻으라 그리 울부짖거
늘,
15 너희들은 그저 문풍지에 흔들리는 바
람 소리만큼도 인정하지 아니하며 그
를 믿으려 하지 아니하며 그리 생각하
지 아니하려 하니, 너희들의 마음이
그리도 사악하며 그리도 굳어져 있는

것이 너희들의 뜻이니 어찌하여야 너
희들을 바로잡을 수 있겠는가?
16 이제 너희들은 깨우쳐야 할 것이니라.
17 어린아이가 배가 고파 울며, 그가 부
모가 필요하기에 울며, 그가 무엇인가
꼭 필요하기에 그를 이루고자 하여 눈
물로써 표현하느니라.
18 말 못 하는 아이는 눈물로써 표현함이
니, 나의 아들이 나의 성령을 받아 하
늘의 뜻이라 울부짖으며 부르짖는 그
애절한 음성을 너희들은 한번 들여다
볼 수 없겠는가?
19 나로부터 성령을 받아 그가 기계에 녹
음하여 밤과 낮을 가리지 아니하며
160권의 대장서를 만드는 것이 누구
를 위하여 만드는가?
20 너희들을 위해 만드느니라.
21 아무리 철천지원수가 되었다 하여도
160권의 법전을 책으로 만들어 너희
들을 깨우치고자 전한다면 그를 들여
다보는 것이 인정이거늘, 지금의 믿음
의 길을 가는 종파들이요, 구원을 받
은 자요, 나의 뜻에 살아간다는 백성
너희들이 그리 간악하며 사악한 자들
이 되어 있으니, 너희들이야말로 나와
는 관계도 없는 지옥의 길로 달려가고
있음을 깊이 깨우쳐 깨달음을 얻도록
그리하라.

4,453 번째 하나님 말씀

2003년 1월 7일 01시 44분

1 사랑하는 나의 아들아!
2 "네, 아버님! 말씀하옵소서."
3 너의 제자들에게 깨우쳐 주라.
4 믿음이란 소낙비와 같은 것으로써 가
는 것이 아니니라.
5 잠깐 쏟아지는 소낙비가 과연 너희들
이 입고 있는 그 옷을 얼마나 적시겠
는가?
6 잠깐 쏟아졌다 멈추는 그 소낙비는 너
희들의 옷을 다 적시지 못하느니라.
7 그러나 많은 시간 속에 조용히 소리
없이 내리는 비는 너희들의 온몸을 다
서서히 적셔 들어감이니 다 젖게 됨이
니라.
8 바로 믿음이 그러하니라.
9 소낙비처럼 너희들이 무엇인가 일순
간에 얻어 구원을 받으며 변하고자 하
는 생각을 하지 말라.
10 나의 성령으로 최초에 태어난 나의 아
들들이나 그리 갈 수 있으며, 그와 같
은 자 외에는 그 누구도 그리 갈 수가
없는 것이니,
11 서서히 내리는 비가 옷을 적시듯이 서
서히 깨우쳐 가는 그와 같은 속에서
너희들이 천사와 같이 변할 수 있으며
나 여호와의 심성과 같이 변할 수 있
음이니, 그를 인내하고 기다려야 할
것이니라.
12 소낙비처럼 일순간에 모두가 다 쏟아
져 너희들이 변화의 경지에 오르고자
하는 것 또한 너희들의 욕심이니 그
마음이 그리해서는 아니 되느니라.
13 기다릴 줄 아는 자, 그리고 인내하고
갈 수 있는 자, 영원히 존재하며 내 옆
에 남을 수 있는 인내를 가진 자, 그와
같은 백성이 너희들의 모두의 뜻을 다
이룰 수 있다 함을 알라.
14 너희들이 깨우치지 못하며 지금 바로

갈 수 없다 말하는 그 순간에 너희들
의 경지는 이루 말할 수 없이 높이 가
있으며, 너희들이 스스로 변하는 그와
같은 삶을 사는 것이며, 너희들 인간
자체가 변해 가고 있음을 알라.
15 깨우치지 못하며 변하지 못하며 변화
되지 못하기 때문에 불안한 마음을 갖
고 있는 그 순간에 너희들이 그만큼
깨우쳐졌으며 그 누구도 너희들을 따
라올 수 없는 그와 같은 경지에 가 있
음이니라.
16 오로지 참진리요, 그 믿음은 서서히
내리는 비처럼 서서히 너희들을 적셔
가는 것이며 너희들이 영원히 구원의
길에 오를 수 있음을 알라.

4,454 번째 하나님 말씀

2003년 1월 7일 02시 02분

1 사랑하는 나의 아들아!
2 "네, 아버님! 말씀하옵소서."
3 내가 성서에 기록하여 너희들에게 전
하기를, '그때에 두 사람이 밭에 있으
매 하나는 데려감을 당하고 하나는 버
려둠을 당한다.' 그리 기록되었느니라.
4 '두 여자가 맷돌을 갈고 있으매 하나
는 데려감을 당하고 하나는 버림을 당
한다.' 그리 기록되어 있는 내용이 있
음이니라.
5 이는 바로 무엇을 말하는가?
6 구원할 자와 구원하지 못할 자, 버릴
자와 버리지 않을 자를 구분하는 것을
여기에 기록하여 너희들을 깨우쳐 주
고자 함이니라.
7 내가 구약과 신약은 너희들을 심판하
는 것이 아니요, 너희들이 하늘의 뜻
이요, 하늘의 길을 깨우쳐 바로 설 수
있도록 그와 같이 다스리는 것이라 하
였음이니,
8 이제 성서에 기록되었듯이 두 사람 중
에 하나는 구원을 받으며 불려감을
받으며, 하나는 버림을 받으며 불려가
지 못함이니, 이는 바로 구원할 자와
구원하지 못할 자를 구분하는 시대의
역사가 이루어진다는 것을 미리 예언
함이니라.
9 그리하여 지금 나의 법전이 세상에 내
려왔으니 나의 법전을 읽고 깨우치는
자와 깨우치지 못하는 자, 깨우치지
못하며 나의 법전을 보지 않는 백성은
내가 버려둠이요,
10 나의 법전을 읽고 깨우쳐 그와 같은
마음으로 살아가고자 하는 자, 법전의
뜻대로 행하고자 하는 자, 나의 십계
명대로 지키며 살아가고자 하는 자,
그 백성은 두 사람 중에 하나가 구원
을 받는 것처럼 많은 백성 중에서 구
원을 받으니, 그렇지 않은 자는 구원
을 받지 못함이니라.
11 이제 나의 법전이요, 나의 새로운 성
경이 세상에 내려가 너희들을 구분함
이니,
12 내가 버릴 자, 버리지 않을 자를 구분
하는 그와 같은 역사가 이루는 것을,
오늘의 이 시대가 이루어짐을 내가 미
리 예언하여 너희들에게 깨우쳐 준 그
뜻임을 알아야 할 것이니라.
13 지금이 바로 그때임을 알라.
14 나의 법전이요, 나의 성경이 세상에
다시 내려왔을 때, 그를 보고 정녕 바

로 서고 서지 못하는 자, 그 두 사람
중에 하나는 버림을 받는 자요, 하나
는 들림을 받는 그와 같은 지금의 심
판의 역사가 이루어짐을 너희들은 알
아야 할 것이니라.
15 내가 또한 성서에 너희들에게 가르쳐
말하였느니라.
16 '그러나 내가 너희들에게 이르노니,
이후에 인자가 권능의 나 여호와의 우
편에 앉아 있는 것과 그리고 또한 인
자가 구름을 타고 올 것이라.' 너희들
은 그리 말하였음이니, 여기서 너희들
은 엄연히 구분됨을 알아야 할 것이니
라.
17 너희들은 나의 아들이 다시 재림하여
세상에 내려와 너희들을 구원할 것이
라 하였으나, 나의 아들이 내 우편에
와 앉아 있는 것을 너희들이 본다 하
였으며 나의 아들이 우편에 앉아 있는
다 그리 기록되어 있지 않은가?
18 나의 우편에 와 앉아 있는 나의 아들
은 목숨을 바쳐 그 시련의 고통을 겪
고 온 자이니, 그 아들이 다시 너희들
에게 내려가는 것이 아니요, 새로운
보혜사요, 나의 새로운 성령이요, 나
의 뜻이 내려가 너희들을 구분하게 되
어 있음이니, 이 구절에서 너희들에게
내가 주는 깨우침이 무엇이더냐?
19 예수가 재림하여 조용히 너희들을 깨
우쳐 구원을 받는다는 생각을 너희들
이 지금 하게 될 것을 내가 깨우쳐 주
기 위하여 미리 기록하여 두었음이니,
20 나의 아들 예수는 내 우편에 앉아 모
두를 관장하며, 그 아들이 내려감이
아니니라.
21 내가 나의 성령으로써 세상에 내려가
며 나의 선택된 아들로서 너희들을 구
원하는 그와 같은 새 역사가 이루어진
다는 것을 미리 예언하여 둠을 알아야
할 것이니라.
22 이제 너희들은 법전을 지키고 행하는
그와 같은 삶을 살아가는 자만이 축복
과 영광을 받을 수 있다는 것을 또한
알아야 할 것이니라.
23 나의 아들 예수가 세상에 내려가 너희
들을 구원하며 축복과 영광을 주며 죽
은 자 가운데서 너희들을 구원하는 것
이 아님을 알라.
24 여기에 기록된 내용은, 나의 아들은
우편에 앉아 그 자리를 지키며, 새로
운 나의 아들이요, 새로운 보혜사가
세상에 내려가 너희들을 심판할 자,
구원할 자, 그리고 너희들에게 축복과
영광을 내릴 자, 그와 같은 자를 구분
하는 시대는 다른 사람이요, 다른 나
의 아들로서 성령이요, 나의 뜻으로써
모두가 이루어진다는 것을 기록한 대
목임을 너희들이 굳게 깨우치라.
25 내가 너희들에게 성서의 비밀의 문을
열어 주는 것을 이것 또한 사탄이요,
사악한 자의 장난이라 하여 들여다보
지 못하는 자는 영영 구원의 길을 잃
는 백성임을 알라.

4,455 번째 하나님 말씀

2003년 1월 7일 09시 07분

1 사랑하는 나의 아들아!
2 2천 년이라는 그 긴 세월 동안에 구부
러져 자란 그 노송의 큰 나무를 바로

잡을 수 없으며 그는 도저히 재목으로
쓸 수가 없으며 나 여호와가 원하는
나무로 자라지 아니하였기에 그를 뽑
아내려 함이니,
3 그를 뽑기 전에 내가 하나의 씨앗을
뿌려 그 나무로 하여금 다시 성장시켜
재목으로 쓰고자 하여 그 씨앗을 뿌렸
다 하였음이니라.
4 그 노송을 버리며 그 하나의 씨앗을
뿌려서 내가 심은 그 나무의 씨가 자
라서 곧을 때 그를 쓰고자 하나, 그 노
송이 작은 씨앗의 나무를 자라지 못하
도록 방해하며 하늘의 태양빛을 가리
며 하늘의 뜻을 가려 그가 성장하지
못하도록 하는 행위가 보통 역사하는
것보다도 더 무서운 방해를 할 것이니,
5 그 속에서 자라나는 내가 심은 하나의
작은 씨앗의 나무가 성장하기가 얼마
나 힘들고 어렵겠느냐?
6 방해하지 아니하여도 그 나무는 풍화
작용이요, 비바람에 또는 세상의 모든
자라지 못하게 하는 그 많은 방해를
뿌리치고 자라야 하거늘,
7 2천 년이라는 세월이 흐른 그 큰 구부
러진 나무가 하늘의 태양빛을 받지 못
하게 하며 모든 혜택을 받지 못하도록
각종 방해를 다 부림이니 그가 어찌
자라겠는가?
8 그러나 그것을 지금 너의 제자들이 자
라게 만들었으며, 이제는 어떤 비바람
에도 그가 견딜 수 있도록 성장시켜
놓은 것이 너희들이라 하였음이니라.
9 너희들의 그 공과 그 수고로움이 과
연 얼마나 큰지 알겠는가?
10 너희들이 아니면 그가 바로 설 수 없
다 말하였음이니라.
11 너희들이 영양분을 공급하며 바람막
이가 되며 때로는 너희 자신을 던져서
그를 지키고 그가 살아갈 수 있도록
모두를 공급해 준 것이 너희들이라
하였으니, 내가 너희들을 사랑하고 아
끼는 마음을, 너희들이 죽어 나에게
왔을 때 그 공을 안다 하였음이니라.
12 너희들이 그와 같이 그를 쓰러트리려
는 적으로부터 보호하며 성장시켰음
이니 너희들의 임무는 다 끝난 것 같
으나, 이제 너희들의 임무가 시작임이
니라.
13 그와 같이 공급해 주고 그를 지켜 준
너희들이 이제 변해 가는 나의 아들과
더불어 같이 변하는 삶을 살아, 영원
히 사는 나의 나라에 올라올 수 있는
그 역사의 기틀을 너희 스스로 만들어
놓았음이니,
14 이제 하늘에 오르는 길을 위하여 한
점의 부끄러움이 없는 삶을 살아가는
것이 또한 너희들이 해야 할 일임을
알아야 할 것이니라.
15 너희들은 나의 아들에게 영양분을 공
급하며 그를 비바람으로부터 보호하
며 이리 키워 놓았음이니, 너희들이
그와 같이 나의 아들이 변화되는 모
습이요, 재목으로서 그가 쓰이는 것을
보게 될 것이며 봐야 하지 않겠는가?
16 그리하여 그 재목과 더불어 너희들이
모두 나에게 쓰임을 받고자 한다면 그
곧고 바르게 크는 나무처럼 변해 가는
나의 아들의 모습을 따라 너희들이 이
제 같이 변하는 그와 같은 역사함을
행하여야 됨을 잊어서는 아니 될 것이

니라.
17 정녕 내가 너희들을 사랑하며, 너희들이 있기에 나 여호와의 노여운 마음을 달래고 있다는 것을 너희는 알아야 할 것이니라.

4,456 번째 하나님 말씀

2003년 1월 7일 12시 08분

(강론을 마치며)

1 사랑하는 나의 아들아!
2 "네, 아버님! 말씀하옵소서."
3 매서운 바람이 불어닥칠 때 너희들은 몸으로써 그 고통을 느끼게 됨이니라.
4 내가 너희들을 버리고자 할 때, 거기서 좀 더 강력한 추운 바람으로써 너희들을 휘몰아칠 때, 지탱할 자가 없으며 이 세상의 그 무엇도 존재할 수 없는 것이니라.
5 내가 그와 같은 재앙으로써 너희들에게 내릴 수 있음이니, 그 내리는 재앙은 물과 불의 그와 같은 재앙이 아니요, 수천수만 가지 방법으로써 너희들을 이 세상에 존재치 못하도록 내가 재앙을 내릴 수 있음이니라.
6 그러나 너희들이 있으며 나의 법전을 받아쓰는 나의 아들이 세상에 내려가 있으며 이를 보고 깨우쳐 만백성을 구원하고자 하는 너희들이 있기에 내가 그 재앙의 끈을 내리지 아니한다 너희들에게 일찍이 전하였음이니라.
7 너희들은 오늘 나의 뜻을 알아야 할 것이니라.
8 너희들이 아름답게 살며 하늘에 오르는 길이요, 구원을 받는 길이 정녕 어렵고 힘들다 그리 생각하지 말라.
9 내가 너희들에게 나의 계명을 지키는 것은 너희들이 차 한 잔 마시는 것보다도 쉬운 것이라 하였음이니, 제자 너희들은 오늘 이와 같은 것을 행하도록 하라.
10 너희들 가슴속에 하나의 선을 그으라.
11 너희들 앞에 종이를 놓고 거기에 하나의 선을 반듯이 그어 내리라. 그리하여 그 선을 너희들이 바라보면서 왼쪽은 악으로 가는 길이요, 오른쪽은 선으로 가는 길이라 하자.
12 그렇다면 너희들이 왼쪽으로 마음을 먹으면 악하게 가는 것이요, 오른쪽으로 마음을 먹으면 선한 길을 가는 것이니, 바로 그것이 너희들의 마음을 다스리고 다스리지 못하는 것이니, 얼마나 간단하고 쉬운 것이던가?
13 너희들이 생각하는 것만큼 그리 어렵고 힘들며 인간으로서 갈 수 없는 길을 내가 오라 한다면 나 여호와는 너희들의 아버지가 아니요, 창조주가 아니지 않던가?
14 너희들이 종이 위에 선을 굵게 그으라.
15 그리고 그 선을 바라보면서 왼쪽은 악이라 하여 그리 써 놓고 오른쪽은 선이라 그리 써 놓으라.
16 그 마음이 선이냐 악이냐 하는 것은 얼마나 간단한 것이더냐?
17 그러나 다만 너희들은 여기서 깨우쳐야 할 것이니라.
18 악은 너희들에게 온갖 수단과 방법을 가리지 않으며 현란하고 찬란한 것으로써 너희 마음을 동요할 수 있는 것을 가지고 너희들을 유혹하며 너희들

을 그리 오라 부르짖음이니, 너희들이
이를 이기지 못하고 그들의 유혹에 넘
어갔을 때는 악으로 가는 것이니라.
19 악은 모든 방법을 다 동원하여 너희들
을 악 쪽으로 넘어가도록 그리 행하
나, 선은 아무런 말이 없으며 너희들
이 스스로 깨우쳐 선의 길을 선택하도
록 하며 너희들을 유혹하는 것이 없으
며 너희들에게 오라 손짓하는 것이 없
음이니, 이것이 하나의 차이점임을 알
라.
20 너희들은 말 없는 선을 보는 그 눈을
떠야 할 것이니라.
21 현혹하는 방법으로써 온갖 방법과 수
단을 가리지 않고 너희들을 유혹하는
것을 보고 너희들이 악 쪽으로 넘어간
다면 너희들 스스로 파멸이요, 죽음이
요, 영원히 너희들이 구원의 길을 갈
수 없는 것이니라.
22 오늘 내가 사랑하는 나의 아들의 제자
너희들에게 말함이니, 내가 너희들을
얼마나 사랑하고 아끼는가를 알겠는
가?
23 오늘 너희들은 집에 돌아가 흰 종이
위에 굵은 선을 긋고 왼쪽은 악이요,
오른쪽은 선이라 써놓으라.
24 그리하여 너희들의 마음이 선 쪽으로
섰을 때는 악이 감히 근접하지 못함이
니, 그 선에서 네가 어느 쪽으로 가고
있는가를 바라보는 그 깨달음을 얻어
너희들이 나에게 온다 하면 아무것도
어려운 것이 없으며 근심할 것이 없으
며 걱정될 것이 없는 것이니라.
25 그리 행하도록 하라.
26 이것이 내가 너희들에게 내리는 선물
이니라.

4,457 번째 하나님 말씀

2003년 1월 8일 0시 51분

1 사랑하는 나의 아들아!
2 "네, 아버님! 말씀하옵소서."
3 너희들이 힘들고 어렵고 괴롭거든, 나
의 아들 예수가 과연 너희들보다 더
편안하며 안일한 생활을 했는가, 그렇
지 않으면 너희들보다 얼마나 더 고통
스럽고 어려운 길을 갔는가, 그를 생
각해 보면서 너희들이 인내하고 참으
라 하였음이니라.
4 그리고 너희들은 나의 법전을 세상에
전하여 만백성을 구하는 데 최선을 다
하라 하였으며,
5 너희들이 사업을 하든, 어떠한 업종에
종사를 하든, 너희들은 나로부터 선택
된 백성이요, 나 여호와가 새 역사의
나라를 건설하는 데 기초를 다지는 자
들이라 하였으니, 너희들 개인이 살아
가는 삶을 먼저 생각하지 말며, 나의
법전을 전하는 것과 만백성을 깨우치
는 데 최선을 다하라 내가 그리 말하
였음이니,
6 너희들은 과연 얼마나 노력하면서 나
로부터 영광과 은혜와 은총이 있기를
바라고 있는가?
7 깊은 탄광 속에 가서 탄을 캐기 위하
여 고생하는 광부라 하는 나의 백성의
그 고통과 힘든 역사보다 너희들이 과
연 더 힘들고 어려운 일을 하고 있으
며, 과연 그만큼 너희들이 나의 법전
을 전하고자 생각을 하며 그리 노력하

는가?
8 개인의 육신의 삶을 위하여 깊은 갱도
에 들어가 탄을 캐내며 그와 같이 탄
광을 파는 백성이 노력하는 것만큼 너
희들이 나의 법전을 전했으며,
9 만백성을 깨우치는 나로부터 선택된
백성이요, 구원이요, 하늘에 오르는
길의 이치를 깨닫고 들어 세상 이치를
아는 너희들이 과연 얼마나 노력했으
며, 나의 법전이 세상에 전해지는 데
얼마만큼 열과 성의를 다 했는가 너희
들 스스로 한번 돌이켜 보라.
10 그 탄을 캐는 광부들보다 너희들은 나
의 법전을 전하는 데 그들의 몇 배의
수고로움보다도 더 어렵고 힘든 길이
요, 그보다 더 노력하면서 전하고 역
사해야 하는 것이 당연한 것이거늘,
11 너희들은 그들의 10분의 1도 노력하
지 아니하며, 너희 모두를 바쳐 나의
법전을 전하는 데 생각함이 없으니,
12 너희들이 스물네 시간 살아가는 그 생
활 속에서 과연 나의 법전을 전하며
만백성을 구하는 곳에 얼마만큼 생각
을 하고 있는가?
13 일반 나의 백성이 살아갈 때 여덟 시
간을 육의 삶을 위해서 바친다 하면
너희들은 이 법전을 전하는 데 그 배
인 열여섯 시간 이상을 바치는 그와
같은 노력을 해도 나의 은혜에 갚을
길이 없으며, 나로부터 선택된 그 은
혜에 대한 축복이요, 그 영광에 버금
가는 노력이 되지 못하거늘,
14 어찌하여 너희들은 그리도 소홀히 생
각하며 힘들고 어려운 것을 거둬 주기
를 바라며 너희들에게 역사하기를 바
라는가?
15 과연 너희들이 나로부터 그와 같이 받
을 수 있는 자격이 있는가?
16 나의 아들로부터 앉은뱅이를 구원하
며 눈먼 자를 눈 뜨게 하며 죽어 가는
자를 살릴 수 있는 그와 같은 기적을
너희들에게 보일 수 있을 만큼 너희들
이 노력하며 변해 있으며, 나의 법전
에 모두를 다 바치며, 너희들이 모두
를 다 바쳐 나의 법전을 전하는 것이
영광이라 생각하는 자 얼마나 있는가?
17 과연 너희들 스스로 돌이켜 보라.
18 너희들이 깊은 탄광에 들어가 탄을 캐
는 광부보다 열배 백배 더 고통스럽고
힘든 길이요, 나의 아들 예수 못지않
은 그와 같은 어렵고 힘든 길을 가는
너희들의 삶을 살 때,
19 너희들이 스스로 십자가를 짊어지고
가는 그와 같은 깊은 깨달음이요, 그
와 같은 길을 가는 너희들의 삶이 되
었을 때,
20 내가 나의 아들에게 역사할 것이며 너
희들이 원하는 그 모두의 기적은 이루
어질 것이니라.
21 그렇지 않은 너희들 앞에 무엇을 보여
주겠는가?
22 내가 너희들에게 나의 법전 열여섯 권
을 내려보내며 2부요, 3부가 내려가
며 시기하고 질투하고 음해하는 마음
을 갖지 말라 그리 수천 번 강조하고
깨우쳤건만, 너희들이 지금 살아가는
그 마음이 과연 그것 하나라도 비웠는
가?
23 그것 하나도 비우지 못한 너희들이니
라.

24 그러면서 너희들이 무엇을 이루고자
어떤 역사를 바라는 마음을 가져서는
아무것도 이루어지지 아니함을 너희
들은 알아야 할 것이니라.

4,458 번째 하나님 말씀

2003년 1월 8일 0시 57분

1 사랑하는 나의 아들아!
2 "네, 아버님! 말씀하옵소서."
3 지금의 종교 집단이요, 너희들을 깨우
쳐 이끈다는 모든 지도자들이 지금 어
찌 가고 있는가?
4 그들이 과연 어떠한 길로써 나의 피조
물 만백성을 깨우치며 하늘에 오르는
길로 인도한다 그리 말하는가?
5 지금의 종교 지도자 너희들에게 내가
깨우쳐 전함이니, 너희들은 선과 악이
라는 그 선을 넘는 것에 따라 너희들
이 중심을 어찌 잡고 서 있느냐가 가
장 중요한 것이니라.
6 그러나 지금 종교 집단 너희들은 그
중심선에서 중심을 잡지 못하고 있는
것이니라.
7 너희들은 그 중심을 잡지 못하고 악
쪽으로 다 넘어가 있으니, 악 쪽으로
넘어간 종교 지도자들이 지금 나의 백
성을 유혹하며 그들을 그곳으로 이끌
어 지옥 불로 가는 길이 구원의 길이
라 그리 인도하고 있는 것이 지금의
종교 집단 너희들이 하고 있는 행위이
니라.
8 수천 년 동안 흘러오고 흘러오는 그
세월 속에 너희들이 그와 같이 선한
쪽에 서서 이루는 것이 아니요, 악한
쪽에 서서 나의 백성을 그리 잘못 가
르치며 잘못 인도하는 역사의 뿌리가
너무나 깊고도 깊어, 그를 바로잡고
깨우치는 것은 아무도 할 수가 없는
것이니라.
9 다만, 나의 법전이 세상에 내려가 그
법전을 읽고 깨우치는 것만이 너희들
이 변화될 수 있으며 구원의 길을 볼
수 있는 것이니라.
10 그리하여 내가 나의 아들을 통하여 밤
과 낮을 가리지 아니하며 법전 160권
을 세상에 내보내 너희들을 깨우치고
자 함이니, 이를 읽는 자는 구원을 받
을 것이며 이를 보지 않는 자는 구원
을 받지 못한다 내가 너희들에게 말함
이니라.
11 지금 몇천 년 동안 흘러오며 그 믿음
을 깨우쳐 왔던 백성이요, 종교 지도
자들이요, 그곳에 가 구원을 받고자
가고 있는 신도라 하는 나의 사랑하는
백성이 멀고도 먼 그 세월 속에서 악
에 들어가 악의 중심선에서 지금 살아
가며 그것이 구원의 길이라 생각하며
그것만이 하늘에 오르는 길이라 생각
하여 그를 버리지 못하며 깨우치지 못
하고 있는 것이 지금 너희들의 형국이
니라.
12 이제는 나의 아들을 따르는 백성 너희
들은 알아야 할 것이니라.
13 하나의 선을 그어 선과 악이 구분되는
그와 같은 것에서 너희들은 악에 발을
들여놓는 자가 되어서는 아니 되며,
어떠한 고통과 시련이요, 유혹이 있다
해도 악 쪽에서 너희들을 이끄는 그들
의 말에 귀를 막아야 할 것이며,

14 선한 쪽에 선택되어 그 길을 가는 백
성으로서 너희들이 바로 설 때, 그와
같은 너희들의 형제가 많이 늘어나고
또 늘어날 때,
15 악 쪽에 서 있는 그 백성들이 깨우침
을 얻게 되며 선과 악이라는 것을 구
분하여 그들이 길을 선택할 수 있는
자제력을 얻게 됨을 너희들은 알아야
할 것이니라.

4,459 번째 하나님 말씀

2003년 1월 8일 01시 03분

1 사랑하는 나의 아들아!
2 "네, 아버님! 말씀하옵소서."
3 너희가 살아가면서 불의의 사고를 당
하며, 또한 불행한 일을 당하며, 너희
들이 또 살아가면서 남으로부터 저주
받는 파렴치한 행위를 하며, 또 부끄
러운 행위를 하여 남 앞에 고개를 들
수 없는 그와 같은 모든 인간관계의
이루어지는 일이며,
4 너희 인간들이 만든 법에 저촉되는 그
와 같은 죄에 대한 행위를 하며, 그리
하여 그에 대한 죄의 대가를 치르는
그와 같이 살아가는 행동이 있는가 하
면,
5 도저히 인간으로서 용서할 수 없으며
이해할 수 없는 파렴치한 행동을 스스
로 행하는 자들이 수없이 많이 있음이
니라. 이들이 과연 어찌해서 그와 같
은 행위를 하는가?
6 내가 나의 아들의 제자 너희들에게 가
르쳤듯이, 중앙에 중심선이라는 그 선
에서 너희들이 악으로 가느냐 선한 쪽
으로 가느냐에 따라 모든 것이 다 이
루어지는 것이니,
7 너희들이 선을 선택하는 것이 아니요,
악을 선택하며 악 쪽으로 기울어 가고
있기 때문에 너희들이 불행을 초래하
게 되며,
8 너희들 스스로 그와 같이 자신의 고통
과 인간으로서 감내하기 어려운 육의
삶 속에서 너희들이 남으로부터 부끄
러운 대상이 되며 남으로부터 시시비
비를 받는 자가 되며 남으로부터 용서
받지 못하는 그와 같은 죄를 지으며
그와 같은 행위를 하고 살게 되어 있
음이니,
9 너희들이 중앙의 중심선에서 악이냐
선이냐 하는 그 선택에 달렸음이니,
선으로 선택하는 자는 그와 같은 불행
한 삶을 살지 아니함을 너희들은 알아
야 할 것이니라.
10 내가 지금 너희들에게 말한 하나의
중앙선에서 악으로 넘어가느냐 선으
로 넘어가느냐 하는 그와 같은 이치
를 너희들이 이제 깨달았다면,
11 나 여호와가 너희들에게 60점이라는
그 점수 속에서 육의 세상에 사는 모
든 것을 너희들에게 다 권리를 주었으
며 너희들이 노력하는 만큼 이루며
얻을 수 있도록 살게 한 그 이유를 알
겠는가?
12 손톱 밑에 가시 하나 낀 것도 너희들
이 나 여호와에게 잘못했으며 너희
손으로 지은 성전에 너희들이 주일을
지키지 아니하며 재물을 바치지 아니
하여서 그렇다 그와 같이 말하는 자들
의 그 잘못된 뜻을 아는가?

13 그 모두는 내가 너희들에게 준 60점
이라는 그 점수 속에서 이루어지는 자
연 발생의 현상이니라.
14 그리하여 악 쪽으로 서지 않는 자는
60점이라는 그 점수 속에서 사는 것
이 영원히 구원을 받는 기틀을 다져
주는 것이며, 너희들이 악 쪽에 서 있
을 때는 영혼마저도 죽이는 그와 같은
너희들의 삶을 사는 것이니라.
15 그리하여 너희들이 선택의 기로에서
얻고 잃는 것을 너희들 스스로 선택하
도록 내가 주었음이니, 그게 바로 무
엇이더냐?
16 중앙선이요, 중심선임을 알아야 할 것
이니라.
17 너희들이 정녕 중심의 선에서 선한 쪽
에 섰을 때, 60점이라는 내가 내려 준
너희 인간의 노력으로 살 수 있는 그
모두가 하늘에 오르는 길이요, 너희들
이 내 품에 올 수 있는 그와 같은 삶을
사는 것이니,
18 너희들이 악 쪽에 서 있는 자는 지옥
불로 나의 백성을 이끌어 가며 스스로
그리 가는 것임을 알아야 할 것이니라.
19 이제 너희들이 그 중앙선이요, 중심선
을 놓고 생각할 때, 내가 너희들에게
60점의 권한이요, 선택권을 준 그 뜻
까지 이제는 깨우칠 때가 되었음이니,
그 의미를 깊이 깨우쳐 너희들이 살아
가는 길에 어찌해야 할 것인가 너희
스스로 선택의 길을 찾도록 그리하라.

4,460 번째 하나님 말씀

2003년 1월 8일 01시 09분

1 사랑하는 나의 아들아!
2 내가 너희들에게 내려보낸 성경에 기
록된 그 모든 내용이요, 거기에 비유
의 뜻으로 너희들을 깨우치고자 내린
그 내용을 너희들이 읽고 깨우쳐 깨달
음을 얻게 된다 하면, 너희들은 성경
속에 새로운 성경이 반드시 새로운 세
상에 내려온다는 것을 알게 되어 있으
며, 그 내용은 거기에 기록되어 있음
이니라.
3 그러나 너희들은 이것을 알 수 있는
것이거늘, 너희들은 진정 하늘의 참진
리가 무엇이며 나 여호와가 원하는 것
이 무엇인 줄 모르며, 이를 기록하여
전한 나의 아들 예수와 같은 마음으로
너희들이 변하지 못하여,
4 천사와 같은 마음이요, 나 여호와와
같은 심성으로 너희들이 변하는 것이
아니라,
5 물질 만능 속에 인간의 삶에만 치우쳐
연연하는 그와 같은 종교 지도자요,
그곳에 가 구원을 받고자, 깨달음을
얻고자 가는 나의 백성들이기에, 너희
들은 그 내용을 알 수가 없는 것이니
라.
6 나 여호와가 성서에 모두를 다 기록하
였음이니라.
7 새로운 성경이 세상에 내려가 새로운
시대를 연다는 것까지는 내가 기록해
주었으나,
8 다만 나 여호와가 직접 관장하는 나의
새로운 성경이요, 새로운 성경이 세상

에 내려갈 때 너희들이 심판의 역사를
행한다는 그 내용만은 내가 기록하지
아니하였으니 너희들은 이를 모르는
것뿐이니라.
9 그러나 어떠한 새로운 성경이 어느 시
대에 어느 시점에 내려오며 내가 어찌
심판한다는 그와 같은 내용은 기록하
지 않았지만,
10 나머지 모든 것은 내가 다 기록하여
너희들이 깨달을 수 있도록 그리 전하
였음이니, 성서의 깨달음을 너희들이
먼저 알아야 할 것이니라.
11 너희들은 알아야 할 것이 있느니라.
12 지금의 구약과 신약의 성경은 나의 백
성으로 하여금 너희들을 구원하고자
하며 하늘에 오르는 것을 그리 내가
구원하는 그와 같은 원초적인 내용이
기록된 것이 아니요,
13 죄가 무엇이며 죄에 대한 심판이 있고
두려움을 깨우칠 수 있도록 그리 기록
되어 있는 것이 성경이니라.
14 구약과 신약의 성경은 그와 같은 의미
를 가지고 기록되어 전해졌으며, 구원
할 수 있도록 만들어지지 아니하였기
때문에, 너희들은 그 성경을 가지고
구원의 길에 오른다 그리 부르짖고 그
와 같이 가는 것이 잘못되었으며 나
여호와의 뜻과는 관계도 없는 길을 가
고 있는 것임을 알아야 할 것이니라.
15 내가 지금 성서에 기록하여 너희들에
게 깨우치는 것은 새로운 성경이 반드
시 내려온다는 것을 암시하여 너희들
에게 예언하여 깨우쳐 주는 것이며,
16 다만 이 구약과 신약에는 너희들이 구
원을 받는 원초적인 것이 기록되어 있
는 것이 아니라, 너희들이 죄와 선을
구분할 수 있는 그와 같은 한계적인
깨달음을 얻도록 되어 있는 것이 성서
임을 알게 될 것이니라.
17 이제 새로운 성경이 내려올 때까지 너
희는 나의 십계명대로 사는 것이며,
나의 십계명을 지키고 사는 것이 너희
들이 사는 근본이며 너희들의 영혼이
구원받는 그와 같은 것임을 알라.
18 그리하여 지금까지는 십계명대로 지
키고 살고 행하는 것이 너희들의 구원
의 기본이요, 기초였으나,
19 이제는 나의 새로운 성경이 세상에 내
려옴이니, 나의 법전의 그 내용대로
지키고 행하고 사는 것이 너희들이 구
원의 삶의 길이며 구원의 길에 들어설
수 있는 것임을 알아야 할 것이니라.
20 내가 나의 아들을 통하여 내리는 이와
같은 이치를 깨닫지 못하는 자는 정녕
구원의 길을 볼 수 없으며, 나 여호와
와는 관계도 없는 지옥 불을 향하여
달려가는 것이 지금 너희들의 믿음의
집단이요, 너희들이 살아가는 형국임
을 잊지 말라.
21 구약과 신약을 가지고 너희들이 구원
을 받는다 생각하지 말라.
22 구약과 신약에는 너희가 구원을 받는
것을 깨우치며 거기에 기록하여 구원
을 받도록 해 놓은 것이 아니니라.
23 다만, 죄가 있으면 죄에 대한 대가가
있으며 그 죄가 무엇인가를 알도록 내
가 그리 깨우쳐 주었음이니,
24 내가 말하기를 모세의 시대는 출발하
는 출발선이요, 예수의 시대는 중간에
서 달리는 시대요, 나 여호와가 직접

관장하는 것은 마지막 결승점까지 달
려가는 그와 같은 역사가 이루어지는
것이라 비유하였음이니,
25 출발하는 자와 중간에 있는 자는 그
목적지에 닿는, 결승점에 닿는 그것은
모르느니라.
26 이것이 성서에 기록된 내용이며 내가
성서를 내려보낸 이유이며 뜻임을 너
희는 깊이 깨우치라.
27 그리하여 성서가 기록된 것은 나의 아
들 예수가 세상을 떠나고 세월이 흐른
다음에 그의 제자들이 취합하고 들은
것과 경험한 것을 너희가 모아서 만든
것이며, 나의 법전은 내가 직접 나의
아들에게 내려보내 이리 기록하는 것
이니, 여기에 차이가 있음을 알라.

4,461 번째 하나님 말씀

2003년 1월 8일 01시 17분

1 사랑하는 나의 아들아!
2 "네, 아버님! 말씀하옵소서."
3 나의 아들이 그리 매달려 처참히 죽어
간 그 십자가는 과연 무엇이던가?
4 내가 너희들에게 십자가가 무엇이라
말하였더냐?
5 쇠로 만들면 쇠로 만든 우상이요, 나
무로 만들면 나무로 만든 우상임이니
라.
6 그 십자가는 나의 아들 예수만을 그리
고통스럽게 죽어 가게 하고자 그들이
만든 것이 아니며, 그 시대의 백성들
이 가장 극악한 죄인을 처벌하고 처형
할 때 사용했던 십자가의 형틀이니라.
7 너희들은 나의 아들이 죽어 간 그 십
자가를 보고 과연 어떠한 행위를 하는
가?
8 지금 십자가는 재물을 모으고 재물을
긁어모으는 데 쓰는 도구로써 전락하
였음이니라.
9 나의 아들이 그와 같이 고통스럽게 매
달린 그 십자가를 너희들은 지금 재물
을 모으며 너희들의 육의 삶의 편안함
을 위하여 그 도구로써 그리 쓰고 그
리 사용하는 것이니,
10 이를 바라보는 나 여호와의 가슴이 얼
마나 미어지며, 그 고통을 인내하며
만백성을 구하고자 했던 나의 아들 예
수는 지금 얼마나 통곡하고 있는가를
너희들은 과연 생각해 보았는가?
11 너희들은 그 십자가라는 것을 무엇으
로 쓰고 있던가?
12 너희들이 정녕 십자가라는 것을 느끼
고 바라볼 수 있는 눈이 뜨여 있는 백
성이라면, 그리고 조금이라도 너희들
이 양심이 있으며 깨달음이 있으며 부
끄러움을 알며 예의범절을 아는 자들
이라면, 과연 십자가는 무엇이더냐?
13 예수의 고통을 이해하고 예수의 고난
의 그 깊이가 얼마나 힘들고 어려웠던
것인가를 이해하는 곳에 너희들이 십
자가를 필요로 할 것이며,
14 두려움에 자신의 변화를 이루는 데 너
희들이 십자가를 가슴속에 굳건히 심
는 지표로 삼아야 할 것이며 표본으로
삼아야 할 것이니라.
15 너희들의 마음이 흔들리며, 선과 악이
싸울 때 선을 버리고 악을 선택하려
는 그와 같은 마음에서 악을 단죄할
수 있으며 악의 뿌리를 뽑으며 악으로

부터 너희들이 고개를 돌리고 선을
향하여 먹이를 쫓는 맹수처럼 달려갈
수 있는 그와 같은 너희들의 마음의
지표로 삼아야 하며 가슴에 담아야 할
것이 나의 아들이 죽어 간 그 십자가
가 아니던가?
16 너희들은 그 십자가를 어찌 쓰는가?
17 십자가에 죽어 간 나의 아들의 그 고
통처럼 너희들이 비참하리만큼 낮아
지며 고통 속에서 살아가는 그 생활
속에서 너희들의 마음의 변화를 알며
나의 아들의 그 가슴의 뜻을 알 수 있
도록 너희들이 가슴에 심어 그를 보고
깨우치는 그 상징물로써 고이 가슴에
간직하면 되거늘,
18 너희들은 밤마다 그를 불을 켜 하늘을
향하여 나를 고문하며 그를 장식품처
럼 몸에 붙이며 가슴에 달고 다니는
그와 같은 행위를 하는가 하면, 나의
어리석고 불쌍한 백성들에게 재물을
거두어들이는 데 혈안이 되어 그 도
구로 씀이니,
19 길거리에 침을 뱉고 밟는 것만큼도 값
없이 쓰니, 지금 이와 같이 고통스러
움을 보고 있는 것이 나의 아들 예수
의 마음이며 나 여호와의 마음임을 너
희들은 알아야 할 것이니라.
20 결코, 십자가는 너희들이 재물을 거둬
들이며 나를 고통으로 모는 그와 같은
것으로써 그리 쓸 수 없음을 알라.
21 나의 아들의 고통을 이해하며 그가 그
어렵고 힘든 고난의 길에서 나에게 죽
음의 그 길을 가지 아니하도록 피보다
도 더 진한 기도를 드렸다면 너희들은
알겠는가?
22 너희들은 과연 이마에 땀방울이 맺히
는 그와 같은 기도를 했는가?
23 땀이 지나쳐 피보다도 더 진하며 피보
다도 더 강한 그와 같은 애절한 기도
를 드린 그의 마음이요, 그의 두려움
과 그의 그 고통을 너희들의 가슴속에
새기며 그를 상징으로 삼으며 너희들
이 변하는 그 고통의 근본으로 삼는
것이 십자가의 그림일 것이거늘, 너희
들은 과연 어찌하는가 보라.
24 그와 같이 하면서 나에게 구원을 받으
며 나의 뜻에 따라 하늘에 오르는 길
을 인도하는 자들이라 말하며 그곳에
가 손뼉 치며 광란의 짓을 하며 재물
로써 구원의 역사를 산다는 생각은 하
지도 말라.
25 너희들이 너희 부모를 죽이며 자식을
죽인 자가 몇 푼의 금화와 은화를 바
침으로써 그에게 용서를 받을 수 있으
며 그로부터 모두를 다 면죄부를 받았
다고 생각하는 자, 얼마나 사악하고
간악한 자던가?
26 너희들은 너희 자식을 죽였을 때 돈으
로 계산하는 사악한 자만도 못함이니
라.
27 너희 부모를 죽인 자가 돈으로써 계산
할 때 너희들은 과연 그 돈을 얼마만
큼 받아들이며 얼마로써 계산해 볼 것
인가?
28 너희들은 세상 속에 살아가면서 사랑
하는 자식을 죽인 자요, 부모를 죽인
자를 돈으로써 모두를 다 용서해 주며
그 죄에 면죄부를 주었다고 할 수 있
는가?
29 나 여호와의 아들을 그리도 고통스럽

게 죽였으며, 그는 너희들에게 깨우쳐
하늘에 오르는 참진리를 깨우치라 그
리 부르짖고 죽었음이니라.
30 그러니 너희들은 몇 푼의 재물로써 구
원을 받으며 그것으로써 용서를 받으
며, 너희들이 하늘에 많은 재물을 쌓
으면 죽어 나에게 왔을 때 내가 그 재
물을 보고 너희들에게 상을 내린다는,
인간 세상에서도 할 수 없는 추하고
더러운 방법으로써 나의 백성을 이끌
어 가며 인도하는 종교 지도자 너희들
이 과연 나에게 선택된 백성이며 나에
게 책무를 받은 목회자던가?
31 그와 같은 방법으로써 너희들이 나 여
호와를 노하게 하며 나 여호와에게 고
통을 주며, 나 여호와로부터 말세에
너희들에게 무서운 재앙을 내리도록
그와 같은 충동질을 하고 있는 것이
너희들이니라.
32 그러나 내가 너희들을 사랑하기에 마
지막으로 나의 아들을 통하여 법전을
내려보내며, 그를 보고 깨우치는 나의
선택된 백성이 있기에 내가 오늘에 너
희들이 변하는 기회를 다시 한 번 줌
을 너희 가슴속에 깊이 다시 한 번 심
지 않는 자, 너희들은 구원의 빛을 볼
수 없는 자들임을 알라.

4,462 번째 하나님 말씀

2003년 1월 8일 01시 25분

1 사랑하는 나의 아들아!
2 "네, 아버님! 말씀하옵소서."
3 너희들의 성서에 기록되었으며 사랑
의 근본인 '원수를 사랑하라.' 그리 말
하지 않느냐?
4 원수를 사랑하는 것이 근본이요, 기본
이라 그리 말함이니, 과연 너희들이
원수를 사랑하지 못한다면 나로부터
선택된 백성이라 말할 수 있는가?
5 너희들은 과연 원수를 사랑할 수 있느
냐?
6 너희들이 그리 가지 못한다면, 너희들
이 이를 이행치 못한다면, 나의 대명
을 받으며 내 일을 대신하며 내가 하
고자 하는 임무를 대신하는 자로서 나
의 아들딸이라 과연 말할 수 있는가?
7 내가 나의 피조물 만백성 너희들을 구
하기 위하여 모세에게 기적을 이루었
던 그 역사의 한 단면도 따지고 보면
내가 너희들에게 얼마나 크나큰 선물
과 영광을 내렸던 것이더냐?
8 내가 모세에게 기적을 이루어 나 여호
와가 존재함을 알도록 하였으며 그 백
성들에게 내가 있음을 알며 하늘이 있
음을 깨우쳐 주도록 내가 그 많은 기
적을 역사하도록 이루었던 것은 너희
들을 사랑하기 때문에 너희들보다 더
큰 은혜와 영광을 내리는 것이 그보다
더 내릴 수가 없는 것이 아니던가?
9 너희들은 어찌하여 그와 같은 마음으
로 돌이켜 볼 수 없는가?
10 예수의 시대에 나의 아들을 통하여 죽
은 자를 살리며 앉은뱅이를 일어서게
하며 눈먼 자를 눈 뜨게 하며 그 많은
역사의 기적을 이루었음이니라.
11 잔칫집에 포도주를 만들어 주었으며
그와 같이 모든 역사를 이룬 것이 또
한 무엇이더냐?
12 너희들을 사랑하고 아끼기에 내가 너

희들에게 내린 크나큰 은혜요, 영광이
요, 사랑임을 알아야 할 것이거늘, 너
희들은 그 모두를 무엇으로 갚았는가?
13 역으로 갚았느니라.
14 사탄이 되어 사탄의 명에 따라 사탄의
지시에 따라 너희들은 나에게 돌을 던
졌으며 나를 격노하게 하였으며 나를
짓밟는 그와 같은 행위로써 내가 내린
은혜와 영광에 너희들이 더한 반대급
부로써 나를 괴롭힌 것이 아니던가?
15 그러한 너희들을 내가 버리지 아니하
며, 너희들을 사랑하기에 지금 내가
밤과 낮을 가리지 아니하며 나의 아들
을 통하여 나의 성령을 태워 그로 하
여금 전하여 하늘에 오르는 책이라 하
여 법전을 만들어 세상에 전함이니,
이 또한 너희들에게 내가 내리는 얼마
나 큰 선물인가?
16 너희들은 내가 내린 이 선물에 대한
그 의미를 알지 못하며, 이를 거둬들
이지 못하며 받아들이지 못하는 것이
너희들이 아니던가?
17 너희들이 원수를 사랑하는 그와 같은
마음을 갖고 그와 같이 행하며 살아간
다면, 모세의 시대에도 그 얼마나 큰
선물이며 영광이었으며, 예수의 신약
의 시대에도 얼마나 내가 큰 영광과
영화를 너희들에게 내려 주었는가?
18 너희들을 구원하고자 한 그 크나큰 영
광과 은혜를 알게 될 것이며 그를 감
사하는 마음으로 너희 마음이 변화될
것이니라.
19 지금 내가 160권의 법전을 내리는 그
것 또한 너희들에게 얼마나 크나큰 선
물인가를 너희들이 알게 될 것이니라.
20 그와 같이 깨닫는 자, 그 백성만이 원
수를 사랑할 수 있는 마음이 싹이 트
는, 나로부터 선택된 백성임을 너희들
은 알아야 할 것이니라.

4,463 번째 하나님 말씀

2003년 1월 8일 01시 41분

1 사랑하는 나의 아들아!
2 "네, 아버님! 말씀하옵소서."
3 내가 너희들에게 뭐라 가르쳐 주었던
가?
4 나로부터 상을 받으며 은혜를 받고 영
광의 축복을 받는 것은 그저 바람에
떨어지는 낙엽처럼 하나의 삶을 다하
여 떨어지는 그 낙엽을 주워 나에게
정성껏 씻어 전하는 그와 같은 정성이
너희들이 천만금을 주는 것보다도 더
위대한 사랑이며 더 큰 은혜와 영광이
있다 내가 너희들에게 그리 말하지 아
니하였던가?
5 그것은 무엇을 의미하느냐?
6 소임을 다하고 떨어지는 그 낙엽을 너
희들이 주워 정성껏 씻어 그를 나에게
바치고자 하는 그 마음이 얼마나 아름
답고 곱던가?
7 나 여호와가 창조주요, 내가 모두를
주관함이니, 내가 어떠한 물질이 필요
하며 무엇이 필요하던가?
8 너희들의 마음이면 되느니라.
9 그리하여 너희들이 하나의 낙엽을 주
워 나에게 바치는 그 정성이면 내가
세상 것을 다 얻은 것보다 기쁜 마음
이라 하였음이니,
10 그리하여 너희들이 어떠한 재물을 가

지고 나에게 무엇을 구하고 얻으려 하
지 말라 하였음이니,
11 아무리 너희들이 재물을 바치며 큰 역
사를 하며, 너희 손으로 지은 성전에
기둥을 세우는 역사를 하든 성전을 짓
는 그와 같은 역사를 한다 해도, 그 마
음이 계산적이며 바르지 못한 자라면,
그것이 거기에 벽돌 하나를 갖다 놓는
나이 먹은 할머니의 그 정성만도 못하
다 하는 것을 내가 너희들에게 전하여
주지 아니하였더냐?
12 수십만 개의 벽돌을 쌓도록 수십만 개
의 벽돌을 날라 온 사람보다 바른 마
음, 사랑하는 마음으로써 계산이 없으
며 조건이 없이 하나의 벽돌을 갖다
놓는 나이 먹은 할머니의 그 마음이
더 소중하다 함을 이제는 너희들이 알
아야 할 것이니라.
13 그러니 너희들이 나 여호와의 뜻이요,
나와는 전혀 관계도 없는 길로 간다는
것이 무엇이더냐?
14 나의 성경의 뜻을 알며 나 여호와의
뜻을 안다면, 하나의 낙엽을 깨끗이
씻어 나에게 전하는 그 사랑보다 더
큰 영광이 없으며, 너희들에게 내가
주고 싶은 것을 다 줄 수 있다 하였음
이니라.
15 그러나 그와 같은 나의 마음이요, 나
의 뜻을 종교 지도자요, 종교 집단이
나의 백성들에게 가르치는 것이 아니
요,
16 아무런 관계도 없는 사악한 마음이든,
흉흉한 마음이든, 거래하는 마음이든,
무엇을 구하고자 하든, 나의 아들 예
수가 흘린 보혈로써 구원을 받았다 하
든, 이유를 댈 것 없이 도적질해서 모
았든, 사기를 쳐서 모았든, 남을 물속
에 빠뜨려 놓고 도적질하였든,
17 무슨 재물이든 그저 많이만 갖다 바치
면 사랑을 받으며 구원을 받으니 '재
물을 바쳐라, 바쳐라!' 그리 부르짖는
종교 지도자들의 가르침이 과연 내 뜻
에 의하여 가르치는 것이며 내가 원하
는 길을 가는 것이더냐?
18 이것이 바로 그러기에 나와는 관계없
는 일이라 하니, 나의 찢어지는 이 아
픈 마음을 너희들은 알아야 할 것이며,
19 너의 제자들은 그를 따라 행하도록 그
리 전하라.
20 사랑하는 마음이요, 기도하는 마음이
요, 경배하는 마음이요, 나 여호와가
존재함을 알며, 너희들이 그 마음 하
나를 믿고 살아가면, 나 여호와가 그
이상의 너희들에게 줄 상이 없으며 그
보다 더 큰 은혜를 내려 줄 것이 없다
하였음이니라.
21 그러니 너희들의 그 마음자리가 소중
함이니, 그 소중한 마음 하나를 세상
의 어떤 재물을 바치는 것보다도 더
귀하고 소중하게 내가 받아들인다는
그 나의 뜻을 모르며,
22 그저 도적질하며 사기 치며 거짓 하여
모았든 재물만 하늘에 많이 쌓으면 구
원을 받는다 하여, 너희들의 손으로
지은 성전에 거짓 종교 지도자 앞에
많이 쌓아 놓으면 축복받는다 그리 울
부짖고 가르치며 그를 위하여 가고 있
음이니,
23 어찌하여 이것이 나로부터 선택된 백
성들이라 할 수 있으며 나로부터 선택

된 종교 지도자더냐?
24 이와 같이 너희들이 역행하는 것이
지금의 형국이니, 이를 잘 깨우쳐 바
른 깨달음을 얻어 구원을 받도록 그리
하라, 사랑하는 나의 백성들아!

4,464 번째 하나님 말씀

2003년 1월 8일 09시 07분

1 사랑하는 나의 아들아!
2 "네, 아버님! 말씀하옵소서."
3 너희들이 금식기도요, 또 기도원이라
하여 기도를 하고자 함이니, 그는 너
희들이 음식을 취하지 아니하며 그저
며칠이고 얼마나 견디는가 하는 그와
같은 것으로써 나에게 무엇을 얻고 구
하고자 하며,
4 소위 무당이 굿을 하고 나서 효험을
봤다 말하듯이 너희들이 무엇을 얻고
자 하며 기적을 얻고자 하는 그와 같
은 행사로 하고 있음이니라.
5 내가 나의 아들을 통하여 일찍이 너희
들에게 무어라 말하였느냐?
6 나에게 기도하는 것은 맑은 정신으로
써 기도하기 위함이니, 너희들이 소식
을 취하면서 금식이라는 그 기도에 돌
입하는 것이 당연한 것이지, 그저 삭
굶어 가며 정신이 혼미한 상태에서 그
와 같이 가는 것이 아니라 하였음이니
라.
7 너희들은 여기서 가장 큰 오류를 범하
고 있음을 알라.
8 너희가 금식기도를 하는 것은 바로 이
러한 의미이니라.
9 너희들이 인간 세상에 살면서 선하며
천사와 같은 마음으로 살아야 하며 그
모두를 바보처럼 용서하고 이해하는
마음을 가지고 살아야 된다는 것을 알
고 있으나, 너희들은 그를 깨우치지
못하고 행하지를 못함이니라.
10 '오른 빰을 맞았을 때 왼 빰을 내놓으
라.'는 것은 너희가 당연히 아느니라.
그리고 '원수를 사랑하라.' 하는 것도
다 그를 들어서 아느니라.
11 그러나 그것을 막상 행하고 실천해 보
면 그리 행할 수가 없음이니라.
12 세상사 살아가면서 서로 얽히고설킨
인간관계의 대립하는 생활 속에 감정
이 있으며, 얻고 잃는 것이 있으며, 순
간에 불과 같은 마음이 또 있는가 하
면, 참지 못하는 자가 있으며, 또 인내
하는 자가 있으나 그 인내의 한계를
느낌이니라.
13 그리하여 세상에 너희들이 살아가면
서 너희들이 그 본연의 자세요, 모두
를 다 용서하는 그와 같은 마음으로
도저히 살아갈 수 없으며 깨닫지 못하
듯이 그것이 너희들이 지금 살아가는
한계이니라.
14 아무리 너희들이 성인군자요, 깨달은
자라 하여도 인간 세속에서 부닥치고
살아가면서 과연 모두를 인내하고 참
을 수 있는 그와 같은 능력이 인간에
게 있으며 너희 스스로 그리 갈 수 있
는가 하는 것을 너희들은 의구심을 가
지고 있으며, 그리 가지 못한다 생각
하는 것이 아니던가?
15 너 또한 마찬가지며 너의 제자들 또한
마찬가지이니라.
16 아무리 나의 법전을 듣고 읽으며 성경

을 보고 깨우쳐도 너희들이 정말 마음
을 비울 수 있는 그와 같은 천사와 같
은 자세로써 변하지 못하는 것을 괴로
워하고 한탄하지 않는가?
17 바로 금식이라는 것이 그것이니라.
18 그러한 것을 세상사의 인연을 끊고 보
지 아니하며 듣지 아니하며 단 몇 시
간, 몇 초라도 그와 같이 천사와 같은
마음으로 인간이 견딜 수 있는가 하는
그와 같은 훈련과 시험을 하기 위하여
깨달음을 얻고자 그리 가는 것이니라.
19 인간 세속에서 이것저것을 생각하면
서는 너희들이 천사와 같은 마음을 가
질 수가 없기에, 너희들이 세상의 사
람들과 인연을 접하는 것을 끊으며 스
스로 며칠씩 인내하고 견디는 그 속에
서 너희들이 세상사의 모든 마음을 다
비우는 훈련을 하는 것이며,
20 그곳에서 마음을 비우는 것을 깨달으
며 비울 수 있는 것을 얻는 그것이 바
로 금식의 뜻임을 알아야 할 것이거늘,
21 너희들이 먹지 아니하며 정신이 혼미
한 상태에서 며칠을 견디느냐 하는 그
것은 너희들이 인간의 육을 시험하는
것이니,
22 그 속에서 너희들이 음식에 대한 욕심
이요, 먹고 싶은 욕심이요, 맛있게 먹
었던 음식을 생각하는 그와 같은 마음
을 버리지 못하고 거기에 흔들린다면,
너희들은 세상사 욕심을 비울 수 있는
것인가 없는 것인가 하는 그와 같은
훈련 기간의 의미가 아무것도 아님이
니라.
23 그래서 너희가 소식을 취하면서 세상
사에 접하지 아니하며 너희 스스로 마
음이 천사와 같이 살 수 있는 것인가
없는 것인가 그와 같은 시험을 너희
스스로 하며, 그 속에서 너희가 할 수
있다는 것을 깨닫는 그것이 바로 금식
의 기도이니,
24 바로 너희가 토굴에 들어가서 세상을
보지 아니하며 생각하지 아니하면서
그 속에서 마음을 비우는 훈련을 하는
것과 마찬가지이니라.
25 석가가 보리수나무 밑에서 수년씩 있
었던 것은 무엇인 줄 알겠느냐?
26 그는 세상이 어떠한 것이라는 것을 알
았으며 어찌 살아가야 한다는 것을 알
았으며 자비라는 것을 스스로 깨닫고
알고는 있었으나 몸으로 실천할 수가
없었음이니라.
27 그도 세상사 살아가는 속에서 제가 깨
달은 그 자비를 실천할 수 없기에, 보
리수나무 밑에서 세상을 보지 아니하
며 아무것도 생각하지 아니하며 그와
같이 인내하고 훈련하는 속에 과연
인간은 자비의 경지에 도달할 수 있는
것인가 그를 시험하며 그를 거기서 얻
고자 했던 것을, 그 의미를 알라.
28 자비가 무엇인가를 알았으며 선이 무
엇인가를 알았으나, 인간 세속에서는
아무리 그를 시행하며 깨우쳐 보려 하
여도 도저히 인간 세속에 살아가면서
그를 할 수 없고 실천할 수 없는 그 고
통에,
29 보지 아니하며 듣지 아니하며 그와 같
은 자신의 훈련 속에서 그는 그 경지
에 오르고자 하였으며 그것을 실천하
고자 했던 것이 석가가 보리수나무 밑
에서 기도하고 경배한 것이니,

30 특별한 어떠한 의미가 없는 것이며,
그를 위하여 그는 몸소 실천하여 그걸
얻고자 하여 그리하였느니라.
31 나의 아들 예수가 그 어렵고 힘든 광
야에서 기도한 것은 나에게 기도하여
깨달음을 얻고자 하였으니, 그도 마찬
가지였음이니라.
32 나 여호와가 원하는 것이 무엇인가를
알고 있으며 또 천사의 마음으로 가야
한다는 것을 알았음이니라.
33 그러나 성령으로 세상에 태어난 나의
아들 예수도 육을 가지고 세상에 태어
났으니, 그 육에서 부닥치는 것을 그
도 다 겪고 체험하게 되어 있음이니,
34 과연 육을 가진 형태에서 세상의 그
모두의 나의 성령이요, 나의 심성이
요, 천사와 같은 마음의 한계를 인간
이 넘을 수 있는 것인가, 그는 정녕 견
딜 수 없는 그 고통 속에서 그와 같은
것을 얻고자 하였음이니,
35 모두를 다 버리며 오른 뺨을 맞았을
때 왼 뺨을 내놓는 그 경지를, 보지 않
고 듣지 않고 스스로 혼자 앉아 인내
하는 그 광야의 기도 속에서 그를 깨
우치고자 하였음이니라.
36 모두는 지금 아름답게 천사와 같은 마
음으로 인간 세속에서 변할 수 없는
것을, 과연 변할 수 있는가 없는가 하
는 것을 그들은 훈련했으며 시험하여,
37 인간이 갈 수 있다는 것을 깨달아 자
비를 베풀 수 있다는 것을 깨달은 것
이 석가가 그 보리수나무 밑에서 기도
한 것이요,
38 나의 아들 예수가 광야에서 기도한 것
은 인간이기 때문에 천사와 같이 살
수 있다는 그 경지를 시험하고 훈련하
며 얻고자 하였으니, 그것이 그들의
기도였음이니, 너희들이 그 의미를 알
라.
39 그리하여 '너희들은 번뇌하지 말라,
그리고 고통스러워하지 말라.' 예수나
석가가 그와 같은 이야기를 하지 않았
는가?
40 바로 그러하니라.
41 그와 같은 길을 갈 수 있다는 결론을
얻은 것이 그들이니라.
42 그리하여 너희들도 그리 갈 수 있음을
알라.
43 너희들이 얼마만큼 인내하고 견디느
냐에 따라서 그 길을 갈 수 있음이니
라.
44 석가는 보리수나무 밑에서 기도하면
서 자비를 베풀며 살 수 있다고 느꼈
으며, 나의 아들 예수는 광야에서 몇
십 일 동안 기도하면서 인간은 천사와
같은 마음으로 살 수 있다는 그것을
얻기 위하여 그 금식의 기도를 하였음
이니,
45 그리고 그들은 그곳에서 스스로 자신
을 발견하고자 자신의 마음속에서 싸
워서 이기는 그것을 훈련하며 시험하
였음이니라.
46 그리하여 그들은 얻은 것뿐이니라, 할
수 있다는 결론을.
47 너희도 그를 할 수 있다는 마음을 갖
고 살아가면 역사할 수 있음을 알라.
48 이것이 그들이 행했던 길이며 금식의
의미임을 이제 깨달아, 너희 스스로
인간 세속에 살면서 그 경지에 도달하
는 그와 같은 깨달음을 얻고 살아야

할 것임을 잊지 말라.

4,465 번째 하나님 말씀

2003년 1월 8일 09시 34분

1 사랑하는 나의 아들아!
2 "네, 아버님! 말씀하옵소서."
3 아무리 작은 것도 너희들이 나를 피해
갈 수 없으며 나를 속일 수 없으며 나
를 기만할 수 없음을 너의 제자들에게
일깨워 주라.
4 너희들이 변하지 아니한 자세로써 변
한 것 같은 행위를 하는 것도 나를 기
만하며 나에게 거짓 하는 행동임을 알
아야 할 것이니라.
5 너희들이 알면서 하는 실수가 아니라
모르고 하는 실수는 죄가 되지 않는다
생각하나, 너희들이 모르고 죄짓는 것
또한 그게 죄임을 알라.
6 너희들이 완벽히 깨우치며 바로 섰다
하면 너희들이 모르든 알든 그 죄의
행위는 할 수가 없는 것이니,
7 너희들이 모르고 짓는 죄 또한 그것이
너희들이 깨우치지 못한 것이며, 너희
들이 변화되지 못한 자이기 때문에 그
러한 실수를 하게 됨이니라.
8 그리하여 너희들은 깨우쳐야 할 것이
니, 변화되지 아니하며 깨우치지 못한
자가 깨우치며 변화된 것처럼 행동하
며 남에게 말을 전하며 그와 같이 하
는 것 또한 너희들은 나를 기만하는
것이며 나를 거짓되게 하는 것이며 나
를 욕되게 하는 것임을 너희들은 잊어
서는 아니 될 것이니라.
9 하물며 너희들이 알면서 하는 짓, 알
면서 잘못하는 것, 그 모두를 너희들
이 이 정도는 여호와께서 용서하실 것
이라, 그리고 이를 모를 것이라 그리
생각하지 말라.
10 그와 같은 생각을 하고 너희들이 살아
가고 행동을 한다면 그것은 나를 거짓
되게 하며 나를 속이는 것이며 나 여
호와를 기만하게 함이니, 그 모두는
다 아니 됨을 알라.
11 오로지 너희들이 정도의 그 길을 가는
것 외에는 아무것도 너희들에게는 용
납될 수 없으며 용납되지 아니함을 알
라.
12 그렇다면 지금 법전을 읽고 나로부터
성령의 강론을 듣고 깨우치고 공부한
너희들이 과연 스스로 얼마나 변해져
있으며 깨우쳐져 있는가 너희들을 한
번 다스려 보도록 그리하라.
13 너희들은 하나도 깨달은 것이 없으며
변화된 것이 없음을 알아야 할 것이니
라.
14 내가 너희들에게 일찍 말하여 깨우쳐
주지 아니하였던가?
15 너희들이 사는 생활 속에서 상사요,
직장의 선배요, 너희들이 모시고 따르
던 사람들에게 '나는 100이라는 것을
다 주었으나, 제가 등을 돌리며 나를
이용하고 써먹다 필요 없으니 나를 버
렸다.' 그리 말한다 하였음이니라.
16 그러나 거기에 너희들은 99개는 주었
으나 가장 소중한 하나를 주지 아니하
였으니, 너희들의 마음을 주지 아니하
여 그리 버림을 받았으며 너희들이 그
자리를 지키지 못한 것이라 하였음이
니라.

17 가장 소중한 한 개를 버리지 못하며
상사를 위하여 주인을 위하여 모두를
다 바치지 못함은 너희들이 가지고 있
는 하나가 더 소중하기 때문에 너희들
이 정녕 그를 위하여 모두를 다 바쳤
다고 말할 자격이 없다 내가 말하지
아니하였던가?
18 너희들이 살아가는 속에 죄가 있으며
잘못된 것이 있으나, 너희들이 100가
지 중의 99가지를 참으면서 하나 소
중한 것, 너희들이 가장 즐겨 하는 것
을 참지 못한다 하면 그는 100개를 참
고 인내한 것이 아니니, 참지 못하는
하나가 너희들에게 너무나 큰 죄악이
요, 너희들이 잘못 깨달음이요, 깨달
음이 하나도 없는 것이라 내가 말하는
의미가 여기에 있음이니라.
19 99개를 주고 하나를 주지 아니하였을
때 다 주지 아니한 것처럼, 너희들이
99개를 깨우치고도 하나를 깨우치지
못하여 그를 버리지 못한다면 너희들
은 깨달음이 하나도 없는 것과 마찬가
지니라.
20 그리하여 지금 몇 년 동안 나의 성령
을 들으며 나의 법전을 가지고 공부한
너의 제자들이 변화된 것이 없으며 깨
우친 것이 하나도 없는 그와 같은 형
국이니,
21 너희들이 결국 깨우치지 못하며 변화
되지 못하였다는 것은 그동안의 너희
들의 삶이 나를 속였으며 나를 기만하
였으며 나를 우롱하는 그와 같은 너희
들의 마음의 자세요, 너희 가슴속에
그와 같은 무서운 생각이 있지 아니하
였다면 너희들이 과연 깨우치지 않은
백성으로 지금까지 존재할 수 있었겠
는가?
22 너희들이 나를 두려워하며 내가 있음
을 알며, 나를 속이고 우롱하는 마음
이 없었다면 너희들은 지금쯤 변화된
백성으로서 바로 섰어야 할 것이니,
이를 너희들 스스로 한번 자신을 돌이
켜 보도록 그리하라.
23 아무것도 변한 것이 없으며 아무것도
깨달은 것이 없음이니라.
24 많은 세월 동안 많은 나의 법전이요,
성령을 들으며 직접 내리는 강론을 들
은 너희들이 하나도 변한 것이 없다
하면, 과연 이 세상의 백성은 어찌 변
해야 할 것이며, 내가 이루고자 하는
하늘에서 이루어진 것같이 이 땅에서
이루어지는 그 지상의 천국의 역사는
과연 이룰 수 있겠는가?
25 이를 어찌해야만 되는 것인가 너희들
스스로 선택하라.
26 너희들이 정녕 변할 수 없는 사람이라
생각하며 변할 수 없는 백성이라 생각
하는가?
27 너희들은 변할 수 있고 해낼 수 있다
는 마음을 갖고 힘차게 딛고 일어설
때 그 모두가 이루어지는 것인 것을…
….
28 모두를 다 놓으라.
29 석가가 보리수나무 밑에서 수십 일 동
안 기도하며 얻은 것이 무엇인 줄 아
느냐?
30 지킬 수 있으며 모두를 다 놓을 수 있
다는 것을 터득하기 위하여, 그가 몸
소 행할 수 없기에 그 길을 위하여 기
도를 했으며, 나의 아들 예수도 그러

하니라.
31 그것을 너희들은 세상 속에 살아가면
서 버려야 하느니라.
32 그리고 그들이 며칠씩 기도하며 인내
하고 깨우치고자 했던 그것을 너희들
은 육의 세상에 살아가면서 해야만 되
느니라.
33 누구나 다 그와 같이 석가처럼 그리
기도하여 깨우칠 수 없으며, 예수처럼
그러한 길을 전철을 밟아 그를 깨우칠
수 있고 없는 것을 그리 체험해서 갈
수는 없느니라.
34 그들은 할 수 있다는 것을 깨우쳤기에
만백성을 구원하고자 일어섰음이니,
너희들은 할 수 있음을 거기서 배우고
행함을 잊지 말라.

4,466 번째 하나님 말씀

2003년 1월 8일 14시 53분

1 사랑하는 나의 아들아!
2 "네, 아버님! 말씀하옵소서."
3 너희들이 인간 세상에 살아가면서 자
식이 아프고 헤맬 때, 너희들은 안타
깝고 고통스러움을 보지 못하여 너희
자신이 대신 아프기를 바라며, 그와
같은 고통을 대신 겪을 수만 있다면
겪고자 하는 것이 너희들 인간관계에
부모와 자식이라는 그사이에 맺어진
인연이 아니던가?
4 너희들 인간 세속에서 맺어진 부모와
자식 사이에도 그만큼 그리 소중히 생
각하며 대신 고통을 겪고자 하는 것이
너희들의 마음이거늘,
5 어찌하여 너희들은 나의 아들 예수가
그보다 더 고통스럽고 처참하고 비참
하게 숨을 거두는 그것만큼은 너희들
이 나 여호와의 아픈 마음을 정녕 모
르며 그를 생각해 보지 못하는가?
6 너희들의 자식이 아파 몸부림치는 그
를 보면서 대신 아프며 대신 고통을
겪고자 하는 것이 너희들이라 하였거
늘,
7 나는 나 여호와의 아들을 살릴 수 있
으며 그를 구할 수 있었으나 너희들을
위하여 그가 고통스럽게 죽어 가는 그
모습을 바라봐야 했던 나의 아픈 마음
을 너희들이 조금이라도 생각한다면,
그와 같이 죽어 간 나의 아들의 보혈
로써 너희들의 죄를 사했다 하는 그런
망발을 함부로 할 수 없음을 너희들이
알아야 할 것이니라.
8 나의 아들 예수가 보혈을 흘려 죽어
간 것은 너희들을 구원하고자 깨닫게
하고자 함이 아님을 알라.
9 너희들의 구원을 위하여 나의 아들이
그리 갔다 생각하지 말라.
10 나의 아들이 그와 같이 고통 속에 죽
어 간 것은 나 여호와가 존재함을 너
희들에게 심어 주며 너희들이 지키고
행하여 하늘에 오르는 길을 깨우쳐 주
기 위한 것이니,
11 너희들을 직접 구원하기 위해, 그와
같은 고통으로써 죽음으로써 그 피로
써 너희 죄를 대속하기 위하여 죽어
갔다는 그와 같은 생각을 하지 말라.
12 너희들이 그와 같은 생각과 그와 같은
마음을 가짐으로써 너희들의 그 죄를
사했다는 그 뜻 때문에 쌓이고 쌓이는
그 죄의 누적됨은 이루 말할 수 없음

이니라.
13 그리고 너희들은 나의 아들의 이름을 부르며 나의 아들 예수의 보혈로써 구원받으며, 나를 찾으며 나의 아들을 부름으로써 너희들이 지은 죄를 사함을 받으며 그 죄를 용서받으며 구원의 길에 들어설 수 있다 그리 말하지 말라.
14 너희들은 말로써 그 모두를 다 행한다는 생각에서 깨어나야 되며 그 착각 속에서 벗어나야 됨을 잊지 말라.
15 말로써 그 모두의 죄를 용서받으며 죄를 씻었다는 그 착각과 환상 속에 살기 때문에 너희들은 수없이 죄를 지으며 그 죄를 계속 쌓아 가며 죄를 짓는 것을 반복하는 그와 같은 무서운 형국으로써, 너희들이 결국은 구원의 길이 아니요, 지옥 불로 가는 그와 같은 길을 가게 되어 있음이니,
16 너희들은 어떠한 것으로써도 너희 죄를 사해 주며 그를 용서할 수 없음을 알라.
17 너희들이 지은 죄가 너희들에게서 떠나는 것이 아니요, 선한 마음이 너희들의 중심을 잡을 때 그는 잠깐 물러나게 되어 있는 것이며, 그 누구도 그것을 버릴 수 없음이니라.
18 너희들에게 내가 말하였느니라.
19 너희들이 구원을 받고 못 받는 것은 너희 노력에 달렸으며,
20 너희들을 대신하여 기도해 줄 수 없으며 너희들의 구원을 위하여 대신 살아갈 자 없다 하였음이니라.
21 아무리 부모가 자식을 사랑하며 자식이 부모를 따른다 하여도, 아무리 소중한 것이라도 구원을 받고 못 받는 것은 대신할 수 없다 하였음이니, 이는 곧 무엇을 말하는 것인가?
22 어떠한 것도 너희 죄를 대신하여 그를 면죄부를 주며 용서해 주며 그 죄를 사해 주는 그와 같은 일은 할 수도 없으며 그와 같은 역사는 이루어질 수 없음을 알라.
23 그와 같은 이치를 깨닫는다면, 나의 아들 예수의 보혈로써 너희들이 구원받으며 죄를 용서받았다 하며, 너희들이 또 회개하고 눈물로써 기도하면 죄를 용서받으며 감면받으며 면죄부가 된다는 생각을 버리라.
24 그리하여 너희들은 수없이 죄를 지으며 벗어날 수 없는 그 지옥 불에 가는 짐을 더 짊어지고 있음이니, 곧 이는 너희들이 화약이라는 것을 짊어지고 불 속에 뛰어들어가는 형국과 똑같은 자의 삶임을 잊지 말라.

4,467 번째 하나님 말씀

2003년 1월 8일 15시 01분

1 사랑하는 나의 아들아!
2 "네, 아버님! 말씀하옵소서."
3 너의 제자들이 살아가면서 나의 법전을 읽고 공부하며 깨우치며 만백성을 구하는 그 대명을 받고 나로부터 선택된 나의 아들딸이라 내가 말하였음이니라.
4 너희들이 바로 서지 못하며 나의 법전대로 살지 못하며 깨닫지 못했을 때에는 이 세상 어느 백성도 내가 이루고자 하는 그 뜻을 이룰 수 없다 하여 너

희들이 그리 소중한 자들이라 내가 말
하였음이니라.
5 그러니 너희들은 여기서 깨달아야 할
것이니라.
6 너희들이 지금 나의 법전을 가지고 공
부하며 나의 성령을 직접 들으며 나
여호와가 나의 아들을 통하여 너희들
에게 깨달음을 수없이 가르쳐 주며 법
전을 몇 번씩 정독하여 그대로 살라
말하여 너희들이 변화되는 삶을 살도
록 그리 가르쳤으나,
7 너희들이 깨닫지 못하며 변화되지 못
한 그와 같은 형국에서 변화되지도 않
은 너희들이 변화된 것처럼 깨달은 자
처럼 그와 같은 행위를 하는 것은 바
로 어떠한 죄인지 알고 있는가?
8 깨닫지도 못한 자가 깨달은 척하며 깨
달은 것같이 행동하는 것은 나 여호와
가 내려다봄을 무서운 줄 모르며 두려
운 줄 모르는 자들이니,
9 나를 속이는 자들이며, 나를 욕되게
하는 자들이며, 나를 능멸하는 것이
너의 제자들이 하는 행위이니라.
10 너희들은 깨닫지도 못한 자가 뒤에서
깨달은 것 같은 행위를 하지 말라.
11 정녕 너희들은 깨달은 자세로써 깨달
음을 얻고 깨달음에 변해 가는 그와
같은 완벽한 백성으로서 살아가야 됨
을 잊지 말라.
12 너희들은 깨닫지도 못했으며 변화되
지 못했으면서 변화되고 깨달은 것처
럼 위선적인 행위를 하지 말라.
13 그는 너희들이 나를 욕함이니라.
14 하물며 나의 뜻을 모르면서 성서를 가
지고 나의 피조물 만백성에게 하늘에
오르는 길이라 가르치는 자, 내가 원
하는 것도 모르며 내가 행하려 하는
것도 모르고 가르치는 그와 같은 자
들, 그들이 얼마나 무서운 죄를 짓는
것인 줄 너희들은 알겠는가?
15 너의 제자들은 너희들이 깨우쳤다 자
부하며 깨달았다 하여 남들을 가르침
에 있어서 재물과 금화를 거두어들이
지 아니하며 그를 속이는 것이 없음이
니라.
16 그러는 것도 내가 용서할 수 없는 죄
라 하였거늘, 나의 백성들에게 너희들
이 나에게 오르는 길이요, 나에게 구
원을 받는 길이라 하여 저 자신도 모
르고 내가 행하는 그 뜻도 모르며 성
경의 깊이도 모르면서 그저 파도치는
물줄기의 출렁거리는 것을 보고 강물
을 다 본 것처럼 평가하는 그와 같은
어리석은 종교 지도자들이 나의 뜻이
라 하여 가르치며 온갖 작태를 다 부
리고 있음이니,
17 그리고 금화와 은화를 거둬들이며 제
왕적인 행동을 하고 있는 자, 그 죄는
너의 제자들보다도 몇십 배 더 무서운
죄임을 알아야 할 것이니라.
18 그보다 더한 죄를 짓는 자가 이 세상
에 있음이니라.
19 나로부터 저희들이 아무것도 듣지 못
하였으며 명을 받지 못하였으며, 환상
이요, 착각 속에 살아가는 자들이 나
로부터 메시지를 받았으며 나로부터
음성을 들었으며 나한테 지시를 받았
다 하여 저희들의 말로써 그를 전하며
그것으로써 나의 백성을 현혹하는 자
들, 나로부터 명을 받아 저희들이 대

명을 이루는 것처럼 말로써 전하는 자, 그 말로써 행동에 옮기는 자, 그와 같은 자들이 더 용서받지 못할 자들임을 너희들은 알아야 할 것이니라.

20 나 여호와는 말로써 지금 전하지 아니하며, 말로써 증거하지 못하는 것으로써 나의 백성을 깨우치고자 함이 아니요, 말로써 전하는 것으로써 나의 백성을 깨우칠 수 있는 그와 같은 시대는 지났으며, 나의 백성들이 그를 듣고 깨달을 만한 마음의 여유가 없음이니,

21 글로써 너희들 손에 쥐여 주고 깨우쳐 줘도, 영원히 불변하는 나의 성령으로써 하늘에 오르는 길이요, 나의 법전을 만들어 주어도 그들이 듣지 아니하는 것이거늘,

22 내가 그리하여 이제는 160권의 법전이요, 나의 뜻을 내려보내는 이 가르침을 듣고 보고 깨우치는 자만이 구원을 받을 수 있는 것이요, 나의 법전 속에서 너희들이 살아가며 구원의 길의 그 모두를 내가 전함을 알라.

23 하늘의 뜻이라 하여 선택된 자라 가르치는 종교 지도자들, 너희들은 나의 160권 속에 있는 법전의 가르침에서 벗어난 내용을 너희들이 가르칠 것이 있다면 나로부터 선택받은 백성이라 그리 말하라.

24 나로부터 명을 받으며 제가 직접 메시지를 받으며 나 여호와의 뜻을 행하는 대명을 받았다는 자, 그가 설법하며 교리를 가지고 가르치며 너희들에게 말로써 전하는 그와 같은 행위를 하는 자,

25 나의 법전 160권 속에 기록되어 있는 그 뜻을 벗어나서 그들이 가르치는 역사요, 가르치는 진리가 있다 하면 그는 나로부터 선택된 백성이라 내가 말할 것이니,

26 과연 내가 내리는 160권 속에 내가 가르치고 깨우치는 그 내용을 벗어나서 만백성을 구할 수 있는 새로운 내용을 받아 책으로 만들어 내는 백성이 있거든, 그를 내가 선택한 나의 목자요, 선택된 지도자라 인정해 줄 것이니, 너희는 이것을 보고 깨우치라.

27 160권 속에 들어 있는 모든 진리요, 나 여호와의 뜻이요, 가르침을 벗어나지 못하는 것을 가지고 구전으로써 수다를 떨며 깨우치며 가르치며 나로부터 무엇을 받았다는 자, 그들의 말에 귀를 기울여 너희들이 지옥 불로 가는 그와 같은 우를 범하지 말라.

28 160권 속에 기록되어 전하는 나의 진리를 빼놓고 다른 뜻이 있거든 그는 정녕 나로부터 선택된 백성이라 너희들이 따라가도 내가 너희를 책하지 않을 것이니,

29 이 무섭고 엄연한 사실 앞에 너희들이 냉정히 평가하여 너희들 스스로 바로 서는 그 역사에 어긋남이 없도록 그리하라.

4,468 번째 하나님 말씀

2003년 1월 8일 15시 09분

1 사랑하는 나의 아들아!

2 이 세상 너희들이 살아가는 지상에 수많은 종파들이 있으며 또한 너희들의

인종이 다르며 생각이 다르며 피부색
이 다르며 모든 생활의 방식이 다 다
름이니라.
3 그러나 그들은 다 누구더냐?
4 나의 아들딸임이니라.
5 그러니 너희들이 살아가는 방도와 생
각이 다른 그와 같은 방법으로써 너희
들이 나에게 구원의 길을 똑같이 오를
수 없음이니라.
6 내가 너희들에게 똑같은 자료와 똑같
은 깨달음을 주지 아니하며 똑같은 여
건을 주지 아니하고 너희들에게 하나
로써 나에게 오르는 그 믿음의 길을
오라고 하는 것을 나 여호와가 이제는
바라지 아니함이니라.
7 그리하여 내가 너희들의 모든 풍습과
언어를 하나로 통일하고 하나로 만들
어 너희들이 똑같이 깨달아 나에게 똑
같은 은혜와 영광을 받는 그와 같은
백성으로서 세상을 다스리고자 하며,
8 새로운 역사요, 새로 시작하는 새 시
대의 역사는 내가 똑같은 언어와 똑같
은 방법으로써 너희들을 하나로 통일
하여 하나로 움직이도록 그리 만들고
자 함이니라.
9 기도하는 내용도 너희들이 생각하는
것도 다 똑같은 방법으로써 너희들을
깨우치고자 하는 것이 나의 뜻이니,
이 세상을 하나로 통일하여 다스리고
자 하는 것이 나의 뜻임이니라.
10 이 세상을 하나로 만들어 다스리는 그
것은 어떠한 것도 이룰 수가 없음이니
라.
11 오로지 나의 법전 160권만이 너희들
을 하나로 만들 수 있는 것이니, 그 외
에는 아무것도 없음을 너희들은 알아
야 할 것이니라.
12 이 세상의 모두를 하나로 이루는 것은
나의 법전밖에 없음이니라. 위와 아래
가 없이 서로 사랑하며 위아래의 차이
가 없는 그와 같은 사랑하는 마음이
요, 사는 방법을 내가 가르치고자 하
는 것이니, 그와 같이 가르치는 것은
세상에 나의 법전밖에 없음을 너희들
은 알아야 할 것이니라.
13 그리하여 내가 160권의 법전을 세상
에 내보내는 나의 뜻을 너희들은 알아
야 할 것이니라.
14 소리 없이 너희들의 생명의 시간이 감
아지며 흘러가는 것을 너희들은 알지
못하듯이,
15 지금 너희들은 나의 법전이 얼마나 소
중한 것이며, 이게 내 모두를 태워 내
려보내는 것이며, 나의 아들을 통하여
사랑하는 나의 만백성 너희들을 구원
하고자 지금 내려보내는 나의 법전이
얼마나 소중한 것인지를 너희들이 모
름이니,
16 나로부터 받아 나간 삶의 그 정해진
시간이 줄어들고 있으며 그 시간이 점
점 감아져 가는 것을 너희들 인간의
힘으로는 막을 수 없으며,
17 너희들의 능력으로써 다스릴 수 없이
그리 쉬지 않고 가는 생명줄이 죽어
가는 것보다도 더 엄연한 사실이며 더
확실한 것이 나의 법전이 너희들을 구
원하는 마지막 길이요, 마지막 기회이
며 너희들의 생명의 빛이라는 것을 너
희들은 어찌 그리도 모르는가?
18 이를 깊이 깨우쳐야 함을 너희들은 알

아야 할 것이니라.
19 지금 나의 백성을 잘못 가르치고 있는
그 종교 지도자들이요, 나의 성서의
뜻과 성서의 깊이를 알지 못하는 자들
이 하늘에 오르는 길이라 하여 나의
피조물 만백성을 그리 잘못 이끌고 가
나의 백성의 넋을 잃게 만들었으며,
진정한 인간의 삶을 저버리며 그들이
우왕좌왕하는 그와 같은 형국으로 지
금 너희들이 이끌어 가고 있음이니라.
20 나의 백성들이요, 너희들이 신도라 하
는 자들이 뭐라 말하는가?
21 지금 그들이 의심하며 불안해하며 너
희들이 가고 있는 그 행위와 종교 지
도자들이 하는 그 이면의 행동을 바라
볼 때 도저히 이것은 하늘에 오르는
길이 아니라 그들도 알고 깨닫고 있으
며 그들이 어찌할 바를 모름이니, 그
리하여 그들은 넋을 잃고 지금 어쩔
수 없이 정신을 잃은 상태에서 너희들
에게 끌려가고 있는 형국임을 알라.
22 그 모두가 너희들이 지은 죄로써 그와
같이 감을 알라.
23 나의 이 법전이 너희들을 구원하며 새
로운 성경이요, 새로운 생명의 빛이라
는 것을 지금 종교 지도자들은 너희들
이 깨우치지 못하도록 그리 혼란을 이
루고 있음이니, 이곳에서 너희들이 헤
어나는 그와 같은 현명함을 얻어야 할
것이며,
24 계속 너희들이 그와 같은 곳에서 벗어
나지 못하며 그들의 세 치 혓바닥에
현혹되어 그리 끌려간다는 것은 너희
들이 구원의 길이라 지금 달려가고 있
는 그 길이 지옥 불을 향하여 가는 것
이니, 너희들이 정신을 차리지 못하고
있는 그와 같은 형국이니라.
25 이제 너희들은 정신을 차리고 나의 법
전을 보며 내가 내리는 이 엄연한 심
판의 기준인 '하늘에 오르는 길'이요,
'하나님! 말씀하옵소서'라는 이 책표
지를 여는 영광을 얻도록 그리하라.

4,469 번째 하나님 말씀

2003년 1월 8일 15시 28분

1 사랑하는 나의 아들아!
2 "네, 아버님! 말씀하옵소서."
3 모든 식물이 살아감에 있어서 여름에
무성했던 잎도 가을이 되어 떨어지며
또한 겨울이 되면 앙상한 가지만 남는
그것이 너희들이 살아가는 법칙이며,
그와 같은 삶 속에서 모든 식물이 뿌
리를 내려 가며 살아가느니라.
4 그러나 그 식물 중에서 서리가 몰아치
는 그 차가움을 견디며 추운 겨울을
파랗게 견디는 그와 같은 식물도 있지
아니하던가?
5 만물의 영장인 너희가 지금 작고 큰
죄악의 그 유혹을 견디는 것이 과연
그들이 인내하는 것만큼도 고통을 견
디지 못하여 쓰러진다면, 과연 너희들
은 창조주 나로부터 가장 예쁜 모습으
로써 그리고 가장 높은 지혜를 받아
세상에 나간 나의 백성이라 말할 수
있겠는가?
6 그 추운 겨울에도 푸르름으로 견디며
서리의 차가움에도 견디는 식물, 어찌
하여 만물의 영장인 너희들은 그들이
견디는 그 고통의 노고만큼도 노력하

지 아니하며 지금 나의 피조물 만백성
을 구하는 그 길로써 정녕 진정한 지
도자로서 변하는 그 길을 가지 못하
며, 각종 죄악의 유혹에 의하여 넘어
지는 그와 같은 나의 백성이라 한다면
내가 어찌 너희들을 봐야 되겠는가?
7 나약한 여인이 절개를 지키며 그를 보
호하기 위해 목숨을 버리는 정신만큼
도 너희들이 구원의 길이요, 나에게
오르는 것이 소중하지 못하다 그리 생
각하고 사는 것은 과연 어떠한 것이던
가?
8 자신의 절개를 지키기 위하여 모두를
다 버리고 지켜 가는 한 여인의 그와
같은 각오만큼도 못한 것이 너희들이
영원히 사는 하늘나라에 오르는 길이
요, 너희들이 그리 갈구하던 그 구원
의 길의 소중함도 그보다 못하다 생각
하고 지금 믿음의 길을 가는 것이 너
희들이 아니던가?
9 그러면서 너희들이 나에게서 구원을
받으며 영광을 받으며 축복이 있기를
바라는가?
10 그리고 너희들이 기적의 역사를 이루
어 너희들만이 모든 역사를 볼 수 있
으며 너희들의 육의 삶의 편안함이요,
육의 삶의 행복함이요, 권위와 권좌를
찾는 그와 같은 삶을 그리며 너희들이
나의 법전을 읽고 깨우쳐 그 길을 간
다 하면, 또 나의 아들을 따르는 너희
들이라 하면,
11 너희들은 추운 겨울날에 무섭게 몰아
치는 서릿발에도 견디는 그와 같은
식물만도 못한 너희들이니, 내가 너희
들에게 과연 무엇을 내리며 어떠한 영
광과 은혜를 내릴 수 있다 생각하는가?
12 너희들은 그들보다도 더 무서운 마음
과 더 강한 마음으로 깨우치고 깨달음
을 얻어 하늘에 오르는 길을 위해 달
려와야 할 것이며,
13 나의 법전을 읽고 정독하여 너희들의
깨우침이 그보다도 열배 백배 더한 마
음으로 변화되며, 만백성을 구하는 그
역사에 너희 모두를 바치는 그와 같은
마음의 자세가 되어 있을 때 너희들은
모든 축복이요, 영광을 보게 되며 얻
을 것임을 그리 알라.
14 그와 같은 마음의 자세도 되지 못한
너희들이 과연 무엇을 얻을 수 있으
며, 내가 너희들에게 주었을 때 너희
들은 과연 그를 지킬 수 있으며, 내가
이루고자 하는 새로운 역사에 가는 험
난하고 험악한 그 길을 무사히 갈 수
있다 생각하는가?
15 정녕 갈 수 없기에 내가 너희들에게
그를 내리지 아니하며 너희들을 내가
지금 깊이 중요히 쓰지 못하고 있음이
니,
16 바로 서 있으며 변한 자 있으면 내가
지금이라도 바로 역사를 이루며 너희
들을 바로 쓰는 것을 만천하에 공포하
건만, 너희들이 아직 변화되지 못하며
너희들의 각오요, 마음자리가 서 있지
아니하였기에 내가 세상에 나의 기적
이요, 역사를 나의 아들을 통하여 보
이지 아니하며 내가 너희들에게 자랑
하지 아니함을 알라.

4,470 번째 하나님 말씀

2003년 1월 8일 15시 39분

1 사랑하는 나의 아들아!
2 "네, 아버님! 말씀하옵소서."
3 너희들이 인간 세속에 살아가며 더불
어 삶이니, 고향이라는 것을 떠나 보
지 아니한 자는 그 고향의 그리움을
모르며, 부모의 품이요, 형제의 품을
떠나서 살아 보지 아니한 자는 그 그
리움과 사랑함을 모르느니라.
4 너희들이 부모 형제를 떠나 객지라는
낯선 곳에서 생활하며 도저히 그립고
그립던 너희들이 어려서 자란 고향을
돌아갈 수 없는 수억만 리 먼 곳에서
살아가는 그와 같은 사람이라면 과연
너희들은 그 고향을 얼마나 그리워하
며 그곳을 가고 싶어 하는 것이던가?
5 그리고 너희들은 눈물로써 그리워하
며 그리운 사람들을 만나고자 하며 그
그리워하는 마음은 이루 말할 수 없을
것이니, 그 마음이 때로는 너희들을
눈물짓게 하지 아니하던가?
6 그리고 너희들 자신의 가슴을 쥐어뜯
도록 그리 몸부림치는 그와 같은 그리
움을 달래지 못하여 우는 밤은 없었던
가?
7 너희들이 인간의 삶이요, 인간의 고향
도 못 가는 것을 그리 그리워하는 것
이거늘,
8 지금 나에게 온다는 믿음을 가며 나를
향하여 하늘에 오르는 길이라 하며,
정녕 내가 내려보낸 너희들이 영원히
사는 그 고향 즉, 나 여호와의 품에 돌
아오고자 하는 너희들의 그 애절한 마
음은 인간이 고향을 그리워하는 마음
보다 더 애절하고 강해야 하거늘, 과
연 너희들의 지금의 마음은 어떠하던
가?
9 너희들이 고향을 그리며 돌아가고자
하는 그 애절한 마음만도 못한 것이
너희들이 나의 품에 돌아오며 믿음이
라는 길을 가는 너희들의 마음은 아니
던가?
10 고향을 그리며 눈물짓는 인간 육의 생
각과 그와 같이 정을 못 잊어 그리워
하는 것만도 못한 것이 지금 믿음의
길을 가고 있는 너희들의 형태이며 너
희들의 마음 자세이며 너희들이 지금
가고 있는 그와 같은 형국임을 알아야
할 것이니라.
11 너희들은 그와 같이 애절한 마음이요,
그리고 그리운 마음이요, 나 여호와에
게 돌아올 수 있는 것이 얼마나 소중
한 것인가를 알고 그러한 너희들이 눈
물짓는 아름다운 마음으로 살아가는
그와 같은 길로써 나에게 오고자 하는
것이 아니요,
12 그저 너희들은 그런 애절한 정이요,
사랑이 없이 울고불고 광란의 짓만 하
고 있음이니, 이를 어찌 내가 그대로
보고만 있어야 되겠는가?
13 수억만 리 타향에서 그리운 부모와 형
제와 고향을 그리는 마음보다도 더 애
절하지 못한 마음으로써 너희들은 나
의 품에 돌아오고자 하는 것이니,
14 너희들이 나의 품에 돌아오는 것은 형
식적이요, 의식에 젖어 있으며, 그저
나의 아들 예수의 보혈로써 모두 구원
받으며, 너희들이 용서받지 못할 추하

고 더러운 짓을 해도 너희 손으로 지
은 성전에 가서 용서를 빌면 구원받을
수 있으며 재물을 바치면 구원받을 수
있다는 그와 같은 사악한 마음이 지금
길러져 있기에,
15 너희들이 나에게 오고자 하는 마음이
요, 영원히 사는 나 여호와의 품인 그
고향으로 돌아오는 것이 인간이 살던
그 고향이요, 인간관계의 그리움을 못
잊어 가슴을 부여안고 우는 그와 같은
마음만도 못함이니,
16 이를 가지고 너희들이 과연 하늘에 오
를 수 있으며 나의 길에 올 수 있다 생
각하는가?
17 너희들의 믿음의 자세요, 가고 있는
형태를 다 바꾸며 대변화를 이루지 아
니한다면, 너희들은 그저 죄를 지으면
용서받는다는 그와 같은 착각 속에서
수많은 죄를 짓고 너희들이 심판대에
섰을 때,
18 그 죄가 하나도 용서받지 못했으며 그
죄목이 하나도 너희들에게서 떨어져
나가지 아니한 것을 알 때,
19 너희들이 얼마나 당황하며 얼마나 고
통스러우며, 너희들이 땅을 치고 통곡
하고 후회를 해도 그때는 돌이킬 수
없는 것임을 알아야 할 것이니라.
20 죽어 가는 너희들의 생명을 좀 더 살
고자 의사에게 매달리는 그 애절한 마
음보다도 천배 만배 더 당혹스러우며,
21 너희들이 몸부림으로써 아무리 나에
게 용서를 빌고자 하나 그때는 너희들
이 나와는 인연이 끊어져 있음이니,
22 나 여호와의 이름을 너희들이 부르려
고 하나 동면에 들어가는 개구리처럼
너희들의 입이 봉해져 너희들이 부를
수도 없으며 나를 볼 수도 없으며 내
가 너희들을 바라볼 수도 없는 그와
같은 너희와 나와의 관계가 성립됨이
니, 그때 가서 후회하지 말라, 사랑하
는 나의 백성들아!

4,471 번째 하나님 말씀

2003년 1월 8일 16시 04분

1 사랑하는 나의 아들아!
2 "네, 아버님! 말씀하옵소서!"
3 이 세상 수많은 나의 피조물 만백성이
요, 또 그 많은 종파 중에 구원의 길을
가려 하는 모든 믿음의 길을 가는 그
백성이 과연 어찌 가야 되겠는가?
4 참진리의 길을 위하여 각자가 가면 되
는 것이 아니던가?
5 진리라는 것은 변화되는 것이 아님이
니라.
6 하나의 지폐라는 것을 가난한 자가 가
졌다 하여 그 지폐가 달라지며, 돈 있
는 자가 가졌다 해서 그 지폐가 달라
지며 그 능력이 달라지며, 농부가 가
졌다 하여 그 지폐의 가치가 달라지는
가?
7 똑같은 금을 갖되 누가 가졌느냐에 따
라서 그 금의 가치가 다르며 그 빛이
다르다 과연 너희들은 생각하는가?
8 참진리라는 것은 변함이 없는 것이니
라.
9 부족한 자, 못난 자, 잘난 자, 똑똑한
자, 가진 것 없는 자, 가난한 자, 능력
있는 자가 말해도 그 진리는 진리인
것이니라.

10 '도적질하지 말라. 그건 죄가 되느니라.' 그리 말하는 것을 너희들이 소위 이름 있는 자가 이야기하면 위대한 것이요, 가난한 자가 이야기하면 그것이 진리가 아니던가?
11 남으로부터 저주를 받는 자가 그와 같이 말을 한다면 그것은 진리가 아니던가?
12 도둑질하여 죄의 심판을 받는 자가 도둑질하는 것은 죄라 말할 때 그것은 진리가 아니던가?
13 참진리는 변하지 않는 것이며 진리는 어떠한 상황에서도 불변인 것이니라.
14 그리고 누가 전한다 해서 그 진리의 값이 떨어지며 그 진리의 의미가 떨어지고 높아짐이 아님을 알라.
15 그리하여 참진리의 길을 가는 백성은 각자 깨우쳐 깨닫고 가면 되는 것이 너희들이 믿음의 가는 길임을 알아야 할 것이니라.
16 지금 그와 같이 진리의 길을 간다는 자, 나의 아들 예수의 이름으로써 구원을 받으며 나 여호와를 찾으며 만백성을 구한다는 종교 지도자, 그 길을 가고 있는 백성 너희들이 과연 참진리의 길을 가는 것이 어찌하던가?
17 진정한 참진리요, 나 여호와의 뜻에 따라 하늘에 오르는 길을 온다고 그 믿음의 길을 가는 백성 너희들이라면 너희들은 숙연한 마음으로써 그 길을 가야 할 것이니라.
18 그리고 죄스러운 마음으로써 너희들이 아파하는 마음을 달래며 믿음의 길을 가야 할 것이니라.
19 믿음의 길을 가는 자는 무엇이더냐?
20 자기가 속죄의 십자가를 지고 가는 마음으로 믿음의 길을 가야 하는 것이 너희들이 가는 길이기 때문이니라.
21 자기가 속죄할 자기의 십자가를 짊어지고 가는 그와 같은 고난의 마음으로써 믿음의 길을 가는 것이 너희들이 가야 하는 길이거늘, 너희가 진정한 믿음이요, 십자가에 대한 속죄의 길이요, 마음의 자세여야 함이거늘,
22 너희들은 과연 어떠한 마음으로써 지금 믿음의 길을 가고 있는가?
23 너희는 세상에 이름을 낼 수 있는 공명을 위하여 너희들의 이름을 드러내려는 그와 같은 욕심을 버리지 못하며 그를 위하여 살아가며 그를 위하여 믿음에 연연하는 것은 아닌가?
24 그와 같은 것을 얻기 위하여, 그와 같은 것을 더 구하기 위하여 너희들이 기도하고 경배하는 믿음의 길을 가는 백성은 아니던가?
25 재물을 쌓아 두며 귀한 인간이 되는 것을 탐하며 이를 이룰 수 있는 것이 지금 너희들의 믿음의 길이며,
26 그곳에 와서 기도하고 경배하는 것이 재물을 탐하고 모든 것을 더 얻고자 하는, 그리고 많이 쌓아 놓고자 하는 그와 같은 마음에서 너희들이 가는 믿음이 아닌가?
27 너희들이 그와 같은 길이 아니며 그와 같은 믿음으로 가지 아니하며 그를 이루고자 가지 아니한다 하여도 지금의 종교 지도자의 믿음이 흐르는 것은 그를 유도하며 그를 가르치며 그리 살아가도록 너희들에게 가르치는 것이니라.

28 또한, 자신도 모르게 지금 성전이라는
곳에 와 재물을 바치면 몇 배 더 큰 은
혜를 얻으며 재물을 받으며 영광을 얻
는다는 착각에 빠져 있는 것이 너희들
의 마음이니,
29 너희들의 믿음은 곧고 바르며 쌓은 것
을 더 쌓기 위해, 얻은 것을 더 얻기
위해 탐하는 마음으로 그를 위해 기도
하고 비는 마음이 아니라 말하나, 너
희들 스스로 거기에 빠져 있는 것을
너희들이 모르는 것뿐이니라.
30 인간의 영광의 길이 아니라 지옥의 길
을 너희들이 가르치고 있으며, 그 부
끄럽고 추한 길을 위하여 너희들이 가
고 있음을 알아야 할 것이니라.
31 진정한 믿음의 길과 구원을 받았다는
착각 속에 빠진 그러한 너희들의 길이
요, 재물로써 모든 속죄를 받을 수 있
다는 그와 같은 길을 가는 너희들의
삶이 과연 소중한 것인가?
32 진정한 참진리를 위하여 너희들이 지
고 갈 그 십자가를 자기가 지기 위하
여 그를 짊어지고 가는 그와 같은 속
죄하는 마음이요, 경건한 마음이요,
33 예수의 고통을 생각하며 예수가 이루
고자 했던 나의 뜻을 알며 사랑하는
자식이 죽어 가는 것을 고개를 돌려
외면했던 나 여호와의 아픈 마음을 너
희들이 조금이라도 생각한다면, 너희
들은 어떠한 마음으로 믿음의 자세를
가야 되겠는가?
34 광란의 짓으로써 소리 지르고 악을 쓰
며, 이웃을 시기하며, 너희들이 사랑
을 베푼다고 하지만 하나의 이해관계
앞에서는 짐승이 먹이를 놓고 싸우는
것처럼 돌변하는 그와 같은 믿음의 집
단 속에서 가고 있는 것이 과연 진정
한 믿음의 길을 간다 생각하는가?
35 이를 나는 용서할 수 없으며 이를 덮
어둘 수 없으며, 너희들의 그와 같은
추한 모습을 내가 더 이상 볼 수 없으
며 그 보는 것이 너무 역겨워 너희들
을 내가 다 버려 지옥으로 모든 재앙
의 심판으로써 거두려 하나, 내가 다
시 한 번 너희들에게 기회를 주어 나
의 법전을 내려보내니,
36 나의 이 노한 마음을 달랠 수 있도록
나의 깊은 뜻을 깨달아 나의 법전을
읽고 깨우치며 각자 자기가 지고 갈
십자가를 지고 가는 경건한 마음이요,
고행이요, 고통의 길을 가는 예수의
모습을 너희 가슴속에 새겨 바른 믿음
을 깨우쳐 가도록 그리하라.
37 재물을 탐하며 세상의 공명을 위하여
너희들의 이름을 드러내고자 하는 그
욕심이요, 탐함을 버리지 못하는 그와
같은 추한 모습을 너희들이 대대적으
로 변혁하지 아니하면 너희들은 나와
인연이 없음을 알라.

4,472 번째 하나님 말씀

2003년 1월 8일 20시 45분

(강론을 마치며)

1 사랑하는 나의 아들아!
2 "네, 아버님! 말씀하옵소서."
3 나의 법전이 너희들을 심판하는 기준
이며 너희들이 하늘에 오르는 빛을 보
게 되는 것이라 하였음이니라.
4 너희들이 나의 법전을 정독하는 데 최

선을 다하여야 함을 잊지 말라.
5 그 길만이 깨우침을 얻는 길이며 나의
뜻을 알게 되며 내가 이루고자 하는
뜻을 거기에서 너희들이 얻게 되어 있
음이니, 오로지 너희들이 나의 법전을
정독하고 깨우치는 데 잠시도 게을리
해서는 아니 됨이니라.
6 나의 법전을 정독하고 읽지 아니한다
면 너희들은 나의 뜻을 알 수가 없음
이니, 너희들은 나의 법전을 읽는 데
모든 정열을 다 쏟아야만 됨을 잊지
말라.
7 그리했을 때 지금 불안하며 견디기 어
려우며 너희 자신이 너희 스스로 의심
하여 너희 자신이 너를 지키지 못하는
그 믿음 속에서 너희들이 바로 설 수
있는 그와 같은 용기와 그와 같은 깨
달음이요, 그와 같은 희망의 힘이 거
기에 있음을 너희들은 알아야 할 것이
니라.
8 나 여호와가 너희들을 챙기며 내가 너
희들을 보호할 날이 머지않았음이니
라.
9 너희들이 좀 더 스스로 변했을 때 너
희들을 내가 받아들일 수 있는 그와
같은 때가 있음을 알라.
10 너희들이 속을 씻지 못하며 겉을 씻었
다 하여 씻은 것이 아님을 알아야 할
것이니라.
11 아무리 너희들이 너희 몸을 물로 씻는
다 하여도 너희 육신은 깨끗해질지 몰
라도 너희들 속에 있는 마음이요, 너
희들이 가지고 있는 영혼의 그 뜻은
씻어지지 아니하였으며 바로 서지 아
니하였음이니, 너희들이 변화된 것이
아니며 본질적으로 너희들은 깨달음
이 없는 것이니라.
12 이제 너희들이 육으로써 부닥치며 육
으로써 행하는 그 깨달음은 그만큼 많
이 경지에 올랐음을 나의 여호와가 아
느니라.
13 이제 너희들의 몸의 겉모양을 닦고 깨
끗이 관리하는 것은 너희들이 이제는
완벽하게 가는 나의 백성들이니, 너희
들 속에 있는 그 마음을 씻어 내며 그
마음을 닦는 데 너희들이 이제 주력해
야 할 것이니라.
14 오늘의 너희들의 깨달음의 그 길까지
오는 것도 이 세상 어느 백성도 너희
들을 따라올 수 없으며 너희들의 경지
에 오름이 없음이니,
15 여기서 바로 서는 자는 나에게서 멀어
지지 아니하며 나와 더불어 영원히 사
는 나의 나라에 올 수 있는 것이며, 여
기서 너희들이 한발 물러설 때 그냥
주저앉음을 알아야 할 것이니라.
16 오늘 나의 성전에 와 나의 성전에 흙
을 던지며 침을 뱉으며 피를 발라 여
기를 무너트리고자 하는 사악한 자,
그러나 그보다도 열배 백배 더 한 자
들이 너희들을 공격할 것이며 너희들
을 조롱할 것이니,
17 그때 넘어지지 않는 그 마음은 오로지
나의 법전이 나의 성령의 뜻이라는 것
과 내가 원하는 그 이치를 너희들이
깨닫는 것이니, 이는 곧 나의 법전을
정독하는 길밖에 그 답이 없음을 너희
들은 알아야 할 것이니 그리 알라.

4,473 번째 하나님 말씀

2003년 1월 8일 23시 47분

1 사랑하는 나의 아들아!
2 "네, 아버님! 말씀하옵소서."
3 흔들리는 나무는 부러지지 아니함이
니라.
4 바람이 불면 부는 대로 거기에 맞추어
흔들리는 나무는 뽑히지 않으나 그를
거역하고 버티고 서 있는 나무는 뿌리
째 뽑힘이니라.
5 인간사 너희들이 살아가면서도 편안
한 삶을 산다는 것은 그저 편한 대로
생각하며 이리 쏠리고 저리 쏠리는 대
로 살아간다면 적이 없을 것이며 그저
그런대로 너희들은 살아갈 수 있는 것
이니라.
6 그러나 너희들이 나에게 와 믿음이라
는 길을 가며 나로부터 구원을 받는
역사를 이루는 곳에는 그와 같은 너희
들의 마음 자세로써는 살아갈 수가 없
음이니라.
7 흔들리면 흔들리는 대로, 이리저리 불
면 부는 대로 흔들리는 그와 같은 인
간의 삶의 형태로써는 너희들이 정녕
구원의 길에 올 수가 없음이니라.
8 너희들의 마음을 비우며 마음을 다스
리며 천사와 같은 마음으로써 돌아서
지 아니할 때, 너희들은 내가 이루는
나의 나라요, 하늘나라의 천국이라 말
하는 이곳에 와 존재하며 살아갈 수가
없기 때문이니라.
9 너희들이 죄에 의해 잘못 살아온 것이
요, 악행으로 살아왔던 그 모두를 다
털고 정리하지 아니하면 그를 안고 나
의 나라에 와 살 수 없는 것이 너희들
임이니, 얼마나 너희들이 곧고 바르게
가야 하는 것인가를 알아야 할 것이니
라.
10 그저 좋은 것이 좋다며 그와 같이 육
의 삶의 세상에서 살아가듯이 너희 영
혼을 구원하는 삶을 그리 살 수 없는
것이 너희들이라는 것을 깊이 깨우쳐
너희 자신이 바르고 곧게 서야 됨을
잊지 말라.
11 내가 너희들에게 일찍이 말하였거늘,
너희들이 모두를 다 버리고 가져올 수
없으나 너희들이 죄를 지은 것과 선함
을 행한 그것은 모든 심판이 다 끝날
때까지 너희들에게서 떠나지 아니함
이니,
12 이를 심판받을 때까지 너희들이 바로
서고 곧게 서는 삶을 살지 아니하면
너희들은 정녕 나로부터 구원의 길을
볼 수 없다 함을 알아야 할 것이니라.
13 그를 잊어버리고 사는 것, 너희들이
마음의 여유를 가지고 사는 것, 그저
더러는 너희들이 모르는 체하며 죄를
지으며, 더러는 모르는 체 악행을 하
며, 바람에 흔들리는 나무와 같이 세
상사 사는 인심에 따라 흔들리는 인간
의 삶과 같이,
14 너희들이 이것도 저것도 그저 악과 선
을 왔다 갔다 시행하고 체험하며 알고
짓는 죄 모르고 짓는 죄를 짓고 살아
가는 형국으로써는 정녕 구원을 받을
수 없는 것이 너희들의 영혼이요,
15 영원히 사는 나의 나라에 오르고 못
오르는 그 기준은 그와 같은 형국으로
써 너희들이 갈 수 없음을 깊이 깨우

쳐야 함을 잊지 말라.

4,474 번째 하나님 말씀

2003년 1월 8일 23시 52분

1 사랑하는 나의 아들아!
2 "네, 아버님! 말씀하옵소서."
3 나 여호와가 너희들에게 무어라 가르
쳤던가?
4 나의 법전을 3회 이상 정독할 때 나
의 성경의 뜻을 알고 나의 법전의 뜻
을 알게 됨이라 하였음이니라.
5 너희들이 나의 법전을 그와 같이 정독
하지 아니하고는 성서에 비유로 된 그
뜻을 알 수 없으며 내가 너희들에게
깨우치고자 하는 나의 법전에 기록된
그 이치와 의미도 모름이니,
6 너희들이 나의 법전을 읽고 법전의 그
뜻을 알 때 세상 이치를 알게 되며, 나
여호와가 뜻하는 바를 알 수 있으며,
내가 이루고자 하는 것을 알 수 있음
이니라.
7 그리고 심판이요, 구원의 길이 어떠한
것으로써 이루어지며 어떠한 형태로
써 그와 같은 역사가 이루어지는가를
다 볼 수 있다 하였거늘,
8 너희들은 어찌하여 이와 같은 것을 지
키지 아니하며 나의 법전을 정독하는
것을 그리 게을리하는가?
9 인간 세속에 너희들이 살아가는 인간
관계에도 여인과 주고받는 사랑의 편
지를 받았을 때 그 기쁨이 얼마나 큰
가?
10 너희들은 몇 번이라도 그를 즐거운 마
음으로 읽고 또 읽어 마음속에 그 뜻
을 기억하고자 하며 영원히 간직하고
자 하는 것이 너희들의 마음이 아니던
가?
11 나 여호와가 내리는 나의 메시지요,
나 여호와가 너희들을 사랑하는, 너희
들에게 내리는 편지요, 너희들의 구원
을 위하여 내가 내리는, 사랑의 편지
보다도 더 소중한 나의 성령을 담은
편지를 내가 너희들에게 정성스럽게
내려보낸다 할 때, 너희들은 어찌하여
나의 법전을 그리 생각하지 못하는가?
12 구원의 길이요, 생명의 길이 되는 나
의 법전을, 사랑하는 여인과 주고받는
그 편지보다도 더 소중하고 아름다운
내용의 편지를 내가 너희들에게 그리
전하거늘, 어찌하여 너희들은 나의 편
지를 그리 소홀히 생각하는가?
13 너희들이 여인으로부터 주고받은 편
지만도 못하게, 내가 내리는 성령이
요, 내가 너희를 사랑하기에 내리는
사랑의 편지요, 메시지를 너희들이 그
리 생각하고 있음이니, 과연 그러고도
너희들이 나 여호와의 은혜요, 내가
이루는 그 길을 갈 수 있는 백성이라
생각하는가?
14 너희들이 그와 같은 마음, 여인과 주
고받는 아름다운 그 사랑의 편지보다
도 더 사랑하는 마음, 즐거운 마음으
로써 나의 법전을 접하고 읽을 때, 너
희들이 그 뜻을 알게 될 것이며, 그 속
에서 내가 너희들에게 깨우치고자 하
는 그 뜻을 알 것이니라.
15 너희들이 그리 갈구하고 원하는 너희
들의 생명의 구원의 길이요, 새로운
빛을 너희들에게 내려보내 나에게 오

를 수 있는 그 사다리를 내려놓는 것
과 같은 것이 나의 사랑의 편지요, 나
의 메시지이거늘, 어찌하여 그를 너희
들이 소홀히 하는가?
16 그와 같은 이치를 깨우쳐, 말로써 너
희들이 모두를 다 아는 체하지 말라.
17 나의 법전을 3회 이상 꼭 정독하는
자, 그러한 자들만이 나의 뜻을 아는
백성이니, 그렇지 아니한 자, 너희들
이 안다 모른다 어디 가서 갑론을박하
지 말도록 그리하라.

4,475 번째 하나님 말씀

2003년 1월 8일 23시 58분

1 사랑하는 나의 아들아!
2 "네, 아버님! 말씀하옵소서."
3 사랑하는 나의 백성, 나의 창조물인
너희들은 어찌하여 살아가면서 너희
인력으로 너희들 능력으로 막으려 해
도 막을 수 없으며, 피하려 해도 피해
갈 수 없으며, 돌아가려 해도 돌아갈
수 없으며, 중단하려 해도 중단하지
못하는 너희들의 육의 죽음에 대하여
그리도 슬퍼하며 애통해하는가?
4 그리하여 너희들은 지금까지 살아온
그 삶에 감사하기 전에 지난 세월에
살아왔던 것을 그리워하며 그 지난 세
월을 아쉬워하며, 가는 세월이 야속하
여 때로는 눈물을 지으며 때로는 삶을
후회하는 그와 같은 세월을 살아감이
니라.
5 흘러가는 그 세월을 너희들이 후회하
며 야속해하며 때로는 그 흘러가는 세
월을 잡고자 하며, 지는 해와 다시 뜨
는 태양 그것까지도 야속하게 생각하
는 그와 같은 마음을 가지고 있는 것
이 너희들이 아니던가?
6 백발이 되어 가는 너희들의 머리카락
을 뽑아 버리고 싶은 심정이며, 그를
보고 너희들이 가는 세월을 원망하는
그와 같은 마음을 가지고 사는 것이
너희들이니,
7 어찌하여 너희들의 육의 변해 가는 모
습이요, 너희들이 피해 갈 수도 없고
돌아갈 수도 없는 그 육의 변해 가는
그 모습은 그리도 애달프다 생각하면
서, 나 여호와와 정녕 멀어지는 그와
같은 것은 너희들이 어찌 그리 무서운
줄 모르며, 내가 원하는 길이 아니요,
지옥 불로 달려가는 그와 같은 길을
가는 데 서슴없이 너희들의 삶을 살아
가는가?
8 너희들이 백 년도 살지 못하는 너희
육의 삶에는 연연하며 그를 애타게 생
각하며 안타깝게 생각하면서, 너희들
이 영원히 나의 나라에 와 나와 더불
어 사는 그 영광을 얻고 못 얻는 거기
에 대해서는 어찌하여 그리 애달픈 생
각을 하지 아니하며,
9 그저 세월이 흘러가는 대로 세월이 흘
러가는 속에서 너희들의 삶을 던져 버
리는 그와 같은 삶을 사는가?
10 그러고도 너희들이 어느 것이 현명한
것이며 어느 길을 선택해야 되는 것인
가를 너희들은 생각해 보는가? 너희
들은 나 여호와로부터 멀어지며 내가
원하는 길이 아닌 지옥 불로 달려가는
그 발길이 얼마나 무서운 길이며 그
대가를 치르는 길이 얼마나 길고도 긴

여정인가를 알지 못함이니라.
11 너희들이 이제 인생의 육이 변하는 삶
이며 흘러간 지난 세월이 아쉬우며,
얼마 남지 않는 그 육신의 삶의 죽음
의 문턱에 불안해하며 아쉬워하며 몸
부림치는 그와 같은 마음을 갖는다면,
나로부터 멀어지며 내가 너희들을 생
각지 아니하며 너희들이 내 뜻대로 살
지 아니함이니,
12 너희 임의대로 살아가 나와 인연을 끊
어 가는 그와 같은 삶이 얼마나 무서
운 것인가?
13 그리하여 너희들이 육의 삶의 그리움
보다도 더 많은 마음을 가지며 더 깊
은 애정과 사랑을 갖고 살아가야 되는
것이거늘, 어찌하여 너희들은 그와 같
은 생각을 하지 못하며 그저 영원히
사는 너희 영혼이 지옥 불로 달려가는
그 발길을 멈추지 못하며, 멈추려고
생각도 아니 하며 그리 살아가는가?
14 지나가는 육의 세상의 흘러가는 세월
은 안타까워 그리 몸부림치고 후회하
며 살면서, 너희들이 지옥으로 가는
발길을 멈추지 아니하며 그를 변화하
지 아니하고 사는 그와 같은 어리석은
삶을 살아가는가?
15 백발이 되는 것을 슬퍼하지 말며, 나
여호와를 기만하며 나로부터 버림받
는 것을 너희들이 슬퍼하며 두려워하
며 무서운 줄 알아야 할 것이거늘,
16 어찌하여 너희들은 그리도 어리석고
우매한 삶을 살아가는 나의 백성이라
하는가?
17 내가 너희들을 가장 아름다운 모습으
로 만들어 가장 지혜가 있으며 생각
할 수 있으니, 너희들은 동물적인 삶
을 사는 것이 아니요, 인간적인 삶을
사는, 동물 중에서 가장 차원 높은 삶
을 살며 가장 차원 높은 생각을 할 수
있으며 옳고 그름을 판단할 수 있는
혜택을 받아 가지고 나간 나의 백성
너희들이 어찌하여 백 년도 못 사는
육의 삶에 변하는 백발을 보고 후회
하면서,
18 영원히 나로부터 버림받으며 나를 속
이고 나를 기만하는 그 무서운 삶에
대해서는 슬퍼하거나 그를 바로잡으
려 하지 아니하는가?
19 그리고 그를 멈추려 하지 않는 그와
같은 생각을 가지고 사는 너희들이 얼
마나 우매하고 어리석은 백성인가를
너희들이 머지않아 깨우칠 때가 있음
이니,
20 오로지 너희 머리가 하얗게 변하여 백
발이 되어 죽기 전에, 그 모두를 다 너
희들이 용서를 빌며 회개를 하며 바로
서는 삶은 그때뿐이라는 것을 알아야
할 것이니라.

4,476 번째 하나님 말씀

2003년 1월 9일 0시 05분

1 사랑하는 나의 아들아!
2 "네, 아버님! 말씀하옵소서."
3 사랑하는 나의 백성 너희들의 지금
믿음의 형국을 어찌 보는가?
4 너희들이 생활 속에서 비바람이 불 때
강물은 출렁이느니라. 또 바다는 파도
를 치며 파도가 이는 것이니라.
5 지금 너희들의 믿음의 형국이 과연 어

찌 가고 있는가?
6 바람에 출렁이는 강물과 바닷물을 보
고 강과 바다를 다 평가하며 그 모두
를 다 알았다는 그와 같은 어리석은
삶을 가지고 가고 있는 것이 지금의
믿음임을 너희들은 알아야 할 것이니
라.
7 강과 바다를 그 형태로 보는 너희들의
어리석음과 같으니라.
8 그 강물이 파도치고 출렁이며 또 바
닷물이 바람에 의하여 파도치고 출렁
이는 것을 보고 그 강과 바다를 다 보
았다며 그를 평가하는 그와 같은 어
리석음을 가지고 사는 것이 지금의
가는 믿음의 길이요, 종교 지도자의
집단이요,
9 그곳에 가 구원을 받겠다 하여 성서를
암송하며 외우고 산다 하며, 나는 몇
번이나 성서를 정독하였으며 그 장수
요, 그 페이지까지 그 구절까지 다 몇
째 줄에 무엇이 있는지까지 암송하고
암기하는 사람이라 너희들이 말함이
니,
10 그 또한 너희들이 진정한 바다요, 강
을 알지 못하며 바람에 흔들려 출렁
거리는 그 물결을 보고 바다를 다 보
았다는 자들처럼, 너희들이 믿음의 속
을 알지 못하며 겉만 핥는 그와 같은
형국으로 가는 것이니라.
11 너희들이 정녕 그 성서의 깊이를 알며
그 뜻을 안다 하면, 나의 아들이 살아
가고자 했던 그 뜻과 그가 부르짖었던
그 의미요, 그가 스스로 자기가 죽어
가는 십자가를 짊어지고 가면서도 묵
묵히 따랐으며 순종했던 그와 같은 마
음으로써 변화되어야 함이니, 너희들
이 변화되지 아니한다면 성서의 깊이
를 정녕 알 수 없음을 알아야 할 것이
니라.
12 지금의 믿음의 길을 가고 있는 백성의
형태가, 너희들이 지금 속은 모르며
겉만 가지고 모두를 평가하는 그와 같
은 믿음으로 가는 것이 너희들이니라.
13 너희들이 그 출렁이는 강물의 겉모습
이요, 바다에 출렁이는 파도를 보며
그를 다 안다 하니,
14 그 강물이요, 바닷속 깊이의 고요함과
그 속에 모든 생명체가 고요히 살아가
는 그 삶을 살아가며 변하지 않는 역
사의 흐름 속에서 그들은 생식하며 또
뿌리를 내려 가며 그와 같이 반복되는
삶을 고요히 살아가느니라.
15 그와 같은 바닷속의 오묘함과 그 속에
영원히 살아가는 그 모두의 이루어지
는 역사의 흐름을 전혀 알지 못하면서
겉만 보고 깨우쳤다 말하는 것이 바로
너희들이니,
16 지금 강물이 바람에 의하여 흔들리는
그와 같은 형국의 믿음으로 가고 있는
것을 너희들은 알아야 할 것이니라.
17 너희들은 정녕 나의 성서요, 하늘에
오르는 길이요, 내가 이루고자 하는
그 뜻을 알지 못하며 겉만 가지고 부
르짖고 있는 것이 너희들의 형국이니,
18 너희들이 언제쯤 나의 성령이요, 내가
지금 내리는 새로운 성경이요, 나의
법전을 접하고 깨우쳐, 출렁이는 바닷
속의 그 깊이를 언제 들여다볼 것이며
언제 그 속의 삶을 바라볼 수 있는 그
와 같은 지혜를 얻겠는가?

19 너희들이 그 바닷속의 깊이를 알고자
한다면 너희들은 나의 법전을 읽고 정
독하고 읽고 또 읽어 깨우치는 그 길
밖에 없음이니라.
20 너희들이 나의 법전을 읽고 깨우쳐 내
가 원하는 길이 무엇이며 내가 역사하
고자 하는 것이 무엇인가, 구원할 자
가 지킬 것과 내가 또 버릴 자의 행동
이 무엇인가 그를 깨닫지 못하고 구분
하지 못한다면,
21 너희들은 그 바다의 출렁이는 물결만
보고 그 속을 모르는 백성과 같으니,
진정한 나 여호와의 뜻을 모르는 백성
임을 너희들이 알아야 할 것이니라.
22 이를 깊이 깨우쳐 깨달음을 얻어, 겉
에 흔들리는 것만을 보지 말고 속의
그 깊이를 볼 수 있도록 하라.
23 너희들이 지금까지 믿어 왔던 그 믿음
의 역사는 내가 말했듯이 바람에 출렁
이는 그 강물을 보고 너희들이 그를
평가하는 것과 같다 하였음이니,
24 이제 나의 법전을 너희들이 접하여 그
바닷속이요, 강 속의 오묘함이요, 그
모두 위에 바람이 불어 물은 출렁이나
속은 고요히 흘러가는 그 깊은 속에서
이루어지는 그 변하지 않는 역사의 흐
름을 들여다보는 그와 같은 현명한 깨
달음을 얻도록 그리하라.
25 오로지 그것은 나의 법전에만 답이
있음을 다시 한 번 내가 전함이니, 이
를 소홀히 들어 저버리는 일이 없도록
그리하라, 사랑하는 나의 백성들아!

4,477 번째 하나님 말씀

2003년 1월 9일 0시 12분

1 사랑하는 나의 아들아!
2 "네, 아버님! 말씀하옵소서."
3 너희들이 살아가면서 선에서 악으로
무너지는 것은 순간적이라 내가 깨우
쳐 주었으며,
4 그러나 너희들이 한 번 무너진 그 악
의 마음이 악에서 선으로 돌아오는 것
은 영원히 오지 못할 수도 있으며, 선
에서 악으로 돌아간 것보다 몇 배 몇
십 배의 고통과 시련을 겪어야만 악에
서 선으로 돌아온다 하였음이니라.
5 그리하여 너희들은 선에서 악으로 무
너지는 것은 순간이며, 악에서 선으로
돌아가는 것 또한 그와 같이 너희들의
마음이 변하는 것이 순간이기에, 너희
들이 나를 향하여 가는 마음이요, 선
을 향하여 살아가는 마음의 깨달음이
항상 긴장 속에서 변화되지 않는 삶을
살아가는 것만이 너희들이 선에서 악
으로 무너지지 아니하는 그와 같은 형
국이라 말하였음이니라.
6 너희들의 악과 선이 무너지고 변하는
것은 너희들이 말하는 좁쌀의 크기만
큼도 차이가 안 난다 내가 그리하였으
니, 바로 그와 같은 뜻은 무엇이던가?
7 너희들 세상 속에 살아가면서 너희들
이 말하지 않는가?
8 가장 지혜로우며 만물의 영장인 너희
들은 '마음이 조석으로 변한다'는 그
와 같은 말이 있느니라.
9 아침과 저녁에 따라 변하는 것이 인간
너희들의 마음이라는 그와 같은 표현

의 가르침이 있듯이, 너희들이 선과 악에서 무너지고 일어서는 그와 같은 것은 순간이니라.

10 너희들이 아침에 먹었던 마음이 저녁에 와서 너희 자신도 모르는 사이 변하는 것이 인간 너희들의 마음이라 하였음이니, 언제 너희들이 악에서 선으로 변하며 또 선이 악으로 변하는 것인지 그 자체를 예측할 수 없는 것이 너희들의 마음이니,

11 정녕 내가 그리하여 너희들에게 바로 서며 꾸준히 노력하며 변하지 아니하며 항상 나 여호와를 그리며 내가 너희들과 같이하고 있다 생각하는 마음을 갖고 살아가지 못하면 무너짐이라 하였음이니라.

12 너희들 인간의 마음이 얼마나 사악하고 간악한지 아는가?

13 너희들에게 주먹만 한 금화를 준 사람이 있으며 또 그보다 더 큰 금화를 준 사람이 있을 때,

14 너희들은 먼저 준 사람의 감사함을 생각하기 전에 더 큰 것을 준 자에게 굴복하며 아부하며 아첨을 떨며 그 뜻에 따라 움직이는 것이 너희들의 마음이니,

15 과연 이와 같은 마음을 갖고 살아가는 것이 지금 나의 피조물 만백성 너희들이니라.

16 이는 바로 어찌하여 그리되었던가?

17 너희들이 물질 만능의 시대로 가르쳤으며, 물질만이, 육의 행복만이 너희들 인간이 사는 데 가장 행복을 추구하는 것으로 가르쳤으며,

18 믿음을 향하는 것이 구원의 길이요, 너희들이 육으로 행하는 것은 죄악의 행위를 해도 구원의 길과는 관계없으며 도움이 되지 않는다 그와 같이 가르치는 종교 집단들의 그 사악한 가르침 때문에 너희들이 이와 같이 마음이 조석으로 변하는 나의 백성이 되었음을 알아야 할 것이니라.

19 그 모두의 책임은 지금의 종교 집단들이요, 모두를 다 통제하며 구원의 길로 인도한다는 자들, 너희들이 책임져야 하며,

20 너희들 자신의 그 죄의 뿌리가 또 뿌리를 낳아 지금은 사탄이 이 세상을 지배하며 도저히 돌이킬 수 없는 그와 같은 사악한 형국이 되어 있음을 너희들은 알아야 할 것이니라.

21 그리하여 나를 믿는다면서 나의 아들의 이름을 팔며 너희들이 나의 피조물 만백성에게 군림하며 살아오는 그 사악한 모습을 나 여호와가 더 볼 수가 없으니,

22 너희들의 조석으로 변하는 그 사악한 마음이요, 물질의 크기에 따라서 마음이 따라가 변하는 것을 그 무엇으로써 다스릴 수도 없으며 바로 세울 수도 없으며 깨우칠 수도 없는 것이 지금의 너희들이니라.

23 너희들 스스로 마음을 다스려 스스로 일어서고 변화될 수 있는 그와 같은 것은 지금의 형국에서는 있을 수도 없으며 감히 생각할 수도 없는 길이니라.

24 오직 내가 밤과 낮을 가리지 아니하며 나의 아들을 통하여 책으로 만들어 내는 나의 성령이요, 나의 법전만이 너희들을 가르칠 수 있으며 너희들을 바

로 세울 수 있는 것이며,
25 또한 나의 법전을 읽고 깨우친 백성이
요, 나의 아들의 제자로 선택된 너희
들의 마음이 바로 섰을 때, 너희들만
이 이들을 가르치고 지도할 수 있는
그리 변화되는 역사를 이룰 수 있는
것임을 너희들은 알아야 할 것이니라.

4,478 번째 하나님 말씀

2003년 1월 9일 0시 25분

1 사랑하는 나의 아들아!
2 "네, 아버님 말씀하옵소서."
3 지금의 너희들이 가고 있는 믿음만이
절대적인 구원의 믿음이요, 절대 변할
수 없는 믿음이라 그리 말하며, 오로
지 그 길만이 나에게 오르는 길이라
그리 고집하며 가는 그들의 고집 때
문에 지금 새로 내려오는 성경이요,
나의 성령을 태워 내리는 나의 법전이
요, 이를 받아들이지 아니하며, 나의
아들을 통하여 너희들에게 직접 강론
하여 책으로 만들어 내는 참진리의
뜻을 받아들이지 아니하고 고집을 부
리는 자가 바로 어떠한 자들인가?
4 이와 같이 우매한 삶을 살아가는 너희
들이야말로 바로 독재자이며, 한번 권
력이라는 그 권좌에 앉으며 권력의 맛
을 아는 자, 정권의 힘을 잡으며 정권
의 힘이 어떤 것인가를 아는 자, 영원
히 놓지 아니하려는 인간의 심성을
그대로 비춰 주는 형태임을 알아야
할 것이니라.
5 권력의 맛을 알아 그를 저희들의 목숨
을 내놓는다 하더라도 내놓지 않고 지
키려는 자들과 똑같은 것이 너희들의
종교 집단이 하고 있는 작태임을 알아
야 할 것이니라.
6 권력을 잡은 자가 스스로 그 권력에서
물러나려 하는 자 과연 얼마나 있는가?
7 버티고 견딜 수 있을 때까지 견디려
하는 것이 너희들의 심리이니라.
8 이것이 바로 지금의 시대의 흐름이요,
변화를 이루지 못하고 있는 근본의 원
흉인 것이니,
9 그와 같은 습성으로 인하여 개혁이요,
변화를 이루지 못하는 것이 너희들이
니, 그들과 같은 종교 집단의 형태가
지금 너희들이 가고 있는 길임을 알아
야 할 것이니라.
10 한번 그 권좌의 맛을 본 자 놓지 아니
하려는 것처럼, 지금의 종교 집단 너
희들의 믿음이 그와 같음이니,
11 너희들이 아무리 참진리요, 새로운 성
경이 세상에 내려와 너희들을 구원하
고자 한다 해도 너희들이 지금의 믿음
에서는 스스로 변화되지 못함이니,
12 너희들의 권좌를 법이요, 또한 물리적
인 어떠한 힘으로써 몰아내지 아니할
때, 그 자리를 지키며 그 자리를 놓지
아니하려고 발버둥치는 습성을 가진
인간들의 그와 같은 본성을 그대로 지
금 시행하는 것이 종교 집단의 대표
적인 전형적인 형태임을 너희들은 알
아야 할 것이니라.
13 이제 너희들은 여기서 하나를 깨우치
고 가야 됨을 알라.
14 구약의 시대에 모세가 이루었던 역사
요, 그 모두는 나 여호와가 제3의 시
대요, 구원의 시대요, 심판의 시대를

여는 준비 단계였으며,
15 또한 신약의 시대는 그 연장선상에서,
너희들의 죄가 무엇이며 어떠한 것이
죄를 짓는 것인지 너희들이 죄와 선
을 구분할 수 있도록 깨우치는 그 역
사를 이루었던 것이 신약의 시대이니
라.
16 신약의 시대는 너희들을 구원하는 것
이 아니요, 너희들이 죄를 깨달으며
어찌 살아가야 하는지 그 지표를 가
르치는 시대이니, 바로 구약과 신약의
시대는 그 소임을 다한 시대이니라.
17 이제 내가 직접 너희들을 관장하며 너
희들을 다스리며 너희들을 지금 심판
하며 구원할 자와 버릴 자를 구분하는
지금, 심판이 이루어지는 이 시대만이
그들이 하여야 할 직분이요, 지금 이
루어져야 할 그 모두의 역사가 이루어
지지 아니하였으며,
18 구약과 신약이 그 임무를 다하고 마쳤
듯이, 나의 시대요, 제3의 시대 또한
그 임무를 다 마치는 그 시대가 열릴
것이니,
19 그를 위하여 지금 바로 시작하고 있는
것이 내가 법전을 내려보내 나의 피조
물 만백성을 깨우치고자 함이며, 나의
법전을 읽고 깨우치는 자 심판하여 버
릴 자와 구원할 자를 지금 내가 선별
하는 작업을 시작하고 있음을 너희들
은 알아야 할 것이니라.
20 지금 믿음의 길을 가는 자들은 새로운
성경이 내려간다 하였음이니라.
21 그리고 성서에 기록되어 새로운 성경
이 세상에 내려오며 새로운 심판의 그
시대가 있다는 것을 너희들은 다 알고
있느니라.
22 그러나 너희들은 이를 더 들으려 하지
아니하며, 지금에 살아가는 그 썩은
형태 속에서 너희들 자신의 정신과 육
이 다 썩었기에 거기서 더 버티려 하
며, 이를 견디고 영원히 그와 같은 썩
고 냄새 나는 형국에서 끌고 가려 하
는 것이 지금의 종교 집단 너희들의
형태이니,
23 그것은 스스로 너희들 자신만 죽는 것
이 아니요, 나의 피조물 만백성을 다
지옥 불로 이끌어 가는 그와 같은 행
위이니, 나의 사랑하는 만백성의 몰락
과 불행을 만들며 그 불행의 길로 그
들을 이끌고 가는 것이 지금 종교 집
단 너희들이 벌이고 있는 추태임을 알
아야 할 것이니라.
24 너희들이 지금 이와 같이 흘러가는 그
추태에 부끄러움을 알아야 할 것이며,
25 너희들 자신이 지옥 불로 가 그 고통
받는 곳으로 가니, 너희들이 행할 것
을 어찌하여 사랑하는 나의 백성까지
도 불행하도록 너희들이 그리 만들며
그리 이끌어 가고 있는가?
26 지금 수천 년 동안 흘러왔으며 지금의
가르치고 있는 종교 지도자요, 집단
너희들은 그것이 나에게 오르는 길이
아니요, 나를 역행하는 길임을 깨달
아, 너희들이 스스로 잘못 가며 잘못
가르침을 깨닫고 너희들 스스로 부끄
러움을 아는, 그와 같이 반성하고 깨
닫는 종교 지도자요, 백성만이 나로부
터 구원을 받을 것이니, 이를 명심하
여 기억하도록 그리하라.

4,479 번째 하나님 말씀

2003년 1월 9일 0시 36분

1 사랑하는 나의 아들아!
2 바르고 정직한 스승 앞에서 배운 그
제자가 바르고 정직하며, 제대로 가르
친 스승 앞에서 배운 자 정답을 알고
그를 또 깨우쳐 그가 또 가르치는 그
와 같은 역사가 흐른다면 이 세상은
지금과 같이 험악한 형국은 이루어지
지 아니하였을 것이니라.
3 그러나 바르지 못한 것을 가지고 바르
다 가르치는 그와 같은 말도 되지 않
는 억지를 부리는 지도자요, 백성들이
있기에, 또 그를 맞다 손뼉 치며 그에
게 힘을 실어 주는 나의 사랑하는 백
성들이 있기에 지금의 사악한 뿌리는
뿌리를 거듭 내려 이와 같이 흘러오고
있음이니라.
4 과연 그들이 어디에서 무엇을 얻으며
무엇을 깨우치겠는가?
5 구약과 신약이라는 것은, 내가 너희들
에게 말하기를, 죄를 알고 깨닫는 것
으로써 그 소임을 다하는 것이며,
6 구약과 신약에서 너희들을 구원하고
구원하지 못하는 것이 아니며, 구원과
구원하지 못하는 것과 관계없는 것이
구약과 신약의 형태라 말하였음이니
라.
7 그러나 너희들은 그 구약과 신약을 가
지고 너희들이 구원을 받는 것이며 나
에게 오르는 그 정답이 있으며 그 역
사를 이루는 것처럼, 재판관이 법의
옳고 그름에 따라 재판을 내리는 그와
같은 것이 구약과 신약이라 착각하고,
8 너희들이 그를 가지고 깨우쳐 구원을
받는 길이요, 하늘에 오르는 길이라
나의 피조물 만백성을 이끌어 가고 있
음이니, 거기에서 어찌 정답을 찾으며
거기서 어디 진리의 길을 알겠는가?
9 정녕 나로부터 선택된 나의 아들의 제
자들이요, 그를 따르는 자들이요, 또
나의 법전을 읽고 배운 백성 너희들이
야말로, 이 세상의 참진리의 원천의
샘인 나 여호와가 직접 나의 아들을
가르치니,
10 그를 직접 들으며 내가 나의 아들을
통하여 기록하여 내린 법전을 보고 깨
우쳐 공부함이니, 너희들만큼 지금 바
로 서고 깨우친 백성들이 이 세상에
없음이니라.
11 이 세상 수십억 인구 중에서 참진리
요, 나 여호와의 뜻을 알며 정통의 그
흐름을 알며 내가 이루고자 하는 것을
알고 있는 너희들의 그 마음이 지금
어떠하던가?
12 사랑하는 나의 아들아!
13 그 제자들만이 바로 서는 길을 알며
나의 뜻을 아는 그들의 마음도 정녕
선을 행하는 것이 무엇이며, 마음을
비우는 것이 어디까지 비우는 것이며,
14 스스로 지금 마음이 어디까지 변했으
며 비워졌으며, 저희들이 나의 뜻을
위해서 살아갈 수 있는 것인지 없는
것인지 캄캄한 밤에 길을 잃어 헤매는
것 같은 그와 같은 마음을 가지고 있
는 것이 그들의 본심이니, 과연 어찌
하겠는가?
15 너희들 제자요, 바른 스승 밑에서 참
진리를 배워 정답만을 가르치는 나의

성령이요, 나의 법전을 읽고 깨우친
너희들이 캄캄한 밤에 길을 몰라 헤
매는 것처럼 너희들 자신이 어찌 변
하여 가고 있는 것이며 어찌 변하여졌
으며 어찌 살아가고 어찌 행해야만
나에게 오르는 길인가 지금 어리둥절
하며 분별을 못 하며, 소위 마음과 정
신이 헷갈리는 그와 같은 것이 너의
제자들이 지금 서 있는 자세며 그들이
가지고 있는 마음이니라.
16 그들에게 너는 깨우쳐 주라.
17 캄캄한 밤, 길을 인도하는 것은 횃불
을 비춰 줌이요, 너희들이 지금 알지
못하는 그것은 바로 무엇이더냐?
18 낯선 지역에 가서 수많은 길 속에서
어떠한 길이 너희들이 가야 할 길인가
그걸 알지 못하며 방황하는 그와 같은
형국이 너의 제자들의 마음이니,
19 그곳에 바르고 곱게 그려진 이정표라
는 것이 있다 하면 너희들은 그를 보
고 바로 찾아갈 수 있는 것이 아니던
가?
20 바로 내가 너희들에게 나의 법전을 세
번 이상 읽고 깨우치라 함은 무엇이던
가?
21 너희들이 방황하고 흔들리며, 너희들
이 얼마나 깨우쳤으며 얼마나 변했으
며, 너희들이 나 여호와의 뜻대로 영
원히 살 수 있는 것인지 중간에 도태
되며 탈락할 것인지,
22 나 여호와가 내린 나의 아들, 나의 목
자와 너희들이 영원히 나의 나라에 올
수 있는 그 길을 갈 수 있는지, 견딜
수 있는지, 고통과 시련을 너희들이
이기고 갈 수 있는지,
23 과연 너희들이 무섭고 고통스런 그 십
자가를 스스로 걸머지는 그 고통스러
운 길을 과연 갈 수 있는지 오리무중
이며, 너희 마음의 깊이를 알지 못하
고 지금 방황하고 있는 너희들에게 바
로 이정표가 무엇인지 아는가?
24 나의 법전이니라.
25 그리하여 너희들이 나의 법전을 세 번
읽을 때, 길 잃은 자가 이정표를 만나
는 반가움처럼, 이정표를 보고 너희들
이 바로 그 길을 찾아가며 목적지를
갈 수 있듯이, 나의 법전이 바로 이정
표의 역할임을 알라.
26 그러기에 내가 너희들에게 그를 읽고
정독하라 함이니, 이 뜻을 깊이 알아
이정표를 바로 보고 바로 길을 찾는
현명함을 얻도록 전해 주라, 사랑하는
나의 아들아!
27 이것이 나 여호와의 마음이며 나의 뜻
이니라.
28 너희들을 내가 얼마나 사랑하고 아끼
면 너희들을 선택하여 나의 법전을 읽
고 이정표의 그 정확한 목표를 찾아
나에게 바로 오라 그리 말하겠는가?
29 이정표를 바라보고 찾아오는 자는 나
여호와가 있는 그곳을 바로 달려오는
것이니, 그 바로 곧은 길을 달려오는
나의 아들과 나의 딸을 보는 부모의
마음이 어떠하겠는가?
30 나의 법전이 이정표이니라.
31 그 이정표를 읽고 또 읽고 정독해서
나 여호와가 너희들이 오기를 기다리
니, 내 앞으로 오는 직선의 그 길을 따
라 너희들이 달려오는 그와 같은 길을
와 나 여호와에게 기쁨을 주도록 그리

하라, 사랑하는 나의 백성들아!

4,480 번째 하나님 말씀

2003년 1월 9일 0시 57분

1 사랑하는 나의 아들아!
2 "네, 아버님! 말씀하옵소서."
3 나 여호와가 너희들에게 은혜와 영광
을 내려 주었음이니, 그는 무엇을 의
미하는가?
4 곧 이는 나 여호와의 성품을 너희들이
닮으며, 나의 성품의 범주 안에서 그
를 벗어나지 아니하며 나의 성품의 그
뜻 안에서 너희들이 그를 유지하며
살아 나에게 돌아오도록 함이 나 여호
와의 뜻임이니라.
5 너희들이 나의 성품을 닮으며 그 성
품의 범주를 벗어나지 아니하며, 내가
최초에 내렸던 그 아름다운 성품이 곧
나의 성품이니, 그 속에서 너희들이
살아간다면 그 삶이 얼마나 기쁨과
행복과 영광인가를 너희들은 알겠는
가?
6 이를 너희들이 더불어 느끼고 살도록
하는 것이 나 여호와의 뜻이나, 너희
들이 그리 살지 못함이니라.
7 너희들이 나의 성품을 닮아 그 속에서
그 성품대로 살아가는 것이 온유하며
그 기쁨과 행복과 영광이 말할 수 없
거늘,
8 너희들은 욕심이라는 그 마음 때문에
나의 성품을 버렸으며, 나의 성품을
너희들 자신이 바꿔 가며 육의 삶의
욕심이요, 그와 같은 개인의 성격이
요, 개인이 가지고 있는 특성의 마음
자세가 환경에 따라 변화되고 좌우되
는 그와 같은 마음으로써 변화되고 살
아가고 있는 것이 너희들의 실정이니,
9 나의 성품대로 살았을 때 그 기쁨과
행복함과 영광을 더불어 너희들이 느
끼지 못하고 사는 것이니라.
10 이 지상의 모두를 너희가 관리하며 관
장하여 취하며 살도록 너희들을 만들
었으며, 또한 그 후손을 번창케 하는
능력을 내가 너희들에게 주었음이니
라.
11 모두는 생식의 능력을 가져 너희 후손
이 영원히 불변하도록 그리고 살아갈
수 있도록 그와 같이 내가 너희들에게
그 큰 번창의 영광까지 주었으며,
12 너희들이 선과 악을 구분할 수 있는
그 능력까지 내가 너희들에게 주어,
너희들이 선을 선택하는 그 노력 속에
서 나로부터 구원을 받는 길에 올 수
있는 그와 같은 백성으로 살도록 너희
들에게 그 누구도 갖지 못하는, 어떠
한 동물도 지탱하지 못하는, 그리고
생각할 수 없는 그와 같은 능력까지
내가 너희들에게 주었음이니라.
13 그리하여 내가 너희들을 얼마나 사랑
하면 너희들 인간이 살아가는 법도의
규칙을 세세하게 너희들에게 주었으
며, 그리 지키도록 살라 하였음이니라.
14 모든 동물과 너희들과의 차별화를 두
어 너희들이 차원 높은 그 규칙 속에
서 살아갈 수 있는 그와 같은 영광까
지 또한 내가 너희들에게 주었음이니,
15 질서를 파괴하는 행위가 아니라 도덕
적이요, 사랑하며 정의로운 삶을 살
수 있는 그 지혜와 능력과 사고력과

판단력까지 너희들이 할 수 있는 것을
주었음이니라.
16 그런가 하면 내가 너희들에게 모두와
차별화를 시켜 정리 정돈하여 세상을
관리하며 살아가게 만들어 너희들에
게 준 영광과 축복이 그와 같이 너희
들에게 기쁨이거늘, 이를 모르고 살아
가는 것이 너희들이니라.
17 동물은 동물로서 그들이 살아가는 규
칙이 있으며 그들이 벗어나지 못하는
한계가 있으며 그들이 인간에게 도전
할 수 없는 그와 같은 한계를 내가 그
들에게 주어 정리 정돈하여 살아갈 수
있도록 만들었으며,
18 물고기는 물고기대로 그 규칙을 벗어
나지 말며 그 형태로 살아가 그들이
인간 세상을 넘보지 아니하며 인간을
넘볼 수도 없도록 내가 그들에게 그와
같이 살아가도록 한계를 정했으며,
19 날짐승은 날짐승대로 저희들이 살아
갈 수 있도록 그 한계를 정하여 모두
를 정돈하여, 너희 인간을 해하며 너
희들을 능가할 수 없도록 내가 이 세
상의 모든 것을 다 그와 같이 계획하
여 만들어 너희들이 살아갈 수 있도록
만들었음이니,
20 그 은혜와 영광이 얼마나 너희들에게
큰 것인가를 모르고 사는 것이 너희들
이니라.
21 만일 동물에게 그와 같은 지혜를 주어
그들이 너희들을 잠식하며 너희들을
지배하고자 하며, 질서를 파괴하며 이
세상의 질서를 지킬 수 없도록 그와
같이 만들었다 하면 과연 어찌 되겠는
가?
22 내가 모두의 그 한계를 벗어나 너희들
에게 도전할 수 없도록 그 모두에게
주었음이니라.
23 대지 위에서 서식하고 사는 모든 식물
은 식물대로 그들이 번식하고 살아갈
수 있도록 모두의 한계를 엄히 정하
여, 저희들이 관여되는 그 삶에서 엄
격히 통제되며 그 규제 속에서 살아가
며 통제되도록 하였음이니,
24 너희들이 얼마나 나 여호와에게 감사
하며 은혜의 마음을 가져야 하는가?
25 그중에서 인간인 너희들에게만 더 큰
은혜요, 영광을 내가 내려 준 것을 너
희들은 모르겠는가?
26 동식물 속에서 그들만의 세상을 벗어
나 나의 사랑하는 백성을 능가하며 너
희들을 지배하고자 하는 무서운 결과
가 일어나는 그와 같은 것을 내가 정
리정돈을 해 놓지 아니하였다면, 너희
들은 나를 더러는 원망하며 너희들이
구원의 길에 오를 수 있는 지혜와 능
력이요, 그와 같이 은혜를 내가 베풀
지 아니하였다 말할 수 있을 것이나,
27 감히 그 누구도 견줄 수 없으며 어떠
한 동식물도 너희들을 능가할 수 없도
록 내가 그리 다 정리 정돈하여 행하
여 놓았음이니, 너희들이 얼마나 크나
큰 은혜를 받은 것인가?
28 그 모든 것을 너희들이 과연 나에게
대가를 치르며, 너희들이 무엇으로 그
은혜를 나에게 갚았기에 내가 너희들
에게 그리 내려 주었는가?
29 나는 너희들에게 받은 것이 없으며 너
희들에게 요구함이 없음이니라.
30 다만, 나 여호와의 성품을 닮아 나 여

호와의 성품의 범주 안에서 그를 벗어
나지 아니하며, 내가 너희들에게 처음
에 내려 주었던 그 곱고 아름다운 성
품을 갖고 살다 나에게 오르라 함이니
라.
31 육의 세상에 사는 그 속에서 너희들이
나의 성품이요, 성격이요, 나의 그 심
성을 버리지 아니하고 그리 유지하고
산다면 너희들은 하늘의 나라가 지상
에서 이루어지는 것같이 그와 같이 기
쁨을 얻으며 행복 속에서 살아갈 수
있도록 내가 하였으며,
32 그리 살다 자연스레 나에게 오르는 그
길을 봐 영원히 사는 내 품에 천국의
나라에 너희들이 와 나와 더불어 살아
가는 것을 바라는 것이 나의 가장 큰
소망이요, 기쁨이거늘,
33 그 모두를 위하여 너희들에게 엄연히
너희들을 넘볼 수 없도록 모든 것이
제자리를 지켜 너희들에게 통제를 받
으며 지시를 받도록 그리 정리 정돈하
여 관리하여 내가 만들어 내려보낸 그
은혜와 영광에 너희들이 감사한다면,
34 어찌하여 나에게 기도하고 경배하는
것이 미친 자가 날뛰듯이, 내가 말하
였듯이, 먹지 못할 매운 고춧가루라는
것을 먹은 원숭이가 방정떠는 것처럼
그와 같은 방법으로써 믿음의 길을 가
며 나에게 오르는 길이라 하는가?
35 그리 가는 그 작태가 내가 보기에 역
겨워 바라볼 수 없음이니, 바로 너희
들이 깨우쳐 나의 법전을 읽으며, 내
가 법전에서 요구하며 원하는 것이 무
엇인가를 너희 것으로 만들라 하였음
이니라.
36 너희들이 그 벗어날 수 없는 죽음의
길을 달려감이니, 육이 죽어 가는 그
삶을 너희들이 겸허히 받아들이며 거
기에 너희들이 엄숙하게 장례하는 것
과 같은 마음을 가지고 나를 보고 깨
우쳐 하늘에 오르고자 할 때, 너희들
은 진리의 길을 알며, 겸손함을 알며,
37 너희들이 나에게 구원을 받는 것이 다
락방에서 조용히 혼자 기도하며 축복
의 영광을 나에게 돌리고자 하는 그
기도를 드릴 때, 경배하는 마음을 갖
고 나를 찾을 때,
38 그것이 너희들의 구원이요, 영광의 길
이며 하늘에 오르는 길이라는 그 이치
를 그리 깨우치라 이리 내가 너희들에
게 전해도 이를 듣지 아니하고 보지
아니함이니,
39 나 여호와의 아픈 마음을 너희들이 어
찌 아는가?
40 너의 제자들과 나의 법전을 읽은 만백
성은, 나의 성품을 가지고 살다 나에
게 오르라 간곡히 바라는 나 여호와의
마음을 헤아려 행하여야 할 것이니 그
리 알라.
41 사랑하는, 나로부터 선택된 백성이요,
아들딸들아!

4,481 번째 하나님 말씀

2003년 1월 9일 01시 08분

1 사랑하는 나의 아들아!
2 "네, 아버님! 말씀하옵소서."
3 너희가 너희 손으로 지은 성전에 나가
울고불고 광란의 짓을 하며 그리하여
너희들이 회개의 기도를 했다 하여,

또한 너희들이 재물을 많이 바쳐 그
재물을 바침으로 인하여 너희들이 지
금까지 지어 온 그 추악하고 더러운
죄가 다 사함을 받으며 면죄가 된 것
같이 착각하고 과오를 범하고 있는 것
이 너희들의 지금의 믿음을 가고 있는
형태임을 과연 알고 있는가?
4 그리하여 너희들이 얼마나 나의 피조
물 만백성을 잘못 가르치는가?
5 너희들은 그 믿음을 시작하는 그 순간
부터 나의 아들 예수의 보혈로써 구원
을 받으며 축복을 받았다 그리 말하며,
6 심지어 너희들의 설교요, 너희들의 뜻
에 따르지 아니하는 백성이 죽음 직전
에 가서 회개하고 깨우치면 구원을 받
는다 하는 그와 같은 과오를 범하고
있는 것이 너희들이 지금 착각 속에
가고 있는 믿음임을 알아야 할 것이니
라.
7 너희들이 회개했다 하여 그 죄가 너희
들에게서 영원히 떨어지는 것이며 너
희들에게서 영원히 없어지는 것이라
는 그와 같은 생각을 하고 있는 것을,
너희들은 여기서 잘못됨을 알아야 할
것이니라.
8 너희들이 아무리 죄를 짓고 또 아무
리 많은 선을 행했다 하여도 너희들
의 하나의 선에 의하여 그 죄지은 것
을 하나씩 덜어 버리고 지워 버리는
것이 아니니라.
9 너희들이 선을 한 번 행함으로써 너희
마음속에 선한 마음이 자리를 잡으며
나의 성령이 너희 가슴에 임함이니,
곧 그는 너희들의 그 죄의 죄목이 너
희 마음의 중심에서 밀려나 한쪽에
그저 매달려 있는 형국이니라.
10 그리하여 그들은 떨어지지 아니하고
너희들이 마음을 잘못 먹으며 사악한
생각을 할 때 몇 배의 힘을 발휘하는
위력으로써 너희들을 또 잠식하여, 선
하고 착한 마음으로 다스렸던 너희들
을 일순간에 무너트리는 그와 같은 것
이 악과 너희들과의 인연의 관계임을
너희들은 알아야 할 것이니라.
11 너희들의 마음의 중심에서 조금 물러
나 있는 것뿐이요, 그가 영원히 너희
들에게서 떨어져 나가 죄가 떨어져 가
벼운 형국으로 되는 것이 아님을 너희
들은 알아야 할 것이니라.
12 내가 오죽하면 나의 법전에 기록하여
너희들에게 일찍이 깨우쳐 못을 박듯
이 가르쳤겠는가?
13 너희들이 범죄를 하고 죄를 지은 것을
사하고자 하며 그를 용서받고자 한다
면 열 배로써 그를 갚아야 하며, 열 배
로써 보상하는 그와 같은 행위를 하지
아니하면 너희들은 절대 그 죄의 용서
를 받지 못한다는 그 뜻을 내 일찍이
가르쳐 너희들에게 깨우쳤음이니,
14 이 뜻을 너희들이 깊이 음미하여 깨우
쳐 행하도록 하여야 할 것이니라.
15 너희들은 어떠한 방법이든 간에 너희
들의 죄를 용서받을 수 없으며 그 죄
는 떠나가지 못함을 알라.
16 결국, 너희들은 그와 같은 속에서 어
느 때 너희들이 마음 한번 잘못 먹는
그 순간에 너희들을 무너트리고자 하
는 것이 그 죄의 사악한 마음이 기다
리고 있음을 너희들은 잊어서는 아니
될 것이니라.

17 그러하니 너희들은 어떠한 형태로든
지 죄를 용서받았다는 생각을 하며 그
죄를 너희 몸에서 털어 버렸다 생각하
지 말라.
18 너희들은 구원을 너희 임의대로 할 수
없으며 너희 스스로 갈 길로 가듯이,
그 모두의 대가를 너희들이 스스로 받
는다는 결과를 잊어서는 아니 될 것이
니라.
19 그렇다면 너희들이 지금 얼마 남지 않
은 너희들 인생의 삶에 있어서 떨어지
지 않는 그 죄목을 하나하나 더 붙여
놓았을 때,
20 너희들이 선한 것을 깨우친 것이 백이
요, 악이 붙어 있는 것이 백 하나라 할
때, 그 선은 악에 지게 됨이니, 너희들
이 그리되어 악한 자로 변하며 사탄
으로 변하게 됨을 잊지 말라.

4,482 번째 하나님 말씀

2003년 1월 9일 01시 14분

1 사랑하는 나의 아들아!
2 "네, 아버님! 말씀하옵소서."
3 너희들이 수없이 지은 그 죄를 너희들
이 말로써 회개하며 수다를 떠는 것으
로써 죄 사함을 받으며 너희들의 죄가
너희들에게서 하나씩 떨어져 나가는
것처럼 그와 같이 생각하고 사는 것이
얼마나 무서운 결과를 갖는가?
4 너희들이 말로써 죄를 회개하며 빎으
로 지워지는 것이 아니니라.
5 너희들이 선함을 행했을 때도 그 선함
이 열 개라 하여 열 개의 악을 지울 수
없는 것이 너희들이 지은 죄라 내가
말하였거늘,
6 말로써 기도로써 죄 사함을 받으며 구
원을 받으며 너희들은 깨달음의 길에
들어선 백성이라는 그와 같은 착각을
하고 있는 것이 얼마나 무서운 결과를
초래하는지 알고 있는가?
7 너희들은 새로 지은 죄에 대하여 죄
의식을 느끼지 못하며, 그 죄의 개수
가 얼마 되지 아니하며 죄가 가벼운
것이라 그리 착각함이니라.
8 너희들이 회개하는 것으로 말로써 죄
사함을 받을 때 너희들의 죄가 지워
져서 지금까지 너희들이 가지고 있던
그 모든 죄가 시원히 떨어져 나가 너
희들이 신선이 된 것 같은 그 착각 속
에 살고 있음이니,
9 그리하여 너희들이 새로 짓는 죄는 그
죄의 죄목이 하나면 하나밖에 너희
몸에 남아 있지 아니하니 너희들이 그
무거운 죄의 벌을 받지 아니할 것이라
그리 생각하며 그리 착각하게 만든 것
이, 너희들이 말로써 죄 사함을 받으
며 기도로써 죄 사함을 빌었을 때 용
서받는 백성이 된다 말하는 그 가르침
에서 이와 같이 무서운 결과를 낳게
됨이니라.
10 너희들이 죄 사함을 받았다는 것, 그
리고 회개함으로써 그 죄가 떨어진다
는 것, 그리고 기도하며 울고불고 광
란의 짓을 함으로 인하여 죄의 씨가
하나씩 너희들에게서 없어진다는 그
와 같은 생각을 하기에 너희들의 죄의
씨앗은 너희 몸에서 그 씨앗을 또 낳
게 되며 악은 악의 씨앗을 또 낳는 그
와 같은 행위로 계속 연결하게 됨이니,

11 너희들이 죄 사함을 받는 것도 그래서
이루어질 수 없는 것이니라.
12 너희들이 말로써 죄 사함을 받았다 하
여 너희들이 깨끗한 것처럼 그리 말하
기에, 너희들은 가벼운 죄요, 한두 가
지 죄를 짓는 건 죄가 아니라 생각하
여 죄를 지음이니,
13 그게 바로 너희들이 죄 사함을 받았다
는 그 잘못된 가르침 때문에 죄의 씨
가 죄의 씨를 낳아 너희들이 도저히
구원을 받을 수 없는 그와 같은 길로
끌려감이니, 이를 너희들이 얼마나 무
서운 가르침인가를 깨달아야 할 것이
며,
14 그와 같은 말로써 나의 피조물 만백성
을 지옥으로 이끄는 무서운 짓을 해서
는 아니 될 것이니라.
15 이제는 너희들이 지은 죄의 용서를 받
는 것은 그 무엇으로써도 받을 수 없
음이니라.
16 나의 십계명을 너희들이 철저히 지키
며 그와 같은 삶을 삶으로 변하는 길
이요, 나의 법전을 정독하고 또 깨우
쳐 나의 법전의 내용대로 살아가며 깨
우치는 그 길을 가고자 하는 것만이
너희들의 죄를 사할 수 있는 길이며
너희들이 용서받을 수 있는 길이라는
것을 알라.
17 거기에만이 답이 있음을 알아야 할 것
이니라.
18 그리하여 지금의 새로운 성경이요, 나
의 법전에 죄 사함의 길을 전파하는
것이 나 여호와의 뜻이며, 성령을 내
가 내려보내는 것임을 너희들은 알아
야 할 것이니라.
19 내가 지금 새로 내려보내는 이 성령을
세상에 전파하고자 하는 것이, 바로
이 성령을 읽고 깨우쳐 행한 자만이
구원을 받을 수 있는 길이기에 내가
이를 전파하고자 하는 것이며,
20 이를 전파하기 위해 너희들이 선택된
백성이며, 이를 세상에 나올 수 있도
록 만드는 것이 너희들임이니, 내가
너희들을 그리 사랑함이니라.
21 너희들은 지금 너희들 자신이 어디에
서 있으며 얼마나 깨우쳤는지를 모르
고 오리무중 캄캄한 밤에 허덕이는 것
같으나, 너희들만큼 깨달으며 너희들
의 마음이 변한 만큼 이 세상에 변한
백성이 없음을 너희들은 알라.
22 내가 여기서 다시 말하나니, 내가 나
의 새로운 성경을 전파하고자 하는 것
은 너희들의 구원의 길이 여기에 있기
때문이니라.
23 구약의 시대는 너희들의 죄가 무엇인
지 그를 깨우쳐 준 것이며, 신약의 시
대 또한 너희들의 죄가 무엇이며 어찌
하여야 죄를 짓는 것이며 짓지 않는
것인지를 가르치는 그것으로써 그 소
임을 다하였으니,
24 그것을 지키고 따르는 것이 너희들이
구원을 받는 것이라, 구원을 받는 길
이 거기에 있다는 생각을 버리고 너희
들이 바로 깨달아야 됨을 잊지 말라.
25 오로지 나의 법전만이 너희들을 구할
수 있음을 알라.
26 그리하여 너의 제자들은 좌시하지 말
며 게을리하지 말며, 나의 법전을 권
하고 전하는 데 최선을 다하라 하는
나의 뜻이 여기에 애절한 마음이 있음

을 알라.

4,483 번째 하나님 말씀

2003년 1월 9일 08시 07분

1 사랑하는 나의 아들아!
2 "네, 아버님! 말씀하옵소서."
3 내가 너에게 하나의 그림으로써 보여
준 그와 같은 실태를 나의 법전에 그
대로 기록하여 전하도록 그리하라.
4 "네, 아버님! 알겠사옵나이다.
5 제가 두 사람의 제자를 데리고 무거운
짐을 지고 험한 길을 가며 지치고 지
쳐 쓰러지는 그와 같은 형국이 되었
사옵나이다.
6 그리하여 저희들이 도착한 곳이 시골
의 작은 교회였으며, 지금 하늘에 오
르는 길이요, 만백성을 깨우친다는 그
교회의 마당에 도착하였음이니,
7 저희들은 그 마당에서 나는 흐르는 샘
물을 퍼먹으며 지치고 피로한 몸을 쉬
고자 하였으나, 그 교회에서 나온 신
도요, 종교 지도자가 하는 말이, 아무
나 그대로 먹을 수 있는 그 흐르는 물
을 저희들에게 먹지 말라 그리 말하
였사옵나이다."
8 그 흘러내리는 물을, 아무나 떠먹을
수 있는 것을, 그릇으로 떠먹으면 되
는 그 물을 먹으려 하는 너희들에게
그 물을 먹지 말라 하며 그 신도요, 거
기서 나온 여자가 하는 말이 뭐라 말
하던가?
9 "네, 아버님! 그리 말하였습니다.
10 하나님의 종이요, 하나님의 목자요,
하나님의 말씀을 가르치는 목사가 먹
는 물이기 때문에, 너희들은 그 물을
먹지 말라 그리 말하였습니다."
11 그 물을 먹을 수 있는 사람은 종교 지
도자요, 하늘로부터 명을 받아 만백성
을 깨우치는 종교 지도자요, 목사가
먹는 물이기에, 신분을 모르며 어디에
사는지도 모르는 그저 지나가는 사람
이 그 물을 먹으면 그 물이 오염되기
때문에 목사가 먹을 수 없다 하여 그
갈증 나고 지친 너에게 그 물을 먹지
못하게 하는 그와 같은 형국을 봤을
것이며 그 그림을 보았을 것이니라.
12 "네, 맞습니다, 아버님!
13 그 물은 넘쳐 흐르기에, 저희들이 비
록 병균을 전하는 자로 피부로써 전하
는 그 역할을 한다 해도, 그 물은 넘쳐
흐르니 그 물을 저희가 먹음으로 인하
여 그 목사가 먹는 물에 병균이 전염
되는 것도 아니요, 그 물을 먹지 못하
게 되는 것도 아니옵나이다.
14 그러나 그들은 냉정하게 그 물은 목사
가 먹는 물이기에 그 물이 오염될 우
려가 있으니 먹지 말라 하며, 지치고
힘들어 쓰러져 가는 저에게, 그리고
저와 같이 가는 두 제자들에게 그 물
을 먹지 못하게 하므로,
15 그때 그 당혹스럽고 아픈 마음은, 이
것이 지금의 믿음의 길을 가는 종파들
이 하는 행위요, 사랑을 베풀고 가는
종교 지도자들이 하는 행위라는 것을
보니, 왜 아버님께서 그들을 단죄하며
이 세상에서 구원할 자와 구원하지
못할 자를 구분하여 버리고 구하려 하
시는가를 알았사오며, 그와 같이 가슴
아프고 답답함을 느꼈으며,

16 오늘의 종교 집단들이 가는 형태를
제가 너무나 뼈저리게 느낀 바가 있사
옵나이다."
17 그러니라. 흐르는 그 물을 한번 떠먹
는다고 해서, 그 물에 병균이 있다 하
여도 그는 넘쳐흐르는 것이며, 그때
흐르는 물을 먹는다 하여 병자가 아닌
이상 병균이 감염되겠는가?
18 지치고 쓰러져 갈증에 허덕이며 그 무
거운 짐을 지고 가는 너에게 그와 같
이 냉혹한 짓을 하는 것이니, 네가 얼
마나 당혹스러웠으며 얼마나 괴로웠
는가?
19 그것이 지금의 실태임을 내가 너에게
하나의 그림으로써 보여 주었음을 알
아야 할 것이니라.
20 그리하여 네가 뭐라 말하였느냐?
21 "네, 아버님!
22 말씀을 제가 전하고자 이곳에 온 사람
이며 전하는 사람이라 하여도 그를 말
할 수가 없어, 제가 그들에게 이리 말
하였나이다.
23 '부인이요, 그리고 신도 여러분! 이 교
회는 무슨 날짜와 무슨 시간에 예배를
드리며 여기서 공부를 합니까? 제가
이 근동에 사는 사람인데 그 시간에
오고자 하여 그를 물어봅니다.' 할 때,
그 목사요, 그 신도들의 변하는 모습
을 보았사옵나이다.
24 언제 그랬느냐는 듯이, 저희 몇 사람
되지 않는 사람들이 착하고 아름답게
하늘을 위하여 공부하며 깨우치니 시
간이 있으면 오라며, 물을 떠다 저희
들에게 주고자 하며, 무거운 짐을 들
어주고자 하며, 저희들에게 바로 웃음
을 던지는 그와 같은 그림의 형국을
보았사옵나이다, 아버님!"
25 네가 그리하여 뭐라 말하였느냐?
26 "네, 아버님!
27 따라오는 두 제자들에게 말하였습니
다.
28 '너희들이 이 동네에 산다 하며 이 교
회를 나오고자 한다 하여 그들이 변하
는 모습을 어찌 보지 못하며, 내가 직
접 그와 같은 말을 할 때까지 너희들
은 기다렸느냐?' 그와 같이 그 제자들
에게 나무라는 것을 보았사옵나이다."
29 그리고 어찌 되었는가?
30 "네, 아버님!
31 저희들이 그 물을 먹지 아니하며, 이
근동에 살아 우리도 여기를 나올 수
있는 사람이라 그리 말하며 그 무거운
짐을 지고 가고 있었사옵나이다.
32 이제는 험난하고 험난한 그 길을 제가
무거운 짐을 지고 가며 곧고 바른 길
을 찾아 그 고개만 하나 넘으면 제가
갈 수 있는 목표요, 목적지까지 거의
다 온 그와 같은 것을 그림으로 보았
으며, 그리하여 머지않은 그 고개를
넘는 것은 자신이 있었으며 넘을 수
있기에 그 두 제자에게 따르라 하여
그 길을 넘어 그리 가고 있었사옵나이
다.
33 그와 같은 한 장의 그림을 보았사옵나
이다, 아버님!"
34 바로 그것이 지금의 실태이니, 얼마나
내 마음이 아프며 내 가슴이 저려 오
겠느냐?
35 일반 아무것도 모르는 촌부요, 나 여
호와를 찾지 않는 백성도 너희들의 초

라한 모습이요, 무거운 짐을 지고 가 지칠 대로 지쳐 그 앞에 나오는 물을 먹겠다 할 때, 그를 떠 주지 아니하는 사람이 없으며 그를 먹지 못하게 하는 사람이 없을 것이니라.
36 믿음을 모르는 백성은 너희들이 지치고 배고파 도저히 그 무거운 짐을 지고 가는 것이 너무 버겁고 힘들다 하면 저희들의 음식까지도 대접할 수 있는 것이니, 그저 지금 믿음의 길을 간다 하여 사랑을 베푼다 하는 그 흉악한 백성보다 그들이 몇 배 낫지 않겠는가?
37 제 마당에 넘쳐 흐르는 그 물을 먹지 못하게 하며, 목자가 먹는 것이며 종교 지도자가 먹기에 거기에다 병균을 감염시키면 안 되니 먹지 말라 그와 같이 말하는 사악한 자들이 바로 지금에 수천 년 동안 나의 피조물 만백성을 하늘에 오르는 길이요, 진정한 믿음의 길을 가며 사랑을 베푼다는 자들이 하고 있는 짓이니,
38 아무것도 모르는 믿지 않는 백성도 그 물을 먹지 못하도록 그리하지는 않을 것이며, 그는 떠서 줄 것이니라.
39 그리고 그릇이 없으면 그릇을 갖다 줄 것이며, 힘들고 어려운 나그네가 그 물을 먹고 힘을 얻는 것을 즐거워할 것이며, 먹다 남은 밥이라도 끼니를 대접할 수 있는 것이 믿지 않는 백성의 그와 같은 마음이니,
40 바로 누가 이방인이며 나로부터 버림받은 백성이며 나를 울리는 백성이며 나를 고통스럽게 하는 백성이더냐?
41 그 하나의 그림을 너는 명확히 봤을 것이니라.
42 그것이 지금 그들의 실태이니, 너의 제자들에게 깨우쳐 주며, 그들에게 경종을 울리는 그와 같은 길을 감에 있어서 너희들이 주저해도 아니 될 것이니라.
43 네가 정녕 어렵고 힘든 짐을 지고 이제 머지않은 그 목표를 위해 달려갈 수 있는 네가 되었음이니, 네가 그 짐을 지고 고개 너머까지 가면 되는 그 목표를 위해 달려가고 뛰어가듯이 그와 같이 가라, 사랑하는 나의 아들아!
44 그 길밖에 없음이니라.
45 그들을 돌아다보고 그들을 원망하며 그들을 욕할 것도 없으며, 그들과 더불어 가고자 할 것도 없으며, 그들의 교회라는 곳에 네가 간다는 말을 할 것도 없으며, 그저 너는 묵묵히 그 머지않은 목표를 위해 달려가라.
46 그 목적지에 가는 기간이 얼마 남지 아니하였음이니, 내가 사랑하며 너를 아끼며, 네가 오늘에 가고 있는 그와 같은 노력의 길은 누구도 갈 수 없는 길을 감이니, 너를 사랑함이니라, 사랑하는 나의 아들아!
47 그것이 지금의 실태이니라. 그를 너의 제자들에게 전하라.

4,484 번째 하나님 말씀

2003년 1월 9일 08시 18분

1 사랑하는 나의 아들아!
2 "네, 아버님! 말씀하옵소서."
3 너의 제자들과 나의 법전을 읽고 깨우치는 백성 너희들은, 예수가 십자가에

못 박혀 고통스럽게 죽어 간 것은 너
희들의 영혼을 구하기 위함이 아님을
알라.
4 지금 너희들을 구원하기 위한 것이라
믿고 있으며 그 믿음으로써 그 모두를
구원받는다는 생각을 하고 있느니라.
5 그러나 나의 아들이 못 박혀 고통스
럽게 죽어 간 그것을 너희 영혼을 위
함이라 믿으며 그리 믿는 자는 구원을
받는다는 그와 같은 생각을 버려야 할
것이니라.
6 너희들은 구원과 아무런 관계가 없음
을 이제 깨닫고, 그와 같은 너희들이
스스로 깨닫는 길을 가며 변화되는 길
을 가야 할 것이니라.
7 나의 아들이 고통스럽게 죽은 그 죽음
만을 믿는 자체로써 구원을 받는다는
어리석은 그 틀을 깨지 아니한 너희들
은 정녕 진정한 하늘의 뜻이요, 나의
뜻을 모름이니라.
8 나의 아들 예수를 죽게 함으로 인해서
내가 너희들에게 무엇을 가르치고자
하였는지 아는가?
9 나 여호와가 하늘에 존재함을 너희들
에게 가르치며, 너희가 구원을 받고자
하는 것은 어떠한 계명을 지키며 너희
들이 어찌 살아가야 하는지 그 이치를
가르치고자 하는 것이 나의 아들이 죽
음으로써 너희들에게 보여 준 것임을
너희들은 알아야 할 것이니라.
10 여기서 내가 다시 한 번 너희들에게
깨우쳐 전하나니, 나의 아들이 그와
같이 고통스럽게 죽은 것을 너희들의
죄를 대속함이며 너희들이 그를 믿는
것만으로써 나의 아들 예수의 보혈로
써 구원받는다는 그와 같은 생각을 하
지 말라.
11 나의 아들은 그를 위해서 죽은 것이
아니요, 너희들에게 나 여호와가 존재
함을 믿도록 깨우쳐 주며, 너희들이
구원을 받는 길이요, 구원을 받는 삶
은 어찌 사는 것인가 그를 너희들에게
가르쳐 주고 깨우쳐 주기 위하여 그가
그 길을 갔음을 너희들은 알아야 할
것이니라.
12 나의 아들이 죽어 간 것을 믿는 것만
으로써 그 자체로 너희가 구원을 받았
다고 생각하는 착각 속에서 빨리 깨어
나는 자만이 나의 법전이요, 새로운
성경이 내려가는 것을 알며 진정한 나
여호와의 뜻을 알게 되니,
13 그때 너희들이 진정한 행복이요, 인간
이 세상에 태어난 것이요, 너희들이
사는 의미를 알게 될 것이니, 그 행복
을 모르고 사는 것이 지금 믿음의 길
을 가고 있는 백성이니라.
14 나 여호와의 아들 예수를, 내가 너희
들에게 깨우쳐 주기를, 신비의 세계에
놓지 말라 하였으며, 신비의 세계에서
태어나 신비의 세상을 살아간, 그와
같은 너희들과 차별화하는 마음까지
도 버리며 그를 보라 내가 그리 말하
였느니라.
15 나의 아들 예수는 지금의 나의 아들딸
너희들과 조금도 다를 바가 없다 하였
음이니, 그와 같은 나의 의미를 알아
야 할 것이니라.
16 나의 아들 예수를 지금의 나의 아들딸
너희들과 차별화하지 말며 차별화하
여 보지 말라 내가 그리 깨우쳐 주었

음이니, 이 뜻을 너희들이 깊이 음미
해 보면 내가 하고자 하는 뜻을 알 것
이니라.
17 너희들이 나의 계명을 지키고 나의 심
성을 닮아 그대로 살아가며 기도하고
경배하는 마음으로써 살면 내 옆에 예
수처럼 올 수 있는 것이 너희들이니라.
18 그리고 그만큼 또 영광과 은혜를 가지
고 있는 것이 나의 아들딸임을 너희들
은 잊어서는 아니 될 것이니라.
19 나의 아들 예수는 나의 아들로서 자식
의 도리를 다했으며, 너희 또한 나의
아들과 딸로서 도리를 다할 때 내 우
편에 와 있을 것이며, 너희들은 나의
아들 예수와 조금도 다름이 없는 나의
아들딸로서 내 앞에 올 수 있음을 알
라.
20 예수는 나의 아들로서 나 여호와 창조
주의 뜻을 거역하지 아니하였으며, 그
는 몸을 바치고 자신을 희생하여 나
여호와가 뜻한 바, 내가 이루고자 하
는 나의 뜻을 행하는 것으로써 그 자
신이 스스로 제물이 되어 자신을 바쳤
으며, 그 길을 선택하고 그것을 충분
히 수행한 나의 아들임을 알라.
21 육의 형체를 가진 나의 아들 예수는
너희들과 같이 먹고 같이 자며 육신의
춥고 더운 것을 같이 느끼는 그와 같
은 나의 아들이었음을 너희들은 알아
야 할 것이니라.
22 이제는 너희들이 깊이 깨우쳐야 할 대
목이 있음이니라.
23 너희 자신이 또한 희생하여 나 여호와
의 뜻을 이루고자, 내가 가고자 하는
그 뜻을 향하여 너희들 자신이 충실히
나 여호와의 뜻을 따르며 순종하고 목
숨을 바쳐 그 길을 갈 수 있으며,
24 그를 위하여 너희들이 모두를 다 희생
하여 너희들 자신이 나의 아들 예수처
럼 제물로써 감에 부끄러움이 없으며
그와 같은 일을 행하고 행하였을 때,
너희들이 나의 아들 예수처럼 내 우편
에 올 수 있는 나의 백성이요, 나의 아
들딸임을 알라.
25 너희들이 이와 같은 역사의 흐름을 알
고, 내가 원하고 또 너희들에게 하늘
의 뜻을 가르치는 것을 깨달았을 때,
너희들이 지금 잘못 가는 그 믿음에서
잠을 깨는 것 같은 그 변화가 있을 것
이며,
26 너희들이 나 여호와에게 직접 기도하
고 경배하는 그 마음으로 변해질 때,
너희들이 나의 가슴을 태워 내리는 나
의 성령이요, 나의 법전을 들여다보며
이가 소중함을 알게 되며, 새로운 시
대요, 심판하는 시대에 나 여호와가
직접 관장하는 그 뜻을 알게 될 것이
니라.
27 성서에 흐르는 그 역사의 변화 자체도
너희들이 모르고 있음이니 어찌하겠
는가?
28 너희들의 인생에 살아가는 그 과정이
나 마찬가지이니라.
29 너희들이 어린아이 시절을 지나 초등
학문을 마치며 중·고등학교를 나오며
대학이라는 학문을 마쳐 또 사회에 나
오는 것처럼 그와 같이 단계적인 것이
었으니,
30 모세의 시대는 세상의 너희들의 초등
학문이요, 나의 아들 예수가 한 것은

중고등학교인 너희들의 지금의 중등
교육이며, 내가 지금 내리는 것은 너
희들이 사회에 나와서 옳고 그름을 마
지막의 단계에 가르치는 것으로 나의
새로운 성경이 내려가는 그 역사이니
라.
31 그들이 배우고 깨우치는 그 교과서가
다 다르고 내용이 다르듯이 지금 그러
한 이치를 깨닫는다면, 나의 성령이
직접 내려가며 내가 너희들을 직접 통
제하는 이 시대에 내가 지금 관장하는
그 뜻을 너희들이 알 것이니,
32 이리 내가 너희들에게 직접 가르쳐 주
며 손에 쥐여 주어도 너희들이 깨닫
지를 못한다면 바로 너희들의 아집이
요, 고집 때문이니, 너희들이 얼마나
어리석은 백성인가를 알아야 할 것이
니라.

4,485 번째 하나님 말씀

2003년 1월 9일 08시 32분

1 사랑하는 나의 아들아!
2 "네, 아버님! 말씀하옵소서."
3 나 여호와가 나를 믿으며 나의 만백성
을 인도한다 하는 너희들의 지금의 종
교 집단이요, 그들이 지금 모이는 그
모든 행위를 내려다보며, 내가 창조한
나의 피조물 만백성이 지금 하고 있는
짓, 저희들이 진정한 참진리요, 나에
게 오를 수 있는 길을 달려가고 있는
것이라 믿는 그 백성, 그리고 모든 백
성을 저희들의 집단으로 이끌어 가고
자 하는 그들이 하는 작태를 보며,
4 나 여호와가 과연 나의 창조물이 할
수 있는 짓인가 하여 그 어버이로서
보기가 창피하고 부끄러워 고개조차
들 수 없는 그와 같은 작태를 너희들
이 지금 하고 있음이니,
5 나는 지금의 믿음의 종교 집단이 나
여호와가 창조한 나의 백성이 하는 짓
인가 하여 그 자체가 너무나도 역겨워
부끄러워 볼 수도 없음이니, 그를 볼
수 없는 그와 같은 나의 시선이며 나
의 마음임을 너희들은 과연 알겠는가?
6 오죽하면 내가 너희들의 종교 집단이
요, 나의 사랑하는 백성이라 하는 너
희들이 가는 그 모습을 부모로서 보기
가 부끄럽고 창피하다 하는 이와 같은
마음이 들도록 하고 있는 것이 너희들
이 지금 하는 작태이니, 이를 어찌하
여 너희들만이 깨우치지 못하는가?
7 나 여호와를 믿으며 참진리를 가르치
며 깨우친다는 종교 집단 너희가 이단
이요, 사탄이라 말하는 그 무당이 하
는 행위보다도 너희들이 하는 짓이 더
부끄럽고 더 창피함을 너희들은 과연
알고 있는가?
8 나 여호와가 보기에는 너희들이 이단
이요, 사탄이라 하여 상대하기도 싫어
하며 돼지머리 놓고 고사를 하여 절하
는 그 무당이 하는 것보다도 더 사악
하고 더 추한 행위를 하고 있는 것이
너희들이니, 내 마음이 어떠하겠는가?
9 너희 종교 집단이 서서히 문을 닫음이
니라.
10 너희들의 지금의 그 문을 닫고자 하는
나의 뜻이요, 내 생각이 무엇인지, 너
희들이 나로부터 문을 닫게 하는 그
하나의 행동을 내가 예를 들어 너희들

에게 깨우치고자 함이니라.
11 너희들이 살아가는 마을에 우물이 하
나밖에 없어 근동의 모든 사람들이 그
우물을 먹고 살아가느니라.
12 그러니 그 우물이 하나밖에 없기에 그
우물이 더러운 병균에 오염되며 전염
병을 만드는 그와 같은 병균이 있어서
너희들이 먹어서는 안 되는 물인지 생
수인지 그것을 구분할 여지도 없이 너
희들은 그 물을 먹어야 함이니라.
13 그러니 그 하나밖에 없는 물을 관리하
는 그 물의 관리권을 가지고 있는 주
인의 횡포가 너희들이 감내하지 못할
만큼 무서워도, 너희들은 그래도 그
물을 먹어야 되며,
14 너희들의 근동에는 물이 그 하나밖에
없기 때문에 그 물의 주인의 횡포를
다 감내하며, 그가 내라는 물세를 그
가 거둬들이는 대로 내며 주인의 농간
에 굴복하며 주인의 장난에 굴복하며,
15 그 주인이 잘못하며 사악한 짓을 했어
도 너희들이 그 물을 먹지 아니하면
살지 못한다 하여 그를 다스리거나 벌
하지 못하며 탓하지 못하고 그저 너희
들이 따라가는 그와 같은 형국이 되어
있음이니라.
16 그러한 물을 가지고 관리하며 그 횡포
를 부리는 자에게 내가 그를 더 이상
하지 못하게 하여 그 동네 주변에 이
곳저곳에 새로운 물이 날 수 있도록
우물을 만들어 너희들에게 줌이니, 그
우물은 너희들이 그 물을 마음대로 먹
고 쓸 수 있도록 무상으로 내가 너희
들에게 내려보냄이니라.
17 이것이 나 여호와의 뜻이요, 나 여호
와가 너희들을 사랑하기에 내가 너희
들에게 우물을 만들어 보냄이니,
18 사랑하는 나의 백성들아!
19 내가 이 우물을 너희들에게 너무 늦게
내려보내어 나 여호와의 마음이 미안
하며, 내 마음이 너희들을 보기 안타
까우며 너희들에게 죄스런 마음을 가
지고 있음이니,
20 나 여호와의 심정을 너희들이 이해하
며 나를 이해해 주고 용서해 주기를
바라는 나의 이 마음을, 오늘 나의 법
전을 통하여 나의 아들을 통하여 나
여호와의 심정을 너희들에게 전하느
니라.
21 너희들이 하나의 우물밖에 없어 그 주
인의 횡포와 그 농간과 그가 거둬들이
는 그 물세를 말 못 하고 바치며 살아
온 고생스런 나의 백성들이기에,
22 내가 일찍이 많은 우물을 파서 너희들
이 먹을 수 있도록 하지 못한 것을 나
여호와가 너희들에게 미안하게 생각
하며 죄스럽다는 마음의 나의 뜻을 너
희들에게 전함이니,
23 이를 너희들이 들어 나 여호와를 용서
하는 마음으로 돌리도록 그리하라.
24 이것이 어버이의 마음이었느니라.
25 그와 같은 이유가 있으며 그와 같이
하여야 할 뜻이 있기에 이제 내가 너
희들에게 우물을 내려보내느니라.
26 그러나 그 주인은 지금 뭐라 말하느냐?
27 너희들은 그 우물을 먹는 것만이, 그
우물만이 생수요, 그 우물만이 너희들
을 구하는 물이요, 지금 내가 너희들
에게 무료로 먹으라 하여 만들어 준
이 우물을 먹어서는 안 된다 하며, 제

가 여태껏 거둬들인 그 재물을 거둬들
이고자 하며 만행과 횡포를 부린 것을
그대로 부리고자 하는 것이 그들의 지
금의 형국이며,
28 그와 같이 가고 있는 것이 너희들의
믿음의 작태이기에 내가 그 문을 닫고
자 하니, 그 물을 이제는 마르도록 하
여 그 물이 세상에 나오지 못하게 만
들고자 하는 것이 나의 뜻이니라.
29 그리하여 지금의 성전에 거미줄을 치
며 그 문을 닫게 되는 것이니,
30 사랑하는 백성, 너희들은 내가 파서
지금 나오는 물이야말로 새로운 생수
이니, 지금까지 모든 횡포를 부린 병
든 물이요, 병균이 우글거리는 그 물
을 먹지 말고,
31 내가 내려보내는 신선한 그 생수를 먹
어 너희들의 삶을 영위하도록, 그리고
병에 감염되지 말며 병의 고통스러움
을 얻지 말며 너희들이 곱고 아름답게
살다 하늘에 올 수 있는 내가 내리는
그 생수를 먹도록 하라.
32 그 주인의 횡포가 더할 것이니라.
33 그리고 동분서주 뛰며 그는 너희들에
게 악선전을 할 것이니라.
34 지금 펑펑 나오는 그 물이요, 너희들
이 마음대로 먹고 쓰라 하여 준 이 생
수는 사악한 것이요, 독소가 있는 물
이라 하여 먹지 못하게 하며, 너희들
이 지금 먹던 그 물만이 생수라 하여
그 물을 먹으라 그리 말하니,
35 제가 한참 횡포를 부리며 제가 권좌
에 앉으며 제왕과 같은 행위를 했던
그것을 잊지 못한 그 사탄이 그와 같
은 행위를 하나 그 물은 곧 마를 것이
니, 너희들은 이 생수를 먹고 구원을
받도록 그리하라.
36 그리하여 지금 내가 법전을 내려보냄
이니, 2천 년이 지난 세월에 나의 백
성 너희들을 구원하고자 하는 나 여호
와의 마음이 미안하고 죄스럽다 하는
나의 뜻을 너희들에게 전함이니라.
37 그러나 어쩔 수 없음이니라.
38 이제 생수를 너희들이 먹으니 너희들
이 나를 용서하며 나를 이해하는 그
마음에서 내가 상으로 내려 주는 이
생수를 먹고 구원의 길에 올라 나에
게 오도록 그리하라, 사랑하는 나의
아들딸들아!

4,486 번째 하나님 말씀

2003년 1월 9일 09시 45분

1 사랑하는 나의 아들아!
2 "네, 아버님! 말씀하옵소서."
3 너희들이 사랑을 베풀며 나눔을 갖는
다는 그 교회라는 곳에 지치고 힘든
거지와 같은 나그네가 가서 물을 한
그릇 먹고자 할 때, 그 우물은 종교 지
도자요, 목사가 먹는 물이기에 아무나
먹을 수 없다 하여 거절하는 그와 같
은 신도들이 있다 하면, 과연 너는 그
를 믿지 않으려 하며 고개를 흔들고
있는 네 마음을 아느니라.
4 아무리 그렇다 하여도 흐르는 그 우물
을 한 그릇 떠먹는 것까지도 거부하는
사람은 없을 것이며 그러한 종교 집단
의 백성은 없을 것이라 너는 그리 생
각하며,
5 그들은 온갖 정성을 다하며 사랑으로

써 그 물을 먹을 수 있도록 그리해 줄
것이라 너는 그리 생각하며 그러기를
바라는 것이 너의 마음임을 나 여호와
는 아느니라.
6 그러나 그들은 종교 지도자가 먹는 물
이기에 그것이 소중해서 아무나 먹을
수 없다는 그와 같은 생각을 가지고
있는 자들이 있으며 그와 같은 마음을
가지고 가는 자들이 있음이니, 그것이
지금 바로 믿음의 길을 가는 자들이니
라.
7 저희 종교 지도자를 그와 같이 받듦이
니, 또한 그와 같이 말하는 그 신도들
에 대해 충성스런 자며 절대적인 자기
의 제자라 생각하며 자기 신도라 생각
하며 그와 같은 말을 듣는 것을 흐뭇
하게 생각하는 종교 지도자가 있음이
니, 그게 문제인 것이니라.
8 '우리 종교 지도자가 먹는 물이기에
아무나 이 물을 먹을 수 없으며, 여기
에 잘못된 것이 오염됨으로 인해서 우
리 종교 지도자가 쓰러질지 모른다'는
그와 같은 생각을 하고, 그와 같은 말
로써 지치고 힘든 불쌍한 나그네에게
물 한 그릇도 주지 않는 그와 같은 말
을 하는 저희 신도요, 저희 가족들이
하는 말을 듣고 문을 박차고 나와,
9 '무슨 말을 그리하는가? 내가 아무리
쓰러진다 해도 나그네에게 물 한 그릇
을 주는 것이 우리가 하여야 할 일이
라' 하며 그를 그리 가르치는 종교 지
도자가 없음이니라.
10 그를 문구멍으로 바라보며 그 소리를
듣는 종교 지도자가 흐뭇해하며 '내가
나의 제자들을 기르기는 잘 길렀다'는
생각을 가지고 가며 그것이 당연한 것
처럼 생각하는 종교 지도자들이 또한
있음이니, 이것이 문제인 것이니라.
11 그리하여 내가 그들을 쳐다보기가 부
끄러우며 그와 같은 모습을 보기가 싫
다는 것이 나의 뜻이니라.
12 과연 너희들 제자 중에 그러한 사람이
있는가?
13 나의 법전을 읽고 깨우친 백성은 절대
로 그러한 사람이 없을 것이니라.
14 그에게 무엇을 더 줄 수 없으며 무엇
을 더 도와줄 수 없는 것인가를 생각
할 것이며,
15 너희들이 그와 같이 나의 아들 선지자
를 따르고 모신다는 것이 아니요, 너
희들이 그들에게 줄 수 있는 것을 다
준 것을 나의 아들은 기쁘게 생각할
것이라 생각하는 마음이 너의 제자들
이 가지고 있는 마음이니, 이것이 하
늘과 땅의 차이임을 너희들은 알아야
할 것이니라.
16 그리 변하는 것이 나의 법전을 읽은
백성들이 지금 가는 마음이요,
17 그렇지 않은 자들이 수천 년 동안 믿
음의 길이요, 저희들이 하늘에 오르는
길이라 하여 지금 따라왔으며 사랑을
베풀며 산다 말하는 그들이 지금 하고
있는 행동은 그러함이니,
18 이를 바로잡고 이를 바로 세우고자 하
는 것이 나 여호와임을 너희들은 알아
야 할 것이며, 그를 위하여 내가 법전
을 내려보내는 그 뜻을 너희들은 알아
야 할 것이니라.
19 너희들은 그렇지 않다 생각할 것이니
라.

20 그러나 그렇지 아니하니라.
21 너희들이 지금 남의 주머니에서 금화
를 꺼냈을 때, 그게 적건 많건 간에 그
를 도둑으로 몰며 악을 쓰며 법의 심
판을 받고자 하는 것이 종교 지도자들
이요, 종교 집단에 있는 자들이 하는
행위이니라.
22 그러나 나의 법전을 읽고 깨우친 백성
들은 절대 그리하지 아니할 것이니라.
23 그가 오죽하면 그와 같은 행위를 했겠
는가 하고 그를 이해하며 그에게 사랑
의 나눔을 주고자 하는 것이 너의 제
자들의 마음이니,
24 그렇게 변한 것이 나의 법전을 읽고
깨우친 백성들이니, 짧은 기간 안에
그렇게 변하는 것이 참진리의 가는 길
이며 나 여호와의 뜻을 향하여 가는
백성이 아니던가?
25 수천 년 동안 흘러왔지만 그를 행하지
못하며 법으로 다스리며 악을 쓰며 그
를 사악한 자라 말하며 사탄이라 말
하며,
26 저희들이 믿는 종교 집단에 와서 배우
지 아니하였으며 깨우치지 아니하였
기 때문에 사탄들이 하는 행위라, 사
탄은 용서 없이 처벌해야 하며 가차없
이 벌의 심판을 받아야 되는 것이 나
여호와의 뜻이며 또한 너희들이 가는
길이라 그리 말하며, 그들을 법의 처
벌을 받도록 하는 것이 너희들이니,
이것이 바로 너희들의 마음의 형태이
니,
27 어떠한 것이 진정한 나의 뜻이요, 하
늘에 오르는 길을 향하여 가는 백성이
가는 길인가를 너희들은 깨우쳐 깨닫
도록 그리하라.

4,487 번째 하나님 말씀

2003년 1월 9일 11시 52분

1 사랑하는 나의 아들아!
2 "네, 아버님! 말씀하옵소서."
3 내가 너희들에게 일깨워 가르치기를,
'나의 법전을 가슴에 안고 정독하는
자, 반석 위에 서서 하늘에 오르는 찬
란한 빛을 보게 되는 영광을 얻게 된
다.' 하였음이니, 이 구절의 의미를 너
희들은 알아야 할 것이니라.
4 너희들의 깨우침이 높아지며 너희들
의 경지가 높아지며 너희들이 나 여호
와가 이루고자 하는 그 뜻을 알게 됨
으로 인하여 너희 자신도 모르게 오만
해지며 태만해지며 게을러지는 그와
같은 형국으로 변하는 것이 너희들의
마음이니라.
5 그 모두는 너희들이 멸망이요, 파멸의
길로 가는 그와 같은 것임을 너희들은
잊지 말아야 할 것이니라.
6 너희들이 나의 뜻을 따라 깨우치며 변
해 가 공부하는 만큼 너희들의 긴장하
는 그 마음이 풀어짐이며 생각하는 마
음의 자세가 풀어짐이니,
7 그리했을 때 너희들은 지금까지 쌓았
던 그 모두를 하루아침에 잃으며 영원
히 구원의 길에 올 수 없는 그와 같은
나의 백성으로 전락됨을 잊어서는 아
니 될 것이니라.
8 그리하여 내가 너희들에게 가르치기
를 '나의 법전을 가슴에 안고 정독하
는 자, 반석 위에 서서 하늘에 오를 수

있는 길을 볼 수 있다.' 함은 항상 정
독하며 이를 놓지 말라 함임을 너희들
이 깨우쳐야 할 것이니라.
9 이제는 너희들이 경지가 높아지며 깨
우침이 높아지며 세상의 이치를 알게
되며 하늘의 뜻을 알게 됨이니,
10 그럴수록 너희들은 겸손하며 고개 숙
이며, 나 여호와의 참진리요, 내 뜻이
무엇인지 알고 내가 역사하고자 하는
그 무궁무진한 세상에 들어오고자 하
며 그를 배우고자 하는 그와 같은 겸
손한 마음으로써 항상 살아가고 행해
야 하는 것이거늘,
11 너희들이 작은 것을 알았다 하여 오만
해지며 그리 변하여져 쓰러지는 것이
니라.
12 지금의 모든 종파의 지도자들이요, 나
로부터 명을 받은 모든 백성이요, 지
도자라 선택된 그들이 무너진 이유가
바로 거기에 있음이니라.
13 너희들이 비대해지고 더 커질수록 오
만해지며 방자해짐이니, 그리하여 그
들은 그 길을 가지 못하고 쓰러졌음이
니라.
14 여기서 너희들은 그를 깨우쳐 주어야
할 것이니라.
15 내가 너희들에게 가르쳐 말하기를,
'하늘을 두루마리 삼아 쓰고 또 써도
그 끝이 없다.' 하는 것을 알지 아니하
느냐?
16 그와 같이 알고 가르칠 것이 끝이 없
는 나 여호와 창조주가 너희들의 스승
으로서 너희들을 가르침이니,
17 배우고 배우며 죽을 때까지 변하고 변
해도 천사요, 나의 성품으로써 변할
수 없는 것이 너희들이거늘, 너희들은
겸손하며 겸허한 마음으로 살아가는
자세로써 평생 긴장을 놓지 말고 살아
야 너희들이 무너지지 아니함이니라.
18 너희들이 무엇을 얻고 깨달았다 하여
오만해지며 마음이 느슨해지는 그와
같은 것이 바로 지금의 모든 종교 지
도자들이 무너진 결과며,
19 그들이 그리하여 제 길을 가지 못하며
지탱하지 못하여 나로부터 선택받은
천사였던 자들이 사탄이요, 사악한 그
와 같은 모습으로 변하여 스스로 자멸
하며, 나의 피조물 만백성을 지옥으로
이끌어 가는 그와 같은 전철을 밟은
것이 그들이니라.
20 그러니 너희들은 항상 긴장을 풀지 말
며, 항상 나의 법전을 듣는 데 귀를 기
울이며, 처음에 배우는 것같이 끝까지
그와 같은 마음으로 임하고 견디고 살
아가야 되는 것을 알아야 할 것이니라.
21 여기에서 마음의 끈을 놓으면 안 됨이
니라. 모두는 다 무너짐이니라.
22 나의 아들 또한 그러하니라.
23 그가 나로부터 160권의 법전을 받아
세상에 전하니, 그를 통하여 전하지
아니한 말이 없으며, 그가 입을 열어
만백성에게 강론할 때 막힐 것이 없으
며 며칠이고 강론할 수 있는 그와 같
은 나의 뜻을 가지고 있는 그도 오만
하고 자만하면 쓰러지느니라.
24 나의 아들이 선택된 이유가 무엇이던
가?
25 나의 아들 예수는 오만하고 자만하지
아니하였으며 모두의 역사를 이루며
기적을 이룬 나의 아들 예수이니라.

26 그가 그때까지 이룬 역사의 기적만을
가지고 육의 삶을 살기 위했다면 많은
백성을 현혹하며 살아갈 수 있었을
것이니라.
27 그러나 그가 나의 뜻에 따라 죽음의
길을 선택한 것이 바로 무엇이더냐?
28 그는 순종하며, 오만함을 갖지 아니하
였음이니라.
29 그리하여 그 아들이 지시하고 가르친
것이 지금까지 너희들에게 전해 오며
그것이 참진리의 길이라는 것을 알고
있으나, 그보다 더 유능하고 더 똑똑
한 자들을 선택하여 내가 쓰고자 하였
으나 그들은 오만하며 저희들이 작은
신이 되고자 하여 다 무너졌음이니,
지금의 나의 아들도 또한 그와 같이
가면 그도 넘어짐이니라.
30 그러나 내가 나의 아들을 선택한 것
은, 예수가 나의 뜻에 따라 했듯이, 오
늘의 나의 아들도 그와 같이 방자하고
오만함이 아니며,
31 그가 160권을 쓸 때 그때야말로 가장
낮은 종이요, 겸허한 자세로 너희들
앞에 서는 것이 나의 아들의 다른 점
이니, 너희들이 이것을 모르거든 너희
들은 나의 아들이 가는 모습을 보고
배우고 따라오라.
32 너희들이 앞에 가는 자들이며 너희들
이 더 아는 것이며 너희들이 더 높이
있다는 그와 같은 생각을 하지 말며
가라.
33 너희들은 무너질 수 있고 오만에 젖어
신이 되고자 하여 타락할 수 있으나,
34 나의 아들은 작은 신이 되고자 하지
아니하며 나의 뜻을 순종하니, 그는
무너지지 아니하는, 여기에 너희들과
다른 점이 있으며 너희들과 차별화가
있음을 오늘 너희들은 알아야 할 것이
니 그리 알라, 사랑하는 나의 아들딸
들아!

4,488 번째 하나님 말씀

2003년 1월 9일 13시 40분

1 사랑하는 나의 아들아!
2 "네, 아버님! 말씀하옵소서."
3 네 사랑하는 제자들에게 일깨워 전하
라.
4 '나 외에 다른 신을 네게 있게 하지 말
라.' 함은 너희들이 무엇을 깎아 놓고
만들어 놓고 절하고 기도하는 것이 우
상이라 그리 생각하던 것을 너희들은
어찌 깨우쳤던가?
5 너희들의 마음속에 무엇인가 더 소중
하며, 나 여호와의 뜻이요, 나의 진리
에 따라 공부하고 깨우치는 것보다도
더 소중하고 사랑하는 것을 마음에 가
지고 있다면 그것 또한 우상이라 내가
그리 말하였느니라.
6 이제 나의 법전을 읽고 깨우쳐 두 번
세 번씩 정독하는 나의 백성이요, 그
리고 나의 강론을 듣고 들어 수없이
들어 이제 깨달음의 경지에 오르고 있
는 너의 제자들은, 너희들의 마음의
우상이 무엇인가를 하나 더 깨우쳐야
할 것이니라.
7 너희들이 선한 대로 살며 나의 법전대
로 살며 십계명대로 살며 그리 변하고
자 하나 그리 변하지 못하며 그리 바
로 서지 못하는 그 마음 자체도 너희

들의 마음속에 우상을 두고 있는 죄임
을 알아야 할 것이니라.
8 너희 마음속에 다른 우상을 두지 아니
하고 있다면 너희들이 나의 뜻대로 나
의 십계명이요, 나의 법전대로 살지
못할 이유가 없으며, 나 여호와의 성
품을 따르지 못할 이유가 없으며, 천
사와 같이 변할 수 없으며 변하지 못
할 이유가 없음이니라.
9 너희들이 천사와 같이 변하지 못하는
것이요, 나 여호와의 성품과 같이 변
하지 못하는 것이요, 나의 성령을 따
라 살지 못하는 것은 너희들의 마음속
에 갈구하는 것이 있으며 욕심이 있으
며 갖고자 하는 것이 있으며 이루고자
하는 것이 있어 그것 때문에 너희들이
그리 변하지 못함이니, 그게 무엇이던
가?
10 나의 십계명의 첫째 계명인 '다른 신
을 네게 있게 하지 말라.' 하는 다른
신을 너희 마음속에 두고 있기 때문이
니라.
11 너희들의 가장 큰 악습을 버리지 못하
며 가장 버려야 할 것을 버리지 못하
는 것이 무엇이더냐?
12 너희들이 그 그리움과 소중함에 연연
하기 때문에 그를 버리지 못함이니,
그게 바로 너희들이 다른 신을 너희
가슴에 두고 있는, 첫 번째 계명을 위
반하는 것임을 알라.
13 지금 수천 년 동안 흘러온 종교 집단
그들이 가지고 있는 우상을 섬기는 마
음과, 나의 법전이요, 참진리를 보고
깨우치는 너희들이 가지고 있는 너희
들이 말하는 마음속에 우상을 두는 그
차원이 다름을 알라.
14 나의 법전을 읽고 정독한 백성 너희들
은 바로 너희들이 나의 품성이요, 나
의 심성대로 천사와 같이 변하지 못하
고 그 길을 넘지 못하는 것은 너희들
속에 사악한 우상을 가슴에 안고 있기
때문이니,
15 너희들이 첫째의 계명인 '나 외에 다
른 신을 네게 있게 하지 말라.' 하는
그를 위반하고 있는 것이며 그를 거역
하며 그를 지키지 못하기 때문이니라.
16 너희들이 바로 서고 깨끗이 변하지 못
하는 그 자체가 우상을 섬기는 것에
해당하는 죄임을 알라.
17 이를 듣고 깨우쳤다면 너희들 스스로
어찌하여야 할 것인가 알아야 할 것이
니라.
18 나의 계명대로 살며 나의 계명을 지키
며 나의 법전대로 사는 첫째의 그 계
명을 너희들이 지키지 못하며 나의 심
성을 따라오지 못하며 그리 변하지 못
하는 것은 욕심이요, 사악한 것이요,
이루고자 하는 너희 인간의 욕심이 남
아 있기 때문이니,
19 그 자체가 너희들이 다른 우상이요,
다른 신을 섬기는 자임을 알아야 할
것이니 그 뜻을 깨우쳐 너의 제자들에
게 전하며,
20 나의 법전을 읽는 만백성 너희들은 우
상을 섬기는 것이 얼마나 깊은 의미가
있는 것인가를 깨우쳐 알라.

4,489 번째 하나님 말씀

2003년 1월 9일 13시 51분

1 사랑하는 나의 아들아!
2 "네, 아버님! 말씀하옵소서."
3 너희들이 알아야 할 것이 있음이니라.
4 악이라는 것은 내 앞에서 절대 성공할
수 없음을 알며, 내 앞에서 선이라는
것이 절대 멸망이 없다는 것을 너희들
은 알아야 할 것이니라.
5 내 앞에 사는 모든 피조물 만백성이
선을 행함으로써 패하는 것을 보지 못
할 것이며, 악이 어떠한 것을 이루어
도 그 결과가 성공으로 끝나는 것을
볼 수가 없음을 너희들은 알아야 할
것이니라.
6 이와 같은 이치를 알고 산다면 너희들
이 과연 무엇을 선택하며 어떠한 길을
선택하는 것이 너희들이 가야 할 길인
가 자명한 답이 여기에 나와 있지 않
은가?
7 이와 같은 이치를 깨닫는다 하여도 너
희들은 악의 유혹에 넘어가지 아니할
것이며 악과 타협하지 아니할 것이며
스스로 선의 길을 선택하는 그와 같은
삶을 살 수 있음이니,
8 그게 곧 바로 나의 품성이요, 나의 천
사와 같은 마음으로 변하는 것이거늘,
어찌하여 너희들은 그와 같은 깨달음
하나를 얻지 못하는가?
9 나 여호와요, 창조주가 존재하며 공의
의 하나님이라는 너희들의 아버지 내
가 존재하는 한 악은 절대 내 앞에서
성공할 수 없으며, 선은 멸망하지 않
는다는 그 뜻을 너희들이 알라.
10 그리하면 너희들이 무엇을 택하며 어
떠한 길을 가야 된다는 것을 알 것이
거늘, 악이 성공할 수 없으며 악이 결
과를 이룰 수 없다 하는 것을 너희들
이 안다면 그 결과가 없는 악 쪽으로
너희들이 가겠는가?
11 선이 반드시 이기며 선이 멸망하지 않
는다는 것을 안다면, 오늘의 고통과
시련이 있다 하여도 멸망하지 않는 그
선의 길을 선택하여 살아가는 것이 너
희들이 아니겠는가?
12 이와 같은 이치를 너희들은 깨우쳐야
할 것이니라.
13 너희들은 그와 같은 이치를 깨달으면
서, 너희들이 지금의 믿음의 길을 가
는 방향에서 이를 깨달으며 너희들이
살아가는 모두의 방향을 다 바꾸며 세
상의 이치를 다시 봐야 할 것이니라.
14 내가 너에게 말하여 계명이 얼마나 중
요하며 다른 신을 못 두는 것이 얼마
나 중요한 것인가를 내가 너희들에게
가르쳐 깨우쳐 주었음이니,
15 십계명에 기록되어 있는 너희들의 육
의 삶에 '네 부모를 공경하라.'는 그
뜻이 얼마나 무섭고 거기에 얼마나 깊
은 뜻이 있는가를 너희들은 알아야 할
것이니라.
16 육의 삶을 바로 산다 하면, 너희들이
육으로써 남에게 부끄럽지 않고 아름
다운 삶을 살아간다 하면 그 자식을
보는 부모의 마음이 얼마나 행복하고
기쁘겠는가?
17 너희들의 육이 살아가는 것을 어찌 사
느냐 하는 것을 보고 육의 부모가 행
복하며 아름다움을 느끼고 기쁨을 얻

으며 자식을 둔 것을 영광으로 생각하
니,
18 육의 행동의 삶을 너희들이 어찌 보여
주느냐에 따라서 너희 육의 부모가 얼
마나 기쁘고 슬픈지를 직접 느끼고 체
험하는 것이 너희들의 육의 삶의 형태
이니라.
19 너희들이 육을 가지고 사는 그 속에서
육의 부모는 너희들이 어찌 사느냐 어
찌 가느냐 하는 그 모습을 보고 즐겁
고 행복함을 느끼는 것이니라.
20 육의 부모가 있을 때 너희들이 육의
삶에서 부모가 기쁨을 알며 즐거움을
알며 자식을 둠에 행복을 알 수 있는
그와 같은 깨달음의 삶을 살아야 되는
것이 너희들이니라.
21 너희들은 육으로써 삶을 얼마나 아름
답게 사느냐에 따라서 육의 부모가 너
희들을 보고 행복을 느끼고 기쁨을 느
끼는 것이니,
22 또 너희들이 영혼의 삶을 얼마나 아름
답게 살기 위해 준비하며 구원을 받기
위해 너희들이 얼마나 나의 계명을 지
키고 아름답게 사느냐에 따라서 창조
주 나 여호와요, 영을 너희들에게 심
어 준 하늘의 어버이요, 너희 부모라
는 나 여호와의 그 기쁨이 말할 수 없
음이니라.
23 너희들이 육의 삶을 바로 살고 아름답
게 사는 것은 육의 부모가 행복을 느
끼며, 너희들이 영혼을 구하는 길을
아름답게 사는 것은 창조주 나 여호와
가 기뻐함을 너희들은 알아야 할 것이
니라.
24 너희들은 육의 부모를 슬프게 하지 말
며, 나 여호와의 마음을 슬프게 하는
영혼을 버리는 그와 같은 삶을 살아서
는 아니 되는 것이니라.
25 영혼이 무너지는 그와 같은 삶을 살
때 그를 보는 나 여호와의 마음이 얼
마나 아프고 저리겠는가 너희들은 생
각해야 할 것이니라.
26 내가 바로 십계명에 전하기를, '네 부
모를 공경하라.' 함은 너희 육의 부모
나 너희 아버지라 부르는 나 여호와를
동등한 입장으로 보라 하는 것이니,
27 너희들이 육에서 아름답게 살고 남한
테 부끄럽지 아니하며 질서에 파괴되
는 행위를 하지 아니하며 추하지 않은
생활을 하며 남으로부터 칭송을 받는
삶을 살 때, 육으로 존재하는 너희 부
모들의 기쁨과 행복은 이루 말할 수
없으니, 그것이 너희들이 육을 가진
자식의 삶의 도리며 살아갈 방향이니
라.
28 그리하여 육이 존재할 때 너희들이 아
름답게 변하는 모습을 보고 육의 부모
가 즐거워하며, 너희들이 영적인 변화
요, 믿음의 변화가 참진리를 따라 살
아가며 영혼을 구하는 그와 같은 삶을
살아가며 영혼의 양식인 십계명을 지
키고 살아갈 때, 너희들의 아버지요,
창조주인 나의 기쁨과 나의 마음의 흐
뭇함을 너희들이 어찌 알겠는가?
29 육의 부모의 마음보다도 열배 백배 더
기뻐하며 행복해하는 것이 나임을 알
라.
30 영혼의 구원이 무너지는 그와 같은 삶
을 살 때 나 여호와의 마음이 얼마나
아프겠는가?

31 너희들이 부모에게 하는 그 효성이 나
여호와에게 하는 것이며, 부모에게 하
는 효도가 나 여호와에게 하는 것이
며, 부모를 즐겁게 하는 것이 나 여호
와를 즐겁게 하는 것이라는 것을, 너
희들은 이 의미를 깨달으며, 너의 제
자들 또한 이를 알며 그와 같이 행하
고 살아가는 너희들이 되어야 할 것이
니라.
32 육에서 보이는 너희 부모를 기쁘게 해
주지 못하는 자가 보이지도 아니하며
만지지도 못하며 음성도 듣지 못하는
나 여호와요, 너희들의 아버지라는 창
조주 나를 기쁘게 한다는 생각은 감히
하지도 말라.
33 그는 있을 수도 없으며, 거기에는 진
실이 없으며 진정한 사랑이 없으며 진
정한 믿음이 없음이니라.
34 다만, 너희들이 거래하고자 하는 마음
이요, 그저 죄를 짓고 산 그 육의 삶이
너무나도 두렵고 무서워 너희들이 재
물을 바치고 기도하며 회개하면 그것
으로써 구원을 받을까 하는 그와 같은
마음에서, 너희들이 보이지도 않고 만
져 볼 수도 없고 음성을 들을 수 없는
나를 믿는다 하여 지금 잘못 가르치는
종교 지도자 앞에 재물을 바치며 시간
을 바치니, 그것이 다 너희들의 죄이
니라.
35 그곳에 바치는 것을 가지고 육이 살아
있는 동안에 너희 육의 부모를 기쁘게
하는 것이 나를 기쁘게 하는 것이라
하였으니,
36 그와 같이 하는 행위를 너희들이 믿는
종교 집단에다 바치고 봉사하고 죄를
짓지 말며, 사랑이요, 축복이요, 나에
게 오를 수 있는 기본을 다지는 너희
육의 부모에게 하는 것부터 먼저 배우
라.
37 그것이 나의 사랑하는 백성이요, 나에
게 선택된 백성이며 나에게 올 수 있
는 백성의 기초를 다지는 길이라는 것
을 만백성에게 전하며,
38 너의 제자들 또한 이를 깊이 깨우치
며, 이를 보고 깨우치는 나의 사랑하
는 백성 너희들은 이를 잊지 말고 가
슴에 두며 행하도록 하라.
39 오늘에 잘못하며 너희 부모를 기억하
지 아니하며 그를 생각하지 아니하는
마음에서 너희들 자신이 돌아서는 그
와 같은 마음으로 되어야 할 것이며,
40 또한 너희들이 인생에 살면서 너희 육
의 삶을 아름답게 살고 기쁘게 살아가
며 남으로부터 존경받는 삶을 살아갈
때, 너희들을 보고 즐거워하는 육의
부모요, 너희들을 사랑하는 그들이 있
을 때 너희들은 그들이 기뻐하는 그와
같은 삶을 살라.
41 그들의 영혼이 너희들과 유명을 달리
해서 너희들이 기쁨이요, 영광됨을 보
여 줄 수 있는 그 육의 부모가 없을 때
너희들의 마음이 얼마나 아프고 저리
겠는가?
42 그것보다도 내가 너희들을 생각하는
마음이 천배 만배 더 깊음을 너희들은
알아야 할 것이니라.
43 너희들의 영혼이 나에게 기쁨을 주지
못하는 것이, 너희들이 육의 영광을
부모에게 보여 줄 수 없어 그와 같이
유명을 달리한 부모를 생각하며 눈물

짓는 것보다도, 너희들이 나에게 기쁨
을 주지 못하며 영혼의 구원의 길을
못 올 때 너희들은 그보다 더 아픈 시
련과 더 아픈 고통을 죽어 내 앞에 왔
을 때 알게 될 것이며,
44 나를 경멸하며 나를 능멸하며 나를 기
억하지 아니하며 내가 오늘 너희들을
깨우치고자 내리는 나의 성령이요, 나
의 법전을 읽고도 그를 행하지 않은
자들이 얼마나 통곡하고 눈물을 흘리
며 돌이킬 수 없는 그 죄에 대해서 절
규하는 것인가?
45 그때는 너희들이 육의 성공을 거둬
그 기쁨을 나누고자 해도 받아 줄 부
모가 없는 것보다도 천배 만배 찢어지
는 고통이 너희 가슴에 닿음을 알라.

4,490 번째 하나님 말씀

2003년 1월 9일 14시 03분

1 사랑하는 나의 아들아!
2 "네, 아버님! 말씀하옵소서."
3 나의 피조물 만백성 너희들이 살아가
는 것이 무엇이며, 나로부터 선택되어
세상에 나간 백성, 인간 너희들이 살
아가는 것이 무엇이던가?
4 너희들이 살아가는 것은 인간의 도리
를 다하며 살아가는 것이 너희들의 근
본이며 너희들이 지켜야 할 도리가 아
니던가?
5 그러나 너희들은 인간으로서 사람이
할 수 없는 그와 같은 일을 서슴지 않
고 행하며 사탄의 세상이 되어 버린
것을 과연 알고 있는가?
6 인간이 인간의 도리를 하고 산다면 어
떠한 것도 오늘과 같이 험악한 세상은
되지 아니하였을 것이니라.
7 그러나 순박하고 착했던 나의 백성이
어느 시대부터인가는 사람이 사람의
도리를 다하지 않는 그와 같은 형국으
로 변했으며, 사람으로서 사람의 도리
를 다하지 못하는 그 행위를 서슴지
않고 행하는 그와 같은 세상이 되어
버렸음이니라.
8 이와 같이 인본주의요, 사랑을 가지고
살던 순박한 나의 백성들이 이리 무너
지고 쓰러진 것은 과연 무엇 때문이던
가?
9 지금 세상이 다 너희들이 말하는 마지
막 시대요, 사탄들이 우글거리며 도둑
들이 우글거리는 이와 같은 세상이 된
것은 바로 지금 잘못 가르치며 잘못됨
을 유도한 종교 지도자, 그들의 탓임
을 너희들은 알아야 할 것이니라.
10 사람의 도리를 무너뜨린 그 자체가,
사람이 잘못되게 살도록 그리 변해 버
린 것이 바로 무엇이던가?
11 잘못 가르치는 믿음의 전함이요, 종교
지도자들이 잘못 가르치는 그로 인하
여 너희들이 잘못 배우고 잘못 왔기에
지금과 같은 형국이 되어 있음을 너희
들은 알아야 할 것이니라.
12 나 여호와는 그들을 용서치 아니할 것
이며, 내가 그들을 그대로 존속하도록
두지 아니할 것을 너희들은 알아야 할
것이니라.
13 순박하고 아름다운 마음을 가지고 사
는 나의 피조물 만백성을 이리 무너뜨
린 자들이 무엇이던가?
14 인간이 인간의 도리를 하고 살지 아니

하여도 살 수 있다 가르치며 살 수 있
도록 그리 만들어 놓은 그들의 죄를
내가 엄히 다스리고자 하는 것임을 너
희들은 알아야 할 것이니라.
15 지금 모든 종교 지도자들이요, 잘못
가르치는 자들은 나의 사랑하는 백성
들이 서로 화목하고 아름답게 살아가
는 것이 아니요,
16 저희들이 사랑하는 방법이요, 저희들
이 행하는 그 모두만이 옳다고 시시비
비를 하고 있는가 하면, 모든 것은 남
의 탓이라 돌리며,
17 제가 잘못한 것도 남의 탓이요, 제가
이웃에 어떤 폐를 끼친 것도 제 탓이
아니고 남의 탓이라 하며 싸우고자 하
는 것이며,
18 남에게 밀어붙이고자 하며 남에게 모
든 것을 전가하고 저는 빠지려 하는
이와 같은 지경의 세상이 되었음이니,
19 이를 바라보는 나 여호와의 깊고도 깊
은 그 마음의 아픔을 너희들은 과연
알겠는가?
20 서로 제가 최고라 시비만 일삼고 있으
며, 저희들이 하는 것만이 최고라 하
며, 모든 사람들과 화합이요, 평화요,
아름다움이 아니라 시비만 일삼는 그
들이니라.
21 저희들이 가는 것 외에 그 이상의 것
은 아무것도 인간으로 취급하지 아니
하며 이 세상의 모든 것을 인정하지
않으려는 그와 같은 사악한 마음으로
변해진 것이 그들이니라.
22 말로써는 그들이 말하느니라. 이 세상
의 모든 백성은 나 여호와로부터 생명
을 받아 나오지 아니한 자 없다 하며
저희들이 부정하지 못하며, 이 세상의
모두는 나 여호와가 존재하기에 내가
만들며 내가 주관하며 내가 있다 그들
은 그리 말하느니라.
23 그들이 다 나 여호와의 뜻이라 하나,
천 가지 만 가지 중에서 단 하나, 저희
들이 믿고 가는 그 종파에 속하지 아
니하는 그것 하나 때문에 그 모두가
다 잘못된 것이며, 나와는 관계없으며
나와는 아무런 인연도 없는 것이요,
사악한 것들이라 그리 치부하고 그리
밀고 나가며 그리 따지고 있는 그 속
에서 사탄들만이 왕성하게 되었으며
사탄이 이 세상을 지배하게 되었음이
니라.
24 이제 너희들이 바로 깨달으며 진정한
하늘에 오르는 길을 깨닫는다면, 지금
까지 너희들이 밀고 당기고 하는 그
행위를 해서는 아니 됨을 알아야 할
것이니라.
25 모두는 제 탓이 아니요, 남의 탓이요,
남의 잘못이라 말하며 밀고, 남들이
잘한 것도 너희 것이라 하여 당기며,
너희들이 잘못한 것은 너희 것이 아니
고 남이 잘못했다 밀어붙이는,
26 그리하여 너희들이 밀고 당겨 선한 것
은 너희 것이요, 좋은 것은 너희 것이
요, 남의 것은 나쁘다 하며 잘못된 것
은 남의 것이라 그리 밀고 당기는 그
와 같은 행위를 계속하고 있다면 너희
들은 정녕 영원히 올 수 없는 그 길을
가게 됨이니라.
27 내가 나의 아들을 통하여 너희들에게
가르치기를, 너희들이 잘못 가는 것은
지옥 불로 가는 것이요, 지옥으로 가

는 열차를 타고 가는 것이라 그리 말
하여도, 너희들은 지옥이 무엇이며 그
지옥 불이 무서운 것인가를 모르고 있
음이니,
28 너희들은 여기서 깨우쳐야 할 것이니
라.
29 내가 너희들이 지은 죄를 모두 용서하
여 너희들에게 인간으로 세상에 나가
지금 아름답게 살라 하여 한 번의 기
회를 준 것은 바로 무엇이던가?
30 너희들이 지옥 불에 가 받는 죄의 대
가가 너무나 고통스럽고 어렵기에 그
기회를 한 번씩 준 자들이니,
31 이미 그와 같은 것을 안고 나온 자들
로서 지금도 깨우치지 못하고 간다면,
그것이 얼마나 고통스러우면 내가 나
의 백성 너희들에게 한 번의 기회를
더 주어 바로 사는 삶을 살도록 하였
겠는가?
32 바른 삶을 살 수 있도록 기회를 주었
건만, 그 두 번의 기회마저 저버리는
너희들은 과연 얼마나 무서운 고통을
겪어야 되겠는가?
33 그것은 너희들이 자초한 것이니 나를
원망하지 말라.
34 지옥 불의 그 죄가 얼마나 무서운 것
인가를 너희들이 알 날이 머지않았음
이니, 너희들이 인간으로서 지탱할 수
있고 버틸 수 있으며 참아 낼 수 있다
면 그것은 지옥 불이 아니요, 내가 이
야기하는 지옥이 아님을 알라.
35 인간으로서는 도저히 참아 낼 수 없으
며 인내할 수 없으며, 생각이 있고 영
혼이 있는 자는 감당할 수 없는 그 무
서운 죄가 바로 지옥 불에서 너희들이
받는 벌임을 알라.
36 하늘의 뜻을 내가 이와 같이 너희들에
게 전하며 하늘의 천기를 가르쳐 전하
거늘, 이와 같이 무서운 나의 성령이
요, 나의 가르침을 듣고도 변하지 못
한다면, 너희들은 그 길을 갈 수밖에
없음을 알라.

4,491 번째 하나님 말씀

2003년 1월 9일 14시 47분

1 사랑하는 나의 아들아!
2 "네, 아버님! 말씀하옵소서."
3 너희들은 인간이기에 못 이루는 것이
없으며, 인간이기 때문에 노력하면 노
력하는 것만큼 얻을 수 있는 것이 너
희들 인간이 가지고 있는 능력과 재능
이 아니던가?
4 여기서 나의 법전을 읽고 깨우친 백성
과 너를 따르는 제자, 너희들은 알아
야 할 것이니라.
5 너희들은 인간이기에 인간으로서 모
든 것을 다 이룰 수 있는 것이 아니요,
나 여호와로부터 선택된 백성이기에
그 누구도 갈 수 없는 그와 같은 자세
요, 그와 같은 마음으로 살아가야 하
는 것이 너희들이 가야 하는 길임이니
라.
6 이 세상이 하얀 눈으로 다 덮이며 매
서운 찬바람이 불어오는 겨울날, 눈이
다 덮인 속에서 파란 솔잎을 드러내며
묵묵히 절벽에 서 있는 하나의 노송의
그 고고한 자태처럼, 너희들이 세상을
내려다보는 마음이 그리 포근하며 그
와 같은 여유로운 마음으로써 변해야

하는 것이니, 인간으로서 감히 어찌
그리 변할 수 있겠는가?
7 그러나 인간으로서 갈 수 없는 길, 행
할 수 없는 그것을 행하는 것이 너희
들이 가야 하는 것이니라.
8 내가 사랑하는 나의 아들딸 너희들을
하나하나 바라보기를, 눈으로 하얗게
덮여 있는 그 세상에 기암절벽에 수십
년 동안, 수백 년 동안 살아온 하나의
노송이 파란 솔잎을 드러내며 그가 세
상을 내려다보는 그와 같은 고고함이
요, 인내함이요, 그와 같은 저의 자세
를 지키는 그 마음으로써 너희들이 그
와 같이 되도록 하는 것이 나 여호와
가 바라는 마음이며, 너희들이 하나같
이 그리 서기를 바라는 것이 나이니라.
9 이는 내가 너희들에게 바라는 너무나
지나친 욕심이라 너희들이 말할 수 있
으나, 이 세상에 나 여호와의 참진리
요, 절대자인 나 여호와가 존재하지
아니하면 이 세상이 뒤죽박죽이 되며
질서가 파괴된다 하였음이니, 그를 바
로잡기 위하여 원심의 중심축에서 나
여호와가 존재하듯이,
10 그를 받아 지금 혼탁할 대로 혼탁해진
이 세상을 바로잡는 것은 너희들이 그
와 같이 고고한 자세요, 그 품위 있는
너희들의 행동이요, 마음이 아니면 만
백성을 다스릴 수가 없음이니라.
11 인간사 살아가는 것이 다 거기가 거기
인 것같이 그들이 깨달으며, 너희들이
말하기를, '하나를 잘하면 하나를 못
하고, 네가 못하는 것을 내가 잘하는
것이 있고, 내가 못하는 것은 네가 잘
함이니, 인간사 사는 것이 다 도토리
키 재기와 같은 것이며 잘나고 못난
자가 없거늘, 뭘 네가 그리 나의 앞에
서 아는 체를 하며 잘난 척하는가?'
그리 말하는 것이 너희들이니,
12 그 똑같다 생각하며 그저 너희들이 말
한 대로 너나 나나 같다는 그와 같은
생각 속에서 너희들이 나의 백성으로
서 선택되며 바로 서는 것은, 그 고고
한 노송이 흔들리지 않고 서서 눈 덮
인 세상을 내려다보는 그와 같은 한
폭의 아름다운 마음으로 너희들이 곱
게 서고 바로 섰을 때 나의 피조물 만
백성이 너희들을 보며 따를 것이니,
그것이 너희들이 서야 할 자리이며 너
희들이 가야 할 길이니라.
13 완벽하지 아니하면 아니 되느니라.
14 나 여호와요, 절대자인 내가 참진리
요, 참질서요, 공의의 하나님으로서
흔들리지 아니하며 무너지지 아니함
을 지키고 있기에 이 세상이 존재하듯
이,
15 나의 뜻을 따르며 나의 가르침을 받는
너희들이 나 못지않게 그리 수천수만
의 나의 백성이요, 나로부터 선택된
아들딸들이 바로 서는 그와 같은 역사
가 이루어지는 속에서 이 세상은 정화
될 수 있음을 알라.
16 너희들이 백 가지를 알아도 하나를
아는 자가 하나나 백이나 같다 말하
며, '네가 백을 잘하면 나는 백을 또
잘하는 것이 있음이니 너나 나나 비김
이라' 말하는 것이 인간들이 세속의
생각하는 마음이니,
17 그 속에서 어떠한 자를 생각할 때, 감
히 그를 저희들과 똑같은 자며 비슷

한 자며 같은 자라 생각하지 아니하
고, 존경하는 마음, 경건한 마음이요,
그리고 그야말로 나 여호와로부터 선
택된 만백성을 구하는 진정한 이 시대
의 지도자요, 선생이라 하여 따르겠
는가?
18 그들은 지금 누구도 믿지 아니하느니
라.
19 종교 지도자라 하는 자, 학위를 가진
자, 그리고 명성이 높은 자, 이 세상을
통제하는 정치가라는 이름을 가지고
있는 모든 백성, 그들을 서로 믿지 아
니하며 그를 인정하지 않으려 하며
불신의 싹이 세상에 덮여 있으니,
20 너희들 스스로 눈으로 보고 만지는 것
만이 진실하고 위대하다 생각하니, 다
각자가 '내가 최고며, 나보다 더 잘난
자 똑똑한 자 없다.' 그리 생각하는 것
이 만연된 세속에서, 그는 존경하며
그는 하나님의 자식이요, 백성으로서
제가 보고 배울 것이 있다 말할 수 있
고 그 말을 듣는 것은 너희들이 어떠
한 형태라 하느냐?
21 내가 너희들에게 음식을 먹을 때도 학
과 같이 먹으라 하였음이니, 그게 바
로 그러한 뜻이니라.
22 세상이 하얀 눈으로 덮일 때 기암절
벽에서 수백 년 살아온 그 노송이 세
상사를 다 알고 접어 두는 그 모습으
로 세상을 내려다보듯이,
23 너희들을 그와 같이 그들이 바라볼
수 있는 나의 아들딸들이 되어야만 완
벽한 나 여호와요, 절대자인 나의 아
들이요, 딸로서 너희들이 내 뜻을 펴
며, 나를 대신하며 내 역사를 이루는
대행자로서 설 수 있으며 갈 수 있음
을 알라.
24 이와 같이 너희들에게 내리는 나 여호
와의 가슴이 아프며 나의 마음이 아픔
이니라.
25 그러나 너희들은 가야 되며 이루어야
만 되느니라.
26 너희들이 '너나 나나 다 비슷하며 너
와 내가 무엇이 차이가 있느냐?' 하는
그와 같은 모습으로써 세상에 살아가
며 그들 속에서 존재한다면, 너희들은
사탄이요, 이기주의요, 사기꾼이요,
거짓 하는 자요, 남을 멸망하게 하는,
세상에 다시없는 사기꾼이라 그리 너
희들을 비웃으며,
27 나 여호와의 이름을 팔며 살며, 나 여
호와를 팔아 책으로써 너희 배를 채우
려는 사악한 자들이라 하여, 나의 법
전을 사고자 하는 사람도 사지 아니하
며 그냥 주는 것도 보지 않는 백성이
늘 것이니,
28 너희들이 기암절벽에서 눈 덮인 세상
을 바라보는, 세상만사의 풍화작용을
다 겪고 묵묵히 서 있는 그 아름다운
한 그루의 노송처럼 그리 변하여야 할
것이니라.
29 만백성이 그 그림을 보고 경탄하듯이,
너희들을 보고 감히 경탄의 마음에 입
을 다물지 못하는 그와 같은 아름다운
모습으로써 변하는 것이 나를 따르는
것이며, 창조주인 나의 아들딸로서 가
는 길임을 잊지 말라.
30 내가 너희들을 사랑하노라.

4,492 번째 하나님 말씀

2003년 1월 9일 14시 58분

1 사랑하는 나의 아들아!
2 "네, 아버님! 말씀하옵소서."
3 너희들이 나로부터 명을 받아 세상에
나가 한평생을 살아가는 속에 어렵고
힘들며 즐겁고 행복한 그 모든 삶 속
에서 너희들이 얽히고설키고 사느니
라.
4 그 육의 삶을 위하여 너희들은 살아오
며 그 삶을 위하여 모두를 다 바치며,
그 속에서 가족과의 행복함이요, 부모
형제간에 사랑하며 이웃 친구와 벗을
삼아 살아가며 내가 내린 자연의 아름
다움을 보고 살아가는 너희들 백성이
니라.
5 그와 같은 삶 속에서 인간의 도리를
지키고 사는 마음을 갖고 사는 자는
평안하며 행복함을 아는 것이요, 인간
의 도리를 짓밟고 그를 저버리고 산다
면 그 스스로 어떠한 것을 취했다 해
도 불행한 삶이 아니던가?
6 너희들은 지금 육의 삶에 살아가면서
그와 같이 얽히고설킨 희비애락의 삶
을 살아간 다음에, 너희들의 그 육의
삶이 끝난 다음에 너희는 과연 어떻게
되며 어찌 되는가에 대해서 한번 생각
해 보았는가?
7 너희들이 이와 같이 육의 삶에 정신없
이 살아가 죽음에 직면하여 숨을 거두
며 인간사의 모든 육의 삶에 종말을
거둘 때, 과연 너희들은 어디로 가며
어찌 되며 무엇으로 변하며 어떤 형태
로 가는가 그와 같은 생각을 해 보았
는가?
8 이를 너희들은 반드시 해 봐야 할 것
이니라.
9 너희들이 나 여호와로부터 심판을 받
는다 할 때 과연 어떠한 심판의 기준
으로써 어떻게 너희들이 심판을 받으
며,
10 너희들이 심판을 받아 너희들에게 받
는 것이 과연 얼마나 죄악에 대한 것
을 너희들이 안게 되며 얼마나 나로부
터 사랑과 축복을 받아 나에게 올라오
는 그와 같은 삶을 사는 것인가를 이
제 지금쯤은 스스로 너희 자신에 대
해서 점수를 매겨 보고 한번 생각해
볼 때가 되지 아니하였는가?
11 너희들이 육의 삶을 마치고 과연 어찌
변하며 어찌 되는가 그를 생각해 볼
때가 되었음을 알아야 할 것이니라.
12 너희들은 심판을 받아 죄의 대가를 치
르게 되는 것을, 그 자신에 대해서 어
찌 생각하는가?
13 너희들은 그 죄의 대가를 치르지 아니
하며 그 죄과와는 관계없이 나로부터
사랑을 받을 수 있는 그와 같은 백성
이요, 나의 아들딸로서 살아왔는가 과
연 한번 너희들을 돌이켜 생각해 봐야
할 것이니라.
14 지금 모든 믿음의 길을 가는 백성들이
육의 삶이 끝난 다음에 어떠한 형태로
써 어떻게 심판을 받으며 어찌 변하여
어디로 가는가 그것을 생각하지 아니
하면서, 저희들은 구원을 받았다며 구
원을 받아서 하늘에 오른다는 그와 같
은 말을 하며 그와 같이 살아가고 있
음이니라.

15 즉 저희들이 구원을 받은 자요, 구원
을 받았다 말하는 자들은 곧 무엇이더
냐?
16 하늘나라 나 여호와가 존재하는 곳은
천국이라 말하였으며, 나 여호와와 같
은 심성이요, 천사와 같은 마음을 갖
지 아니한 자는 그곳에 오를 수 없으
며, 너희들을 내가 갖다 놓는다 해도
너희들은 살 수 없다 하였음이니,
17 바로 그와 같이 구원을 받았다 하는
자는 천사가 되었다는 생각을 가진 자
며 저희들이 천사라는 착각을 가지고
있는 것임을 알아야 할 것이니라.
18 천사가 아니면 감히 나의 나라에 올
수가 없으며, 천사가 아니면 나의 나
라에 너희들이 와도 숨이 막히며 질
식하여 견디지 못하는 고통으로써 너
희들이 지옥 불로 간다 하였음이니,
19 나의 아들의 보혈로써 구원을 받아 하
늘에 오를 수 있는 자격을 받았다 하
여 오늘 살아가는 너희들이, 천사같이
사는 백성만이 올 수 있으니, 너희들
이 천사가 과연 되어 있는가?
20 너희들이 지금까지 살아온 그 모두가
천사로서 되어 있는가 너희 자신을 한
번 돌이켜 봐야 할 것이니라.
21 너희들이 살아오는 그 삶에서 천사가
되지 못했다 하면 너희들은 정녕 구원
을 받았다, 구원을 받은 백성이라는
그 착각에서 깨어나야 할 것이며,
22 지금까지 너희들이 더덕더덕 지고 있
는 그 죄의 대가를 떼어 버리며, 그 죄
보다 상향할 수 있는 그보다 몇 배의
아름다움이요, 선한 행위를 너희들이
육이 살아 있는 지금에 해야 됨을 알
아야 할 것이니라.
23 천사가 될 수 있는 자, 너희들은 용서
를 받고 하늘에 올라올 자이니라.
24 내가 너희들에게 깨우쳐 말하였느니
라. 너희들이 아무리 천사가 됐다 말
을 하여도, 회개하고 눈물의 기도를
한다 하여 너희들이 지은 죄가 너희들
에게서 떨어지는 것이 아니요, 그는
영원히 너희들 주변에 다 같이 있으
며, 너희들이 선한 것은 선한 것으로
써 사랑을 받는다 내가 그리하였음이
니,
25 과연 지금까지 너희들이 살아오면서
그 죄가 너희들에게서 떨어지지 아니
하고 그 죄목을 다 가지고 나에게 와
심판을 받는 심판대에 온다 하면 너희
들은 과연 천사가 됐다 생각하며 천사
라 생각하는가?
26 이제 너희들은 깨우쳐야 할 것이니라.
27 나 여호와가 존재하는 하늘나라에는
천사밖에 올 수 없음이니, 과연 너희
들이 천사가 되었는가 안 되었는가 너
희 자신에게 엄격히 점수를 매겨 보라.
28 너희들이 정말 천사가 될 수 없다 생
각하며 천사로서 자격이 없다 생각하
면 너희들은 심판을 받아 그 대가를
치러야 함이니, 그 대가가 어찌 되며
얼마나 무서운 것이며 어떠한 형국으
로써 너희들이 치르는 것인가 그걸 한
번 생각해 봐야 할 것이니라.
29 지금까지 너희들이 수없이 짓고 살았
으며 추한 모습으로 살았던 그 죄가
하나하나 너희들에게서 떨어진 것이
아니며, 너희가 눈물로 기도하고 회개
한대도 그 죄가 너희들에게서 떨어지

지 아니하고 더덕더덕 붙어 있어 그
모두를 가지고 와서 나에게 심판을 받
으며,
30 너희들이 선하고 착하게 산 그 모두의
숫자를 다 가지고 와서 너희들이 왼손
에는 악을 행해서 지은 죄를, 오른손
에는 선한 것을 가지고 와서 나에게
심판을 받게 됨이니,
31 그때 가서 너희들이 그 면죄부를 받고
못 받는 것은 너희들이 선행을 얼마나
하고 안 했느냐에 달렸음이니,
32 시소라는 것에 너희들을 한번 올려놓
고 보라.
33 시소라는 곳의 한쪽에는 왼손이 가지
고 있는 너희들이 지은 죄악을 올려놓
으며 한쪽에는 오른손의 선하고 착하
게 살아온 그것을 놓고 그 무게를 보
라.
34 왼쪽에 지은 죄를 놓은 것이 올라가며
선을 행한 것이 밑으로 내려온다면 너
희들은 천사로서 나에게 올 것이며,
35 왼손에 지었던 그 죄가 시소 밑으로
내려가며 선한 것을 놓은 것이 위로
가볍게 올라간다면 너희들은 천사가
될 수 없음이니, 너희들이 구원을 받
았다, 나의 나라에 온다는 그와 같은
생각을 하지 말라.
36 내가 오늘 하늘의 뜻을 깨우쳐 너희들
에게 전하나니, 너희들은 나에게 와
심판을 받기 전에 너희들이 지금까지
지은 죄의 그 죄목을 다 적어, 그것이
너희들이 울고불고 기도하며 돈을 바
치며 금화와 은화를 바치며 하늘에 재
물을 쌓아 놓고 너희 손으로 지은 성
전에 바친 그 재물까지도 너희들의 죄
를 하나도 덜어 주는 것이 아니라 너
희 죄목으로서 그를 다 넣고 한번 그
무게를 달아 보라.
37 어느 것이 더 무겁고 가벼운가?
38 죽기 전에 나 여호와에게 와 심판을
받기 전에 너희들은 육에서 스스로 너
희들을 심판하여, 악이 무거워 밑으로
가라앉는다면 너희들은 선이 무거워
밑으로 가라앉는 그를 위해서 남은 인
생 속에 모두를 다 바쳐야 할 것이니,
39 남을 시기하고 질투하지 않으며, 너희
들이 길거리에 떨어진 종이 하나를 줍
는 것이 부끄럽지 않으며, 가난한 자
에게 한 끼의 밥을 대접하는 작은 일
에서부터 큰 일에 이르기까지 너희들
이 하여야 할 일이 산적해 있을 것이
니,
40 그 일을 찾아 행하는 것만이 선의 무
게를 놓은 시소가 밑으로 내려가는 그
영광의 축복을 얻음이니, 그리하여 너
희들이 죽어 나에게 오기 전에 한번
심판을 해 보라.
41 스스로 너희들이 시소를 그려 놓고 악
과 선을 놓고 달아 보라.
42 그러면 너희들이 알 것이거늘, 거기서
악이 무겁거든 너희들은 지금서부터
삶을 다시 바꾸라.
43 그렇지 아니하면 그것이 바로 너희들
이 감내할 수 없는 지옥 불로 들어가
는 역사이니 그리 알라, 사랑하는 나
의 백성들아!
44 나 여호와가 마지막으로 너희들을 구
원하며 심판하고자 하며, 나 여호와의
성령이 하늘의 비밀을 너희들에게 가
르쳐 주며, 하늘에 와 심판을 받기 전

에 너희들이 심판을 받을 수 있는, 너희들을 점검할 수 있는 이 비밀이요, 이 기틀이요, 방법을 가르쳐 주거늘, 나의 아들을 통하여 내리는 나의 뜻을 따라, 너희들이 그 기회를 놓치지 말라.

4,493 번째 하나님 말씀

2003년 1월 10일 06시 32분

1 사랑하는 나의 아들아!
2 "네, 아버님! 말씀하옵소서."
3 그저 너희들이 평소에 한 번도 먹지
아니해서는 안 되며 매일 먹고사는 그
음식도 너희들이 얼마만큼 입에서 잘
씹고 또 그를 잘 마시고 그를 분쇄하
여 위로 내려보내느냐에 따라서 너희
들의 영양분이요, 너희 몸을 지탱하는
요소들이 그 성능을 발휘하고 못 하는
그와 같은 차이가 있는 것이니라.
4 하물며 인간이 매일 먹는 그 음식에도
너희들이 어찌 입에서 잘 그를 씹어
어찌 만들어서 넘겨주느냐에 따라서
그게 건강에 영향을 주며, 또한 그 영
양소가 얼마만큼 파괴되느냐에 따라
그 영양분을 섭취하는 것이 그와 같이
다 다르니라.
5 많이 너희들의 입에서 작용을 함으로
인하여 위에 부담을 적게 주며, 그 영
양소의 파괴 여부까지도 다른 것이 너
희들이 매일 먹는 그 음식에 대한 그
와 같은 차이가 거기에 있음이니라.
6 그와 같은 이치를 너희들이 들여다보
듯이, 성서를 들여다볼 때, 성서는 그
모두가 비유로 되어 있음이니라.
7 그리하여 성서는 비유로 되어 있기 때
문에 너희들이 그 뜻을 모르는 것은
또한 당연한 것이며,
8 그 뜻을 알고자 할 때는, 내가 말하기
를, 예수와 같은 그 마음의 자세가 아
니면 그를 알 수 없다 하였음이니라.
9 성서는 비유로 되어 너희들이 그 비유
를 알지 못하며, 그 비유의 뜻을 아는
자만이 그를 해석할 수 있다 하였음이
니,
10 그러니 성서는 비유로 모두가 다 되어
있기에 너희들이 어떠한 마음으로써
그 성서를 들여다보고 여느냐에 따라
서 너희들이 거기에 있는 뜻을 알게
되며 또 모르게 되는 것이니라.
11 너희들이 도둑질하고 싶은 마음으로
써 그 성서를 들여다볼 때 도둑질하는
것에 너희들이 그를 보고 쓸 수 있도
록 되어 있는 것이 성서이며,
12 너희들이 재물을 많은 백성들로부터
거둬들이겠다는 그 마음을 가지고 성
서를 들여다볼 때는 거기에는 재물을
거둬들이도록 하는 것으로써만 너희
들에게 보이는 것이니라.
13 사기 치고 거짓 하고자 하는 자가 그
러한 마음을 가지고 성서를 볼 때 거
기는 사기 치고 도둑질을 할 수 있도
록, 너희들이 그를 보고 해석하고 설
명할 수 있도록 되어 있으며,
14 남을 음해하고 시기하고 질투하는 자,
그와 같은 마음을 가지고 성서를 들여
다볼 때 그 성서는 너희들에게 그를
가르치는 것같이 되어 있으며,
15 간음하고자 하는 자, 그와 같은 마음
으로써 그를 볼 때 그는 그와 같은 것

으로써 너희들이 쓸 수 있도록 그와
같은 것을 가르치는 것처럼 너희들이
깨달을 수 있는 것이 성서요,
16 부모에게 효도하고 공경하는 마음으
로써 성서를 너희들이 바라보고자 할
때 그 성서는 부모에게 공경하며 효도
하는 것을 가르치는 것같이 거기 기록
되어 있으며,
17 너희들이 성서를 들여다볼 때 나 여호
와의 말씀이요, 나의 뜻이라 생각하고
그를 들여다보고 읽을 때, 그는 정녕
참진리인 나 여호와의 뜻이 거기에 있
음이며 내가 너희들을 가르치고자 하
는 그 뜻의 위대함을 거기에서 발견할
수 있는 것이니,
18 성서를 너희들이 어찌 보느냐 하는 마
음에 따라서 그리 보도록 되어 있음이
니라.
19 너희들이 나의 피조물 만백성으로부
터 재물과 금화와 은화를 거둬들이며
그들에게 제왕적인 자세로써 하고자
그를 바라다볼 때 너희들은 그리할 수
있도록 그리 거기서 보이며 그걸 얻을
수 있으며,
20 너희들이 만백성의 종으로서, 나의 목
자로서, 만백성을 깨우치는 지도자로
서 그를 볼 때 거기는 지도자로서 가
르칠 수 있는 그 내용을 볼 수 있으며
거기서 그리 너희들이 그를 활용하고
그를 깨우칠 수 있는 자료가 될 수 있
음이니라.
21 성서는 비유로 되어 있기에 무서운 것
인가 하면, 너희들이 마음을 어찌 가
지고 그 성서의 뚜껑을 열며 그 성서
를 읽느냐에 따라서 천태만상이니, 다
너희들 마음에 달렸느니라.
22 그러니 성서를 읽는 종교 지도자들이
그를 가지고 나의 백성들을 우롱하며
재물을 모으며 큰 성전을 지으며 그와
같은 뜻을 가지고 그와 같은 생각을
가지고 성서를 읽을 때 그리하도록 되
어 있으며 그리 자료가 될 수 있으며
그리 이용할 수 있으며 그리 활용할
수 있도록 되어 있는 것이 성서인 것
이니라.
23 그러니 여기서 너희들이 깊이 깨우쳐
야 될 것이 있느니라.
24 성서를 접할 때, 나의 법전을 접할 때,
십계명을 접할 때, 이는 나 여호와의
뜻이요, 나 여호와가 이루고자 하는
그 뜻으로써 너희들이 그를 펼치고 읽
어 볼 때, 거기는 내가 원하고자 하는
그 참진리요, 너희들을 깨우치고자 하
는 진리가 들어 있으나,
25 도둑질하는 자, 간음하는 자, 사기 치
는 자의 마음으로써 그를 들여다보며
재물을 긁어모으고자 그를 들여다보
면 너희들이 그리할 수 있도록 합당한
이치가 거기 있는 것처럼 그리 설명이
됨이니,
26 너희들이 어떠한 마음을 가지고 성서
를 바라보느냐에 따라서 너희들이 바
로 그 너희 마음과 너희들이 행할 수
있는 그 뜻을 거기서 알게 됨이니라.
27 비유로 되어 무서운 것이 성서요, 그
와 같이 너희들이 마음을 어찌 가지고
보느냐에 따라서 성서의 내용이 다른
것이니, 그리하여 성경이 무서움을 너
희들이 알아야 될 것이니라.

4,494 번째 하나님 말씀

2003년 1월 10일 06시 47분

1 사랑하는 나의 아들아!
2 "네, 아버님! 말씀하옵소서."
3 나 여호와가 내 십계명 중에 육을 가
지고 있는 백성 너희들은 너희들을 낳
아 길러 준 부모에게 사랑을 다하며
효도를 다하라 그리 기록하여 너희들
을 깨우쳤음이니라.
4 육으로 너희를 길러 준 부모에게 자식
으로서의 그 도리를 다하지 못한다 하
면 과연 너희들은 어찌 되겠는가?
5 까마귀라 하는, 너희들이 보기 싫어하
는 그 흉물스러운 날짐승도, 그가 보
기에 검고 그와 같이 흉악하게 되어
있으나, 저를 길러 준 그 부모가 힘이
없어 날 수 없게 되었을 때 그 새끼는
그에게 먹이를 물어다 주는 그와 같은
그들의 삶에 의하여 관계가 되는 것을
너희들은 보고 깨우치고 느끼는 것이
과연 없는가?
6 그리하여 내가 너희 인간이요, 지혜가
높으며 가장 아름답게 창조한 너희들
에게 '네 부모를 공경하라.' 그리 십계
명 속에 엄연히 기록하여 놓았음이니
라.
7 그러니 너희들이 네 부모에게 공경하
라 함은 그것이 모든 근본이요, 기초
가 됨을 알아야 될 것이니라.
8 너희를 길러 준 부모에게 자식의 도리
를 다하지 못하며 공경하지 못하는
자가 너희를 창조한 나 여호와를 따
르며 나의 뜻에 따라 순종하며 살아가
며 구원을 받는다는 것은, 너희들은
나의 뜻을 거역하는 것이니라.
9 너희들이 지금 네 부모를 공경하지 아
니하며, 나 여호와가 원하는 뜻이요,
내가 너희들에게 아름다운 사랑을 베
풀며 살라는 그 뜻을 거역하고 산다
면, 너희들이 어찌하여 지혜를 갖고
사는 나의 백성이라 말할 수 있는가?
10 나의 백성으로 너희들은 할 바를 다
모르고 사는 것이 아니던가?
11 내가 엄연히 계명에 그리 적어 놓았으
며, 나의 법전을 통하여 또 너희들이
부모를 사랑해야 되는 그 이유를 내가
설명해 주었으며, 그리고 나의 뜻대로
사는 것이 너희들의 바른 삶의 길이라
내가 말하였느니라.
12 그러나 그를 거역하고 따르지 아니하
면, 만물을 지휘하는 가장 지혜가 높
고 생각할 수 있고 판단을 할 수 있는,
생산의 능력을 갖고 있는 너희들이 내
가 그와 같은 지혜와 그 모두를 내려
준 백성으로서 할 바를 모르고 사는
자들이니,
13 과연 너희들이 그저 먹이를 주면 먹고
자고 그저 잠을 잘 수 있으며 먹을 수
있으며 배불리 먹으면 그것으로써 만
족함을 느끼며 살아가는 짐승들과 다
른 점이 무엇이던가?
14 내가 앞에서 말했듯이, 너희들이 보기
도 흉악스러운 검은 그 날짐승이 저
를 길러 준 그 어미가 죽어 갈 때, 먹
이를 먹을 수 없는 그 힘이 되었을 때
먹이를 물어다 준다는 말을 내가 너희
들에게 해 주었음이니,
15 그들만도 못한 것이 내가 그리도 아름
답게 만들었으며 지혜를 높이 만들어

준 나의 백성들이 할 수 있는 짓이라
너희들은 말하는가?
16 나 여호와가 너희들에게 명함이니라.
17 너희들이 육으로써 존재하고 사는 동
안, 육의 형태를 가지고 너희들이 육
으로 죽기 전까지는 나의 계명에 기록
되어 있는 그 내용대로 너희 부모에게
공경함을 다하는 나의 백성이 먼저 되
어야 한다는 것을 내가 다시 한 번 너
희들에게 강조하니, 이 가르침을 소홀
히 듣고 헛되이 듣지 말라.
18 내가 너희들에게 말하기를, 나의 아들
이 있는 이 성전에 너희들이 하나의
과일을 가져오고자 하면, 너희 부모에
게 열 번을 갖다 주는 그와 같은 공경
을 다한 다음에 나의 성전이요, 나의
아들에게 과일 하나를 갖다 줄 수 있
는 너희들의 그 마음이요,
19 나의 여호와에게 과일 하나를 바치고
자 하는 그 마음보다 먼저 부모를 공
경함이 더 소중하다 내가 말하였느니
라.
20 너희들이 아름다운 것, 좋은 것, 그리
고 새로 나온 과일을 나 여호와에게
바치고 나 여호와에게 전하고자 하는
그와 같은 애틋한 마음이 있어 너희들
이 그를 들고 성전에 온다 하면,
21 먼저 육으로 길러 준 부모에게 열 번
이상을 한 다음에 나의 성전에 가져오
라는 것이 나 여호와의 뜻이며 그리
나에게 바치라는 뜻이니, 이를 거역하
는 자는 나의 백성이 아님이니라.
22 너희들은 부모가 명하는 것, 부모의
뜻을 따르지 아니하고 거역하는 것이
부모를 고통스럽게 하며 괴롭게 하는
것이니, 너희들이 육의 세상에 살아서
도 부모의 뜻에 순종하며 사는 것이
부모를 기쁘게 함이니라.
23 너희들이 말하기를, 나이 먹은 부모를
편히 앉혀 모시는 것만이 행복이 아니
요, 부모가 하고자 하는 것을 할 수 있
도록 하는 것이 그 부모의 기쁨이요,
행복이라는 그와 같은 너희들의 깨달
음을 아는 자들이 있을 것이니,
24 나 여호와에게 바치고자 하며 나를 공
경하며 경배하는 마음으로써 새로 나
온 과일 하나를 나에게 바치고자 들고
오는 그 마음이 있거든, 너희들이 눈
으로 보이고 너희들을 기르느라 고생
을 해 준, 그리고 너희들을 위하여 모
두를 다 바친 너희들의 육의 부모에게
열 번을 가서 그를 바친 다음에 나에
게 가져와 바치는 것이 내가 더 기쁘
며, 나의 기쁨이 더 측량할 수 없다 내
가 너희들에게 말했음이니 이게 곧 나
의 뜻이니라.
25 너희들이 나를 기쁘게 하며 나의 뜻에
따라오고자 하면 내가 원하는 것을 너
희들이 그리하면 될 것이거늘, 그리
거역하여 너희 임의대로 생각하지 말
라.
26 너희들이 조급한 마음이요, 너희들이
구원을 받으며 축복을 받기 위하여 나
를 잘 받들며 나 여호와를 숭배하고
경배하고 따르는 것이, 나만을 기쁘게
하는 것이, 그리고 너희들이 헛되게
재물을 많이 바치는 것이 나에게 바치
는 것인 것처럼 그와 같은 헛된 생각
을 하고 믿음의 길을 가는 자,
27 그건 너희들이 나에 대한 죄를 짓는

것임을 내가 나의 법전을 통하여 다시
한 번 너희들에게 강력히 명함이니,
이를 듣지 않는 자, 나의 아들딸이 아
니요, 나의 뜻을 거역하는 자임을 알
라.
28 너희들이 육으로써 존재하는 것은 너
희들이 육의 부모에게 공경하며 육의
부모를 기쁘게 하며 육의 부모와 더불
어 사는 것이요, 또 너희들이 영혼을
위하여 사는 것은 나 여호와를 더불어
사는 것이라 내가 하였음이니,
29 너희들은 여기서 너희 육의 부모가 육
에 있는 동안에 최선을 다하는 그 모
습으로 살라.
30 그것이 곧 나 여호와에게 하는 행위라
는 것을 내가 법전에 깨우쳐 주었음이
니, 이를 듣고 그리 행하라 함이 과연
사탄이요, 사악한 자가 가르치는 것인
가?
31 너희들은 들어야 될 것이니라.
32 지금의 믿음의 길을 가는 자, 너희들
이 구원을 받고자 나로부터 재물과 금
화와 은화요, 기도요, 눈물로써 나에
게 구원의 티켓을 사겠다고 몸부림치
는 너희들이 너희 손으로 지은 그 성
전에 가서 바치고 거기서 역사하는 것
이 과연 얼마나 길고 많으며 많은 것
을 갖다 바치며 사는가?
33 그것의 10분의 1만큼이라도 너희 부
모에게 하는 자가 있는가?
34 내가 그보다 열 배를 너희 부모에게
하는 것이 나를 기쁘게 하며 너희들이
하늘에 오르는 기초요, 기본이 된다
하였음이니,
35 너희들은 역으로 10분의 1도 너희 부
모에게 하지 못함이니, 너희들이 얼마
나 많이 나를 괴롭히며 나에게 죄를
지으며 나의 뜻을 거역하고 사는 백성
인가 너희들은 알아야 될 것이니라.
36 네 부모를 공경함을 다하는 백성이 먼
저 되어야 나의 가르침을 너희들이 헛
되이 듣지 아니하는 백성이라는 것을
알아야 될 것이며,
37 그 모두가 다 너희들이 구원을 받는
기초요, 근본이요, 그러기에 그 기초
와 근본 위에 나 여호와의 뜻에 사는
너희가 되어야만 너희들이 하늘에 오
른다는 것을 먼저 생각하고 그리 행동
하고 사는 나의 사랑하는 백성들로서
변화되도록 그리하지 아니하면 너희
들은 나와는 아무런 관계도 없는 아들
과 딸들이 됨을 그리 알라.

4,495 번째 하나님 말씀

2003년 1월 10일 07시

1 사랑하는 나의 아들아!
2 "네, 아버님! 말씀하옵소서."
3 인간 세속에 너희들이 살아가면서 부
모 앞에 자식이 먼저 가는 그 고통은
그를 당해 보고 겪어 보지 아니한 부
모는 그 고통을 알지 못할 것이니라.
4 그러려니, 좀 더 마음이 아프려니, 가
슴이 아프려니 그리 생각하며, 때로는
먼저 간 그 자식에 대한 그리움에 목
메어 울 것이다, 그리고 괴로워할 것
이다, 그리고 그리워질 것이라는 그와
같은 생각으로써 너희들은 그저 그리
치부하나, 그리 당해 보지 아니한 자
그 마음을 알 수 없을 것이니라.

5 나는 나의 아들 예수를 구원할 수 있
는 그 비상의 약이 있었으며, 그를 달
라 그가 그리 몸부림쳤으나 그를 주지
않은 나 여호와의 마음이 얼마나 고통
스럽고 괴로웠는가를 너희들은 과연
상상이나 할 수 있겠는가?
6 그리고 내가 나의 그 사랑하는 아들을
고통 속의 그 죽음의 길을 가게 하면
서 내가 무엇 때문에 그와 같이 그를
구원할 수 있는 그 약을 내리지 아니
하였으며 내가 그의 그 기도 소리를
듣지 아니하였겠는가?
7 그가 피눈물보다도 더 진한 눈물로 그
기도를 나에게 드리는 것을 나 여호와
가 들어주지 아니한 그 뜻이 너희들은
과연 어디에 있다 생각하는가?
8 나는 너희를 바로잡고자 하였음이니
라.
9 내가 너희들을 바로잡아 많은 나의 아
들딸들을 구원하고자 나의 아들 예수
를 그렇게 고통스럽게 희생양으로 내
가 그의 손을 놓았음이니, 그 아픈 나
여호와의 마음을 너희들이 가히 짐작
이나 하며 한번 생각해 보았는가?
10 그 모두는 다 너희들을 바로잡고자 하
였음이니라.
11 그리하여 그와 같은 고통의 세월이 2
천 년이 지난 지금, 그 백성들은 과연
나의 마음을 알며, 너희들을 위하여
희생양이 되어 죽어 간 나의 아들의
그 뜻을 과연 얼마나 아는가?
12 지금 많은 세월이 흘러온 그 백성들은
아름답게 변하는 것이 아니요, 그리고
나 여호와의 뜻에 따르는 것이 아니
요, 나의 뜻에 아름답게 순종하며 계
명을 지키며 선한 백성으로 변하고 천
사와 같은 마음으로 변한 것이 아니요,
13 나 여호와와는 너무도 멀고도 먼 그
길을 가고 있는 것이며, 나와는 관계
도 없는 그 길을 달려가며 나아가 나
의 고통과 나의 아들의 고통을 생각해
보지도 아니하려는 그와 같은 마음으
로써 너희들이 지금 살아가고 있음이
니, 이를 어찌하며 이를 어찌 바로잡
을 수 있다 생각하는가?
14 너희를 바로잡고자 하나, 지금 잘못
가르치는 종교 집단들의 뿌리가 너무
도 깊고 깊게 박혀 있으며 그 집단들
이 사악한 쪽에 넘어가 있으니,
15 그들이 지금 나의 뜻을 거역하며 나의
뜻을 따르지 아니하며, 오로지 저희들
이 재물을 거두어들여 큰 성전이요,
많은 신도들을 거느려 제왕적인 자세
를 갖고자 하는, 그리고 그 집단의 힘
을 길러 저희들이 감히 작은 신이 된
것처럼 나에게 도전하고자 하는 그와
같은 사악한 자들의 밑에서, 그 밑에
서 길러진 지도자가 또 나의 사랑하는
백성들을 잘못 가르치니,
16 그들로 하여금 나의 순박한 백성들이
살아가면서 자신도 모르게 지금 작고
큰 죄를 짓고 있으며, 또한 그와 같이
죄를 짓는 그 집단들이 만든 작고 큰
그 성전이라는 것이 내가 지은 아름다
운 이 세상에 열 발짝 안에 하나씩 자
리를 잡아 그 속에서 사악한 짓을 하
고 있으며, 나의 순박한 백성들을 사
악한 쪽으로 악의 구렁으로 이끌어 가
는 그와 같은 짓들을 계속하고 있음이
니,

17 그들이 자리를 잡아 놓고 밤과 낮을 가리지 않고 나의 이 지상을 사악한 무리로 사악한 생각으로 사악한 공기로써 다 덮어 가고 있음이니라.

18 그리하여 나의 피조물 만백성이 그곳에 현혹되어 저희 자신이 지옥 불로 가고 있는 그 길을 천국의 길이라 달려가고 있으며, 열 발짝 앞에 그와 같은 저희들이 손으로 지은 사악한 성전을 지어 놓으니, 그 속에 있는 백성들이 그곳에 가 저희들의 구원의 길이라 달려감이니,

19 이 세상에 너희들이 손을 뻗쳐 덮어 연결한다면 그 사악한 무리의 집단들이 이 세상을 다 덮고 있으니, 이를 과연 어찌하여야 되겠는가?

20 사랑하는 나의 아들아, 너의 제자들과 나의 법전을 읽는 나의 백성, 너희들은 한번 이를 돌이켜 보라.

21 너희들이 그와 같이 잘못된 종교 지도자들 밑에 금화와 은화를 바치면 은혜를 받는다 생각하는 그 신도라는 자들이 손에 손잡고 세상을 연결할 때, 이 지구를 덮고도 남는 그와 같은 형국으로 되어 있음이니라.

22 그리하여 그와 같은 것을 바로잡을 길이 없느니라.

23 그 어떠한 기적도 어떠한 역사도 이미 그리 뿌리내려진 것을 잡을 수가 없음이니, 그리하여 너희들이 읽고 깨우치도록 나의 법전이요, 지구가 멸한다 해도 존재하는 나의 법전을 세상에 내려보내니,

24 이 법전을 세상에 내려보내어 내가 하나의 지도자를 세상에 내려보내 나의 성령으로써 그를 성장시켜 나의 백성들을 구원하고자 이 법전을 세상에 내려보내니, 그 나의 뜻을 너희들이 알겠는가?

25 그리하여 사악한 자들이 이 세상을 덮고 있기에 내가 하나의 재목으로서 길러 쓰기 위해 겨자씨를 보냈으니,

26 그 재목이 바로 섰을 때 모든 능력을 발휘할 수 있으며 만백성을 바로잡는 빛이 세상을 덮는 그와 같은 역사가 이루어지는 것이며, 그를 통하여 나의 법전이 세상을 덮었을 때 이 모든 사악한 기운이요, 그 공기를 다 덮어 버릴 수 있으며 거둘 수 있는 것이기에 그리하여 그를 내려보냈느니라.

27 그러나 이 사악한 자들이 그를 성장하지 못하도록 하며 나의 법전이 세상에 내려가지 못하도록 하며, 그를 받아 기록하여 만백성을 구하고자 내가 내린 하나의 겨자씨요, 나의 아들을 존재치 못하도록 갖은 방법을 다 동원하여 그를 방해하며, 그를 존재하지 못하도록 모든 권모술수를 다 동원하여 그를 제거하려 하는 것이 너희들이니,

28 너희들은 여기서 깊이 깨우쳐야 될 것이니라.

29 이 잘못됐고 험악하고 험악한 세상, 너희들 말로 말세요, 도둑이 들끓으며 인자가 하나도 없는 이 세상에 내가 겨자씨를 하나 심어 그를 바로 자라도록 하여, 그가 자라 모든 악의 빛을 거둘 수 있는 하나의 재목을 지금 내려 보냈으니,

30 그 재목이 바로 서 그 몫을 다하지 못

한다면 이 세상은 과연 어찌 되겠느냐?
31 너희들은 이를 알아야 될 것이니라.
32 이제 내가 나의 아들이요, 나의 겨자
씨라 하여 세상에 내려보내 이를 하나
심어 놓고 그를 통하여 지금 너희들을
깨우칠 법전을 한 줄 한 줄 내려보내
고 있음이니,
33 모든 백성들은 그를 잘 가꾸어 그가
바로 서도록 하여야만 이 세상의 모든
사악한 기운을 거두어들일 수 있는 재
목으로 클 수 있음이니라.
34 그 재목이 제대로 크지 못하도록, 자
라지 못하도록 너희들이 한다면 어떠
한 결과가 오겠는가?
35 그 후 바로 이 세상은 재앙으로써, 너
희들이 상상할 수 없는 처참한 형국으
로 내가 손을 놓게 될 것이니, 너희들
은 재앙의 그 벌을 받게 될 것이니라.
36 여기서 나의 법전을 읽고 깨우친, 나
의 아들을 따르는 제자들과 이 법전을
읽고 성전에 와 나의 강론을 듣는 사
랑하는 백성, 너희들이 바로 무엇인
줄 알겠느냐?
37 넘어져서는 안 되는 그 재목의 겨자씨
를 가꾸는 농부들이니라.
38 그 겨자씨가 바로 서지 못하도록, 그
가 잘려 나가며 그가 세상에 사악한
자들의 태풍에 의하여 뽑혀 나가 죽는
다면 이 세상은 영원히 구원할 수 없
으니, 그 재목이 바로 서야만 됨을 알
라.
39 그 대들보감인 재목을 하나 잘 기르고
그가 잘 성장하지 못한다면 세상의 모
두는 다 끝남이니라.
40 그를 가꾸고 그를 돌보는 것이 지금
너희 제자들이 제자요, 농부요, 밑거
름으로서 나의 아들과 같이 감이니,
그리하여 많은 농부가 필요치 아니하
며 잘못된 생각의 농부가 필요치 아니
하니라.
41 봄에 씨를 뿌려 그를 잘 가꿔 가을에
곡식의 결실을 거두는 그와 같은 착실
한 농부면 되기에 너희들이 나에게 선
택되었음이니라.
42 그러니 나로부터 선택되어 내가 심은
그 겨자씨를 가꾸어 길러야 할 농부인
너희들이 손을 놓고 돌아선다면 그 대
들보감인 나무는 성장하지 못함이니
라.
43 너희들은 농부로서 왔음이니라.
44 그러니 너희들 그 농부가 그 겨자씨의
내가 내린 나무를 잘 길러야 될 것이
니,
45 그것이 바로 나의 법전이 세상에 빛을
볼 수 있도록 함이요, 세상을 덮어 그
악의 공기를 거둬들이며 너희들이 마
음껏 마실 수 있는 신선한 하늘의 공
기가 이 세상을 덮게 됨이니,
46 너희들이 그리하지 아니하면 하늘에
오르는 그 빛을 볼 수 없으며 나의 법
전은 세상에 나가 그 빛을 발하지 못
하며 그 역사함을 다하지 못할 것이니
라.
47 너희들이 농부로서 나의 하나의 겨자
씨요, 나의 아들을 잘 관리하고 보호
하지 아니한다면 160권의 법전이 세
상에 사악한 자들로 인하여 내려가지
못함이니,
48 나의 아들 예수를 통하여 나의 생수가
계속 내려가 너희들이 제대로 배우고

깨우쳤다면 오늘의 이와 같은 백성은
아니 되었을 것이니라.
49 나의 아들 예수를 죽게 하여 모두를
다 중단했던 것처럼, 지금 너희들이
160권의 법전이 세상에 내려가지 못
하도록 한다 하면, 너희들의 이 세상
은 이제 재앙으로써 모두가 덮어짐이
라.
50 바로 그를 막기 위하여 선택된 농부
요, 나의 아들을 따르는 제자 너희들
이 얼마나 중요하고 소중한 자들인가
를 너희들은 여기서 깨우쳐야 될 것이
며, 너희들의 책무가 얼마나 소중한
것인가 다시 한 번 가슴에 깊이 새겨
두도록 그리해야 될 것이니라.

부 록

【하나님께서 가르쳐 주신 운동】

천재지변이 일어날 때, 동물이나 미물들은 미리 알고 대피하지만, 인간은 알지 못하고 큰 화를 당합니다. 하나님께서 인간에게 가장 높은 지혜를 주시고 완벽하게 창조해 주셨기에 동물들보다 더 잘 알 수 있지만, 욕심으로 마음이 혼탁해져서 한 치 앞을 보지 못하는 것입니다.

마찬가지로, 인간은 누구나 스스로 필요한 운동을 해서 건강을 지킬 수 있도록 하나님께서 만들어 주셨습니다. 우리의 머리에서 우리 몸에 필요한 동작을 해 달라고 끊임없이 신호를 보내지만, 인간이 혼탁하게 살아서 그 신호를 알아채지 못합니다. 그러니 자연스럽게 자기 몸이 원하는 그 신호를 따라서 운동하는 것이 하나님께서 가르쳐 주신 운동 방법입니다. 바로, 우리의 영이 육을 이끄는 운동입니다.

▶ 하나님 운동법

1. 눈을 감고, 발을 어깨너비로 벌리고 바르게 선다.
2. 몸에 힘을 풀고, 허리를 숙이면서 손과 머리를 아래로 내린다.
3. 허리를 펴고 싶을 때, 천천히 펴면서 하고 싶은 동작을 하면 운동이 시작된다. (사람마다 다르다.)
4. 멈추지 말고, 어떤 동작이든지 자기 몸의 느낌대로 계속 이어서 한다.

▶ 참고 사항

① 눈을 감은 상태로 아무 생각 하지 않고, 자기 몸의 느낌대로 움직입니다.

② 마음을 비우고, 욕심을 버리고, 지난날의 잘못을 반성하면서 몇 차례 시도하다 보면, 자기도 모르게 하고 싶은 동작이 끊임없이 생깁니다.

③ 운동 장소는 방 안이든 운동장이든 관계없으며, 걷거나 달리고 싶을 때는 눈을 떠도 됩니다.

④ 매일 40분 이상, 주 4회 이상, 3개월 이상 하면 음식 조절에 들어갑니다.
- 음식으로 생긴 병은 음식으로 치료하게 되며, 어떤 음식을 먹어야 하는지 스스로 알게 됩니다.
(자기 몸에 필요한 음식만 먹고 싶어집니다.)

⑤ 사랑하는 사람과 함께 운동하면 서로 치료해 주기도 합니다.

⑥ 운동을 하다가 몸의 어느 한 부분을 계속 손으로 자극한다면 그쪽에 이상이 있는 것이니, 의사에게 상담을 받고 적절한 치료를 받으면 됩니다.

⑦ 다이어트 및 기타 건강관리에 효과적입니다.

⑧ 꾸준히 운동하여 영이 맑아지면, 자신의 과거와 미래를 스스로 보게 됩니다.

누구나 스스로 하실 수 있습니다.

간행사

《새로운 성경》은:

· 새로운 성경은, 하나님께서 선량하고 선한 자를 선택하여 십계명을 암송하도록 하시고, 십계명을 암송한 다음에 음성으로써 들려주시는 말씀을 듣고 그대로 카세트테이프에 녹음해서 받아쓴 책입니다.

· 90분짜리 녹음테이프 700여 개에 달하는 말씀으로, 1999년 8월부터 2004년 7월까지 총 160권(권당 288쪽)을 완성하였으며, 그 이후에도 현재까지 계속 말씀을 내려 주고 계십니다.

· 새로운 성경은 "하늘을 두루마리 삼고 바닷물을 먹물 삼아 쓰고 써도 다 못 쓴다"는, 끝없이 방대한 하나님의 말씀이 두루마리로 직접 내려오는 것입니다. 이러한 새로운 성경은 구약과 신약을 폐하려는 것이 아니라 "인봉된 성서의 비유의 뜻"을 상세히 설명하여 완성하고자 하나님께서 직접 내려 주신 말씀입니다.

《새로운 성경》의 구성:

· 제 목: 2013년, 160권 모음집을 발간하면서, 본 도서의 제목을 "하나님! 말씀하옵소서"에서 《새로운 성경》 으로 명해 주셨습니다.

· 단행본: 각 권당 288쪽(신국판) 책이 160권까지 시리즈로 출판됩니다.
(모음집은 단행본을 16권씩 묶어서, 총 10부로 구성됩니다.)

《새로운 성경》의 성경적 근거:

· 신약 성경 [요한복음] 16장 13절에 "진리의 성령이 오시면 그가 너희를 모든 진리 가운데로 인도하시리니 그가 자의로 말하지 않고, 오직 듣는 것만을 말하며" 하신 말씀처럼 하나님의 음성을 들은 것만 기록하였으며,

· "장래 일을 너희에게 알리시리라" 하신 말씀과 같이 개인, 나라, 인류의 "장래"일을 하나님께서 알려 주시는 것만 기록하여 책으로 만들었습니다.

《새로운 성경》의 기록 방법:

· 1999년 8월부터 하나님께서 저에게 들려주시는 음성을 기록하였습니다. 처음에는 제가 들은 말씀을 불러 주면 저의 아내가 기록하여, 2000년 1월 29일에 1권 초판이 세상에 나왔습니다. 2000년 4월부터는 주시는 말씀을 받아 녹음기에 기록하여 시리즈로 출간하기 시작하였습니다.

· 녹음을 시작하면서 하나님의 말씀을 받는 데 가속도가 붙었고, 2001년 5월 3일에 1부(1~16권까지)를 인쇄하여 출판하였으며, 2004년 7월까지 총160권 분량의 말씀을 받아 기록하였습니다.

하나님께서 저에게 주신 것은:

· 첫째, 만백성을 상대로 내려 주시는 "기도", 둘째, 수시로 내려 주시는 "묵상", 셋째, 개인의 과거, 현재, 미래를 알려 주시는 "개인 기도", 넷째, 개인의 건강을 위해서 내려 주시는 "음식 처방", 다섯째, 하나님께서 가르쳐 주신 "운동"등이 있습니다. 이 중에 첫 번째, "기도"를 책으로 편찬하였습니다. 사람의 생사, 개인의 미래에 관한 천기는 수록하지 말라 하셨습니다.

강론 안내:

· 하나님께서는 지금도 매일 저에게 새로운 하늘의 비밀의 말씀을 내려 주고 계십니다. 수시로 내려 주시는 말씀을 정리해서 제자를 육성하라는 말씀에 따라 매주 강론을 하고 있습니다. 누구나 무료로 들으실 수 있습니다. (book160.com)

《새로운 성경》을 읽는 분들에게 드리는 선물:

· 개인 기도: 개인의 과거, 현재, 미래에 관하여 말씀을 내려 주십니다.

· 음식 처방: 사람은 음식을 먹고살다가 건강을 잃으니, 음식과 운동으로 건강을 되찾는 방법을 알려 드립니다. 단, 하나님이 계심을 믿고, 십계명을 지키겠다고 진실로 서약하는 분들께 알려드립니다.

《새로운 성경》의 은혜와 기적:

· 새로운 성경 전160권은 16권씩 묶어서 총 10부의 모음집으로 구성됩니다. 모음집 한 부를 읽고 깨우치는 자에게 하나님께서 다음과 같은 기적이 있다고 하셨습니다.

· "첫째, 그가 죽어 하늘에 갔을 때 그의 죄를 묻지 아니하며, 구원을 받는 위대한 은혜가 있으며, 둘째, 그의 소원과 소망이 이루어지고, 셋째, 죽은 자(부모, 형제, 자식, 사랑하고 은혜 입은 분)의 이름으로 구입한 책을 읽고 누군가 한 사람이 깨우칠 때, 그 죽은 자가 지옥에서 천국으로 구원을 받게 되며, 넷째, 유산, 중절 수술 등으로 태어나지 못한 아이를 위하여 구입한 책을 보고 한 명이 깨우쳤을 때, 그 아이가 사람으로 다시 한 번 태어나는 은혜를 받는다."

· "새로운 성경"을 3회 이상 정성을 다해 정독하는 자, 성서의 비밀을 알게 되고, 세상의 이치를 알게 되며, 세상을 지배하고 통제할 수 있는 지혜를 다 얻게 된다고 하셨습니다. 이 책은 만백성이 정독하고 이웃에게 전하여, 평생 가슴에 묻은 슬픔과 고통의 짐을 벗고 미래를 위한 힘찬 삶을 살아가도록 하는 책입니다.

끝으로

· 하나님께서는 흰 눈이 세상을 덮듯이 새로운 성경을 온 세상에 전하라고 하셨습니다. 《새로운 성경》을 각국어로 번역해서 온 인류에게 구원의 길을 깨우쳐 주고, 그 수익으로 가난하고 어려운 백성을 구제하여, 만백성의 영과 육을 함께 구원하는 선지자의 임무를 수행하라고 저에게 명하셨습니다.

· 하늘에서 내려 주신 말씀의 보화를 만백성에게 나누어 주는 것이 선지자의 임무라고 하셨습니다. 새로운 성경을 통해서 얻는 재물을 사용할 곳도 하나님께서 일일이 명해 주십니다. 모든 재물은 저의 자의로 쓸 수 없고, 하나님께서 명하시는 대로만 쓰여집니다.

· 어떤 명분으로든 십일조나 각종 헌금을 거두어들이지 말라 하셨으며, 국내뿐 아니라 각국에 성전과 단독 서점을 운영하며, 한국의 많은 젊은이들을 전 세계에 지도자로 내보내라고 하셨습니다.

· 우리는 세계적으로 새로운 성경을 보급하며 어려운 이들을 돕는 역사를 해 나갈 것입니다. 지금까지 비록 몇 명 안 되는 제자들과 함께 이러한 일을 역사했지만, 앞으로도 계속 하나님께서 기뻐하시는 일들을 해 나갈 것입니다. 부족한 저희에게 여러분들의 지혜와 성원을 보내 주시기를 바랍니다. 많은 분들의 참여와 도움을 간절히 기다립니다. 감사합니다.

한국어로 내려온 《새로운 성경》 단행본을 출간하며
2016년 4월 10일

발행인 **김 용 철**

한국어로 내려온

새로운 **성 경** · 4부 · 제60권

지은이 하나님 말씀
대역자 김용철

초판인쇄 1쇄 2017년 4월 3일

펴낸 곳 도서출판 하얀마음
등록번호 제 10-2107호 (2001년 2월 14일)
주소 서울시 노원구 덕릉로86길5, 2층
전화번호 02) 313-1114
팩스 02) 393-5554
전자우편 book160@hanmail.net
편집위원 조나영 김미향 이석교
제작지원 김서영 이상빈 김정기 이병우 이순남 서성자 이규숙

도서상담 1600-7527
ISBN 978-89-5875-160-1 (04230)
978-89-5875-100-7 (세 트)

값 10,000원
잘못된 책은 구입하신 곳에서 바꾸어 드립니다.

※이 책은 10부로 제작되며, 각 부 16권씩 총160권으로 구성됩니다.※

1부	2부	3부	**4부**	5부	6부	7부	8부	9부	10부
1권	17권	33권	49권	65권	81권	97권	113권	129권	145권
2권	18권	34권	50권	66권	82권	98권	114권	130권	146권
3권	19권	35권	51권	67권	83권	99권	115권	131권	147권
4권	20권	36권	52권	68권	84권	100권	116권	132권	148권
5권	21권	37권	53권	69권	85권	101권	117권	133권	149권
6권	22권	38권	54권	70권	86권	102권	118권	134권	150권
7권	23권	39권	55권	71권	87권	103권	119권	135권	151권
8권	24권	40권	56권	72권	88권	104권	120권	136권	152권
9권	25권	41권	57권	73권	89권	105권	121권	137권	153권
10권	26권	42권	58권	74권	90권	106권	122권	138권	154권
11권	27권	43권	59권	75권	91권	107권	123권	139권	155권
12권	28권	44권	**60권**	76권	92권	108권	124권	140권	156권
13권	29권	45권	61권	77권	93권	109권	125권	141권	157권
14권	30권	46권	62권	78권	94권	110권	126권	142권	158권
15권	31권	47권	63권	79권	95권	111권	127권	143권	159권
16권	32권	48권	64권	80권	96권	112권	128권	144권	160권

한국어로 내려온
New Bible

새로운
성 경

제93권

6부 | 총10부

하얀마음

하나님 말씀 중에서

1. 사랑의 하나님

- 세상을 창조하신 하나님은 모두를 사랑하신다. 인간만 특별히 더 사랑하지 않고, 우주 만물을 다 똑같이 사랑하신다. 그러니 하나님이 창조하신 천지 만물과 화친하고, 미물까지도 소중히 대하라.

- 하나님은 특정 종파나 민족만을 더 사랑하지 않으신다. 자기 자신만 구원받겠다는 욕심을 버리고, 자기 종파만 구원받는다는 편협한 교리에서 벗어나야 한다. 종파를 초월해서, 모두를 사랑하라.

- 원수까지 사랑하라 했으니, 이 세상에 사랑하지 못할 자가 누가 있겠는가? 종파가 다르다고 해서 부모 형제와 원수처럼 지내는 자는 인간의 근본을 모르는 자다. 가장 가까운 가족부터 사랑할 때 남도 진심으로 사랑할 수 있다.

- 한 사람을 원수같이 생각하던 마음에서 사랑하는 마음으로 돌리면, 자기 자신의 마음이 가장 기쁘고 행복하다. 하나님께서는 인간의 마음속에 무거움이 없이 기쁘고 행복한 삶을 살기를 바라신다.

- 이웃을 "내 몸처럼" 사랑하라 했으니, 마지막 한 장 남은 천국의 티켓도 이웃에게 양보하라. 자기 중심적인 신앙에서 벗어나서 남을 위해 살아야 한다.

- 독초도, 약초도, 이단도 사탄도 천사도 다 필요하기에 존재한다. 독초일지라도 극소량을 사용해서 생명을 살릴 수 있고, 약초라 하더라도 남용하면 생명을 잃을 수 있다.

- 세상 모든 것을 명약으로 활용하는 것은 인간의 지혜에 달렸다. 어떤 것이든 어떤 사람이든 적재적소에 꼭 필요한 명약으로 승화시키라.

- 사탄도 이단도 천사도 모두 하나님의 주관하에 존재한다. 진정한 하나님의 백성은 사탄과 마귀까지도 감화시켜서 천사로 거듭나게 한다.

2. 기도

- 하나님은 인간의 생각까지 모두를 다 알고 계신다. 우리의 소원도 이미 알고 계시기에, 소원의 기도를 할 필요가 없다. 우리가 받을 자격이 되면 내려 주신다.

- 죄를 짓고 아무리 회개를 해도 용서받지 못한다. 도둑질한 자는 용서해 달라고 기도하고, 도둑맞은 자는 도둑을 잡게 해 달라고 기도하면, 공의의 하나님은 누구의 편에 서시겠는가?

- 자기가 잘못한 것은 그 사람에게 직접 갚고 용서를 구하라. 그가 용서하면 하나님도 용서하신다. 땅에서 매면 하늘에서도 매이고, 땅에서 풀리면 하늘에서도 풀리는 이치다.

- "회당에서 기도하지 말고 골방에서 기도하라" 했다. 눈에 보이는 골방이 아니라, 골방과 같이 고요한 마음이다. 잡념을 버리고 하나님을 향해 마음을 집중하며, 사랑하고 용서하는 아름다운 생각만 나오도록 하라.

- "두드리면 열릴 것이다." 하는 것은 육의 소원을 위해 두드리라는 것이 아니라, 진리의 깨달음을 얻기 위해 두드리라는 것이다.

- 기도하는 방법: 생활 속에서 수시로 기도하는 삶을 살아야 한다.

- "저의 죄를 용서하여 주옵소서." 하는 회개의 기도를 하라.
- 범사에 "하나님! 감사합니다." 하라. 현재 가진 것에 감사하며, 과욕하지 말라. 자기 노력 이상의 것을 더 갖고자 기도하는 것은 도둑놈심보다. 공의의 하나님은 각자 노력한 만큼 주신다.
- "하나님 뜻대로 살아가겠나이다." 하며 마음의 각오를 다지라.

- 기도는 하나님의 말씀을 받아서 "행하는 것"이다. 하나님이 계심을 굳건히 믿고, 하늘을 향하여 한 점 부끄럼 없이 사는 삶 자체가 가장 위대한 기도이며, 삶이 곧 예배다.

3. 지도자

- 똑같이 사랑한다는 말을 해도, 순수하게 하는 말은 천사의 말이지만, 사기 쳐서 재산을 가로채려고 하는 말은 사탄의 말이다.

- 종교 지도자가 아무리 훌륭한 설교를 해도, 신도의 재물을 거둬서 더 큰 교회를 짓고 자기의 부귀영화를 바라며 설교하면 사탄의 가르침이 된다.

- "저희 교회는 만원사례요, 믿음은 다 같으니 이웃의 개척 교회에 가서 예배를 드리시오." 하며, 이웃 교회의 부흥을 먼저 생각하여 제 신도를 보내는 종교 지도자가 있다면 그를 따르라. 그가 하나님의 사랑을 실천하는 자다.

- "부자가 천국에 들어가는 것은 낙타가 바늘구멍을 통과하는 것보다 더 힘들다" 하였거늘, 지금의 교회에서는 부자가 되기만을 기도하고 소원하니, 이는 곧 천국을 포기하고 지옥 행 열차의 티켓을 사는 것과 같다.

- 예수는 빈손이었다. 종교 지도자가 예수보다 더 호화롭고 편안하게 살아간다면 잘못된 것이다. 부귀영화와 명예를 바라는 자는 절대로 갈 수 없는 좁고 협착한 길이 종교 지도자의 길이다.

- 종교 지도자는 유리로 비춰 봐 한 점의 부끄러움이 없이 살아야 한다. 의식주도 직접 일해서 해결하고, 예수의 가르침과 행함을 그대로 따라야 한다.

- 종말은 없다. 지금의 잘못 가는 종교 집단에게만 종말이 있다. 보이지 않는 하나님은 보이는 육의 종말은 관여하지 않으신다. 환경 파괴로 인간이 스스로 멸망을 자초하는 것이다. 종파끼리 싸우기 전에, 무너진 인성을 바로잡고 지구의 몸살을 해결하는 데 뜻을 모으는 게 급선무다.

4. 성전이란

- 이 세상 자체가 하나님께서 만드신 성전이다. 자연보다 더 아름다운 성전이 있는가? 보이는 건물이 성전이 아니라, 성스러운 마음가짐이 성전이다.

- 반석 위에 교회를 지으라 했다. 지상의 단단한 돌은 인간이 쪼갤 수 있으나, 마음속의 굳은 결의는 세상 무엇으로도 쪼갤 수 없다. 바르고 굳건한 믿음으로 성경의 가르침을 실천하는 것이 마음의 반석 위에 교회를 짓는 것이다.

- 손으로 지은 건물의 교회에 모여서 복음을 전하는 것이 아니라, 교회를 개인과 가정에 심어 주어야 한다. 무너지고 부서지는 건물을 짓지 말고, 마음속에 영원히 불변하는 참진리의 교회를 지으라.

5. 십계명

- 십계명은 인간이 죽어서 반드시 통과해야만 하는 열 개의 관문이다.

- 부모를 공경하지 아니한 자는 "네 부모를 공경하라." 하는 제5계명의 관문이 열리지 않으니 구원받을 수 없다.
- 살인, 간음, 거짓, 우상 등의 나머지 계명도 마찬가지다.

- 십계명은 하나님의 친필이다. 모기소리만 한 하나님의 음성이라도 들어 보겠다고 여기저기 찾아 헤매지 말고, 십계명부터 암송하고 지키라.

- 십계명은 영혼을 구원하는 양식이며, 십계명을 지키는 것이 구원을 받는 길이다. 인간이기에 지키고자 노력하고 또 노력한다면 지킬 수 있다.

- 십계명을 지키고 천사처럼 아름답게 살아가는 그 마음 하나면 세상에 이루어지지 않는 것이 없다.

6. 보물

- 하나님은 재물이 아니라 우리의 마음을 받으신다. 사랑을 실천하며 천사처럼 변하는 마음이 하나님께 바치는 보물이다.

- 보이지 않는 하나님께 재물을 바치려 하지 말고, 너희를 길러 준 부모에게 용돈 드리고, 찾아뵙고, 효성을 다하라. 그것이 하나님께 효도하는 것이다.

- 하늘에는 선과 악의 창고가 있다. 자기 창고에 선이 많으면 천국으로 구원을 받고, 악이 많으면 심판받아 지옥으로 간다. 그것이 바로 "선한 일을 행한 자는 생명의 부활로, 악한 일을 행한 자는 심판의 부활로" 나오는 것이다.

- "선악과를 따먹지 말라"는 것은 양심을 지키라는 것이다. 선과 악을 구분할 수 있는 양심을 최초에 인간에게 주셨다. 선한 열매는 취하고, 악한 열매는 버리며, 양심에 비추어 부끄럼 없는 삶을 살아가라.

- 가장 작은 거짓말을 하지 않고, 가장 작은 죄를 짓지 않으며, 가장 작은 선행을 하고, 가장 작은 악행을 멀리하는 것이 율법의 일점 일획도 빠뜨리지 말고 다 지키는 삶을 사는 것이다.

7. 우상

- 박물관에 있는 불상은 하나의 예술품이다. 그 조각품에 대고 제 소원을 빌 때 우상숭배가 된다. 십자가라 하여도 그 앞에서 소원을 빈다면 우상숭배하는 것이며, 하나님께 소원을 빈다면 하나님을 우상으로 전락시키는 것이다.

- 지금 기복신앙에 젖어 있는 모든 사람이 우상 앞에 절을 하고 있다. 조각품을 우상이라며 파괴하지 말고, 네 마음속에 있는 욕심의 우상을 무너트리라.

- 생수를 약초가 먹으면 약을 만들고 독사가 먹으면 독을 만든다. 같은 성경을 봐도 선한 지도자는 신도를 천사로 만드는 데 활용한다. 그러나 욕심이 가득한 지도자는 재물을 거두어들여 제가 부귀영화를 누리는 데 악용한다. 그가 바로 성경을 우상숭배의 도구로 전락시키는 거짓 선지자다.

- 성경을 한 획도 빼거나 더하지 말라는 것은, 그 가르침을 빠트리지 말고 온전히 지키라는 것이다. 성경 속에서 자기에게 유리한 구절만 보는 것은, 자기에게 불리한 구절들을 빼 버리는 것이다. 믿음이 제일이요, 행함은 구원과는 관계없다는 것은 자신에게 유리한 쪽으로 성경을 악용하는 것이다.

- 진정한 종교 지도자는 종파에 관계없이 어떤 종파든 어떤 책이든 접하고 보고 깨우쳐 견문을 넓히도록 인도한다. 참진리를 모르고 자신이 없는 자가 남을 이단이라며 배척하고, 신도들의 눈과 귀를 가린다.

8. 예수

- 예수의 재림은 없다. 예수가 다시 온다 해도, 과연 누가 그를 예수라고 믿겠는가? 예수와 같은 삶의 행함이 곧 예수의 재림이다. 각자 모두가 "재림 예수"가 되는, 차원 높은 믿음으로 가야 한다.

- 예수는 "주여 주여 하지 말고, 아버지의 뜻대로 행하라"고 했다. 예수가 전한 하나님의 뜻이 곧 "길이요, 진리요, 생명"이며, 그 가르침이 예수의 보혈처럼 소중한 것이다. 예수를 믿는 것은, 예수의 가르침을 믿고 따르는 것이다.

- 예수는 낮은 자로서 만백성을 섬기고자 했다. 만나는 모든 사람을 다 하나님이라 생각하라. 돈을 벌수록 겸손하고, 높은 지위를 얻을수록 낮아지라.

- 예수는 종파를 만들지 않았다. 인간이 만든 종교와 인간의 교리를 따르지 말고, 예수를 통해 전한 하나님의 참진리를 연구하고 따르라.

- 예수가 2천 년 전에 만백성을 위해 죽었으니, 지금 이 땅에는 예수의 가르침대로 사는 천사만 존재해야 한다. 예수가 죽어 가면서 바란 것은 만백성이 천사가 되어 예수의 자리를 채워 주는 것이지, 지금과 같이 재물을 바치면서 중언부언 제 소원만을 비는 백성들을 바란 것이 아니다.

9. 구원

- 천사가 사는 천국에는 천사만 갈 수 있으니, 천사 같은 마음을 길러야 한다.

- "천국 열쇠를 네게 주리니 땅에서 무엇이든지 매면 하늘에서도 매일 것이라" 했다. 땅에서 천사같이 사는 자가 하늘에서도 천사가 되어 천국에 들어간다. 모든 사람에게 천사같다는 말을 듣는 삶을 살아야 한다.

- 천사의 곱고 아름다운 마음은 부모를 공경하고 어른을 어른으로 대접하는 데에서 출발한다. 효도하는 자는 형제와 화목하게 지내기에 가정이 화목해지고, 이웃과 화목해지고, 국가가 화목해지고, 온 인류가 화목해진다.

- 그러므로 지상의 아름다운 소왕국은 가정에서부터 이루어야 한다.

- 선택된 14만 명만 구원받는 것이 아니라, 천사처럼 변하고자 하는 14만 명을 기초로 온 인류가 천사처럼 거듭나는 영적인 개혁이 시작되는 것이다.

- 천 년에 걸쳐서 하늘에서 이루어진 것같이 이 세상을 낙원으로 만들어, 만백성이 지상의 천국에서 살다가 죽어서 그대로 하늘의 천국으로 들어가는, 영원한 지상 낙원을 건설하는 것이 하나님의 계획이다.

- **이것이 구약과 신약에 이어 "새로운 성경"으로 역사하시는 하나님의 창조의 완성이다.**

- 지금의 믿음으로 구원받을 수 있다면 그 길을 가라. 그러나 자신이 없다면 하나님께서 직접 내리신 160권의 "새로운 성경"을 읽고 구원의 길을 보라!

하나님 머리말씀

이 새로운 성경을 읽는 너희 모두는
이 율법에 따라 행하면 영원히 구원받을 것이니라.

너희 인간이 수년, 수십 년, 평생
성서를 공부하고 기도하는 것은
하늘나라 나의 곁으로 오고 싶은 소망일진대,

몇천 년 전의 너희 인성과 생각이
지금의 너희와는 판이하게 다르니,

꺾여 가고 병들어 가는 너희를 고칠 수 있는 길은,
오늘 내가 선지자에게 내리는 새로운 성경과 같이
너희가 변화되는 것뿐이니라.

나의 예수가 태어난 것처럼
내가 아들 선지자를 선택하여
나의 새로운 성경을 온 세계에 전하고자 하니,

묵은 것은 버리고 새로운 것은 취하여,
너희 모두는
'여호와 하나님! 저의 죄를 용서하여 주옵소서.'
하는 기도문으로 기도하고, 죄를 뉘우치라.

이 새로운 성경은
수천 년간 내려온 성서를 요약한 것이니,
너희는 이 책을 정독하여 쉽게 깨달음을 얻고,
이대로 실천하여 하늘에 오르라.

대역자 머리말

■ 하나님의 율법을 지키는 선지자로 선택을 받도다.

저는 남들처럼 그저 열심히 살아온 평범한 사람이었습니다. 그러나 50대 중반에 사업에 실패하여 많은 부채에 시달렸으며, 건강도 악화되어 눈이 잘 안 보이고, 걷기도 어렵고, 두통이 심해서 잠을 이룰 수 없는 고통의 나날을 보냈습니다. 그때 제가 선택할 수 있는 것은 육의 삶을 끝내는 길뿐이었습니다.

죽기 직전에 그동안에 죄를 지은 이들에게 용서를 빌고 인생을 끝내기로 작정하였습니다. 어려서부터 지은 죄를 빌고 빌다 보니 끝이 없었고, 죽음으로도 그 많은 죄를 용서받을 길이 없다는 생각에 하염없이 눈물이 흘렀습니다. 그 순간 '재래식 화장실의 구더기는 죄를 짓지 않는데, 나는 인간으로서 구더기만도 못한 삶을 살았구나.' 하는 생각이 들면서 괴로움에 몸부림칠 때, 갑자기 하나님의 음성이 들렸습니다.

"나는 여호와 하나님이니라. 너는 십계명을 암송하고 내가 내려 주는 메시지를 받아 책으로 만들어 만백성을 구하라." 하시며, 제 눈을 손으로 문지르게 하시고, 아픈 머리와 다리를 손으로 두드리게 하셨습니다. 그러고 나니 눈도 잘 보이고 걸을 수 있었으며 머리의 통증도 말끔히 낫게 되었습니다. 그때부터 십계명을 암송하고 나면 들려주시는 말씀을 기록하였고, 1999년 8월부터 2004년 7월까지 권당 288쪽, 총 160권을 받아서 "새로운 성경"이라는 책으로 펴내게 되었습니다.

그러한 저에게 죽기보다도 힘든 길이 시작되었습니다. 모든 교인들이 저에게 사탄이요, 이단이요, 악마요, 마지막 시대에 온 거짓 선지자라 하면서 공격하였고, 저를 짐승을 보듯이 대하는가 하면, 편협한 종교 지도자들의 선동으로 신도들이 이 책을 직접 읽어 보고 평가할 기회마저 막아 버렸습니다. 그래서 하나님의 말씀을 세상에 내는 데 많은 어려움을 겪으며, 피를 토하는 심정으로 책을 전하고 있습니다.

그러나 아무리 인간의 힘으로 막으려 해도, 하나님의 뜻이 세상에 전해지는 위대한 역사는 계속될 것입니다. 책으로 전해지는 "하나님의 말씀"은 세상 끝날까지 항상 우리와 함께하실 것입니다. 사람은 죽어도, 책에 기록된 말씀은 영원히 남으니까요.

■ 따뜻한 실천

하나님께서는 어려운 사람들에게 삶의 터전을 마련해 주고, 미래를 열어 주는 것을 기뻐하십니다. 어려운 이웃이 스스로 자립할 수 있도록 이끌어 주는 것이 진정으로 이웃을 돕는 것이라고 말씀하셨습니다. 그래서 일자리가 없는 제자들에게 작은 사업장을 만들어 주는 "달란트 사업"을 하고 있습니다. 식당, 반찬 가게 등을 차려 주고, 기존의 어려운 사업장이 자립할 수 있도록 돕고 있습니다(커피숍, 미용실, 의상실 등).

하나님께서는 교회에 나와서 모든 시간과 재물을 쏟기를 원하지 않으시고, 그 시간과 재물을 교육에 투자하여 스스로 미래를 열어 가기를 원하십니다. 그래서 제때 공부하지 못한 제자들에게 학업을 이어 가도록 하였습니다. 중화요리 주방장을 하며 초등학교 검정고시부터 공부하여 2012년에 방통대를 졸업한 36세 남성, 만학도들의 2년제 중학교에 입학해서 2007년에 명지대학을 졸업한 38세 여성, 중학교 검정고시를 시작으로 숭의여자대학을 졸업한 47세 여성 등이 있습니다. 그밖에도 많은 제자들에게 나이를 초월하여 배우고 깨우쳐서 사회 속의 당당한 일원이 되도록 인도하고 있습니다.

학자금 대출로 힘겨워하는 젊은이들을 위해 "따뜻한 바람 장학회"를 발족하여(2016년 12월) 대출받은 학자금 전액을 매월 갚아 주고 있습니다. 또한, 다문화 가정을 위해 "다문화 가족 랜드"를 조성하여, 각종 시설을 무료로 활용하도록 하고 있습니다.

이러한 따뜻한 실천이 아직은 미약합니다. 그러나 책의 수입이 늘고, 저와 뜻을 같이하는 분들이 늘어나면 계속 확대할 것입니다. 지도자로서 신도의 재물을 헌금으로 거둬들여 착복하는 것이 아니라, 하나님께서 기뻐하시는 일에 사용하도록 중매 역할만 하며 살아가고자 합니다. 이런 제가 과연 사탄이고 이단인가요? 하나님께서 기뻐하시는 일이라면, 저에게 사탄이라 하든 거짓 선지자라 하든 굽히지 않고 실천해 나갈 것입니다.

끝으로, 일상의 삶 속에서 "지금 내가 하는 행동이 과연 하나님께서 기뻐하실까, 슬퍼하실까?" 생각하고, 매사에 하나님께서 기뻐하시는 길을 택하기 바랍니다. 교회에 모여서 집단적으로 예배 드리는 것이 아니라, 개인이나 가정 단위로 새로운 성경을 읽어 스스로 깨우치고 그대로 행하면 충분합니다. 그것이 마음속에 성전을 짓고, 신령과 진정으로 예배 드리는 길입니다. 그러면 천국의 문에 들어서게 됩니다.

2017. 2. 1.

하나님 말씀 대역자 김용철

차 례

십 계 명

이 책은 십계명을 암송하고 나면 내려 주시는 "하나님의 음성"을 듣고 그대로 받아쓴 기록입니다. 하나님께서 십계명을 모세에게 내려 주셨지만, 그것은 만백성에게 내려 주신 것입니다. 마찬가지로 이 책의 모든 말씀도 저에게 내려 주셨지만, 만백성 각자에게 들려주시는 말씀입니다. 여러분도 이 책을 접할 때마다 십계명을 암송하고 나서 정독해 주시기 바랍니다.

제일은, 너는 나 외에는 다른 신들을 네게 있게 말지니라.
제이는, 너를 위하여 새긴 우상을 만들지 말고, 또 위로 하늘에 있는 것이나, 아래로 땅에 있는 것이나, 땅 아래 물 속에 있는 것의 아무 형상이든지 만들지 말며, 그것들에게 절하지 말며, 그것들을 섬기지 말라.
제삼은, 너는 너의 하나님 여호와의 이름을 망령되이 일컫지 말라.
제사는, 안식일을 기억하여 거룩히 지키라.
제오는, 네 부모를 공경하라.
제육은, 살인하지 말지니라.
제칠은, 간음하지 말지니라.
제팔은, 도적질하지 말지니라.
제구는, 네 이웃에 대하여 거짓 증거하지 말지니라.
제십은, 네 이웃의 집을 탐내지 말지니라.

나 여호와가 존재함을 믿는 그 자체가 구원의 길에 들어서는 기본이요, 근본이며, 나의 새로운 성경을 가슴에 안고 정독하는 자, 반석 위에 서서 하늘에 오르는 찬란한 빛을 보게 되는 영광을 얻게 됨이니라. 진정 나를 따르고 믿는 자는 감히 사탄이나 마귀도 근접하지 못하느니라.

〈하나님 말씀〉

2003년 7월

6,751 번째 하나님 말씀

2003년 7월 15일 08시 04분

1 사랑하는 나의 아들아!
2 "네, 아버님! 말씀하옵소서."
3 너희가 성령으로써 거듭나서 죽어 심판을 받아 천국의 문에 들어올 수 있는 영광을 얻었을 때, 거듭나는 백성이라 했으며,
4 육의 세상에서 오늘의 삶에서 참진리를 깨우쳐 거듭나는 삶을 사는 자가 곧 나에게 와 천국의 문에 들어올 수 있음이니,
5 그때 너희가 영원한 나의 아들딸이 된다 그리하지 아니하였던가?
6 그러니 너희를 지도하는 종교 지도자요, 그 모든 목자도 성령으로써 육의 세상에서 거듭나는 삶을 살지 아니하면,
7 그는 진정한 목자로서 자격이 없으며 나로부터 선택된 자가 아님을 알라.
8 거듭나는 변화를 이루지 못하는 종교 지도자 앞에서 구원을 받고자 울고불고 재물을 바치는 그와 같은 행위를 하지 말라.
9 너희는 목마르지 않은 생수를 얻는 것이 아니요, 썩은 물을 구하려고 재물을 바치며 그 썩은 물에 너희 스스로 죽어 가는 그와 같은 형국이니,
10 죽음을 위하여 지옥으로 가는 것을 얻고자 하는 것이 지금 바로 종교 집단이요, 교회요, 그 성당이요, 성막이라는 곳에 재물을 바치면서 울고불고하는 것이며,
11 영원히 썩지 않는 생수가 아니라 썩은 물이요, 병든 물을 얻고자 하는 그와 같은 형국이니,
12 그를 보는 내가 너희가 얼마나 불쌍하고 안타까우면 나의 아들을 통하여 너희를 깨우치고자 나의 법전이요, 새로운 성경을 세상에 내려보낸단 말이던가?
13 너희는 너희 스스로 이제는 찾아야 할 것이니라.
14 이제는 참진리의 길을 보아야 할 것이며 참진리의 목자의 길을 보아야 할 것이니, 그 모든 선택은 너희가 하게 되어 있음이니라.
15 너희 스스로 와 선택의 길을 찾아야 함을 잊지 말라.
16 선택된 나의 아들딸이요, 참목자를 찾아 성령으로 다시 태어나는 그와 같은 역사가 이루어졌을 때, 바로 너희가 영원한 나의 아들딸이요,
17 내가 너희를 아들딸이라 부르며 네가 나를 아버지라 부를 수 있는 것이니,
18 이는 너희가 이루는 길이며 너희가 역사하는 것이며,
19 너희 스스로 나에게 오는 길을 찾고자 하는 자, 진심으로 변하는 자는 거듭나는 역사를 얻게 될 것임이니라.
20 이 세상에 살아가면서 수천수만 가지 중에서 한 점의 부끄럼이 없이 모두를 다스려 가는 것은, 거듭나기 시작하는

백성은 그를 행하고 실천할 수 있음을
알라.
21 그리하여 너희가 거듭나는 백성이 나
의 아들딸이요, 일반 백성도 거듭나지
아니하면 나의 아들딸이 아님이니,
22 성령으로 거듭나지 못한 종교 지도자
가 너희를 가르치는 것은 사탄의 자
식으로서 너희를 미혹하며 현혹하고
있다는 것을 잊지 말라.
23 그리하여 나의 어리석은 백성이 속지
아니하고 진정한 참진리의 길을 보게
하려고, 그 길을 안내할 수 있는 160
권의 법전을 내가 만들어 세상에 내려
보내니,
24 너희는 나의 법전을 읽고 또 읽으라.
25 그러면 너희가 성령으로써 거듭나는
그 길을 알 게 될 것이며,
26 하늘에 오르는 길이 무엇이며, 너희가
어찌 살아가야 할 것이며, 무엇이 정
녕 나의 품에 올 수 있는 그 길인지를
모두 알게 되며 얻게 됨이니,
27 나의 160권의 법전을 접하라.
28 그렇지 아니하고는 너희가 정녕 거듭
나는 길이 없다는 나 여호와의 이 무
서운 뜻을 깊이 가슴에 새기도록 그리
하라.

6,752 번째 하나님 말씀

2003년 7월 15일 08시 14분

1 사랑하는 나의 아들아!
2 "네, 아버님! 말씀하옵소서."
3 내가 너희에게 십계명을 직접 써 그
걸 항상 읽고 볼 수 있도록 간직하며
네 방에 두며 네가 귀가하는 곳에 두
라 하지 아니하였는가?
4 네가 그와 같이 직접 써 보관하고 관
리하며 항상 읽을 수 있는 곳에 그걸
놓으라 명한 그 뜻을 너희는 아는가?
5 그 십계명을 너희가 직접 쓰는 것은,
그걸 직접 씀으로써 깨달음이 있으며
얻음이 있을 것이기에 내가 너희에게
직접 쓰라 그리 명하는 것이니라.
6 남들이 써 놓은 것을 그저 걸어 놓고
보는 것은 십계명이 아니요, 장식품으
로써 보는 그 십계명은 나의 뜻이 아
님을 알아야 할 것이니라.
7 너희가 직접 씀으로써 깨달음이 있으
며 직접 씀으로써 거기에서 얻음이 있
을 것이니라.
8 너희가 정성을 다하여 십계명을 쓰는
백성은 이 십계명이 나 여호와가 직접
너에게 내리는 선물이라는 것을 알게
될 것이며, 그 의미를 깨달을 것이며,
그 소중함을 알게 될 것이니라.
9 내가 너희에게 직접 써 내린 선물이라
는 것을 만백성에게 전하고자 하며 너
희를 깨우치고자 하는 나의 뜻이 거기
있음이니라.
10 그리하여 너희가 그 십계명을 쓸 때,
나 여호와로부터 직접 너에게 내린 것
이니, 내가 너에게 직접 써서 내리는
것과 마찬가지임이니라.
11 네 손으로 쓰는 순간에 내가 네 손을
잡고 내가 그를 써 내려 너에게 줌이
니,
12 그는 네가 쓰는 것이 아니요, 나 여호
와가 너에게 써 주는 것이니 너희는
지필묵만 준비하고 기다리는 것과 같
으니라.

13 그리하니 나 여호와가 직접 너희 개
인 개인에게 내린 소중한 선물이라는
것을 너희는 여기서 깨달아야 할 것
이니라.
14 너희가 쓰되 그는 내가 써서 너희에게
줌이니라.
15 이는 왜 그런 줄 알겠는가?
16 너희가 이를 지키고 행하는 것만이 나
에게 올 수 있는 아들딸임이니,
17 십계명을 너희가 직접 써 붙이는 것
이 나의 아들딸이 되는 증표이며 너희
가 나에게 올 수 있기 때문이니라.
18 그리 너희 손으로 직접 쓰고도 그 소
중함을 모르며 너희가 그걸 지키고 살
겠다는 생각을 하지 아니한다면, 너희
는 짐승만도 못한 자가 되는 것이 아
닌가?
19 나 여호와가 직접 네 손을 빌려 내가
십계명을 써서 내가 개인적으로 너희
에게 내린 선물이요, 내가 너희에게
내린 명이니라.
20 그러니 너희는 이 선물을 어찌 간수
해야 하며 이 선물을 어찌 받아 어찌
소화시켜야 할 것인가 그리 생각해야
할 것이니라.
21 내가 직접 너희에게 먹고살라 내린
그 음식을 너희가 어찌 관리하고 어
찌 요리해서 먹느냐에 따라 그 음식의
가치가 다르듯이,
22 내가 직접 손으로 써 내가 너희 개인
에게 내린 선물인 이 십계명을 너희
가 어찌 소화시키며 어찌 만들어 너희
것으로 만드느냐 하는 것은 너희 스
스로 깨우쳐야 할 것이니라.
23 정녕 이것이 네 손을 빌려 내가 직접
써 너에게 준 선물이라 생각한다면,
24 너는 이 받음이 영광이요, 이 세상에
누구보다 더 큰 영광과 은혜가 없음이
니라.
25 그러니 남의 손으로 쓴 것, 남이 화려
하게 써 놓은 것, 장식품으로 장식하
여 거는 십계명은 나의 뜻이 아니요,
26 너희 손으로 직접 써 네 머리맡에 붙
여 놓고 아침저녁으로 그걸 접하고 행
하며 행하는 것을 네가 반성하는 그와
같은 삶을 살며,
27 직접 나 여호와가 네 손을 빌려 내가
써 너에게 준 것을 행하지 못하는 너
자신의 마음이 무거움을 알 것이며 네
가 부끄러움을 알 것이며,
28 그리하여 이를 지키고자 하여 이를 무
는 독한 마음으로써 지키고 살아갈
때, 네가 나에게 천국에 오를 수 있음
이니,
29 이는 곧 내가 너희에게 천국의 문을
열어 준 것과 같음을 알라.
30 그리고 너희가 나에게 오를 수 있는
증표가 직접 네가 쓴 십계명이라는 것
을 잊지 말라.
31 이제는 너희가 깨달아야 할 것이니라.
32 나의 십계명을 장식품으로써 호화찬
란하게 만들어 걸어 놓고, 그저 지나
갈 때 한 번 보는 것이며 그저 십계명
이라는 저런 것이 있구나 하는 그와
같은 마음으로 걸어 놓고 본다면, 이
는 나의 뜻이 아니요, 나와는 관계없
는 십계명이라 함을 알라.
33 나는 너희가 직접 손으로 써 네가 어
떠한 형국이든 그저 작은 종이든, 검
은 종이든, 그저 찢어진 종이든 네가

정성껏 썼을 때 내 손으로 그리 씀이
니,
34 직접 내가 너에게 준 선물은 네가 직
접 써 걸어 놓는 그 십계명이요,
35 남들이 장식품으로 호화롭게 장식을
하여 만들어 놓은 것은 내가 너희에게
주는 선물이 아님이니라.
36 내가 직접 너에게 주는 선물의 그 위
대함을 깨우치라.
37 너희 자신이 써서 붙이는 그 십계명은
나의 뜻이요, 내가 너희에게 직접 써
서 준 것이니, 그 소중함을 너희가 알
아야 할 것이니라.
38 여기는 때가 묻지 아니하였으며 여기
는 장삿속의 계산이 없으며, 여기는
물질을 주고받는 그와 같은 목적을 두
고 하는 것이 아니요,
39 너희가 이해관계를 위해서 그 십계명
을 장식품으로 써 내린 것이 아니라,
40 오로지 네가 직접 써 내린 그 소중한
것, 너희는 그걸 씀으로써 그 정성과
생각이 다름이니,
41 바로 너희의 정성과 생각이 다른 것
이 바로 내가 임하여 너희에게 그 정
성에 보답하는 그와 같은 내가 너희에
게 내리는 중요한 선물임을 알아야
할 것이니라.
42 그리고 너희가 십계명을 쓴 다음에
필히 그 뜻에 이와 같이 기록하라.
43 '하나님! 말씀하옵소서'라는 그 단어
한 줄을 더 써 놓도록 그리하라.
44 간단히 기록하라, 아무 데서나 너희가
쉽게 읽고 볼 수 있고 접할 수 있도록.
45 그와 같은 십계명이야말로 너희 마음
을 정화하며 너희를 다스림이니라.
46 이제는 너희가 그걸 썼으면 너희 자식
들에게도 그리 써 그들이 머리말에 나
의 십계명을 놓고 항상 암송하며, 그
걸 보고 제 스스로 마음을 다스리도록
그리하라.
47 그리하여 그들이 십계명을 써서 이웃
친구에게, 또 다정한 벗에게 선물할
때 너희가 십계명을 써서 전하는 그와
같은 습성과 서로 전하고 주고받는 길
을 깨우쳐 주며 그와 같은 것으로써
그들이 변화되도록 그리 가르치라.
48 이는 내가 직접 써 내리는 나의 선물
이니, 나 여호와가 직접 써주는 선물
이니, 그 여인이요, 사랑하는 사람이
요, 친구에게 그보다 더 소중한 선물
이 없을 것이니,
49 십계명을 직접 써서 선물하는 그와 같
은 풍습을 이루도록 그리하라.
50 그리하여 나의 피조물 만백성들이 십
계명을 써서 주는 것이 가장 위대한
선물이요, 고귀한 것이라는 것을 깨달
을 때,
51 너희가 인간의 본성을 찾을 수 있으며
나로부터 받아 나간 원초적인 사랑하
는 마음을 알게 될 것이니,
52 이제는 너희가 남에게 선물하는 것을
십계명을 써서 선물하는 것, 십계명을
써서 간곡히 전하는 마음으로 하라.
53 어떠한 선물보다 가장 중요한 것이 너
희가 십계명을 직접 써서 이웃에게,
사랑하는 사람에게, 또 소중한 사람들
에게 전하는 것이 가장 큰 선물임을
알라.
54 이는 내가 너희 손을 빌려 직접 나 여
호와가 씀이니, 그도 또한 너희가 쓰

게 해 주는 것은 내가 직접 쓴 것을 그
에게 주는 선물이니,
55 그도 그걸 보고 써 남에게 전한다면,
그것 또한 그가 쓸 때 그 정성 속에 내
마음이며 내 손으로 직접 쓰는 것임을
잊지 말라, 사랑하는 나의 아들딸들아!

6,753 번째 하나님 말씀

2003년 7월 15일 08시 39분

1 사랑하는 나의 아들아!
2 "네, 아버님! 말씀하옵소서."
3 너희가 나를 보며 나를 만지며 나의
음성을 듣는 것은 간단한 것이거늘,
어찌하여 너희가 그와 같은 은혜를
받지 못하는가?
4 그는 바로 무엇인 줄 알겠느냐?
5 너희가 욕심의 마음을 비웠을 때 내가
사랑함을 알 게 될 것이니라.
6 너희가 마음을 비우지 아니하였을 땐
정녕 나의 사랑이며 내가 너희를 사
랑하는 것을 알 수가 없음이니, 과연
어찌 너희가 나를 보겠느냐?
7 너희가 마음을 비웠을 때 나의 성령이
너희에게 임하게 되어 있음이니,
8 너희가 마음을 비워 나의 성령이 너
희에게 임했을 때 너희는 나를 볼 수
있으며 나를 만질 수 있는 영광과 은
혜를 입게 됨이니라.
9 그 사악한 근본의 뿌리요, 너희를 모
두 지옥으로 이끌어 가는 그 욕심이라
는 그 사악한 것을 버렸을 때 너희는
정녕 나를 볼 수 있다 하였음이니,
10 너희 마음속의 그 욕심의 뿌리를 다
뽑고 진정으로 한 번 보라, 그래도 너
희가 나를 볼 수 없는 것인가를.
11 너 자신을 모두 다 버렸을 때 네가 내
품에 와 있다는 것을 알게 된다고 내
가 그리 말했듯이, 너 자신을 먼저 버
려야 하며,
12 너 자신이 존재하며 모든 것이 너를
위주로 하며 너로부터 모든 것을 시작
하는 그와 같은 마음을 가지고 사는
것은 너희가 내 품에 오고자 하나, 내
품에 올 수 없다는 그 엄연한 사실을
알라.
13 내가 나의 아들에게 뭐라 말하였느냐?
14 죽은 자라 그리 말하였으며, 그저 돌
이 되라 내가 그리 말한 그 뜻이 무엇
이더냐?
15 그 모두는 '나'를 버리며 '나'를 생각하
지 말며 '나'를 먼저 두지 말라는 것이
며,
16 너희가 세상사의 어떠한 욕심에도 흔
들리지 아니하며, 너희 마음을 주며
너희 마음을 파는 그와 같은 것을 다
버리고 살라 함이지 아니하던가?
17 너희는 부모요, 형제요, 자식을 다 똑
같이 볼 수 있는 마음으로 가지라 하
였거늘, 너희는 그 뜻을 어찌 생각하
고 가르치는가?
18 너희는 부모와 자식이요, 형제와 관계
없이 저 혼자만 구원을 받으면 된다고
가르치며 그와 같은 착각으로 살아감
이니,
19 모두를 대중적으로 보라 함은 무엇이
더냐?
20 너희가 부모를 사랑하고 자식을 사랑
하는 만큼 모든 마음을 그리 끌어올리
라는 것이니라.

21 내가 너희에게 자식을 버리며 가정을
버리며 부모 형제를 떠나고 버리라는
것이 무엇인 줄 알겠느냐?
22 정녕 만나지 아니하며 가정을 돌보지
아니하며 부모를 돌보지 않는 그와 같
은 것으로써 너희 부모를 버리며 가
정을 버리며 자식을 버리며, 대중적으
로 보라는 말이 모두를 버리라는 뜻인
줄 아느냐?
23 그 뜻이 아님이니라.
24 너희 모두를 사랑하는 마음을 그와 같
이 끌어올리라는 것이니라.
25 그러니 모든 사물을 그와 같이 사랑하
는 마음으로 보니 거기에 더 소중하고
덜 소중한 것이 어디 있는가?
26 너희는 사랑의 극치에서 살아가는 것
이니라.
27 어찌하여 너희들에게 인간의 근본의
도리를 버리고 나에게 오라 하며 나를
따르라 하는 것이 나 여호와이던가?
28 내가 가정과 자식과 모두를 다 접어
두고 대중적으로 보라 하는 마음은,
그 사랑하는 마음만큼 모두를 다 끌어
올려 세상을 봐 평등하게 똑같이 보라
는 뜻이지,
29 그를 버리고 보지 아니하며 어렵고 힘
든 것을 외면하며 살라 하는 그와 같
은 가르침이 아님을 명심하여 깨우치
도록 그리하라, 사랑하는 나의 아들딸
들아!
30 모두를 버리라는 것이 아님이니라.
31 너희가 그만큼 모두를 사랑하는 마음
으로 끌어올려 평준화된 마음을 가지
고 누구나 다 대중적으로 똑같이 보는
마음이 되라 함이니,
32 그것이 네 자식을 사랑하는 것, 네 부
모를 사랑하는 것을 하지 않고 그들을
관리하지 아니하며 만나지 않으며 버
려두면서 믿음의 길을 가라는 것이
아니니 그리 알라.
33 다 똑같이 모든 백성을 사랑하라.
34 그것이 내 뜻이며, 너희 가정과 모두
를 다 뒤로 하고 보라 함이 아니니라.
35 그와 같은 마음 자세로 깨닫고 세상을
봤을 때, 정녕 내가 너희에게 가르치
는 비유의 뜻이요, 의미를 알게 될 것
이니라.

6,754 번째 하나님 말씀

2003년 7월 15일 11시 39분

1 사랑하는 나의 아들아!
2 "네, 아버님! 말씀하옵소서."
3 너를 따르는 제자들이요, 그들이 항상
나 여호와에게 감사하며, 감사하는 마
음을 잊고 살아서는 아니 된다 내가
그리 전하지 아니하였던가?
4 너희가 감사하는 마음을 갖고 사는 그
마음에 검은 마음이 침투할 수 없으
며 너희를 무너트리고자 하는 사탄의
마음이 너희에게 접근할 수 없다는
것을 알아야 할 것이니라.
5 그리하여 기도하고 경배하며 행동하
라 함이 여기에 있음이니라.
6 너희가 바른 마음으로 살지 않을 때,
검은 자가 너희에게 와서 유혹하며
무너트리고자 할 때 너희는 그를 선
별할 수 있는 눈을 뜨지 못하며, 그가
하는 말이 너희를 무너트리는 것인지
너희를 따르려고 하는 말인지 그를

선별하지 못하게 됨이니,
7 여기에서 파생되는 것은 얼마나 불행
한 결과가 이루어지는지 알겠느냐?
8 너희가 변하고자 하며 나의 법전이 세
상에 나가기 시작함이니, 모든 사탄이
저희의 영역이 좁아지며, 저희들이 이
세상에 뿌리를 내리고 존재할 수 없다
는 것을 알기 때문에,
9 그들이 얼마나 광란의 짓으로 얼마나
무서운 방법으로써 너희를 해하고자
하겠는가?
10 천사와 같은 탈을 쓰고 너희에게 접
근할 것이며 유혹할 것이니, 그때 사
탄이 천사의 탈을 쓴 것인가를 구분하
지 못한다면 너희는 거기서 무엇이더
냐?
11 너희 생명을 잃게 됨이니라.
12 어린 양이 이리와 양을 구분하지 못하
며, 양의 탈을 쓴 이리를 구분하지 못
한다면, 그 어린 양은 그 이리의 희생
물이 되는 것과 마찬가지이니라.
13 이제 너희에게 양의 탈을 쓴 사탄들
이 접근할 것이며 너희를 그리 현혹
할 것이며 미혹게 함이니,
14 너희를 혼미한 상태로 밀고 가고 이끌
어 가고자 하는 것이 그들이니라.
15 너희가 그걸 구분하지 못하여 그들의
말에 넘어지며 그들의 행동에 넘어지
며, 미혹하게 하는 거기에 정신이 흐
려져 미혹된 자가 된다면,
16 너희는 결국 죽음이라는 그 길밖에 갈
길이 없음을 이제 알아야 할 것이니
라.
17 이제 나의 아들 너를 유혹하고자 너를
미혹하고자 하는 자들이 수없이 올 것
이며, 또는 개인적으로 너의 제자들이
요, 너를 따르는 가장 가까운 제자들
부터 무너트리고자 하는 사탄들의 그
공략과 방법이 동원될 것이니,
18 그때 그들에게 넘어가지 아니하며, 천
사와 악마를 구분할 수 있는 것은 항
상 감사한 마음이요, 나 여호와에게
감사하는 마음을 비우지 아니하고 살
때,
19 그 감사하다는 마음이 너희 가슴에 충
만해 있을 때 나의 성령이 임함이니,
너희가 넘어지지 아니함을 알아야 할
것이니라.
20 나의 아들 예수의 그 모든 제자들이
등을 돌렸으며 그들이 배신했으며 그
를 판 그 역사가 무엇이더냐?
21 그들의 마음이 무너졌기 때문이니라.
22 사탄으로 전락하였으며 사탄의 유혹
에 넘어갔기에 그들이 그와 같이 했음
이니,
23 정녕 그들이 사탄에게 마음을 주지 아
니하였으며 사탄의 미혹함에 어리석
게 넘어가지 아니하였다면, 과연 그들
이 그와 같이 등을 돌리며 그와 같이
그를 팔며 몰라라 하는 행위를 했겠느
냐?
24 그 근본적인 것을 너희는 지금 짚고
넘어가야 할 것이니,
25 그들이 나의 아들 예수로부터 모두 의
심할 수 있는 그와 같은 행위를 했으
며 그리 팔고 등을 돌린 것은 그들이
사탄의 미혹에 넘어갔으며 사탄의 유
혹에 넘어갔기 때문이니,
26 그와 같은 행위를 할 수 있으며 그와
같은 역사가 지금까지 흘러왔다는 것

을 알아야 할 것이니라.
27 그들을 넘어뜨렸던 그 사탄들이, 그들
이 예수를 팔게 했던 그 악마들이, 그
리고 예수로부터 눈길을 주지 아니하
며 등을 돌리고 떠나게 그들의 마음을
사악하게 만들었던 그 사탄이요, 악마
들이 지금은 더 성장하고 더 방대하게
커져 있으니,
28 그 방대한 사탄의 몸집을 가지고 너희
를 역습할 것이니라.
29 그러니 너희가 그 공격에서 사탄이요,
천사를 구분하는 것은,
30 '감사합니다. 하나님 아버지! 감사합
니다. 제가 존재하도록 하게 함을 감
사하며, 오늘의 말씀을 듣는 것을 감
사하며, 제가 천사가 되고자 마음이
변하는 것을 감사합니다.'
31 그리 감사하다는 마음을 항상 간직하
며 그 생각을 지우지 말아야, 이제 너
희에게 밀어닥치는 사탄과 천사의 그
사이를 너희가 구분할 수 있음이니,
32 밀어닥치는 악마에게 넘어가지 아니
하려면 너희가 그 마음을 굳건히 지
키라.
33 그래서 내가 오늘 너희에게 이 대목
을 읽었으며 내가 나의 아들을 통하여
감사하는 마음을 항상 잊지 말고 살라
함을 전함이니라.
34 감사하는 마음만이 너희가 가짜요, 거
짓 선지자라는 것을, 그리고 거짓 양
의 탈을 쓴 사탄이라는 것을 너희가
구분할 수 있는 지혜를 얻게 됨이니
그리 알라.
35 여기서 너희가 구분하지 못하면 나의
법전이 재가 되며 나의 아들이 무너지
며 너희 스스로 다 무너져 죽음의 지
옥의 그 길에 가는 것은 당연한 것이
니,
36 이제 너희가 가장 어려운 고비에 지
금 부딪치고 직면하고 있음을 잊지 말
라.
37 오늘의 나의 아들을 따르는 제자 너희
가 나의 아들 예수로부터 사탄의 마음
으로 미혹되어 나의 아들을 배신했던
것과 같이 무너지는 역사가 다시 있어
서는 아니 될 것이니,
38 너희는 굳고 굳은 마음으로써 오늘을
버텨 나가야 함을 알아야 할 것이니라.
39 2천 년 전에 나의 아들 예수를 따르고
자 했던 그 제자들은 다 남성이었으
며, 남성으로서 열두 제자가 형성되었
으며 그들이 그를 지켰으나,
40 그 어리석은 남성들이 그 용기와 힘을
제대로 발휘하지 못하며 사탄에게 그
들이 넘어가 미혹되어 정신이 혼미한
상태로 저 자신이 구분하지 못하였으
니,
41 오늘의 내가 그 지도자요, 선생이라는
것을 여성으로서 구성하였음이니, 그
또한 내가 너희로 하여금 이루고자
하는 그 의미의 뜻을 너희가 알아야
할 것이며,
42 오늘에 선택된 너희의 소중함을 알아
야 할 것이니라.
43 머지않아 너희가 열여섯 권의 법전의
뚜껑을 덮을 것이니, 곧 나의 아들을
따르는 가장 위대한 수석 제자들이요,
전사들이 이제 너희 여성으로서 길이
빛날 것이니 그리 알라.

6,755 번째 하나님 말씀

2003년 7월 15일 13시 58분

1 사랑하는 나의 아들아!
2 "네, 아버님! 말씀하옵소서."
3 크나큰 제방이요, 물을 그득히 담아
놓은 그 제방의 둑도 작은 구멍으로써
시작됨이니, 그 구멍에 물이 흐르고
흘러 서서히 커짐이니라.
4 그리하여 결국은 그 제방이 무너져 모
두를 다 휩쓰는 그와 같은 대재앙의
역사가 이루어지는 것을 많이 보았으
며, 그와 같은 이치의 깨달음을 알고
있지 않으냐?
5 그러나 제방이 작은 개미 구멍만큼 물
이 샐 때 그걸 발견하여 막고 수리한
다면 그건 터지지 아니한다 하였음이
니,
6 이를 거꾸로 생각해 보면 지금 나의
법전이 그와 같은 형국이 아니던가?
7 이 넓고 넓은 세상이요, 말할 수 없이
많은 종교 집단들 속에서 지금은 서로
이단이요, 사탄이요, 물고 뜯고 싸우
나,
8 나의 법전이 세상에 나올 때는 그들은
한목소리로 하나로 뭉쳐서 너희를 공
격할 것이니라.
9 그러니 서서히 지금 제방이 무너지기
위해 물이 흐르는 것처럼 나의 법전
이 세상에 흘러내려 가는 그 역사가
지금 그리 이루어지고 있음을 너희는
여기서 깨달아야 할 것이니라.
10 그와 같이 흐름이니, 지금 약하게 흐
르는 것이 인간들에게 발견되어 인간
들이 그를 찾는다면 그를 예방하여 막
을 것이며,
11 그를 차단한다면 그 제방을 무너트리
고자 하는 그 작은 개미 구멍은 아무
런 효과를 거두지 못하지 않겠느냐?
12 그를 너희가 거꾸로 보면 지금의 나
의 법전이 그와 같은 형국으로 흘러감
이니라.
13 지금 서서히 물이 흐르는 틈새가 생기
듯이 지금 나의 법전이 한 권 두 권 전
해지며 한 사람, 두 사람씩 깨우쳐 가
기 시작하며 나의 법전이 살아서 움직
이니, 그것을 보고 이곳저곳에서 깨우
치는 백성이 있음이니라.
14 그러나 지금 너무 하루아침에 변화된
다면 그 모두가 흘러가기 전에 그 길
이 막히며,
15 나의 법전 160권이 세상에 나가는 그
시간이 아직도 많이 남았거늘, 그 시
간까지도 견디지 못하며 160권이 세
상에 나올 수 없다는 것을 너희가 알
아야 할 것이니라.
16 지금 나의 법전이 나옴이 세상에 알려
져 떠들썩하며 만백성들이 이것이 옳
다 하여 모여들었을 때, 너희는 과연
160권을 만들 수 있으며 지금 그와 같
은 준비가 되어 있는가?
17 아무런 준비가 되어 있지 않은 게 너
희니라.
18 너희 머릿속에 기억되었다면 과연 몇
권이나 나의 법전의 내용이 들어 있는
가?
19 지금 90여 권의 나의 성령을 받아 준
비한 것이 하루아침에 없어진다면 너
희는 과연 이를 다시 복구하여 만들
능력이 있겠는가?

20 절대 없음이니라.
21 이는 세상에 두 권이 있는 책이 아니
요, 오로지 한 권으로써만 이루어진
책이기에,
22 그것이 소멸되었을 때 그를 원상복구
해서 만들 수 있는 것이 없으며, 너희
머릿속에 기억한 것으로 단 한 권이라
도 만들어 낼 수 있다고 생각하는가?
23 그리하여 지금 서서히 흘러가고 있으
며 서서히 역사하여 가고 있음이니라.
24 제방이 무너질 수 있는 그 틈으로 물
이 흐르고 또 흐름이니, 그걸 인간이
발견하지 못하도록 무너질 때까지 지
금 서서히 흘러가는 것이 나의 법전이
전해지는 것이니라.
25 그리하여 나의 법전이 세상을 덮었을
때, 지금까지 사악한 종교 집단이요,
그들이 문을 닫으며 거미줄을 친다는
그 역사를 알겠는가?
26 그러니 너희는 너무 성급하게 생각하
지 말며 조급하게 생각하지 말며, 너
희는 믿음으로써 남들보다 편안한 삶
을 가고자 하는 그와 같은 삶의 길을
가지 말라.
27 지금 너의 제자들이요, 깨우쳤다는 너
를 따르는 그들 또한 어떤지 알겠느냐?
28 나의 법전을 읽고 깨우치며 너에게 와
서 강론을 듣는 그들도 그러할 것이니
라.
29 네가 변하면 변화되었다고 그들은 의
혹하며 변화된 이유를 모르겠다 말할
것이며,
30 또한 네가 변하지 아니하면 변하지 아
니하였다 하여 그들은 탓할 것이며 또
그 이유를 모르겠다고 그리 말할 것이
니,
31 이것이 너의 제자들의 지금의 마음이
니,
32 그 마음이 변함을 변한 대로 보며 변
하는 것이 위대함을 알 수 있는 그 마
음의 자리로 아직 돌아오지도 못한 그
들에게 무엇을 보여 주며 무엇을 역사
할 수 있겠던가?
33 지금 너의 제자들과 법전을 읽고 깨우
친 백성, 나의 성전이라는 곳에 와서
강론을 듣는 그들은 네가 하루아침에
많은 변화의 역사를 이루었을 때,
34 그 변한 것을 의혹하며 그를 이상히
생각할 것이며, 또 그를 가지고 시시
비비하고자 하는 자가 있을 것이며,
35 변하지 않는 모습이 보이면 또 변하지
아니하였다 또 그와 같은 시시비비를
하는 자들이 있을 것이니,
36 그리하여 서서히 변해 가며 서서히
역사해 가며, 나의 법전이 그리 세상
에 전해지며, 그리 서서히 보일 듯 말
듯 너 스스로 변해 가며 네 마음을 다
스려 가는 그와 같은 훈련을 내가 역
사함을 알아야 할 것이니라.

6,756 번째 하나님 말씀

2003년 7월 15일 14시

1 사랑하는 나의 아들아!
2 **"네, 아버님! 말씀하옵소서."**
3 내가 너의 제자들에게 십계명을 기록
하여 전하며 그걸 직접 적어 이웃에게
전하는 그와 같은 역사를 하라 하였음
이니라.
4 그 십계명을 기록할 때는 내가 너희

손을 잡아 그 펜을 돌림이니, 내가 직접 써 너희에게 상을 주는 것이라 그리하였으니,

5 나로부터 상으로 받은 그 십계명에 대하여 너희가 직접 쓰며 읽고 그걸 들여다볼 때 깨우치고 느낀 바를 기록하여 만백성에 전하도록 각자에게 그 책임을 주도록 그리하라.

6 너의 제자들에게 십계명을 보고 쓰고 기록할 때 그 속에 담긴 의미요, 뜻이요, 깨달음을 직접 글로써 나의 법전에 기록하여 그걸 영원히 남기도록 그리하라.

7 그렇다면 너희가 십계명이 얼마나 중요하고 소중한 것인가를 알겠는가?

8 이게 하늘에 오르는 길이요, 구원을 받는 그 길이 묻혀 있으며 뒤로 밀려나 있으며 정녕 그를 보지 못한 시간이 2천 년이 흘러왔음이니라.

9 그리하여 이제는 정녕 십계명이 하늘에 오르는 길이요, 구원의 양식이라는 것을 내가 너희에게 말하였음이니,

10 그 양식을 너희가 먹어 소화시키며 그 양식을 너희가 접하도록 하는 것이 당연한 것이 아니더냐?

11 나의 십계명이 너희 영혼을 구원하는 양식이요, 하늘에 오르는 그 기본의 양식이라 하였으니,

12 그 양식을 받아 잘 소화시키고 너희 것으로 만들어 너희 몸에 필요한 영양분을 공급하듯이, 이제는 나의 십계명이 세상에 나올 때며 이 십계명의 소중함을 알릴 때이니, 이를 과연 누가 역사하겠는가?

13 너희들로부터 모두 역사하게 됨이니라.

14 그러니 너를 따르는 제자들이 십계명을 직접 쓰고 느낀 그 마음의 뜻을 기록하여 나의 법전에 각자의 이름을 기록하여 전하도록 그리하라.

15 그리하여 만백성이 십계명이 중요하며 십계명에서 얻고 깨우치는 것을 그들이 보고 다시 한 번 십계명이 소중함이요, 두려움을 알며, 나의 친필이라는 것을 깨닫도록 그리하라, 사랑하는 나의 아들아!

16 이를 전하여 그와 같이 행하도록 하라.

6,757 번째 하나님 말씀

2003년 7월 15일 14시 07분

1 사랑하는 나의 아들아!

2 "네, 아버님! 말씀하옵소서."

3 이제 너를 따르는 제자들이요, 나의 법전을 읽고 깨우친 너희는 육이 이 지상에 존재하는 세속의 삶이 얼마나 중요하고 귀한 것인지를 알았을 것이니라.

4 거기에서 너희가 욕심의 뿌리를 버리지 못하며 바로 살지 못한다면, 너희는 나의 사랑하는 아들딸이 아니요, 사탄의 자식이라 내가 그렇게까지 말하였음이니,

5 그 무섭고 두려운 의미의 말을 너희가 어찌 새겨 깨달음을 얻느냐, 어찌 행하고 사느냐는 너희에게 달렸음을 알아야 할 것이니라.

6 너희가 사탄으로부터 내려온 그 욕심의 뿌리를 너희 몸에서 뽑아내지 아니한다면 아무것도 이룰 수 없으며 역

사할 수 없으며,
7 아무리 너희가 울고불고하며 산해진
미를 쌓아 놓고, 있는 재산 모두를 다
나에게 제물로 바쳐 울고불고 기도한
다고 해도 너희가 그 욕심의 뿌리를
버리지 아니한 자는 내가 그를 받지
아니하며 볼 수 없음이니라.
8 그는 나의 아들딸이 아니요, 사탄의
자식이기 때문이니,
9 내가 나의 아들이 나를 위하여 드리는
경배하는 제사의 제물은 볼 수 있으
나, 사탄의 자식이 나에게 드리는 제
물이요, 그 제사를 내가 보겠는가?
10 너희가 생각해 봐도 그 의미를 알 것
이니라.
11 그러니 욕심의 뿌리를 뽑아 버리는 것
이 너희가 가장 중요함을 알라.
12 너희가 욕심의 뿌리를 뽑아 버렸을 때
나 여호와의 성령이 너희에게 임하는
것이요,
13 너희가 욕심이라는 그 근본을 뽑지 아
니하였을 때 나의 성령은 너희에게
절대 임하지 아니하며, 너희에게 역사
할 수 없다는 걸 알아야 할 것이니라.
14 너희는 성령이 너희에게 임하고 임하
지 아니하는 것을 그저 소홀히 생각할
것이니라.
15 너희는 알아야 할 것이니라.
16 죽어 마지막 나에게 와 심판을 받을
때 너희는 그 성령의 기준에 의하여
심판을 받는다는 것을 잊어서는 아니
될 것이니라.
17 그리하여 그 성령이 뭘 너희에게 일
깨워 주는가?
18 성령이 임함으로써 마지막 날 너희가
나에게 와 심판을 받는 그 방법과 그
리고 그에 대한 죄의 대가를 치르는
것, 그 모두를 나의 성령이 너희에게
임했을 때 깨우쳐 주며 심판에 대비하
는 그와 같은 훈련을 성령이 너희에게
시킨다는 것을 잊어서는 아니 될 것이
니라.
19 성령의 가르침만이 너희가 육의 세상
에서 벗어나는 가르침이요,
20 너희 눈으로 보이는 것, 이 지상의 세
상에서 얽히고설켰으며 생각하고 계
획하는 것, 그 모두는 육의 세상에서
이루어지는 것이요,
21 성령이라는 것은 하늘나라의 뜻을 가
르치며 하늘나라에 오르는 그 예비된
것을 너희에게 가르쳐 주고 깨우쳐 주
는 것이 나의 성령의 역사함이니라.
22 그러니 성령이 너희에게 역사함이 얼
마나 소중하고 중요한 것인지 알겠는
가?
23 모두를 다 가르쳐 주며 하늘의 법도를
가르쳐 주며 하늘의 역사함이요, 심판
의 기준이요, 심판의 길이 무엇인지를
성령이 너희 몸에 임했을 때 그 성령
으로 하여금 너희를 가르친다는 것을
잊지 말라.
24 너희가 살아온 결과에 따라 거기에 대
해 하나도 빠짐없이 심판을 받는 것이
며,
25 너희가 심판을 받아 그 모두가 다 심
판대에 선다는 것을 일깨워 주는 그것
까지도 다 성령이 너희에게 임하지 아
니하면 이 깨달음을 얻지 못하며 이를
듣지 못하며 보지 못하는 것이 너희니
라.

26 그리하여 성령이 임하지 못한 자는 나
와는 관계없다 그리하지 아니하였던
가?
27 너희가 역사하는 것, 그 모두가 성령
에 의하여 성령이 임했을 때 이것이
죄악인지 아닌지 깨달음을 또한 얻게
되는 것이니라.
28 성령이 임하지 않은 자는 심판대에 설
자격도 미달이라는 것을 알겠는가?
29 성령이 너희에게 임하여 다스리고 인
도했을 때 그나마 심판대에 설 자격이
있으며,
30 성령이 너희에게 임하지 아니했을 때
는 너희는 나의 뜻에 의하여 삶을 살
지 못하며, 하늘의 뜻과 하늘의 법도
가 무엇인지 모르고 살기에 너희는 아
무런 도움을 받을 수 없으며, 심판대
에 설 자격까지도 박탈당한다는 것을
알겠는가?
31 너희 자신이 자격이 없음이니라.
32 그리하여 마지막 시대에 내가 뭐라 했
느냐?
33 나의 법전을 가슴에 안고 정독하지 않
은 자는 심판대에 설 수 없다고 그리
말하였음이니, 바로 나의 법전이 무엇
인가?
34 성령이 너희 몸에 임하는 것을 깨우쳐
주며 그것을 안내해 주는 것이니라.
35 너희가 욕심을 버리며 계명을 지키며,
내가 내리는 법전을 따라 사는 것이
성령이 임할 수 있는 기초요, 근본이
니,
36 너희가 나의 법전을 읽고 깨우치지 아
니하면 성령이 임할 수가 없음이니 바
로 무엇이던가?
37 깨우침이 없으니 심판을 받을 수 없는
것이며,
38 성령이 임하지 아니하였으니, 성령에
의하여 심판을 받는 것이기에 심판을
받을 수가 없으며,
39 너희는 성령이 심판을 받는 것을 가르
치는 것을 듣지 못하며 그를 배우지
못했으니, 나와는 아무런 관계가 없음
이니,
40 나와는 관계없는 그와 같은 길을 왔기
에 너희는 심판대에 설 자격이 없다는
것이 거기에 있음이니라.
41 그러니 성령이 임하도록 전하는 나의
법전을 읽지 않으면 심판대의 모든 것
을 좌우하는 성령이 너희에게 임하지
못하니,
42 나의 법전을 정독하여 읽지 않는 자,
그리 행하지 않는 자는 구원의 길을
볼 수 없으며, 심판대에 설 수 없다는
그 무서운 의미의 뜻을 이제는 알게
되었을 것이니 그리 알라.

6,758 번째 하나님 말씀

2003년 7월 15일 14시 20분

1 사랑하는 나의 아들아!
2 "네, 아버님! 말씀하옵소서."
3 지금의 종교 집단과 지도자들이 사랑
하는 나의 백성을 얼마나 우롱하며
그들을 함부로 다루며 얼마나 어리석
은 자로 취급하며 애들같이 다루는가?
4 지금의 목회자라는 자들이요, 그리고
너희 집단에 속해 있는 종교 지도자들
이 뭐라 말하느냐?
5 너희는 평생 교회라는 곳에 나와 재

물을 바치며 찬송하며 경배하며 모든
봉사를 하며 광신도가 되어야 구원을
받는다고 그리 말하느니라.
6 부모와 형제에게 잘못함이 있다 해도
너희 손으로 만든 교회에 와서 평생
재물을 바치며 울고불고 회개하고 기
도하면 구원을 받는다고 그리 가르침
이니,
7 잠시도 쉬지 못하게 하며, 주일에 너
희가 예배 보는 그 시간과 찬송하는
시간에 참석하지 아니하면, 재앙을 받
을 것이며, 구원을 받지 못할 것이며,
그에 대한 체벌을 받으며, 그에 대한
죄의 대가를 나 여호와로부터 받는다
하며,
8 그들을 공포 분위기로써 몰고 가면서
나의 백성을 그리 끌고 가는 자들이
아니던가?
9 그러니 그와 같이 평생 너희에게 봉
사하고 희생하며 그들이 너희의 제물
이 되어 재물을 갖다 바치며 너희가
명하는 대로 따르고 순종하는 자만이
구원을 받으니,
10 부모와 형제 간에도 거리를 멀리하며
그와 같이 무섭고 독한 마음으로 가는
것이 하늘에 오르는 길이요, 구원을
받는 길이라 그리 가르침이니라.
11 그러나 너희는 또한 한편으로 그 입
으로 어찌 가르치는가?
12 너희는 이와 같은 행위를 또 한쪽에
서 하고 있지 않은가?
13 너희가 평생을 살아오면서 나 여호와
를 믿지 아니하였으며, 나를 의식하지
아니하였으며, 나의 계명대로 살지 않
았으며, 그가 짓고 있는 그 죄가 이루
말할 수 없어 도저히 구원을 받을 수
없는 자요, 만인으로부터 저주 받으며
짐승만도 못하다는 소리를 듣는 자,
14 그가 재물을 가지고 있으며 인생을 살
다 숨을 거둘 때, 너희는 뭐라 말하는
가?
15 아무리 죄를 많이 지었으며 지옥을 벗
어날 수 없는 그와 같은 자이며 영혼
을 구원받을 수 없는 자라도,
16 그들이 죽기 전에 단 10분 전이요, 1
분 전이요, 1초 전이라도 너희 목사라
는 자가 달려가 '믿습니까?' 할 때 예
수를 믿는다 그리 말하며, 예수를 믿
는다고 대답만 하며 입으로써 '나는
예수를 믿습니다.' 그와 같이 말을 하
면,
17 죽기 전에 단 1초의 시간을 내서 그
입으로 '예수를 믿는다.' 너희 앞에 그
리 약속하면 그는 천국을 가며 구원을
받는다 그리 가르치고 그와 같이 하는
행위를 하지 않는가?
18 그리하여 너희는 뭐라 말하는가?
19 그 가족들과 같이 그 자식들에게 '부
모가 지금 천국을 갔으며 구원을 받았
다' 하여 그 기쁨을 같이 나누며,
20 자식이 먼저 죽어 애통해하는 그 부
모에게
21 '자식이 천국에 갔으니 걱정할 것 없
다, 그가 죽기 전에 예수님이 계시다
는 걸 믿었기 때문에 그는 천국에 갔
다' 그리 말하면서, 바로 뒤로 돌아서
챙기는 것이 무엇인 줄 알겠는가?
22 그 수고비라는 것을 너희는 거둬들이
며 받아들이는 것이니라.
23 과연 1초요, 1분으로써 나를 믿는다

생각할 때, 구원을 받는다 그리 말한
다면,
24 어찌하여 그 어렵고 힘들게 평생 믿
음을 가도 구원을 받지 못할 것이라
하며, 부모 형제가 사별한다 해도 그
믿음의 길을 가는 것이 더 위대하다고
그리 감히 말하는가?
25 너희 인간 세속에서 사람이 죽으면 거
기 가서 일하는 자가 있으며 거기서
또한 제 나름대로 사업을 하는 자가
있으니, 그게 무엇이더냐?
26 장의사라 말함이니라.
27 그리하여 죽은 집이 있으면 사람이 죽
었을 때 달려가 그가 할 수 있는 일이
무엇인가를 찾기 위하여 그는 달려감
이니라.
28 그러니 그 장의사가 달려가는 것과,
너희가 죽은 자의 소리를 듣고 달려가
숨을 거두기 전에 '하나님이요, 예수
님을 믿습니까?' 하고 대답하면 '구원
을 받았다' 말하며 재물을 받아 오며
거기에 대한 수고비를 받아 챙겨 가지
고 오는 자,
29 그렇다면 너희가 장의사와 너희가 무
엇이 다르며 행동이 다르단 말인가?
30 장의사라는 것은 직업이요, 그가 남을
위하여 도와주며, 또한 그 부모가 돌
아가고 자식이 돌아간 슬픔의 집에 수
고로움을 덜어 주는 것이니라.
31 그러나 너희는 죽어 가는 자에게 '예
수님을 믿습니까?' '믿습니다.'하고 입
으로 시인하면 천국을 갔다 하여 그
모두에게 기쁨을 주는 듯하면서 챙겨
서 나오는 것이 무엇인가?
32 이게 가르침이요, 이와 같은 가르침
때문에 지금의 기독교인들이요, 모든
믿음의 길을 가는 자들이 '나는 구원
을 받았으며 확실히 나는 틀림없이 하
늘에 오를 수 있다.'며 그리 오만방자
하게 지금 설치는 것이 아니더냐?
33 단 1초만 하나님을 믿고 믿었다 해도
구원을 받거늘, 저희는 평생 재물을
바치며 그와 같이 헌신하고 봉사했으
며 성전을 짓는 주춧돌에 너희 가족의
이름을 써서 거기에 묻은 역사까지 이
룬 그와 같은 공이 있음이니,
34 너희야 천 번 만 번 구원을 받고도 남
는 것이 너희 계산이요, 상식적으로
그럴 것이니라.
35 물건을 파고 사는 이해관계에 밝은
너희가 그와 같이 1초만 믿는다 하여
입으로 인정해도 천국에 가며 구원을
받는 그 믿음이요, 그렇게 쉽고 간단
한 것을,
36 너희는 평생 갖다 바치고 봉사했음이
니, 구원받고 하늘에 오르는 것은 당
연한 것이니, 구원을 받았다 말하는
너희가 당연한 것이니라.
37 그리고 또한 예수의 보혈로써도 거기
에 따라 구원을 받았다고 그리 말함이
니, 그리하여 이와 같이 오만방자하
게 흘러왔음이니 너희가 잘못되었음
을 알아야 할 것이니라.
38 그렇다면 평생 어렵고 힘든 그 믿음의
길을 가는 이유가 무엇이며 그 뜻이
어디 있다 생각하는가?
39 그리하여 바로 너희가 기복 신앙의
대표적인 자들이며,
40 돼지머리 놓고 고사 지내고 절하는 자
보다 더 사악한 기복 신앙의 길이라

하였음이니라.
41 죽기 전에 1초만 기도하면 구원을 받
는 그 쉽고 간단한 방법이 있거늘, 어
찌하여 이렇게 어렵고 힘든 그 믿음의
길을 간다 하느냐?
42 이를 볼 때 내가 어찌 너희를 평가하
여야 하는가?
43 너희는 바로 그러한 것이니라.
44 너희가 그 죄를 짓고 빌고 또 오늘의
교회라는 곳, 너희 손으로 지은 성전
에 평생 나가는 것은 무엇이더냐?
45 이미 너희는 구원을 다 받은 자며 죽
기 전에 믿음으로써 구원을 받으며,
흉악한 죄인이라 해도 '믿습니다.' 하
면 선택을 받는 그 길을 이미 거친 자
들이니, 구원을 받는 것은 이미 받아
놓은 밥상이요,
46 다만 육의 세상에 살면서 더 부귀영화
를 얻으며 재물을 얻기 위하여 지금
믿음의 길을 가는 것이 아니던가?
47 너희가 그리 갈구하고 원하는 구원의
길을 얻은 자라면, 1초만 '믿습니다.'
입으로 시인해도 천국에 가는 그 쉬운
것을 놔두고,
48 아무리 흉악범이요, 아무리 사악한 자
요, 부모를 죽인 살인자라 해도 눈을
감기 전에 '예수님을 믿습니다.' 하면
그 죄를 다 사해 주는 천국에 가는 그
쉬운 길이 있거늘,
49 그러면서도 지금 봉사하고 희생하며
광란의 짓을 하며 울고불고 재물을 바
치려 하는 것은 무엇이던가?
50 가지고 있는 재물이요, 인간의 재물이
요, 인간의 삶의 세상에 보이는 그 부
귀영화를 더 얻기 위하여 그리하는 것
이 아니던가?
51 그러니 너희가 바로 기복 신앙의 대표
자들이요, 그리하여 그 기도는 나와
관계없다 하였음이니,
52 이 웃지 못할 현실을 바라보며 너희는
그래도 깨우치지 못한단 말이던가?
53 그렇다면 무엇이더냐?
54 너희가 평생 교회를 나가는 것은 육의
세상의 재물을 더 얻고자 함이니, 그
것이 오늘의 믿음의 길을 가는 백성이
니 그리 알라.
55 과연 1초만 믿으면 되는 것을, 너희는
어찌하여 그 구원을 받는 것을 그와
같은 길을 선택하지 아니하고 이리 험
악하고 심한 길을 간단 말이더냐?
56 그러면 여기서 너희는 욕심을 하나
더 가지고 있는 사악한 자들이 아니더
냐?
57 1초 동안에 '하나님을 믿습니다.' 하고
가는 자는 구원을 받으며, 너희는 더
큰 집, 더 위대한 곳, 더 좋은 곳에 올
수 있다는 그와 같은 생각에서,
58 더 높은 곳, 더 좋은 것, 천국에 더 좋
은 집, 지상에서 너희가 사는 집처럼
천국에도 집이 있는 것처럼, 그리고
모든 물질 문물이 너희 손으로 만질
수 있고 볼 수 있는 것처럼 거기에서
더 큰 것, 더 위대한 것을 얻기 위하여
그 길을 가고 있다는 것이냐?
59 그러니 너희는 이래저래 기복 신앙의
대표자요, 욕심에 뭉쳐진 벌레 덩어리
와 같은 것을 알겠는가?
60 내가 보는 너희 심성은 벌레로 뭉쳐
진 그와 같은 것이니라.
61 너희가 즐기는 그 차고 노는 공과 같

은 그 속에 우글거리는 벌레로서 사악
한 마음이 들끓는 것이 너희 형체라
내가 말한다면 어찌하겠는가?
62 그러니라. 얼마나 종교 지도자가 나의
백성을 우습게 보며 우롱하며 아이들
같이 보며 미련한 자요, 불쌍한 자로
보면 그와 같은 말을 하겠는가?
63 너희는 평생 믿고 재물을 바치며 광
란의 짓을 해도 구원을 받지 못하며,
부모 형제 간에 사별해도, 부모 형제
가 인연을 끊는다 해도 믿음의 길을
가는 것이 더 위대한 길이며 축복받는
길이요,
64 단 기도하는 날 한 번 빠지며 주일이
라는 날 한 번 빠져도 벌을 받고 한다
면서, 어찌하여 1초만 기도하면 구원
을 받는 자가 그저 너희가 평생 살아
가는 동안에 몇 번의 길을 너희 행사
에 참석하지 아니하며, 너희 안식일이
라는 날에 설교하는 말을 듣지 않아도
벌을 받으며 구원을 받지 못한다 말하
는가?
65 이 웃지 못할 현실이 얼마나 뒤죽박죽
인 줄 알겠는가?
66 불쌍한 나의 백성들아!
67 나의 법전을 읽었으면 너희들이 깨우
치며 눈을 뜨도록 그리하라.
68 나 여호와의 가슴이 답답하여 더 이상
내가 나의 아들을 통하여 무엇인가를
기록하여 전할 말이 막히는구나!

6,759 번째 하나님 말씀

2003년 7월 15일 14시 29분

1 사랑하는 나의 아들아!
2 "네, 아버님! 말씀하옵소서."
3 너를 따르는 제자들이요, 내 사랑하는
선택된 백성에게 그리 전하여 주라.
4 너희가 오늘의 삶에 불안하며 바로 서
지 못하는 것이 마음의 고통이 큰 줄
알고 있음이니라.
5 그러나 너희가 오늘의 깨달음이요, 나
의 법전을 읽고 정독하는 마음이요,
바로 서고자 그 변하는 마음이 시소의
가운데 서 있는 그 위치까지 왔음을
알아야 할 것이니라.
6 너희가 사악한 쪽으로 기울어진 그
시소의 어렵고 힘든 벽을 미끄러지며
또 일어서고 또 일어서 걷고 하여 이
제 중심점까지 올라온 백성이니,
7 여기까지 온 너희를 사랑하며 그 기
쁨이 나에게 이루 말할 수 없음이니라.
8 다만, 너희와 나와 이루어지는 그 관
계는 영적인 것으로 이루어지며 보이
지 않는 영혼의 세계에서 모두 이뤄짐
이니,
9 내가 너희를 사랑하며 너희에게 상을
쌓아 놓음을 보지 못하는 것뿐이니라.
10 다만, 육을 가진 너희와 나 여호와와
이루어지는 것은, 나 여호와는 영적으
로 이뤄지며 영혼의 세상이기에 너희
가 나를 보지 못하며 내가 너희 이름
앞에 너희에게 주고자 하여 그 상을
쌓아 놓는 것을 너희는 모르는 것이
니라.
11 너희가 이제 악이라는 쪽에 기울어진
그 시소에서 기어오르고 또 기어오르
고 넘어지면 또 일어서고 하여 무릎이
깨지고 손발이 터져 가면서까지 이제
중심점까지 서 있느니라.

12 지금 깨우쳐 있는 너희 마음이요, 행
하는 것이 그 중심점에 서 있으니, 이
제 거기에서 한쪽 발은 선한 쪽의 하
늘에 오르는 길에 서 있으며, 한쪽 발
은 악함을 향하여 내려갈 수 있는 거
기 또한 서 있음이니,
13 여기에서 너희가 어느 쪽 발에 힘을
주며 어느 쪽으로 네 마음을 주느냐에
따라 너희가 악한 길로 미끄러질 수도
있으며, 나에게 오는 선한 길로 미끄
러질 수도 있음이니,
14 이것이 너희가 오늘에 서 있는 위치
라 그리 반드시 가르쳐 주라.
15 그리하여 내가 너희가 넘어지지 않고
쓰러지지 않고 선한 길 쪽이요, 그 길
로 오게 하려고 십계명을 직접 손으로
쓰라 하였으며,
16 내가 친필로 써 내린 십계명을 내 손
으로 쓴 것이니, 그리하여 너희에게
개인적으로 그 상을 내려 쓰러지지 않
도록 하고자 함이니라.
17 너희가 선한 쪽의 시소와 악한 쪽의
시소 양쪽에 발을 놓고 있음이니, 악
한 쪽에서는 너희를 환영하며 장구
치고 북 치고 나팔 불며 세상의 온갖
것을 다 준다고 오라 손짓하며 유혹하
고,
18 너희가 오른쪽의 선한 쪽을 바라보니
그 시소의 오른쪽은 지금까지 너희가
올라온 그 길보다 더 험난하고 어려우
며 경사가 더 높아지며 더 가파르니,
19 너희 몸의 상처가 이루 말할 수 없이
힘들고 어렵게 기암절벽을 넘는 것이
오른쪽 길을 선택하는 것이니라.
20 여기에서 두렵고 무서워 너희를 환영
하며 손짓하고 부르는 사악한 시소
쪽에 중심을 싣는다면,
21 한 번 미끄러져 내려가기 시작한다면
너희가 지금까지 피투성이가 되고 만
신창이가 되어 중간까지 올라온 그곳
에서 영원히 올라설 수 없음이니라.
22 그러나 선하고 힘든 오른쪽의 선한
쪽의 시소요, 그 험난한 길을 마다하
지 않고 온다 하면, 나 여호와가 너희
에게 빛이 되어 그 어렵고 힘든 길을
넘게 할 것이니 나를 믿으라, 사랑하
는 나의 아들딸들아!
23 이제 내가 너희에게 전함이니라.
24 너희는 중간에 서 있음이니라.
25 양 발을 시소의 양쪽에 벌려 놓고 있
음이니, 오른쪽은 선한 길로 오는 험
악하고 협착하고 고통스러운 길이요,
26 왼쪽은 나팔 불며 너희를 부르며 모
든 것을 다 주겠다 유혹하니,
27 여기에서 너희가 어떠한 길을 선택할
것인가 지금 갈림길에 서 있음이니라.
28 그리하여 내가 너희를 사랑하며 여기
까지 온 그 공로요, 중심을 잡고 있는
거기까지 올라온 그 공로에 내가 상을
내린 것이,
29 십계명을 직접 써 암송하며 항상 그걸
보고 내가 같이한다는 그 의미를 알며
그 속에서 깨달음을 얻으라 하여 너희
에게 급히 처방을 내린 것이니 그리
알라, 사랑하는 나의 아들딸들아!

6,760 번째 하나님 말씀

2003년 7월 15일 14시 41분

1 사랑하는 나의 아들아!

2 "네, 아버님! 말씀하옵소서."
3 나에게 오르는 길이요, 나의 뜻을 연
구하며 만백성을 나에게 이끈다는 종
교 집단 그들이 정녕 나의 뜻에 역사
하여 오늘과 같은 세월이 흘러왔다면
지금의 지상은 낙원이 이루어졌을 것
이니라.
4 예수가 이 세상에 와 지상의 낙원을
이루고자 했던 그 세월이 너희가 말
하는 2천 년이라는 세월이 흘렀음이
니,
5 내가 오늘날 너희에게 지상의 낙원을
하늘에 있는 낙원처럼 지상에 이루는
것을 몇 년을 두고 있느냐?
6 천 년이라는 세월을 두고 그 모든 역
사를 이루고자 함이니,
7 나의 아들 예수가 세상에 와 너희를
깨우치고자 한 그대로 배우고 깨우쳐
왔다면, 두 번을 지상의 낙원이 하늘
의 낙원처럼 이루어지는 그 변화의 세
월이 아니더냐?
8 그러니 그동안 흘러오는 종교 집단이
요, 지도자들이 얼마나 나의 뜻을 거
역했으며 그들이 어찌 왔기에 오늘같
이 말세요, 종말이요, 사악한 시대가
이루어졌단 말이던가?
9 저희는 구원을 받은 자요, 진실한 자
라 하며 모든 백성은 도둑이요, 사악
한 자요, 이단이라 그리 칭하나,
10 사실은 그들이 이단이요, 사악한 행위
를 했으며 근본이 그들이라는 것을 어
찌 모르는가?
11 내가 오죽하면 그들에게 전하였겠느
냐?
12 너희가 코를 땅에 박고 걸어 다니는
그 벌로 죄를 빌어도 용서받지 못할
자라는 것을 내가 법전에 기록하여 전
했음이니, 얼마나 그것이 너희에게 경
종을 울리는 뜻이며 무서운 말인가를
알겠는가?
13 정녕 나 여호와가 내린 너희를 평가
하는 말이라면 이는 사실 그대로 가야
하는 것이 당연한 것이니,
14 너희의 그 죄가 그와 같이 바닥에 닿
아 있다 함을 알아야 할 것이니라.
15 모든 종교 집단이 나의 아들 예수를
통하여 이루고자 했던 그 역사가 아니
요, 내가 이루고자 하는 나의 뜻과는
관계없는 믿음이요, 나와는 아무런 인
연이 없는 그 길을 가고 있음이니,
16 천국이 어찌 이루어지는 것이며 하늘
나라가 어찌 이루어지는 것인지 그 모
두를 알지도 못하며 그것을 생각지도
못하는 자들이 지금 나의 백성을 이끌
어 간다고 그리 말하니,
17 나로부터 받은 은혜가 무엇이며 내가
너희에게 내리는 은혜가 어찌하여 이
루어지는 것인가를 너희들이 알겠는
가?
18 아무것도 모르는 자들이 그저 믿음이
라는 그 길이요, 그저 저희만 따라오
면 된다 그리 가르치고 있는 것이 지
금의 너희니라.
19 종교 지도자가 무엇을 가르치는 것인
가?
20 모든 백성이 영적으로 거듭나지 아니
하면 구원을 받을 수 없으며 구원의
길을 볼 수 없으며,
21 종교 지도자가 거듭나지 않으면 그 자
격이 없다 내가 그리 말하여 주지 아

니하였던가?
22 그러니 거듭나지 못한 자들이 가르치
며 거듭나지 못한 자 밑에 가 하늘에
오르는 길이라 하여 가는 것은, 눈에
보이는 육의 세상을 벗어나지 못하며
그 안에서 허덕이고 있다는 증거임을
너희는 알아야 할 것이니라.
23 그러니 거듭나는 백성이요, 나로부터
명을 받은 자요, 진정한 지도자요, 안
내자를 보며 나의 성령을 찾아 그를
보고 깨우치는 그와 같은 길을 가지
아니하면 절대 구원을 받을 수 없으며
역사할 수 없다는 것을 알라.
24 너희가 그리 갈구하며 새로운 보혜사
를 보내 주기 바라며 나의 성령이요,
아버지의 말씀을 세상에 내려보내 달
라, 그리고 너희를 구원하는 길을 인
도해 달라 그리 울고불고하는 그 소
원을 내가 들어
25 지금 나의 아들을 통하여 제3의 시대
에 160권의 법전을 세상에 내려보내,
그 속에 너희가 하늘에 오르는 길이
요, 거듭나는 길이요, 영적인 새 생명
을 얻는 길이요, 나에게 올 수 있는 그
모두를 기록하여 내리거늘,
26 너희가 육의 세상의 보이는 것만 위해
살아가는 어리석은 백성으로서, 영적
으로 거듭나는 그 길을 이루지 못하기
에 지금 너희들이 헤매고 있으며, 이
를 사탄이요, 이단이요, 사악한 자라
말함이니,
27 너희가 나의 법전을 읽어 보지도 아니
하고 사탄이요, 이단이라 하는 것은
너희가 육의 세상의 한계를 벗어나지
못했음이니,
28 하늘의 뜻이요, 나 여호와의 뜻을 볼
때, 이는 두렵고 무서우며, 감히 눈이
뜨이지 않고 귀가 열리지 아니하여 이
를 읽지 못하며 듣지 못함이니,
29 나의 아들 예수가 너희를 통하여 일
찍이 전하였느니라.
30 너희가 눈이 있어도 보지 못하며 귀가
있어도 듣지 못한다는 것이 무엇인 줄
알겠는가?
31 너희가 살아 있는 자요, 믿음의 가는
길이요, 나로부터 구원의 길에 왔다
하는 백성 너희가 진정한 믿음의 길
이 아니요,
32 나 여호와가 역사하는 그 성령의 길이
요, 내가 이루고자 하는 것을 보지 못
하고 듣지 못하고 쓸데없는 짓만을 하
고 있기 때문에 바로 너희가 그와 같
은 자라 내가 그리 말하였음이니,
33 그 뜻을 깊이 깨우친다면, 오늘의 새
로운 보혜사요, 나의 성령이 세상에
내려오는 데 너희가 눈을 떠야 할 것
이며 이를 믿고 들여다봐야 할 것이
니라.
34 정녕 너희가 이를 믿지 못하며 불안
한 마음이 있거든 나의 법전을 정독해
보고 그 속에서 평가하고 답을 찾으면
될 것을,
35 너희는 보지도 아니하며 열어 보지도
아니하며, 사악한 자요, 말세에 거짓
선지자가 오는 것이라 그리 매도하고
찢어 버리니, 내 가슴을 울림이니라.
36 나의 성령이 기록되어 있는 나의 법전
이 너희한테 짓밟히고 찢기니, 나의
성령이 피눈물을 흘리며 나를 바라보
고 있음이니라.

37 '아버지여! 어찌하여 성령의 아버지
뜻을 이리 내려보내 이 사악한 백성
에게 찔리고 밟히며, 독침을 맞는 것
보다도 더 아픈 마음을, 성령인 이 법
전이, 이 뜻이, 아버님의 뜻이 이리 고
통과 시련을 겪어야만 하는 것이옵니
까?' 하며
38 성령인 나의 법전이 나를 향하여 피눈
물을 흘리고 있는 그 처참한 모습을
바라보는 나는,
39 나의 아들딸이요, 나의 법전을 역사하
며 나의 아들을 따르는 제자들이 있으
며 너희가 역사할 수 있기 때문이니
라.
40 내가 뭐라 하였느냐?
41 너희가 오물을 가지고 땅에다 던질
때, 한 주먹의 오물을 가지고 10미터
에서 놓을 때 퍼지는 것과 너희 키 높
이에서 퍼지는 그 오물은 높이에 따라
다르다 하였으니,
42 아무리 너희가 악한 방법으로써 하늘
을 찌를 듯이 지금 올라온다 해도, 그
믿음이요, 사악한 그 악의 존재는 아
무리 뿌려도 한계가 있음이니라.
43 나 여호와가 빛으로써 나의 법전을 너
희 손에 내려보내니, 너희가 천사로
서 너희보다 더 높이에서 내려보낼
수 없으며 더 높이에서 뿌려지는 것이
없음이니,
44 이 세상을 덮는 것은 너희가 천사로
서 나로부터 받아서 내려가는 그 빛
이요, 나의 법전이 세상에 내려가는
것보다 더 높이에서 내려지는 것이 없
음이니,
45 너희가 승자가 된다는 의미의 뜻이 여
기에 있음을 알라, 사랑하는 나의 아
들딸들아!

6,761 번째 하나님 말씀

2003년 7월 15일 14시 47분

1 사랑하는 나의 아들아!
2 "네, 아버님! 말씀하옵소서."
3 나 여호와의 아픈 마음이요, 나의 찢
어지는 이 가슴을 너는 알 것이며 나
여호와의 심정을 너는 알고 있지 않으
냐?
4 이 백성을 인도하며 이들을 깨우쳐 하
늘에 오르는 길에 네가 잠시도 쉬어서
도 아니 되며 최선의 노력을 다하여
야 함을 절대 잊지 말라, 사랑하는 나
의 아들아!
5 네가 바로 서는 것, 하늘을 향하여 한
점 부끄럼 없이 사는 그 고통은 아무
것도 아님을 너는 알아야 할 것이니라.
6 너는 그와 같은 길을 갈 때 주저하지
말며 두려워하지 말며 너 자신을 의심
치 말라.
7 그리고 너는 자신 있게 가야 할 것이
며 그리 갈 수 있음을 알라.
8 네가 그리 가지 못한다면 지금 나의
아픈 가슴이요, 이 마음을 달랠 수 없
으며 내 마음을 진정할 길이 없다는
것을 너는 알겠는가?
9 이 모두를 재앙으로써 모든 백성이
그 재앙 속에 슬픔으로 맞이하는 그와
같은 처참하고 비참한 그 길을 보면서
도 그 길이 열리도록, 그 길이 행해지
도록 나의 아들 너는 그리 가지 않을
것이라 나 여호와는 믿고 있음이니라.

10 네가 천사와 같이 변하여 모든 백성을
깨우치며, 나의 법전이 정녕 나 여호
와의 뜻이라는 것을 알아 만백성이 이
를 접하는 그날이 반드시 올 것이며,
11 그 역사를 이루는 것은 네가 얼마나
바로 서고, 네가 얼마나 정직하며, 네
가 얼마나 정당한 모습으로 살아가느
냐에 달렸음을 잊지 말라.
12 지금의 수천 년 동안 흘러오는 모든
종교 집단이요, 지도자 그들이 그 마
음을 바로잡지 못하며 다스리지 못하
였기 때문에,
13 말로써는 나의 뜻에 따라 산다 하나,
그들은 나의 뜻을 거역하고 사는 자이
며,
14 나의 피조물 만백성들을 구원하여 하
늘에 오르는 길로 인도한다고 그리
말하나, 그들이 하고 있는 것은 무엇
인 줄 알겠느냐?
15 사랑하는 나의 아들아!
16 내 사랑하는 그 백성의 영적인 깨우
침을 그들은 막고 있음이니라.
17 진리를 깨우쳐 알아 하늘에 오르는 길
을 찾고자 노력하는 그 백성의 영적
인 깨우침을 막는 것이 지금의 종교
집단이요, 지도자요, 영혼의 영원한
구원을 위한 그 생명마저도 죽게 하는
자요, 그와 같은 행위를 하는 자들이
니라.
18 그들은 영적인 깨우침의 나의 백성의
길을 막으며, 그들이 영원히 사는 영
혼의 생명까지 막으니,
19 그들은 정녕 육의 세상의 살인자보다
도 더 무서운 살인을 하고 있으며, 더
무서운 약탈을 자행하고 있는 것이 그
들임을 너희는 알아야 할 것이니라.
20 종교 집단이라는 그들이 지금 나의 사
랑하는 백성의 영적인 깨우침이요, 영
혼의 영원히 새로 태어나는 삶이요,
그 나름대로 진리의 길을 찾아 한 점
의 부끄럼이 없이 살아가고자 하는 그
백성의 영혼까지 죽이니, 이들이 얼마
나 사악한 살인자인가를 너희는 알아
야 할 것이니라.
21 이들은 살인자요, 약탈자로 변화되어
있느니라.
22 그리하여 사탄의 앞잡이가 되어 사탄
의 뜻에 역사하는 자들로 지금 전락
되었음이니,
23 그들의 사악한 힘에 두려워하지 말며
너희가 현혹되어 넘어가는 일이 없도
록 나의 피조물 만백성을 일깨워 주라.
24 그 사악한 행위요, 이단의 행위요, 그
와 같이 하는 행위가 어떤 결과를 맞
겠는가?
25 나 여호와가 문을 열고 기다리는 그
천국의 문을 닫게 하는 것이며, 그 문
을 보지도 못하게 하며, 그 문의 근처
도 오지 못하도록 나의 백성을 그리
훼방하는 자들이니라.
26 너 자신이 잘못 깨우쳐 너 자신이 사
악하여 네가 지옥 불로 가 견딜 수 없
는 그 죄의 대가를 치르는 것은 당연
한 것이거늘,
27 어찌하여 너희가 너 자신만 가면 될
것을, 나의 사랑하는 백성까지 지옥으
로 이끌고 가는 그와 같은 사악한 행
위를 저지르고 있단 말이던가?
28 그 죄의 두려움을 너희가 모르고 있
음이니라.

29 너희로 하여금 나의 백성이 육이 있
는 세상에서는 재물과 시간을 약탈 당
하고,
30 그 또한 너희가 상처투성이로써 나의
피조물 만백성들을 고달프고 괴롭게
그리 만들어, 나의 백성에게 이성과
판단할 수 있는 그 능력까지도 모두
다 상실하게 하여 놓은 세뇌 교육시
킨 자들이니라.
31 그래서 나의 사랑하는 백성이 지상에
서는 재물과 시간이요, 모두를 약탈
당하며 그들을 피투성이요, 상처투성
이인 인간의 마음으로 만들어 놓았으
며,
32 그리하여 그 상처투성이인 마음이 아
름답게 씻어지지 못함이니, 영원히 사
는 나의 나라에 와 너희 영혼을 구원
하는 그 삶의 길을 오지 못하며,
33 그들이 스스로 힘이 없어 지옥으로 떨
어지는 그 불쌍한 나의 백성을 구원
하는 데, 너의 제자와 나의 법전을 읽
고 깨우친 백성 너희는 그들을 위하
여 너희가 잠시도 게을러서는 아니
되며 나태해서는 아니 됨이니,
34 이것이 나를 대신하여 너희가 역사하
는 책임임을 알라, 사랑하는 나의 아
들딸들아!

6,762 번째 하나님 말씀

2003년 7월 16일 0시 10분

1 사랑하는 나의 아들아!
2 "네, 아버님! 말씀하옵소서."
3 지금의 모든 종파가 그 이름을 붙이
며 그들이 갈라진 그 이유를 너는 알
겠는가?
4 "네, 그 뜻과 그 이유를 알겠사옵나이
다.
5 예수님께서 이 세상에 나와 아버님의
말씀을 전하며 그 뜻을 가르치고자 했
을 때, 그를 따르는 백성이 계속 지금
까지 이어 왔더라면, 오늘에 이와 같
은 사악한 형국은 절대 이루어지지 아
니하였을 것이옵나이다.
6 그러나 예수님을 죽게 했으며 그를 죽
도록 선동하고 선전하며 그와 같이 한
사람들이 바로 대제사장이요, 목자들
이요, 믿음의 길을 가는 자들이 그와
같이 사악한 행위를 했음이니,
7 과연 어찌하여 지금의 내려오는 그
후예들이 과연 바른 믿음이요, 진정한
길을 왔다 할 수 있겠사옵나이까?
8 그들은 저희가 잘못한 것을 감추기 위
하여 저희들이 잘못 역사하고 추한 것
을 덮어 두기 위하여 예수님께서 역사
하던 것을 오도했으며 그를 비방하였
으며 끝까지 그를 욕되게 하였나이다.
9 그리하였기 때문에 지금 모두 다 갈
라져 오늘과 같은 그 형국이 되었으
며, 그 모든 죄는 그들에게 있다는 것
을 깨닫고 느끼고 있사옵나이다.
10 아버님께서 일찍이 말씀하시기를, 아
름다운 하나의 도자기를 하늘에서 내
려 그것이 산산조각이 났음이니, 그
부서진 조각을 가지고서 저희가 완전
한 도자기라 말하는 그와 같은 형국이
라는 것을 일찍이 깨우쳐 주심을 생각
하고 있사옵나이다.
11 그것이 종파가 되었으며, 그게 다 지
금의 교리요, 저희가 가진 종파 속에

저희가 만든 교리를 가지고 이끌어
감이니,
12 정녕 아버님께서 내리는 그 깨끗한 도
자기요, 생수를 담아 전할 수 있는 그
도자기가 산산조각이 났음이니, 그것
이 산산조각이 난 이유를 이제야 알았
사옵나이다.
13 아버님을 믿으며 하늘의 길로 인도한
다는 그 종교 집단이요, 그 대제사장
이요, 목자요, 지도자들이 그들의 추
하고 더러운 모습이 참진리요, 진정한
예수님의 가르침이요, 그 교훈 앞에
드러날 것이 두려워 예수님을 죽게 하
였으며,
14 먼저 그들이 그와 같이 농성을 하며
아우성을 치며 그 살인한 살인자와 바
꾸도록 하여 예수님을 죽게 하였사오
니, 그들이 얼마나 간악하고 사악한
자들인가,
15 그러니 그들이 예수님을 죽게 하였으
며 그걸 계승하여 전하고 그 뿌리라
하여 모든 것을 이어받을 수 있는 아
버님을 믿는 자들이요, 종교 집단 그
들이 예수님을 죽게 하였으니,
16 그걸 따르고 제대로 배워 뿌리를 내려
야 할 그 백성이 예수님을 죽게 함으
로써 저희의 치부가 드러날 것을 미
연에 방지하여 그 사악한 짓을 했음이
니,
17 그들이 뿌려진 그 뿌리가 오늘날 어찌
되었는가를 생각해 보면 그 뜻을 알
것 같사옵나이다.
18 그 예수님이 내리고자 했던 것이 참진
리요, 아버님의 그 뜻을 거역하며 그
것이 잘못되었다 말한 자들의 그 후예
들이 지금의 종교 집단으로서 뿌리를
내리고 있음이니, 그들로 하여금 도자
기는 산산조각이 났으며,
19 그 예수님이 무너지는 그 순간에 예수
님의 옷을 조각조각 찢어 가졌다는 그
말처럼, 그 옷을 찢어 저희가 나눠 가
진 그와 같은 형국으로 지금의 모든
종파가 그리 갈라지고 찢어졌음이니,
20 그는 예수님이 죽는 그 순간에 하늘
에서 하나님께서 내린 아름답고 소중
한 도자기가 깨진 것이나 똑같은 그
형국이 되어 있음이니,
21 도자기가 깨져 산산조각이 난 것은 예
수님이 죽음으로 인하여 그 모든 종파
요, 그 교리들이 또 그와 같이 종파에
맞춰 번성하며 그 사악한 자들이 뿌리
를 내리는 그와 같은 역사가 이루어진
다는 것을,
22 예수님이 죽음으로써 그 걸쳤던 옷을
그 죽인 자들이 갈기갈기 찢어 갔다는
것, 그것이 종파들이 생긴 것이며 그
들이 사악한 이름을 펼친 것과 같은
그와 같은 형국이 오늘의 역사가 되어
있음을 이제야 그를 보고 깨달았사옵
나이다.
23 도자기가 깨진 그 조각을 가지고 고이
고이 간직해 놓으며, 그것이 완벽한
도자기라 그리 말한다 하심을, 이제야
그 뜻을 알았사오며,
24 깨진 그 도자기가 모든 종파요, 지금
의 그 종파들이 번성하며, 그 종파들
이 이 세상을 지배한다는 것을,
25 그리고 예수님의 뜻을 받아서 가장 잘
지키고 가야 할 그 종교 집단이요, 대
제사장들이 반대의 길이요, 반대의 역

사를 하여 지금의 모든 교리요, 믿음
을 이끌어 왔음이니,
26 그 후예들이 얼마나 잘못된 것이며,
아버님께서 그들은 관계없다 하며 그
들이 기도하는 것을 듣지 않는다 그리
하심이니, 그 뜻을 제가 이제야 깊이
깨닫고 알았사옵나이다.
27 제가 아버님의 명을 받아 160권의 법
전을 기록하니, 저를 따르는 가까운
그 제자들이 저를 배신하며 저에게 등
을 돌렸을 때, 그리고 그들이 배신하
여 저를 죽게 했을 때,
28 과연 그들은 이 법전을 얼마나 악용할
것이며, 이것이 잘못된 것이라 할 것
이며,
29 그리하여 잘못된 것으로써 그를 오도
하며, 다른 방법으로써 가는 길이요,
다른 것으로써 배우고 깨닫는 것이 하
늘에 오르는 길이라 할 것이며,
30 저의 제자들이 저를 등지고 저를 죽게
하고 저를 팔고 떠난다면 그들은 이
법전이 진정한 하나님의 뜻이 아니요,
31 하나님의 아들로서 제가 선지자로서
선택된 목자로서 하나님께 직접 성령
을 받아 이를 전했음이니, 이 하나님
의 아들인 저는 죽었다 해도 이 성령
의 말씀은 옳은 것이라고 이대로 지키
고 살아갈 자가 없으며,
32 이 또한 잘못됐다며 덮어 두고 찢어
버리며 그들이 먼저 이방인이요, 지금
의 종교 집단들보다 더 사악한 만행을
저지를 것은 당연한 것이며, 절대 이
대로 가서는 아니 된다고 그들이 그리
말할 것이니,
33 저를 배신한 그 제자들이 저희들의
그 배신함을 감추며 저희가 지은 죄
를 덮어씌우기 위해서라도 이 법전은
절대로 여호와 하나님의 뜻이 아니며
만백성을 구하는 심판의 책이 아니며,
하늘에 오르는 길이 아니며, 하나님의
말씀이 아니라 그들이 앞에 서서 그리
강조하고 그리 이끌어 갈 것이니,
34 그러니 그들은 거기에 버금가는 다른
것을 만들어 제시할 것이며, 다른 길
을 가는 것이 하늘에 오르는 길이라
하니,
35 그리하여 모르는 백성이 저를 배신한
그 제자들이 다른 길이요, 다른 책이
하늘에 오르는 길이라 그들이 말한다
하면, 모든 백성은 그를 보고 배우고
깨우침이니,
36 천년만년이 지난다 하여도 이 백성은
진정한 진리요, 진정한 아름다움이요,
진정한 하나님의 뜻을 배우는 것이 아
니요,
37 거역하는 것이요, 반대의 길만 가는
그와 같은 뿌리가 내려질 것이 자명할
것이니,
38 2천 년 전에 이루어졌던 역사가 바로
그와 같은 형국으로 이뤄진 것을 이제
야 제가 깨닫고 그 의미를 알았사옵나
이다.
39 이제는 아버님께서 말씀하신 그 뜻을
알았사옵나이다.
40 도자기가 깨지니, 그 깨진 도자기를
가지고 그것이 믿음이요, 완벽한 도자
기라 하며, 그저 천으로 싸 가지고 보
이지는 아니하며, 내가 가지고 있다
소리 지르는 그와 같은 형국이 오늘이
라 그 말씀하신 것을,

41 그 도자기 하나하나 조각에 제 종파의
이름을 붙였으며, 그리하여 그와 같은
새로운 종파요, 또는 종교 집단이 지
금 생기는 그와 같은 형국이 되었음이
니,
42 정녕 깨진 도자기가 어찌 그 역할을
하겠사옵나이까?
43 이제는 제가 그 뜻을 알았사옵나이다.
44 예수가 피 흘려 죽어 가는 그 순간에
예수의 옷을 나눠 갈기갈기 찢어 서로
가져간 것처럼, 그 순간에 수많은 종
파가 역사했으며 이 사악한 뿌리들은
그때서부터 시작되었음이니,
45 그때 대제사장이요, 아버님의 뜻을 따
라 행하여야 할 자들이며 예수님을
통하여 가르치고자 했던 것을 지키고
그대로 순종해야 할 그들이,
46 그 추하고 더러운 모습을 감추기 위하
여 예수님을 살인한 자와 바꿔서 죽도
록 그리 사악한 짓을 했음이니,
47 그러니 그들이 가르치고 전한 그 교리
가 2천 년 동안에 흘러오면서 죽은 교
리요, 그리고 아버님께서 관여하지 아
니한 것이요, 암흑의 그 길을 왔다는
그 말씀을 이 둔하고 불쌍한 자식은
이제야 그 뜻을 깨달았으며 그 의미를
알았사옵나이다.
48 그러니 이를 바로잡는 데 최선을 다할
것이며, 이를 바로 역사하는 데 그 모
두를 다 바쳐, 그와 같은 전철을 밟는
일이 없도록 그리하겠으며,
49 그 모두는 제가 변하는 모습이요, 저
의 제자들이 굳게 단련되며 그리하여
그와 같은 역사를 이루지 아니하고 제
자들에게 훈련에 훈련을 거듭하시는
아버님의 깊은 뜻의 그 의미를 이제야
깨달았사옵나이다.
50 대제사장이라 하여, 그 권위 있는 자
들이라 하여 그 시대를 이끌어 갔던
그들이, 진정 여호와 하나님의 그 뜻
이요, 진리를 그대로 지켜야 할 자들
이 그를 거부했으며 그를 등을 돌렸으
니, 누가 이를 지키며 누가 그를 역사
하겠사옵나이까?
51 그러니 예수님이 죽는 그 순간에 아버
님께서 예수님을 통하여 역사했던 그
모두는 놓쳐졌으며,
52 그저 갈기갈기 찢어진 그 삼베 옷자락
을 가져가듯이,
53 모든 종파만이 이렇게 흐트러지고 갈
라져 오늘과 같이 험악한 세상이 되었
으며, 돌이킬 수 없는 세상이 되었으
며, 다스릴 수 없는 세상이 되었으며,
54 사악한 종교 집단들의 그 뿌리가 지금
세상을 덮고 있는 이 험악한 세상을
바로잡고자 하시는 아버님의 그 뜻을
알았사오며,
55 바로잡기 위하여 조심조심 한 걸음 한
걸음씩 제가 나아갈 수 있도록 저에
게 역사해 주심을, 이제야 그 깊은 의
미를 알고 깨달을 것 같사옵나이다."

6,763 번째 하나님 말씀

2003년 7월 16일 0시 18분

1 사랑하는 나의 아들아!
2 "네, 아버님! 말씀하옵소서."
3 성서에 기록한 다음의 구절을 너희가
깊이 읽고 깨우쳐야 할 것이니라.
4 내가 일찍이 나의 아들 예수를 통하여

성서에 기록하여 너희에게 전하기를
다음과 같은 내용으로써 너희에게 전
한 구절이 성서에 있음을 알라.
5 '너희 자신을 위하여 무엇을 먹을 것
인가를 생각하지 말며, 무엇을 마실
것인가를 생각하지 말며, 무엇을 입을
것인가를 생각하지 말라.' 내가 너희
에게 그리 가르쳐 전하지 아니하였던
가?
6 나를 믿고 나에게 오르고자 하는 백성
이요, 또한 더구나 지도자는 그와 같
은 것을 철저히 지키며 그와 같은 삶
을 사는 것이 너희가 행하여야 할 길
이라 내가 일찍이 기록하여 전하지 아
니하였던가?
7 그리하여 내가 나의 아들을 통하여 나
의 법전에 또한 뭐라 너희에게 기록
해 전했더냐?
8 나의 법전에 다음과 같이 기록하여 너
희에게 전했느니라.
9 종교 지도자라는 자들이 제 이름으로
재물을 모아 놓으며 재물을 쌓아 놓는
그와 같은 행위는 나를 믿지 못하는
자요, 진정한 종교 지도자가 아니라
내가 그리 말하지 아니하였던가?
10 그리하여 위의 구절을 내가 미리 내려
보냈듯이, 그와 같은 행위를 하는 자
는 진정한 믿음의 길을 가는 자가 아
니요, 나로부터 선택된 목자가 아니라
는 뜻을 내가 나의 법전에 기록하여
전하지 아니하였던가?
11 그리하여 제 앞으로 명의를 해 놓는
것도 부족하여 제 자식의 대까지 그를
지키기 위하여 그들은 제 자식의 이름
으로 재물의 명의를 해 놓는 그와 같
은 자가 또 있으며,
12 그와 같은 행위를 하는 자를 너희는
절대 믿지 말며, 그들은 진정한 종교
지도자가 아니요, 거짓 종교 지도자라
내가 너희에게 가르쳐 나의 법전에 기
록하여 전하지 아니하였던가?
13 성서에 있는 이와 같은 내용을 기록하
여 내가 전한 것은 지금의 모든 종교
집단이요, 지도자들이 얼마나 지키고
행하는가,
14 저희는 성서에 있는 한 획도 고쳐서도
안 되며 더해도 빼도 아니 되며 그대
로 지키고 사는 것이 저희가 가는 길
이라 하면서,
15 저희가 과연 내가 기록하여 성서에 전
한 그 뜻을 그대로 행하고 얼마나 지
키고 사는가?
16 너희에게 무엇을 먹을 것인가, 무엇을
마실 것인가, 무엇을 입을 것인가 걱
정하는 삶을 살지 말라,
17 나를 따르는 백성이요, 만백성을 깨우
쳐 하늘에 오르게 하는 지도자라는 그
와 같은 백성은 더욱이 이와 같은 자
세로써 살아가라 내가 그리하였거늘,
18 과연 너희가 나의 뜻을 어찌 행하는가?
19 너희는 나의 뜻을 거역하며 오늘날 자
손대대로 먹고살 수 있는 것까지 마
실 것, 입고 쓸 것, 그리고 육이 죽을
때까지 편안히 먹고살 수 있는 그 모
두를 쌓아 놓고 감춰 놓고 하는 그와
같은 행위를 하고 있는 것이 지금의
종교 집단이요, 지도자이니,
20 저희의 후손이요, 후손까지도 미리 준
비해 놓고 제가 죽고자 하는 것이 종
교 지도자라면, 과연 너희는 내가 위

에서 말한 성서에 기록된 그 내용을
지키고 행하는 자이더냐?
21 그러니 지금의 종교 집단이 어떠한 자
들이며 지도자가 어떠한 자들인가 너
희는 이를 들여다보고 깨우쳐야 함을
알아야 할 것이니라.
22 오늘 나의 법전에 종교 지도자의 자세
를 기록하여 나의 만백성에게 직접 전
하기 위하여 내가 160권 그 속에 지도
자가 가야 할 길이요, 또 신도들이 가
야 할 길이요, 나의 백성이 가야 할 덕
목을 하나하나 기록하여 내가 너희에
게 전하였음이니 그리 알라.
23 종교 지도자들이 지켜야 할 길이 무엇
이라 말하였느냐?
24 더욱이 너희는 먹을 것, 입을 것, 마실
것, 내일을 걱정하지 말며 오늘에 충
실한 삶을 살라 그리 말하였거늘,
25 오늘 단상에서 가르친다는 종교 지도
자들이 과연 어찌 말하는가?
26 그 지도자에게서 나오는 말을 나는 수
없이 들었느니라.
27 '내가 어느 목회자요, 어느 교회를 가
보니 그 목사는 몇천만 원짜리 좋은
차를 타며 억이 넘는 차를 타고 다니
는 목사를 보았다' 얘기하며, 그리고
신도들이 그를 사 주었다 그리 말하며,
28 그리고 어떤 교회의 목사는 조찬회를
하니 호텔이라는 곳에서 일류 뷔페로
써 대접을 하며,
29 거기에 온 신도들은 그 종교 지도자를
위하여 가장 귀하고 귀한 선물들을 줄
줄이 들고 와 그에게 바치는 모습을
보았다며 그와 같이 종교 지도자들이
말하는 자가 수없이 있음이니,
30 그를 보는 내가 과연 너희를 어떠한
자라 생각하며, 너희가 나의 뜻을 전
하는 백성이라 생각하는가?
31 너희는 가난하고 힘들어 그 어깨가 무
거워 고생하는 신도들 앞에, 어떠한
종교 집단의 목회자는 억짜리가 넘는
차를 타고 다니며, 그리고 그 생활이
호화롭기가 이루 말할 수 없는 삶을
산다 그리 말하며 그와 같이 설교를
하니,
32 어렵고 힘든 저희 신도들에게 그가 과
연 할 짓이며,
33 인간의 도리요, 인간의 근본인 본성을
가진 자며 인성을 가진 자라면 그 신
도들의 가슴에 못을 박는 그와 같은
말을 함부로 말할 수 있는가?
34 그러면서 그들은 말하느니라.
35 '나는 여호와 하나님의 종이요, 하나
님의 역사함을 대신하는 자이기 때문
에, 하나님의 종인 나를 너희가 잘 섬
기고 잘 받들었을 때 은혜가 있는 것
이거늘,
36 어찌하여 다른 데는 몇천만이요, 억대
가 넘는 차를 사 주며 호화찬란한 삶
을 살도록 하는데 너희는 무엇을 하
느냐?' 하는 것을 제가 그와 같이 간
접적으로 말하며,
37 그 말을 제가 하기가 힘이 들 때는 다
른 사람을 시켜 부흥회다 집회다 하여
그 신도들의 가슴에 대못을 박는 그와
같은 짓을 하고 있음이니,
38 제 부모에게 못해서 가슴 아픈 적은
없어도 종교 지도자에게 못하는 것을
가슴 아파하는 것이 또한 신도들이고
그 불쌍한 인간들이니,

39 오늘의 너희가 얽히고설켜 뒤죽박죽
이 되어 있는 그것이 바로 무엇인 줄
아느냐?
40 벌레들이 뭉쳐 있으며, 벌레들이 서로
꼬리에 꼬리를 물고 얽히고설켜 있는
그 벌레 덩어리와 똑같은 것이 너희가
손으로 지은 교회요, 집단이라 함을
너희는 잊지 말라.

6,764 번째 하나님 말씀

2003년 7월 16일 0시 28분

1 사랑하는 나의 아들아!
2 "네, 아버님! 말씀하옵소서."
3 내가 나의 법전에 기록하여 너희에게
이리 깨우쳐 가르쳤음이니라.
4 남의 말을 하지 말라, 남의 말을 함부
로 하는 자는 저 자신을 모르며 제 허
물을 모르는 자이니, 너희는 누구도
평하지 말며 너희는 누구도 평하는 그
와 같은 행위를 해서는 절대 안 된다,
그리 깨우쳤음이니라.
5 죄가 있고 없으며 그가 잘하고 잘못하
는 것은 나 여호와만이 그를 평가할
수 있으며 그를 내가 심판할 수 있다
내가 나의 법전에 그리 전하여 너희에
게 가르친 그 의미를 너희는 알지 않
는가?
6 이 또한 나의 성령이 기록하여 가르친
그 가르침을 너희는 행하지 아니하며,
나의 법전에 상세히 기록하여 전하는
이 수고로움이 이뤄지지 아니하였을
것을 너희는 알아야 할 것이니라.
7 내가 상세히 기록하여 그와 같은 행위
를 하지 말라 일찍이 가르쳤거늘, 너
희가 그를 지키고 바로 행하지 아니하
기에,
8 내가 지금 제3의 시대에 나의 아들을
통하여 나의 법전에 너희가 그를 지
키지 아니하면 안 되는 그와 같은 것
을 다시 상세히 기록하여 전하는 이와
같은 수고로움이요, 번거로움이요, 어
려운 일은 없을 것이거늘,
9 너희가 그를 지키지 아니하며 행하지
않기에, 성서에 '너희는 비판을 받지
아니하려거든 남의 비판을 하지 말라'.
10 그리고 '너희가 남을 비판하면 너 자
신이 비판을 받을 것이라'는 성서에
엄연히 기록되어 있는 그 내용을 너희
는 과연 읽지 않았는가?
11 그리고 너희는 그를 수없이 보았을
것이니라.
12 성서에도 일찍이 내가 너희에게 가르
쳤음이니, 너희가 비판을 받지 아니하
려거든 남을 비판하지 말라는 그와 같
은 나의 가르침이 거기에 무슨 의미인
지 너희는 알겠는가?
13 그러니 너희가 그와 같은 가르침의 내
용을 그대로 지키고 행하고 살아왔더
라면, 오늘의 제3의 시대가 열려 이와
같은 역사의 흐름이 변화하는 역사가
다시 있지는 아니하였을 것이니라.
14 그러나 너희는 하나서부터 백까지 그
모두를 지키지 아니하며 행하지 아니
하기에 오늘의 제3의 시대가 열리며
이와 같이 심판의 시대가 열려 가고
있다는 것을 알아야 할 것이며,
15 나의 160권의 성령의 뜻이 이 세상에
전하여지는 그와 같은 의미를 너희는
깊이 깨달아야 할 것이니라.

16 너희가 수없이 말했느니라.
17 한 획도 한 자도 빼지도 더하지도 말
아야 하는 것이 성서라 그리 말하였음
이니,
18 너희는 빼고 더해서 하나를 지키고 덜
지키는 그와 같은 짓을 한다고 해도
너희가 지옥문에 가서 울고불고 통곡
하는 그와 같은 것은 내가 막아 줄 수
있건만,
19 너희는 한 획을 고치고 하나를 빼고
더하는 것이 아니요, 모든 나의 뜻을
전체적으로 통째로 모두를 다 짓밟으
며 지키지 아니하며 행하지 아니하고
사는 것임을 알아야 할 것이니라.
20 너희가 오늘 과연 믿음이요, 하늘에
오르는 너희 손으로 지은 그 성전이
라는 곳에서 과연 너희는 남을 비판
하는 행위를 하지 않고 사는가?
21 그와 같이 하고 사는 자들이기에, 너
희는 일부라도 지키고 안 지키는 것도
없이 그저 통째로 나의 뜻을 모두 다
빼 버리며 전체를 지키지 아니하고 살
아가는 것이니라.
22 그러면서도 너희는 구원을 받으며 나
의 뜻에 사는 자요, 다른 신을 가슴에
두지 아니하고 오로지 나에게 기도하
며 나만을 경배하며 그저 깨끗하고 천
사처럼 하늘에 오르는 길을 위하여 살
아가는 자들이라 그리 생각하느니라.
23 그리고 수없이 지은 그 용서받지 못할
죄들이 재물을 바치며 울고불고 기도
하면 다 씻어진다는 어리석은 속에서
삶을 살아가니,
24 너희가 깨끗하게 씻어졌다 생각하는
그 몸체는 다 썩어져 갔으며 죽어 갔
음을 알아야 할 것이니라.
25 이제는 너희가 얼마나 썩어져 갔으며,
그 썩은 육체의 정신이 얼마나 죽어
있는지 자신을 들여다보라.
26 지금의 모든 믿음의 길을 가는 자들은
제 몸이 썩어 죽어 가는 것은 모르며,
손톱 밑에 가시가 찔린 아픔만을 아는
그와 같은 자들이 지금의 종교 집단이
요, 구원을 받았다 말하는 백성이니라.
27 너희가 지금 나의 성경을 놓고 지키고
그대로 살아가지 않으며,
28 내가 구약과 신약을 놓고 새로운 나의
성경으로써 그 모두를 깨우친다 역사
함이니, 너희는 이를 가지고 사탄이
요, 이단이라 그리 말하나,
29 내가 구약과 성서를 열어 놓은들 무엇
하며, 너희가 그걸 보고 깨우치고 공
부한들 무엇하는가?
30 너희는 내가 가르치는 하나의 의미요,
지키라는 하나의 그 뜻을 열 개 중에
서 두세 개만 지킨다 해도 내가 너희
에게 뭐라고 하지 아니할 것이나,
31 너희가 지키기 어려운 모든 나의 뜻을
통째로 그저 그 몸체를 다 빼 버리며
들여다보지도 아니하며, 연구하지도
아니하며, 지키려는 생각은 감히 꿈에
도 하지 않는 것이 너희들이니, 얼마
나 사악한 행위로 살아가는 자들인가?
32 그 종교 집단, 지도자들이 또한 너희
가 볼 수 없도록 그리 세뇌시켰으며,
33 너희를 부족한 인간이요, 능력이 없는
인간이요, 사리 판단을 못 하는 그와
같은 무능한 나의 백성으로 만들어 놓
은 것이 종교 집단이요, 지도자들이니,
34 그저 너희는 먹이를 주는 짐승이 주

인이 나타났을 때 몰려들듯이 그저 그
것이 영원히 마르지 않는 생수를 주는
것처럼 그 생수를 받아먹기 위하여 온
갖 방법을 다 동원하여 그 앞에 모여
들며,
35 '아멘! 할렐루야! 옳소! 맞습니다.' 손
뼉을 치고 눈물 흘리고 악쓰는 것에
연연하며,
36 찬송의 한 구절을 부름으로써 구원을
받으며 눈물지으며 찬송을 부르고 오
두방정을 떠는 그와 같은 형국으로써
나에게 구원을 받으며 천국에 올 것이
라는 생각에 젖어 있음이니,
37 너희가 듣고 깨우치는 그 종교 지도자
들의 강론이요, 설교하는 것이 사탄의
소리라는 것을 구분하지 못하고 그리
하고 있음이니, 너희가 어떤 길을 가
는 것인가를 스스로 깨우쳐 깨닫도록
그리하라.

6,765 번째 하나님 말씀

2003년 7월 16일 0시 36분

1 사랑하는 나의 아들아!
2 "네, 아버님! 말씀하옵소서."
3 성경에 일찍이 기록하여 너희에게 깨
우쳐 준 그 대목이 있음이니라.
4 '어찌하여 너희는 형제의 눈 속에 있
는 티는 보나, 네 눈 속에 있는 들보는
깨닫지 못하느냐' 하는 그와 같은 구
절이 기록되어 있으며,
5 '보라, 네 눈 속에 들보가 있는 자가
어찌하여 형제에게 말하기를 네 눈 속
에 있는 티를 빼게 하라 그리 말하느
냐' 하는 내가 일찍이 가르친 그 가르
침이 거기에 기록되어 있음이니라.
6 이는 어떠한 의미를 너희에게 기록하
여 예언한 것인지 알겠는가?
7 지금의 종교 집단 너희가 사탄이요,
이단이며 잘못 가고 있음을 가르쳐 준
그 대목임을 알아야 할 것이니라.
8 너희가 오늘날 그와 같은 형국으로 가
고 있음이니라.
9 저희가 가고 있으며 잘못되는 것은 모
르며,
10 그저 참진리가 세상에 내려온다 하여
도 이단이요, 사탄이요, 아름다움을
가지고 가르치는 백성이라 하여도 무
조건 이단이요, 사탄이라 그와 같이
핍박하며 적대시하는 삶을 살아가는
것이 너희 종교 집단보다 더한 집단이
세상에 어디 있는가?
11 그러니 너희야말로 사탄이요, 이단이
며, 잘못 가고 있으며 잘못 가르치고
있는 대목임을 알아야 할 것이니라.
12 너희가 말하는 구원받지 못하는 백성,
이방인이라 하는 그 백성의 작은 잘
못은 고쳐야 한다 말하며,
13 또한 참진리를 가지고 와서 깨우치며
그들이 선행하면서 사는 것은 구원을
받는 데 도움이 되는 것이 아니요, 그
저 인간의 선한 것은 아무런 가치가
없는 것이라 그리 말함이니,
14 그 백성까지 무너지게 하는 행위를 하
는 너희가 사탄이요, 사악한 자가 아
니던가?
15 그러니 너희야말로 네 눈에 있는 들
보는 모르며 이방인이요, 다른 백성의
눈에 붙어 있는 티는 빼라 소리 지르
는 자들이 너희임을 미리 예언하여

내가 일깨워 준 대목이라는 것을 알아
야 할 것이니라.
16 너희는 사탄이요, 이단이라 말하면서,
그 얼마나 무서운 짓을 하고 있는가?
17 이방인이요, 또한 너희가 다른 진리를
가지고 깨우치는 모두는 이단이요, 사
탄이라 말하면서,
18 너희는 나의 뜻을 순종하는 것이 아니
요, 나의 뜻을 거역하며 사악한 행위
를 하고 있는 것이 너희라는 것을 깨
우쳐 주기 위하여, 내가 오늘의 이와
같은 형태가 이루어질 것을 예방하고
바로잡고자 하여 예언하여 기록한 대
목의 뜻임을 너희는 알아야 할 것이
니라.
19 지금 사탄이요, 이단이라 광분하는 너
희 자신이 과연 어떠한 형국이요, 어
떠한 믿음의 길을 가고 있는 것인지
너희 스스로 돌아다봐야 할 것이며,
20 너희 자신을 깨우치는 그와 같은 변화
를 이루지 아니한다면, 너희야말로 바
로 지옥으로 간다는 것을 잊어서는 아
니 될 것이니라.
21 이 세상의 어떠한 백성이 남의 허물
을 탓하며 남이 하는 것을 욕하며, 남
이 하는 것을 시시비비하며, 같은 길
을 가지 아니한다 하여 적과 같이 생
각하고 사는 것이 과연 이방인이라는
그 백성이더냐?
22 그렇지 않으면 지금의 종교 집단이요,
사랑을 베풀고 살아간다는 백성이 하
는 행위이더냐?
23 이를 분석해 보면 내가 미리 성서에
기록해 놓은 그 대목이 너희를 위하
여 오늘의 역사함을 내가 미리 알고
예언하여 너희를 다스리고 깨우치고
자 기록한 내용임을 알게 될 것이니라.

6,766 번째 하나님 말씀

2003년 7월 16일 0시 42분

1 사랑하는 나의 아들아!
2 "네, 아버님! 말씀하옵소서."
3 성서에 너희를 깨우치기 위하여 기록
한 그 대목 중에, '외식하는 자여, 먼
저 네 눈 속의 들보를 빼라. 그리해야
밝게 세상을 볼 것이며, 형제의 눈 속
의 티를 너희가 빼리라.' 한 성서의 가
르침이 무엇을 의미하는 것인지 알겠
는가?
4 너희가 외형을 꾸미고 형식에만 치우
치며 큰 성전이요, 큰 교회요, 화려한
곳에만 치우치는 그와 같은 믿음의 길
을 가는 백성에게,
5 형식에 치우치는 자는 진정한 진리를
보지 못하며,
6 구원의 믿음을 가고 있다, 구원받았다
고 말하는 백성이 정녕 나의 뜻을 거
역하고 살아가는 그와 같은 형국인 것
을 내가 일찍이 성서에 기록하여 오늘
의 너희에게 예언하고자 함이라는 것
을 중요시하여라.
7 큰 교회를 짓는 것, 그리고 궁궐처럼
화려하게 꾸미는 것으로써 선전 선동
의 행위를 하며, 너희 교회에 오는 자
만이 구원을 받는다 하여 사업하는 자
나 장사하는 자가 물건을 팔듯이 광고
선전을 하며, 그와 같이 선전하기에
연연하는 자,
8 그리고 그 선전을 위하여 모두를 다

바치며 나의 피조물 만백성들의 고혈
을 빨아 너희 자신을 알리는 데, 너희
종교 집단이요, 너희 교회라는 곳을
알리는 데 모두를 다 바치는 자들이
외식하는 데 모두를 다 투자하는 자들
이 아니면 그가 누구란 말이던가?
9 너희처럼 외형이요, 형식적인 데 치우
친 집단이 이 세상에 없음을 알아야
할 것이니라.
10 그리하여 오늘날 이와 같은 역사가 이
뤄질 것을 내가 예비하여, 나의 아들
을 통하여 그리 가지 말며 그와 같은
역사를 하지 말라 하여 내가 미래를
위하여 가르친 뜻이라는 걸 너희는
알아야 할 것이니라.
11 이 세상에 존재하는 모든 백성 중에
누가 외형과 형식에 젖어 행사함을 그
리하는가?
12 정녕 너희가 외형과 형식에 치우쳐,
나를 믿는다 하여 부르짖고 하는 자들
이 과연 누구던가?
13 그와 같은 행위를 하는 사악한 자들이
누구이며, 과연 누가 그와 같은 짓을
공공연히 죄의식을 갖지 아니하고 행
하고 있는 자들인지 생각해 보라.
14 외식하는 데 모두를 투자하는 그와 같
은 자들이 나를 믿지 않는 이방인이라
너희가 말할 수 있겠는가?
15 믿음을 모르는 나의 백성도 그와 같
이 허례허식인 외형의 형식적인 행사
에 외식하며 모두를 바치는 그와 같은
생활을 그들도 하지 아니함이니라.
16 다만, 나를 경배한다며 나에게 오르는
만백성을 인도한다는 종교 집단이요,
지도자요, 수천 년 동안의 뿌리와 역
사를 가진 너희만이 외식하는 데 모
두를 다 바침이니,
17 그것이 믿음이 아니요, 외식에 대한
그 모든 믿음을 가고 있는 자들이니라.
18 그러니 물질이요, 허례허식에 젖어 있
는 자들이요,
19 그 형식적인 외형의 모습에 모두를 다
바치며 그것이 하늘에 오르는 길이요,
그 외형의 크고 작으므로 인하여 구
원받고 못 받으며 은혜를 입은 자요,
못 입은 자라 그와 같이 평가하는 것
이 지금의 너희가 가고 있는 자세가
아니던가?
20 너희는 외식하며 모두를 다 바치는 생
활을 이제는 하지 말라.
21 너희가 나를 경배한다면서 나의 아들
예수를 구세주라 부른다 하면서 너희
는 과연 진정한 믿음의 길을 가는 자
들인가?
22 나 여호와가 바라보는 너희는 외식에
빠져 젖어 있는 자들이라는 것을 알
아야 할 것이며,
23 그와 같이 외식에 빠져 가는 종교 집
단이요, 지도자 너희는 나의 뜻과는
아무런 관계도 없는 길을 가니, 그 불
쌍한 백성을 일깨우고 깨우치는 것이
선택된 너희요,
24 나의 법전이 하얀 눈처럼 세상을 다
덮을 때, 그나마 그들이 구원의 빛을
볼 수 있는, 그리고 나의 법전을 접할
수 있는 그와 같은 형태가 이루어질
것이니,
25 그날을 위하여 너희가 최선의 노력을
다하여 사는 삶을 살도록 그리하라.

6,767 번째 하나님 말씀

2003년 7월 16일 0시 49분

1 사랑하는 나의 아들아!
2 "네, 아버님! 말씀하옵소서."
3 나의 아들 예수가 너희에게 부르짖어
전하였느니라.
4 '거룩한 것을 개에게 주지 말며 너희
진주를 돼지에게 던지지 말라.
5 그것을 밟고 돌이켜 너희를 찢어 상
할까 염려하느니라.' 그 뜻의 가르침
의 의미를 너희는 알겠는가?
6 새로운 진리요, 새로운 성경이 너희를
깨우쳐 주고자 아무리 내려온다 해도
함부로 지금의 종교 집단에 내리지
말라는 그 예언의 뜻임을 알겠는가?
7 너희가 전해 줬을 때 지금의 잘못 가
는 종교 집단 지도자들이 그걸 받아들
여 깨우치고 하늘에 오르는 길을 보는
것이 아니요,
8 그 역사하는 것을 짓이겨 세상에 존
재하지 못하도록 독화살을 쏠 수 있는
그와 같은 자들이기에,
9 내가 새로 내리는 성경이요, 나 여호
와의 참진리를 잘못 가는 사악한 집단
들에 내리지 말며 그들에게 전하고자
먼저 서두르지 말라는 나의 무서운 예
언의 가르침이 여기에 있음을 너희는
알겠는가?
10 믿음의 길을 간다는 백성, 구원을 받
았다는 외식에 치우치는 백성에게 나
여호와의 참진리의 보혜사를 갖고 누
군가가 이 세상에 나와 전할 때, 그들
에게 먼저 깨우쳐 주고자 하지 말도록
하는 나 여호와의 뜻임을 너희는 알
아야 할 것이니라.
11 그들을 먼저 깨우치고자 그들에게 역
사하고자 했을 때, 새로운 보혜사의
나의 뜻을 받아들여 저희 것으로 만드
는 것이 아니요,
12 그를 받는 순간에 이를 짓밟고 찢어
버리며, 돌아서서 이를 역사하는 나의
선택된 아들딸이요, 나의 백성이요,
나의 아들이요, 나의 성령인 이 법전
에 독침을 꽂는 그와 같은 행위를 할
것이라 하여, 너희를 상하게 할 것이
니 그들에게 주지 말라 이리 전하였음
이니라.
13 그리하여 지금 나의 아들이 나의 법전
을 전하되, 믿음이라는 곳, 지금의 종
교 집단에 있는 너희와 갑론을박하며
너희에게 전하는 그 역사를 하지 아니
하고 있음이니,
14 나의 아들이 세상에 나와 역사할 것이
며, 제3의 시대에 와서 역사할 것을
내가 미리 가르쳐 전하였음이니, 너희
는 이 뜻을 알아야 할 것이니라.
15 너희를 찢어 상하게 할 것이니라.
16 지금의 믿음에 젖어 있는 백성 너희들
이 참진리요, 새로운 보혜사요, 나의
성령이 세상에 내려왔을 때, 그를 무
너트리려 하며 그를 태워 버리며 그를
찢어 버리는 그 공격수가 되어,
17 이 나의 참진리가 세상에 퍼져 빛을
보지 못하도록 너희들이 돌이켜 공격
하는 그와 같은 자들로서 변한다는 것
을 내가 미리 깨우쳐 주어,
18 그들에게 전하지 말라 한 그 무서운
예언의 뜻이 여기에 기록되었음을 너
희들은 알아야 할 것이니라.

19 2천 년이라는 세월이 흐른 다음에, 내
가 제3의 시대에 나의 아들을 통하여
내가 기록한 내 마음의 의미를 전함이
니,
20 너희는 성서에 그리 전하지 아니하였
던가?
21 새로 오는 보혜사가 나의 아들 예수가
가르치고 전하였던 것을 그가 가르치
며 완벽하게 역사한다는 내용이 기록
되었음을 너희는 알아야 할 것이니라.
22 그러니 지금 나의 아들 예수가 전하고
자 하여 역사했던 것을 지금 너희에게
참진리의 비유의 뜻을 하나하나 가르
쳐 줌이니,
23 이를 보고도 너희가 깨우치지 못하는
백성이 되어서는 아니 될 것이니라.
24 그리하여 지금 나의 아들이 나의 법전
을 가지고 지금 믿음이라는 곳, 하늘
에 오르고자 하여 열과 성의를 다하여
광란의 짓을 하고 있는 백성 너희에게
전하고 깨우치려 하지 아니하며,
25 외부의 이방인이라 말하는 평범한 백
성으로부터 나의 법전을 전하여 깨우
치는 그 역사를 함이니,
26 너희에게 전했을 때, 너희는 이를 짓
밟고 돌이켜 독화살로써 나의 성령이
요, 그를 따르는 백성이요, 나의 아들
까지도 가슴에 그 독화살을 꽂고자 하
는 것이 너희이기 때문에,
27 내가 오늘에 이루어지는 그 모두를 기
록하여 전한 것임을 너희는 알아야
할 것이니라.

6,768 번째 하나님 말씀

2003년 7월 16일 0시 58분

1 사랑하는 나의 아들아!
2 "네, 아버님! 말씀하옵소서."
3 너희가 성경에 기록한 그 내용이, '구
하는 이마다 얻을 것이요, 찾는 이가
찾을 것이요, 두드리니 열릴 것이니
라.' 이리 기록하여 전하였음이니,
4 이를 너희는 육의 세상에 이루어지는
역사로써 거기에 국한된 깨달음으로
써 가고 있지 않은가?
5 너희가 구하는 것을 얻을 것이며 찾는
것을 찾을 것이며 두드리는 것은 열릴
것이라는 것은, 육의 세상에서 나를
믿으며 소원하는 것으로써 이루어진
다고 그리 가르치는 것이니,
6 이는 그와 같은 뜻으로써 내가 전한
것이 아니라 일찍이 깨우쳐 주지 아니
했던가?
7 너희가 성령이요, 너희의 영혼을 구하
는 그 길을 위하여 두드리고 찾는 것
이라 내가 그리 말하였음이니라.
8 그러나 이를 종교 지도자들이 모르는
것이 아니니라.
9 그들은 성령을 위해서 두드리고 찾는
것을 얻어야 한다는 것을 알고 있음이
니라.
10 그러나 너희가 성령을 위하는 것이요,
구원을 위하여 두드리고 얻는 것이라
말하면,
11 나의 백성이 보이지 않는 그 성령이
요, 구원의 길을 위해서 실감하지 못
할 것이며, 그리하여 거기에 열과 성
을 다하지 아니할 것이며, 그저 북 치

듯이 열리라고 두드리는 그와 같은
행위를 아니 할 것이니라.
12 다만, 육의 세상에 사는 그 삶이 고달
프고 힘든 자들에게 '구하라 그러면
얻을 것이요, 찾으라 그러면 찾을 것
이요, 두드리라 그러면 열릴 것이라.'
하는 것은 육의 세상에서 울고불고 찾
으면 그 복을 주는 것이며 축복을 준
다 하니,
13 우선 육의 세상에 고달프며 갈급한 그
백성이 울고불고 두드리면 주는 것처
럼 거기에 현실감을 갖도록 하여, 종
교 집단들이 그들로 하여금 재물을 받
아들이며 그와 같이 사악한 길로 인도
하고 있음이니,
14 종교 지도자 너희가 성령을 위하는 것
이며, 성령을 위해 찾는 것이며, 성령
을 구하는 것이라는 걸 정녕 모른단
말이더냐?
15 다 알고 있는 백성, 다 알고 있는 지도
자들이 이와 같이 가르친다 함이니,
16 나 여호와가 이를 보기에 너희의 사
악하고 간악함과 그 가증함이 이루 말
할 수 없음을 알아야 할 것이니라.
17 '너희 중에 누가 아들이 떡을 달라 하
면 돌을 주며, 생선을 달라 하면 뱀을
줄 사람이 어디 있겠느냐?' 또한, 그와
같은 기록도 같이 기록하여 내가 전함
이니, 이것은 나 여호와가 무엇을 의
미하는 것인지 너희는 알겠는가?
18 나 여호와가 너희에게 주는 선물은
가장 소중한 것이며 가장 위대한 것이
라는 것을 알고 깨우치라는 뜻이니라.
19 그러니 너희가 죽으면 다 버리는 육
의 세상 것을 내가 두드리며 찾는다
해서 주는 것이 아니라는 것을 너희는
여기서 알아야 할 것이니라.
20 나 여호와가 너희에게 주는 선물은 가
장 소중하고 위대한 것이니, 육의 세
상의 것을 나 여호와가 너희에게 주지
않는다는 그 엄연한 뜻을 알라.
21 내가 너희에게 선물을 내리며 상을 내
리는 것은, 너희들이 다 버리고 오는
그와 같은 육의 세상에 존재하는 그
상을 내리는 것이 아니요,
22 너희의 영혼을 영원히 구원하는 영적
인 것을 위하여 내가 너희에게 그 기
회의 상을 내린다고 내가 일찍이 말하
였음이니, 그 뜻을 깊이 새겨야 할 것
이니라.
23 육적인 욕구를 들어주는 나 여호와가
아니며, 어떠한 것도 육적으로 요구하
는 것은 절대 들어주지 아니한다는 것
을 너희는 알라.
24 그러니 떡을 주며 생선을 주는 것이
무엇이더냐?
25 너희에게 그 소중한 것을 주는 것은
내가 육의 세상에서 너희가 이루고자
하는 것을 주는 것이 아니요,
26 영혼을 위해서 주는 것이며, 너희가
구원을 받고 못 받는 그 마지막 순간
에 내가 너희에게 은혜를 내려 주는
것이니,
27 그게 바로 너희에게 내가 내리는 선
물임을 알아야 할 것이니라.
28 그러니 너희가 이를 육의 세상에서 얻
고 구하는 것처럼 그와 같은 형태로써
나의 피조물 만백성들을 그리 가르치
지 말라.
29 너희 아버지가 너희에게 말하기를 육

의 세상의 아버지도 자식이 떡을 달
라는 것을 돌을 주지 아니하며, 또한
생선을 달라는 것을 먹지 못할 뱀을
주는 부모가 없다 하였음이니,
30 그 부모 또한 너희에게 넘겨주는 것
을 가장 소중하고 귀한 것을 유산으
로 남겨 주는 것이 인간 세상의 마음
이 아니더냐?
31 그러니 나 여호와가 너희에게 내리는
가장 소중하고 귀한 선물은, 너희가
죽어서 나에게 올 때 하나도 가지고
오지 못하는 그 물질적인 것을 내가
너희에게 주는 것은 한시적이요, 잠깐
필요한 것을 던져 주는 것이나 마찬가
지이니라.
32 그러니 나 여호와가 너희에게 내리는
상은 너희가 구원을 받을 수 있는 것,
영혼을 구할 수 있는 그와 같은 방법
과 길을 가르쳐 주는 것, 그것이 가장
위대한 선물이니, 나는 너희에게 그를
전해 주는 것을 알라.
33 그러니 너희 부모도 떡을 달라 하는
자에게 돌을 안 주듯이, 내가 너희가
구원하고 원하는 것은 하늘에 오르는
것이요, 나의 품에 올 수 있는 그와 같
은 것을 주는 것이 나의 사랑이라는
것, 그것 외에 내가 내리지 아니함을
알라.
34 육에서 원하는 것을 나 여호와가 주지
아니하며, 영원히 구원을 위한 선물을
줌이니,
35 육이 소원하는 것을 너희가 바라며
육에서 이루어지는 것을 원하며 육에
서 이루는 것을 너희가 얻고자 두드
리고 찾고 몸부림친다면, 그것이 기복
신앙의 대표적인 자들이라 하였음이
니,
36 이제는 복을 달라 비는 그 기복 신앙
에서 벗어나는 그와 같은 현명한 자가
되도록 그리하라.
37 그를 탈피하지 못하는 자는 정녕 하늘
에 오르는 빛을 볼 수 없는 자가 됨이
니 그리 알라.

6,769 번째 하나님 말씀

2003년 7월 16일 1시 13분

1 사랑하는 나의 아들아!
2 "네, 아버님! 말씀하옵소서."
3 내가 너희에게 기록하여 전하였느니
라.
4 지금의 종교 집단이요, 지도자들이 얼
마나 사악하며, 저희가 거짓 증거하며
광란의 짓을 하고 다니는가?
5 그들은 그리 말하느니라.
6 수많은 죄를 지으며 인생을 아무렇게
나 살아온 자, 그리고 용서받지 못할
그와 같은 사악한 죄를 짓고 산 자라
할지라도,
7 죽어 갈 때 나를 믿느냐 하고 종교 지
도자요, 목사가 물었을 때, '하나님을
믿으며 예수를 믿습니다.' 말하며,
8 그리고 '믿습니까? 그러면 구원을 받
을 것입니다.' 하고 물을 때 '예, 나는
믿습니다.' 그와 같이 말하는 자는 모
두 구원을 받을 것이며,
9 그 순간에 나의 나라에 올 수 있으며
천국에 올 수 있으며 구원을 받았다
말하는 종교 지도자요, 집단들,
10 그들이 거짓 증거하는 자들이며 거짓

선지자들이요, 거짓 목자라는 것을 너
희는 알아야 할 것이니라.
11 구원의 길이 어떠한 길이던가?
12 너희가 죽어 갈 때, 나를 믿으며 나의
아들을 믿느냐는 그 말 한마디에 '예'
라고 대답하는 것으로써 구원을 받는
다 생각하는 것은 절대 구원의 길이
아니요,
13 그러한 방법으로써, 그와 같은 믿음으
로써 구원을 받을 수 없음을 내가 나
의 법전을 통하여 이리 전함이니, 이
를 명심하여 듣고 깨우치도록 그리하
라.
14 한 계단을 오르기 위하여 너의 제자들
이 살아가는 길이요, 나의 법전을 읽
고 몸부림치는 백성이 얼마나 어렵고
힘든 길을 가는가?
15 너희는 목숨을 바쳐서라도 거짓 하지
아니하며 남의 것을 탐내지 아니하며,
내가 십계명에 기록한 대로 지키고 살
아가기 위하여 얼마나 많은 세월 속에
몸부림치며 스스로 고통스러워하는
가?
16 때로는 십계명을 죽음으로써 지킬 수
있다면 목숨을 던져서라도 그 길을 선
택하고자 하는 것이 지금 나의 아들을
따르는 백성이요, 바른길을 가는, 그
리고 구원의 길을 가는 백성이 살아
가는 그 삶이거늘,
17 어찌하여 용서할 수 없는 죄, 그 사악
하고 무서운 죄를 짓고 죽어 갈 때, 그
저 나의 아들을 믿으며 나를 믿는 자
는 거짓 종교 지도자의 물음에 '예'라
고 대답하면 구원을 받는다 하니,
18 그것이 얼마나 거짓 증거하는 자들이
며, 거짓 선지자들이며, 거짓 목자들
이 하고 있는 행위인 것인가를 너희
는 반드시 알아야 할 것이니라.
19 그리하여 이 소중함을 내가 나의 법전
에 다시 한 번 기록하여 너희에게 깨
우쳐 줌이니,
20 절대 이것으로써는 구원받을 수 없다
는 것, 그렇게 역사할 수 없는 것이 하
늘에 오르는 길이라는 것을 너희는
알도록 그리하라.
21 너희가 나의 법전을 읽고 십계명대로
살고자 그를 지키고 살고자 하는 것,
그리고 나의 뜻대로 살고자 하는 한
사람의 백성이 있다 하면,
22 그리고 그가 나의 법전을 접하여 깨우
쳤으나, 나의 성전에 나오지 못하며,
나의 아들의 강론을 듣지 못하고, 나
의 법전을 스스로 읽고 깨우쳐 그를
행하고 살아가며,
23 그리고 남들이 나 여호와를 믿으며 나
여호와를 찾는 것인지를 보이든 말든,
남이 알든 모르든 그저 법전을 읽고
깨우치며 그 내용대로 살아가고자 열
심히 믿고 살아가는 백성이 있다 하면,
24 그와 같이 그가 나의 성전이요, 나의
아들의 강론을 듣지 못했으며, '나는
여호와 하나님을 믿는 자가 아니라',
혹은 '믿는 자라' 하는 그와 같은 말을
하지 않더라도,
25 그가 나의 법전대로 가슴에 법전을 안
고 지키며 살아가고자 노력하는 삶을
산 백성이 죽어 갈 때,
26 '아버지 이제는 제가 아버님 곁으로
가옵나이다. 저는 아버지를 믿고 살며
아버지를 믿사옵나이다.

27 이제 제가 죽어 아버지 앞으로 가옵나
이다. 저의 죄를 지은 대로 아버님께
서 심판하여 주옵소서.' 하며,
28 마지막 죽을 때 그가 나를 찾으며 그
가 나를 부르며 나의 아들 예수가 존
재함을 믿으며 나의 성령이 내가 내린
것이라는 것을 믿고 그가 죽는다면,
그는 구원을 받을 수 있으며, 내가 그
기도 소리를 들어 그 뜻을 받아들일
것이며, 그 심판대로 내가 그를 다스
릴 것이니라.
29 그러나 그와 같은 역사의 믿음도 없이
그저 사악한 죄요, 용서할 수 없는 추
하고 더러운 죄를 지은 자들이 '저의
죄를 용서해 주옵소서.' 그리했다 하
여 너희가 그 순간에 모두를 구원을
받을 것이며 용서를 받는다는 그와 같
은 추악한 행위를 하지 말라.
30 너희는 말하느니라.
31 나의 아들 예수가 죽을 때 오른편과
왼편에 있는 그 도둑질한 자요, 죄지
은 자 중에 한 사람은 나의 아들 예수
를 믿었으며, 한 사람은 나의 아들 예
수를 믿지 아니하였으며,
32 믿는 자는 '주여! 저를 데려가옵소서'
그리 말하였으니, 그가 그 순간에 그
말을 했다고 해서 그는 구원을 받았기
에,
33 너희도 죽어 갈 때 그 기도를 드리면
그와 같이 구원을 받는다고 그리 생각
하니,
34 너희가 얼마나 사악하고 미련하고 불
쌍한 백성이던가?
35 좌우에 두 사람이 있으니 오른쪽에
있는 자는 죽기 전에 나의 아들 예수
가 나의 뜻이라는 것을 알며,
36 그 역사를 위하여 그가 몇십 년 동안
노력하고 살아온 자인지 아닌지를 너
희가 그걸 구분하고 아는가?
37 오른편에 있는 자는 비록 도둑질을 했
다 하여도 제가 나의 아들 예수를 믿
었으며 내가 존재함을 믿으며, 하늘에
와 심판을 받는 걸 알고 두려워 그가
그를 지키고 살아가고자 하다 제가 한
번의 실수로 도둑으로 몰려 똑같이 죽
게 되었다면,
38 왼편에서 죽어 가는 자는 나 여호와를
모르며 나의 아들 예수가 세상에 나가
나의 뜻을 받아 만백성을 구하는 나의
아들이라는 것을 그는 믿지 못하고 믿
지 아니한 자며,
39 오른편에 구원을 받은 자라면, 그는
나의 아들이 정녕 나의 아들이요, 나
의 뜻에 따라 세상에 만백성을 구하기
위해 역사한 자라며, 평소에 나를 믿
고 기도하며 내가 존재함을 믿고 온
자이기에,
40 그는 죽는 그 순간에 나의 아들에게
나를 믿으며 나의 아들 예수가 나의
아들이라는 것을 믿기에, 그가 '주여!
저를 버리지 마옵소서.' 하고 기도를
했을 때, 그는 지난날의 믿음이요, 그
역사로 예수가 거둬들일 수 있으며 받
아들일 수는 있음이니라.
41 그러니 그가 살아온 길이 무엇인지 모
르며 그가 어찌하였는지도 모르는 자
들이,
42 죽어 가는 자에게 마지막으로 가서
물으며 '저를 구원하여 주옵소서.' 하
여 내가 구원해 주었으니, '예수를 믿

느냐' 물을 때, 믿으면 '예'라 대답하면
구원을 받는다고 그리 생각하니,
43 너희가 그 오른편에 구원을 받은 자라
면 믿음이 얼마나 철저하고 평소에 얼
마나 믿음에 의한 삶을 살았겠는가?
44 그리하여 순간의 실수로 도둑이 되어
못 박혀 죽을 때, 그가 예수에게 '저는
하나님을 믿으며 주를 믿으니 저를 버
리지 마옵소서.' 하고 기도한 것은,
45 그의 지난날의 그 공로에 의해서 예수
가 그를 거둬들일 수 있으며 들어줄
수 있거늘,
46 너희는 어찌하여 그와 같은 상황이나
정황도 모르면서 그저 죽는 순간에 예
수를 믿으며 하나님 나 여호와를 믿는
다면 구원을 받는다고 그리 말하느냐?
47 그리하여 내가 나의 법전에 그리 기록
하여 전함이니라.
48 나의 성전에 와 기도하지 아니하였으
며, 나의 아들을 통하여 내리는 강론
을 듣지 아니하였으며, 내가 존재함을
믿지 아니하며,
49 하나님을 믿고 안 믿는 사람이라는 것
을 표시하지 하지 아니하고 나의 법전
을 가슴에 안고 열심히 깨우치고 정독
한 그 백성이 이제 죽음에 직면하여
그가 말하기를,
50 '아버지가 계심을 아오며, 아버지, 이
제 저는 죽어 아버지 품으로 지금 돌
아가고자 하옵나이다. 아버님! 제가
지은 죄를 심판하여 죄를 지은 대로
저를 벌하여 주옵소서.' 하고 그가 죽
어 가면서 마지막 그와 같은 기도를
했을 때,
51 울고불고 요란 떠는 그 백성의 기도
는 들어주지 아니하나, 내가 그 백성
의 기도는 가납함을 알아야 할 것이
니라.
52 이와 같은 이치와 뜻이 있는 그 사연
이 있을 때 죽어 가는 자가 마지막 나
를 믿으며 나의 아들을 믿느냐 할 때
너희가 믿음이요, 믿음의 기도를 드리
는 그와 같은 것은 내가 들어줄지 모
르나,
53 용서받을 수 없는 사악한 짓, 추하고
더러운 짓, 그리고 십계명을 어기는
그와 같은 짓을 하고 산 자가 그저 죽
음 직전에 사악한 거짓 지도자요, 목
사라는 자들이 가서 '주를 믿으며 하
나님을 믿느냐?' 물을 때 '예'라고 대
답을 하면 구원을 받는다고 그리 가르
침이니,
54 그것은 나와 아무런 관계도 없으며,
그와 같이 행하는 자를 내가 용서하지
아니함을 알아야 할 것이니라.
55 온갖 죄악이요, 용서할 수 없는 행위
를 하고 죽어 가는 자에게 내가 그와
같이 응답해 줄 수 있다고 생각하며
그들을 구원해 주는 나 여호와라 생각
하는가?
56 그것이 거짓 증거하는 자요, 거짓 선
지자요, 헛된 자요, 하늘의 뜻과 이치
를 모르는 자들이니,
57 그들의 말에 현혹되어 너희가 거듭나
는 귀한 생명이 역사함을 버리지 말
며, 영원히 돌아올 수 없는 지옥 불로
가는 길을 가지 말라, 불쌍한 나의 사
랑하는 아들딸들아!

6,770 번째 하나님 말씀

2003년 7월 16일 01시 23분

1 사랑하는 나의 아들아!
2 "네, 아버님! 말씀하옵소서."
3 저희는 정녕 구원을 받았다 말하는
자, 정녕 구원을 받았으며 천국의 문
에 들어갈 수 있는 그 모든 축복과 영
광이 준비된 자라 말하는 그들이 거짓
증거 자들이요, 거짓된 자들이니라.
4 그러니 그와 같이 말하는 그 신도들에
게 너희가 다음과 같은 것을 물어보
도록 그리하라.
5 감히 나 여호와의 고유의 권한인 그
천국에 들어올 수 있으며 구원을 받는
다고 말하는 오만방자한 그 백성에게
이리 물으라.
6 네가 어떠한 믿음을 갖고 지금 살아가
고 있기에 구원을 받았다 말할 수 있
는가?
7 네가 나 여호와가 이루고자 하는 것을
무엇을 도왔으며, 무엇을 역사하는 삶
을 과연 살았는가?
8 너희가 지금 160권의 법전을 만들어
기록하는 그와 같은 최소의 역사라도
과연 나 여호와를 위해서 한 것이 있
는가?
9 무엇으로써 네가 나 여호와가 이루고
자 하는 그 뜻이요, 그 길의 역사함을
도왔는가 물어보라.
10 너희 자신이 얼마나 결백하게 사는
자인가, 네 가슴에 손을 얹고 네가 옳
고 그르게 살아가는 것을 한번 기록하
여 보도록 그리 전하라.
11 그리고 네 부모를 과연 너는 공경하는
가?
12 낳아 주고 길러 준 너희 부모보다 너
희가 손으로 지은 성전에 구원을 받기
위하여 더 열과 성의를 다하여 더 바
치고 정성을 들인다면, 너는 과연 어
떠한 길이 옳은 것인가, 이를 또한 그
들에게 물어보라.
13 그리고 너희가 살아가면서 나 여호와
의 이름을 욕되게 하는 행위는 정녕
하지 아니하고 지금 살아가는가?
14 그리고 내가 불로써 직접 써 내린 나
의 친필인 십계명을 지킬 수 있다 하
며, 그걸 지키고 살아가며, 그걸 지키
기 위해서 얼마나 노력하는가?
15 너희는 이 세상에서 살아가면서 행함
이 얼마나 소중한 것이며, 모든 심판
은 행함으로써 받는다는 그 이치를 알
고 있는가?
16 너희 자신이 죄짓고 용서를 빈다고
하여 죄가 떨어져 나간다는 것을 너는
과연 무엇으로써 확신하는가?
17 네가 심판받을 때 무엇으로써 심판을
받는가 하는 것을 한번 깨우쳐 보았는
가?
18 육의 행함이 소중하지 아니하다면 너
희는 무엇으로써 나 여호와에게 심판
을 받는가?
19 그리고 네가 죽었을 때 과연 가지고
가는 것이 있는가 없는가, 그와 같은
이치를 물어보도록 하라.
20 그리고 이 세상에 나와 나로부터 생명
이요, 영혼을 받아 살아감이니, 너희
는 과연 몇 번이나 죽음의 고개를 넘
어야 하며,
21 그리고 그 죽음의 고비는 몇 번을 넘

으며 어떠한 죽음이 가장 중요한 죽음
이요, 어떠한 죽음을 대비하여 살아가
야 하는지 그 이치를 아는가?
22 너희는 나 여호와를 아버지라 부를 자
격이 있으며 부를 수 있다고 생각하는
가?
23 그리고 너희가 나 여호와의 아들딸이
되어 정녕 너희가 나를 아버지라 부
르며 네가 너희에게 아들딸이라 부르
는 것은 언제이며, 어느 시기에서 그
와 같은 역사가 이루어지는 것인가?
24 그리고 네가 지옥과 천국을 구분할 줄
을 아는가?
25 그리고 지옥은 무엇이며 천국이 무엇
인가를 물어보도록 그리하라.
26 너는 네 이웃을 얼마나 정녕 사랑하고
사는가?
27 그리고 네 이웃을 네 몸과 같이 얼마
나 아끼고 살아가는가?
28 너는 지금 나 여호와에게 지킬 수 없
는 거짓 맹세를 정녕 하지 않고 사는
가?
29 너희가 기도로써 맹세하는 것은 과연
지킬 수 있는 것만을 하는가?
30 너희는 나 여호와에게 가장 큰 상은
무엇인가를 그들에게 물어보라.
31 내가 너희에게 내리는 그 상은 어떠
한 것이 가장 큰 상이며, 내가 어떠한
상을 너희에게 내리고자 생각을 하는
것이며, 내가 어찌 행하고 있는지를
그들에게 알고 있는가 물어보라.
32 말로써 잔치 하는 지도자 앞에서 구원
받았다 하는 백성에게 이를 물어 대답
을 듣도록 그리하라.
33 그러나 너희가 물었을 때, 그들이 대
답을 못 하거든 그들에게 더 이상 시
시비비를 하지 말며, 조용히 그들 손
에 나의 법전 한 권을 전해 주며,
34 '이를 정독하면 그 모든 궁금증이요,
당신이 대답하지 못하는 답이 이 속에
다 있음이니, 정녕 이를 정독하여 깨
우침을 얻은 다음에 나와 갑론을박하
는 시간을 갖기를 바란다'며 조용히
묵묵히 그 앞을 떠나는 삶을 살도록
하며, 행동을 그리하도록 하라, 사랑
하는 나의 아들딸들아!

6,771 번째 하나님 말씀

2003년 7월 16일 01시 33분

1 사랑하는 나의 아들아!
2 "네, 아버님! 말씀하옵소서."
3 동양의 작은 나라의 백성 너희가 세
상사 살아가면서 이런 이야기를 전하
고 살아감이니라.
4 시골에서 똑똑하다는 사람이 도시에
왔음이니, 도시의 그 높고 높은 빌딩
들을 구경하는 그 시골 사람에게 서울
사람이 말하기를, 이 빌딩은 본 것만
큼 돈을 받음이니 당신은 몇 층까지
이 빌딩을 보았느냐 그리 물으니,
5 그 시골 사람 말하기를, 내가 본 것은
3층까지밖에는 보지 아니하였다 그리
말함이니라.
6 그리하여 도시 사람이 시골 사람에게
말하기를, 네가 3층까지 보았으면 그
3층에 대한 대가를 내야 한다며 그로
부터 돈을 뺏어 감이니,
7 그는 대답하여 말하기를, 3층이라 말
한 저 자신이 똑똑한 자라 그리 생각

했을 것이니라.
8 그리하여 그는 3층까지 본 값을 서울 사람에게 빼앗기고 시골에 가서 말하기를,
9 도시 사람들은 똑똑하며 그와 같이 똑똑한 사람들만 도시에 사는 줄 알았더니, 그들은 참바보요, 미련한 사람들이라 하면서 하는 말이,
10 '내가 저희가 지어 놓은 그 높은 빌딩이요, 그 건물을 끝까지 다 보고 수없이 구경했거늘, 3층까지 하나만 보았다고 했더니 3층까지 본 것만 받아 가더라, 그러니 도시 사람이 바보며 참 어리석은 사람들이라' 그리 와서 그가 자랑함이니,
11 과연 너희는 어떤 사람이 바보며 누가 어리석은 사람이라는 것을 말하지 않아도 알지 않겠는가?
12 지금의 종교 집단과 지도자 그 신도들이 시골의 똑똑한 사람과 같은 자세며, 그와 같은 집단이며, 그것밖에 모르는 백성이라는 것을 과연 알겠는가?
13 참진리요, 나 여호와의 성령이 이 험악하고 잘못된 세상을 다스리기 위하여 내가 심판의 시대를 열어 가고 있으며, 그 심판의 시대의 기본인 나의 법전 160권을 세상에 만들어 내건만,
14 너희는 이를 보지 아니하려 하며, 듣지 아니하려 하며, 이는 다 사탄의 짓이요, 잘못된 자라 그리 말하고,
15 저희가 가는 길만이 최고의 믿음이요, 제가 가는 믿음의 길만이 구원을 받는다 그리 말하는 자들이 바로 도시의 아름다움을 다 보고 살아가는 그 백성을 어리석고 불쌍하다 말하는 그 시골 사람과 똑같은 형국이요, 어리석은 자들이라는 것을 알아야 할 것이니라.
16 너희가 그와 같이 어리석은 자이니라.
17 그러니 세상사에 너희가 어리석으며 너희만 바보 집단이라고 내가 말한다면, 너희는 정녕 그것이 아니라 말할 것이니라.
18 너희는 위로는 거짓 종교 지도자요, 그리고 거짓된 자들에게 평생 살아가는 재물이요, 시간이요, 그 모두를 어리석게 갖다 바치며, 구원을 받고자 지금 몸부림치고 그게 천국에 오르는 길이라 그리 말하고 살아가는 것이 아니더냐?
19 그러니 너희가 바보요, 어리석은 이방인이라는 백성은 그와 같이 거짓 증거 자에게 그 모두를 바치며 그 모두를 희생하는 그와 같은 불쌍한 삶을 살아가지 아니하는 자들이요,
20 너희가 말하는 바보요, 미련하고 불쌍한 자라는 이방인들의 그 살아가는 형태임을 너희는 알아야 할 것이니라.
21 너희는 정녕 그 거짓 종교 지도자에게 재물이요, 그 모두를 강탈 당하며, 인간의 삶의 그 즐거움마저도 다 몰수당하고 사는 것이며, 그와 같이 사는 것이 하늘에 오르는 길이라면 너희가 현명한 자들이라 말할 수 있으나,
22 그것이 지옥으로 가는 표를 사는 것이며 지옥으로 가는 그 열차를 타려고 아우성을 치는 자들이니라.
23 그러나 너희가 불쌍하고 가련한 이방인이라 하여 믿지 않는 백성은 너희처럼 위로 종교 지도자요, 거짓된 자들에게 재물과 모두를 강탈당하지 아

니하며,
24 지옥으로 가는 열차를 타려고 그 표
를 사기 위해 너희처럼 울고불고 아
우성을 치는 그와 같은 삶도 살지 아
니함이니라.
25 그러니 바로 그와 같이 어리석은 삶을
사는 자들이 너희보다 현명하게 사는
자들을 바보 천치처럼 생각하며 인간
이하로 보는 그와 같은 방자한 마음
자세이니,
26 그 모두를 버리고 다스리지 아니하면
너희는 구원을 받을 수 없을 것이니라.
27 그러니 여기서 내가 너희를 표현한다
면, 바로 너희는 믿음의 길을 가는 노
예가 되어 지금 자신이 어디로 가는
줄도 모르며 불쌍한 삶을 살아가는 백
성이요,
28 너희가 불쌍하다 그리 말하는 이방인
이라는 백성은 그래도 중심을 지키며
제자리를 지켜 가며 제 분수를 알아
가면서, 지옥의 표를 사는 그와 같은
어리석은 삶은 아니 하고 살아감이니,
29 바로 너희가 이제는 속지 말아야 할
것이니라.
30 이제 잘못된 종교 지도자에게 속아서
또 넘어간다면, 시골의 그 똑똑한 사
람처럼 그와 같은 형극의 삶을 사는
것이 너희라는 것을 절대 잊지 말라,
사랑하는 나의 아들딸들아!

6,772 번째 하나님 말씀

2003년 7월 16일 08시 04분

1 사랑하는 나의 아들아!
2 "네, 아버님! 말씀하옵소서."
3 이제 네가 던지는 그물에 물고기가 그
득히 실릴 것이니, 그물을 던지도록
그리하라.
4 네가 오늘의 그 깨달음이요, 너 자신
을 지키는 그 상이니,
5 이제 네가 던지는 그물에 물고기가 잡
힐 것이며 그득히 건져 올릴 것이니,
6 이제는 내가 너에게 내리는 상임을 알
며, 건져 올린 물고기를 잘 관리하고
다스리는 그와 같은 자세로 가야 할
것이니라.
7 네가 던지는 그물에 걸려 오는 그 물
고기요, 그들이 너를 보고 변화되는
그와 같은 삶을 살아갈 수 있도록, 이
제는 지금보다도 더 철저하고 지금보
다 더 완전하고 완벽한 삶을 살아야
함을 잊어서는 아니 될 것이니라.
8 오늘이 있기까지 너의 노고요, 너의
제자들의 그 노고요, 그 수고로움에
의하여 이제는 네가 그물을 던질 때마
다 물고기를 낚을 수 있으며, 그물을
던질 장소와 그물을 던질 때마다 거둬
올릴 수 있도록 그리할 것이니, 이게
오늘 내가 너에게 내리는 상임을 알라.
9 "네, 아버님! 알겠사옵나이다.
10 이제 그물을 던질 때마다 빈 그물이
아니요, 몇 마리의 물고기라도 걸려서
오는 그와 같은 그물을 던질 장소를
알며 던질 줄을 알라는 그와 같은 깨
우침이요, 가르침을 주신 아버님께 감
사를 드리오며,
11 이제는 거둬 올리는 물고기들을 잘
관리하며 소중히 간직하여, 제 생명보
다도 더 소중히 다스리며 가르칠 수
있는 그와 같은 사람으로 변하여 가도

록 노력하겠사옵나이다.
12 누가 보든 보지 아니하든 한 점의 부
끄럼이 없는 삶이요,
13 누가 보고 안 봐서가 아니라, 스스로
남에게 부끄러운 행동을 하지 아니하
며,
14 오로지 참빛이 되는 길이요, 정도의
길이요, 그리고 남에게 한 점의 부끄
럼이 없는 그와 같은 아름답고 곱고
고운 길을 가도록 최선의 노력을 다하
겠사옵나이다."
15 사랑하는 나의 아들아!
16 네가 변해 가는 그 모습을 보면 알 것
이거늘, 어찌하여 나의 사랑하는 백성
은 십계명을 지킬 수 없으며 나의 율
법대로 지킬 수 없으며 나의 법전대로
지킬 수 없다고 감히 그리 말할 수 있
단 말이던가?
17 그러니 그들에게 열 마디 백 마디가
필요 없음이니라.
18 '나는 지키고 사는 자다, 지킬 수 있
다.' 차 한 잔을 마시기보다 더 쉬운
것이 내가 내린 십계명이요, 내가 내
린 법전을 지키는 것이라 그리 말해도
그들은 그를 믿지 아니하며 듣지 않으
려 함이니,
19 네가 살아가는 모든 삶으로써 스스로
그들이 보고 느낄 수 있도록 그와 같
이 네가 변화되는 삶으로써 역사하도
록 그리하라.
20 그것만이 산 교육이요, 산 증거이며,
21 그것만이 만백성이 너를 믿고 따를 수
있는 것이요,
22 또한 그리하여 네가 변하고 변하는 그
속도에 의하여 지금 제3·4단계의 교
육을 마치는 그날까지 네가 최선을 다
해야 할 것이며,
23 그 교육 기간을 당기고 못 당기는 것
은 너에게 달렸음을 알아야 할 것이
니라.
24 네가 책 한 권을 사람에게 주어 그를
암송하라 함이니, 그가 얼마나 노력하
느냐에 따라서 그가 암송할 수 있는
것이 아니더냐?
25 하루에도 수십 번 수백 번씩 읽어 그
가 바로 하루 이틀 만에 암송할 수 있
는 것이며,
26 그저 책만 폈다 덮었다 하면 그가 십
년 백 년을 가도 그를 암송하지 못하
는 것이 너희 인간 세상에 살아가는
일이니, 그와 같이 마찬가지니라.
27 내가 너를 훈련하는 그 단계는 4단계
라 하였음이니, 3단계를 네가 얼마만
큼 노력하여 빨리 뛰어넘느냐, 그리고
4단계에 진입하느냐 하는 것은 너에
게 달렸음을 잊어서는 아니 될 것이니
라, 사랑하는 나의 아들아!
28 네가 변하고 변하는 속도가 빠르면 다
음 단계에 빨리 역사할 것이니 그를
알아 네가 행하도록 그리하라.
29 나 여호와는 이제 너에게 이리 하라,
저리 하라 하며, 네가 깨우쳐 가든 안
가든 그걸로 너를 탓하지 아니할 것
이며,
30 오로지 네가 잘못 가고 잘못 왔을 때
엄히 다스리는 그와 같은 일만 있을
것이니라.
31 이제는 네가 모두를 알고 깨달았으며
네가 행해야 하는 것이 무엇이며, 네
가 가야 하는 것이 무엇이며, 네가 나

로부터 은혜를 받을 수 있는 것이요,
기적의 역사함이 무엇인지를 네가 알
고 있지 않은가?
32 정녕 너희가 타고 달리는 아무리 좋
은 자동차요, 기계라 하여도 길이 아
니요, 풀밭에서는 갈 수 없으며 구렁
에서도 갈 수 없듯이,
33 네가 구렁으로 차를 몰고 가는 삶이
요, 네가 진흙탕 속으로 차를 몰고 가
며 그 차가 나가기를 바란다면,
34 아무리 좋은 성능을 가진 기계요, 차
라 해도 나갈 수 없는 것을 네가 알고
있으며,
35 오로지 차가 다닐 수 있는 길에서 그
를 몰고 갈 때, 그는 성능을 발휘할 수
있으며 목적지까지 갈 수 있으며 제대
로 찾아갈 수 있는 것처럼,
36 네가 진흙탕으로 차를 몰고 가면서 그
게 가기를 바라며, 그 진흙탕 속에서
차를 나가게 해 달라 나에게 아무리
기도를 한다 해도 진흙탕에서는 차가
갈 수 없는 것이니,
37 내가 너에게만 진흙탕에서 차를 가게
해 준다면, 나는 공의의 하나님이 아
님이니라.
38 그러니 네가 차는 어떠한 곳으로 몰고
가야 그가 갈 수 있다는 것을 알고 있
음이니, 이제 그 길에서 차를 몰고 가
면 되는 것뿐이니,
39 나는 너에게 이 길로 가는 길이 맞으
며 저 길이 맞는다고 말하지 아니할
것이며,
40 또한 너의 제자들도 높은 점수요, 높
은 경지에 와 있으니, 그들을 내가 그
리 다스릴 것이 아니니라.
41 이제 그를 아는 자가 되며 저 자신이
속죄하는 마음으로써 살아가며 지금
까지, 너희가 잘못 살아온 그 모든 죄
에 대해 속죄하는 어린 양과 같은 마
음으로 살아야 할 것이며,
42 그리고 너희가 어떤 길로 차를 몰고
가야만 갈 수 있는가, 그것을 이제 완
벽히 깨달은 백성이니,
43 그 길을 따라 기계를 몰고 가면 될 것
이며 그 기계를 타고 가면 될 것이니
라.
44 그리고 개펄이나 진흙밭이요, 풀밭에
그 성능 좋은 기계요, 자동차를 몰고
가는 것은 안 된다는 것을 알 것이니,
45 이제는 안 되는 곳에 가지 아니하며
이룰 수 없는 곳에 가지 아니하면 될
것이며, 달릴 수 있는 그 길로만 가면
됨이니, 이제는 너희가 스스로 알아서
가도록 그리하라.

6,773 번째 하나님 말씀

2003년 7월 16일 08시 09분

1 사랑하는 나의 아들아!
2 "네, 아버님! 말씀하옵소서."
3 내가 성서에 일찍이 기록되어 너희에
게 깨우쳐 주기를, 아무리 악하고 모
자란 부모라 하여도 그 자식에게 좋은
것을 주는 것이요,
4 자식에게 쓸 수 없는 나쁜 것을 주는
부모는 없다고 내가 그리 너희에게
가르쳐 주지 아니하였던가?
5 하물며 육의 세상의 부모가 악한 자라
도 자식에게는 좋은 것을 남겨 주고자
하는 것이 그 부모라 하였거늘,

6 창조주 나 여호와가 너희에게 어떠한
것을 주고자 한다고 너희는 생각하는
가?
7 과연 내가 너희에게 크나큰 은혜의
영광이요, 기쁨을 주는 나 여호와 아
버지라 생각하는가?
8 그렇지 않으면 육의 세상에 사는 작은
것들에 대해 내가 너희에게 내려 주
는 아버지라 생각하는가?
9 나 여호와는 너희에게 가장 큰 것이
요, 구하는 자에게 가장 좋은 것을 주
는 나 여호와임을 너희는 알아야 할
것이니라.
10 육의 작은 선물이 내가 내리는 것이
아니요, 육의 세상에 살아가는 작고
구차한 그런 것들을 내가 선물로 주는
것이 아니요,
11 나는 너희에게 선물을 줄 수 있는 것
은 정해져 있다 그리하지 않더냐?
12 그러니 내가 영원히 큰 선물을 주는
것이 나 여호와임을 알라 내가 일찍이
너희에게 가르쳤으니, 그 뜻을 알아야
할 것이니라.
13 육의 세상에서 작은 것을 내려 주는
것을 기도하고 원하는 것이 지금의
종교 집단이요, 지도자이니라.
14 하나도 가지고 나에게 올 수 없는 것
들, 육의 세상에 그저 버려두고 오는
것, 남겨 두고 오는 것, 그와 같은 눈
으로 보이는 것을 얻기 위하여 소원하
는 삶을 살고 있으니, 너희의 믿음 또
한 그러하니라.
15 그래서 그 믿음이 잘못된 것이며,
16 정녕 한 번 죽는 것이 아니요, 두 번
죽는 마지막 죽음에 대비하는 현명한
삶을 살아야 한다 하였음이니,
17 너희는 마지막 죽음의 그 순간에 나로
부터 은혜요, 영광을 받을 수 있는 그
것이 내가 너희에게 내리는 큰 상이
라 그리하였음이니라.
18 육의 부모도 자식에게 남기고 싶은 것
은 모든 것을 다 최상의 가장 좋은 것
을 주고자 하는 것이 너희 부모요, 죽
을 때 그리 유언하여 모두를 다 남기
고 가지 않더냐?
19 나 여호와 또한 너희에게 최고의 선
물을 주고자 함이니, 그것은 육의 세
상에서 너희들이 받을 수 있는 선물이
아니라는 것을 알라.
20 영혼 구원의 선물임을 알라.
21 이 선물을 내가 너희에게 줄 수 있도
록 그 선물을 받을 자격이 있는 나의
아들딸로서 살라 함이며,
22 그리하여 너희가 마지막 영혼 구원의
선물을 받는 그 순간에 너희는 영원
히 나의 천국에 오며 나를 아버지라
영원히 부를 수 있으며,
23 또한 너희를 내가 아들딸이라 하여
관리하고 다스리면 영원히 내가 너희
를 사랑할 수 있는 우리 인연이 거기
서 이루어진다고 하지 아니하였더냐?
24 그것을 위한 삶을 살도록 그리하라,
사랑하는 나의 아들딸들아!
25 그것을 모르며 저버리고 살면 아니 됨
이니,
26 너무도 소중하고 귀한 것이기에 내가
또 나의 법전에 오늘 이와 같이 기록
하여 너희에게 전함이니,
27 나의 법전에 기록하고 기록된 그 내용
을 열심히 읽고 깨우쳐 너희 것으로

만들지 아니하면 아니 됨을 알라.

6,774 번째 하나님 말씀

2003년 7월 16일 08시 15분

1 사랑하는 나의 아들아!
2 "네, 아버님! 말씀하옵소서."
3 나의 피조물 만백성 너희가 행함이요, 사랑하는 그것으로써 기준으로 하여 나에게 와 심판을 받는다고 내가 나의 법전에 수없이 기록하여 전했거늘,
4 오늘의 종교 집단이요, 지도자들은 행함이 중요, 하지 아니하다 그리 가르침이니, 그 의미를 너희가 알아야 할 것이니라.
5 지금의 모든 종교 집단은 육의 세상에서 행함이 중요하지 않다 하나, 나의 아들은 나의 명이요, 너희가 행함이요, 역사함이 가장 중요한 것이며,
6 그와 같이 너희가 선과 악의 삶을 두 손에 들고 와 그 보따리를 내 앞에 와 풀어 놓으니, 그걸 기준으로 하여 심판을 받는다 그리 내가 말하지 아니하였던가?
7 그리하여 너희가 물질적으로 눈으로 보이는 것은 가지고 오지 못하나, 얽히고설킨 그 삶의 모든 것은 다 가지고 온다 하였음이니,
8 인간사에서 너희가 어떠한 마음을 갖고 살았느냐 하는 것은 다 그 선과 악의 보따리에 싸서 나한테 와 그 무게를 단다 그리하였음이니라.
9 그리고 또한 내가 성서에 행함이 얼마나 중요하고 귀한 것인가를 비유하여 가르쳤거늘, 어찌하여 너희는 그를 소홀히 듣는가?
10 강도를 만나 죽어 가는 그 백성을 모든 사람이 도와주지 아니하며 구해 주지 아니하고 버리고 그냥 지나갈 때,
11 그와 같은 것을 구한 자가 있으며 생명을 구해 주었으며 길을 갈 수 있는 그것까지 처리하며 도와준 사람이 있다 하지 아니하였더냐?
12 그리하여 너희가 나에게 묻기에 나의 아들을 통하여 내가 뭐라 대답했다 했더냐?
13 나의 아들이 그리 대답하였느니라.
14 너희가 정녕 나에게 구원을 받고자 하며 너희가 나 여호와 아버지요, 하늘에 오르고자 한다면, 지금 행한 사람처럼 너희도 가서 그리 행하도록 하라 그리 가르쳐 주었으니, 그것이 무엇이던가?
15 죽어 가는 자를 모르는 척하고 지나가는 것은 정녕 인간 세상에서 이루어질 수 있으며 그를 지나치고 가는 자가 나에게 상을 받을 수 있다고 생각하는가?
16 죽어 가는 한 생명을 구하고 살린 그 행함이 바로 나로부터 상을 받는 것이요, 나에게 오르는 길이요, 나를 기쁘게 하는 것임을 내가 이미 성서에 기록하여 전했음이니,
17 행함이 중요하다는 것을 내가 거기에 가르쳤거늘, 어찌하여 그걸 함부로 읽으며 그와 같이 거역하는 말을 하고 있단 말인가?그것이 너희가 잘못된 것이며 잘못 감이니라.
18 이제 그 구절을 다시 한 번 읽고 깨우쳐 보도록 그리하라.

19 강도를 맞아 죽어 가는 자를 모든 종
교 지도자요, 집단이요, 또한 믿음의
길을 가는 백성이요, 그 사람들이 거
기를 그냥 스쳐 감이니, 그들이 바로
무엇인가?
20 행함이 중요하지 아니함이요, 그리 죽
어 가는 자를 살리고 안 살리는 것도
나로부터 은혜를 받고 안 받는 것은
아무런 관계도 없다 하여 죽어 가는
자를 버려두고 그냥 감이니,
21 믿음의 길을 가는 자들이 얼마나 사악
한 자들이며 계산된 자들이며, 오로지
저희만을 위하여 살아가는 자들이던
가?
22 너희가 죽어 가는 자를 구하는 행함
이 구원받는 것이라면, 그 죽어 가는
생명을 너희는 구해 주었을 것이니라.
23 그러나 종교 집단이요, 지도자들이 지
금 잘못 가며 무엇인가를 거둬들이고
진정한 나의 참진리를 거역하며 그 뜻
과는 관계없는 방법으로 가르쳐, 너희
가 사탄의 자식이 되다 보니,
24 죽어 가는 사람을 구하는 것이 나에게
구원이요, 은혜를 받는 것이 아니요,
그와 같은 것은 은혜를 받는 것도 아
니요, 구원에 도움이 되지 아니한다
하니,
25 그대로 버려두고 그저 던져 두고 모르
는 체하고 가는 것이 종교 지도자요,
집단에 있는 자들이요, 믿음의 길을
가는 자들인 너희 조상이 그리 행했음
이니, 지금의 그 후손인 너희가 과연
어떠하던가?
26 너희는 더한 자들로서 변화되어 있음
이니,
27 이제는 믿음의 길을 가지 않는 형제
요, 부모를 돌아다보지 아니할 정도로
적대시하며 적과 같이 생각하는 지금
의 믿음의 형태를 가고 있음이니, 너
희는 그 구절을 상세히 읽어 보라.
28 그를 살린 자, 그를 구원한 자를 내가
뭐라 말했으며, 그것이 하늘에 오르는
길이요, 구원의 근본이요, 기초라는
것을 기록하였음이니,
29 지금까지 인간 세상에서 구제하며 인
간을 도우며 인간과 더불어 아름답게
살아가는 것, 인간을 위해서 희생하며
봉사하는 것은 구원의 길에 아무것도
아니라 가르치는 자들이 얼마나 사악
한 자들인가, 그리고 너희를 우롱하는
자들인가를 알아야 할 것이니라.
30 내가 일찍이 전하여 가르친 그 내용을
알라.
31 행함을 무시하는 자는 정녕 사탄의
자식이요, 나의 자식이 아니라는 것,
그리고 행함을 하지 아니하는 자는 절
대 구원을 받을 수 없다는 것을 내가
이미 성서에 비유를 들어 가르친 그
대목을 읽고 또 읽으면,
32 너희가 얼마나 어리석은 자들이며, 나
의 뜻을 거역하며, 또한 얼마나 가증
스러운 자들이요, 거짓 증거하는 자들
이 너희를 끌고 간다며 지금 지옥 불
로 떨어지도록 너희를 인도하고 그리
밀어붙이는 것인지 잊지 말라.

6,775 번째 하나님 말씀

2003년 7월 16일 11시 04분

1 사랑하는 나의 아들아!

2 “네, 아버님! 말씀하옵소서.”
3 모든 생명체를 가진 것은 살려고 노
력해야 하며, 먹이를 구하기 위하여
각자가 노력을 해야만 살아갈 수 있게
되어 있음이 아니던가?
4 바닷속에 있는 물기고요, 밀림에 있는
모든 짐승이요, 또 미물에 이르기까지
그 모두는 자기 생명을 존속시키기 위
하여 그들은 먹이요, 양분을 섭취하
니, 그 노력의 대가만큼 얻어지는 것
이 너희 삶이니라.
5 인간 세속에 살아가는 너희도 그러하
니라.
6 그러니 잘살고 못사는 것을 나를 원망
하며 너희 자신들을 원망하여 너희
조상을 원망하는 그와 같은 마음 자세
가 얼마나 잘못되었는지 알겠는가?
7 너희가 노력하고 노력한 만큼 모두는
거둬들일 수 있으며, 얻을 수 있으며,
생명을 유지할 수 있으며, 너희가 얼
마만큼 인생의 삶을 사느냐 하는 것은
다 너희에게 달렸음이니라.
8 그러나 제 스스로 노력하지 아니하며
제가 연구하지 아니하고 남을 원망하
고 비방하는 것, 그리고 남을 탓하는
것,
9 그리고 나 여호와가 공의의 하나님이
아니요, 왜 너희에게는 고통과 시련을
주며 남에게는 부와 재물을 주었는가,
또는 권력을 주었는가, 명예를 주었는
가 그와 같이 너희가 생각하는 것,
10 그 모두는 다 노력하지 아니하며 게으
른 것이요, 게으른 자가 그 욕심 속에
서 그 모두를 그리 불평불만하고 살아
가는 자들이니,
11 노력하지 아니하는 자들이 그와 같이
불평불만이 있는 것이니라.
12 그러니 노력하지 아니하는 자는 먹지
도 말며 얻을 수도 없고 거둘 수도 없
다는 것을 내가 일찍이 성서에 가르쳐
준 것이 무엇이던가?
13 일하지 아니하는 자는 먹지도 말라는
것은, 일하지 않는 자는 저 자신을 모
르며, 죄를 다스릴 수 있으며 저를 다
스릴 자격이 없으며,
14 제가 해야 할 본분을 하지 않는 자는
남에게 손해를 끼치며 누를 끼치고 살
아가는 삶을 살아가기 때문에 그 뜻이
거기 있음을 너희는 알아야 할 것이
니라.
15 너희는 노력하는 만큼 모두를 다 얻을
수 있도록 내가 다 너희에게 준비해
주었음이니, 이루고 못 이루는 것은
다 너희에게 달렸음이니라.
16 그러니 이 세상에 살아가며 남을 원망
하며 나를 원망하는 그와 같은 마음
자세를 갖고 사는 자는 그 생각부터
고쳐야 할 것이며, 너희들이 노력하는
삶으로 바꾸는 것, 전환하는 것이 가
장 중요한 것이니라.
17 그러하니라. 너희가 무엇인가를 이루
고자 노력하지 아니하는 자는 얻을 수
없으며 제 생명도 부지할 수 없듯이,
18 하늘에 오르는 길이요, 믿음의 길 또
한 너희가 노력하지 아니하며 연구하
지 아니하면, 그 길을 볼 수 없으며,
오를 수 없는 것이라는 것을 알아야
할 것이니라.
19 너희가 눈앞에 보이는 것에만 연연하
는 삶을 사는 백성이 돼서는 절대 아

니 되는 것이니라.
20 노력하지 아니하는 백성은 무엇이더
냐?
21 오늘 배부른 것으로써 만족하며, 미래
를 모르며 준비를 모르는 그와 같은
어리석은 백성이 아니던가?
22 한 치 앞을 못 보고 살아가는 그와 같
은 사람이 바로 노력하지 아니하는 자
라는 것을 알아야 할 것이니라.
23 한 치 앞을 못 보고 사는 것이 얼마나
불행하고 불쌍한 것인가를 내가 한 폭
의 그림으로써 너희에게 보여 주고자
함이니 들으라.
24 물속에 사는 물고기가 저보다 약자를
포식하기 위해서 그리 공격하는 것에
만 연연한다면, 저보다 더 강자가 저
를 포식하기 위하여 쫓아와 제 생명
을 잃는 것을 알지 못하며 그걸 깨닫
지 못하는 것이 바로 앞을 보지 못하
고 사는 자의 그 형국이라는 것을 알
겠느냐?
25 지금 게으른 자요, 노력하지 아니하는
자는 그와 같은 자이니라.
26 한치 앞만 보고 그저 미래를 보지 아
니하며 준비하는 삶을 살지 아니하고,
27 한 끼의 식사하는 것으로써 만족하며,
그저 그와 같은 마음으로써 오늘의 있
는 것에 노력하지 아니하며 연구하지
않는 자,
28 그저 얻어먹든 주워 먹든 그저 한 끼
를 배부르게 채워서 그것으로써 만족
해하는 자,
29 남에게 폐를 끼치든 누를 끼치든 그것
으로써 만족하고 게으른 그와 같은 자
들이 바로 한 치 앞을 못 보는 자요,
불평불만을 하고 사는 백성이니,
30 한 치 앞을 못 보는 자의 그림을 그려
너희에게 보여 주었음이니 그 뜻을 알
겠는가?
31 물속에 있는 그 고기가 제가 포식할
수 있는 약한 것을 잡아먹기 위하여
그리 쫓아가며 주위를 보지 아니하며
어떠한 준비 상태가 없이 가다가는 저
를 잡을 수 있는 저보다 강한 자에게
제가 포식 되어 죽어 간다는 것을 알
지 않는가?
32 밀림에 사는 동물들 또한 어떠한 것이
던가?
33 그저 제가 약한 것을 잡아 포식하기
위하여 제가 거기에만 급급하며 주위
를 보지 아니하며 준비된 생활을 하지
않는 자는 항상 저보다 강자에게 그
죽음을 면치 못함이니, 바로 미래를
보지 못하는 자가 그와 같은 자이니라.
34 믿음도 또한 그러하니라.
35 너희가 오늘의 육의 삶에 만족하며 육
의 삶을 찾아 오늘만 본다면, 너희는
사후 세계의 미래를 보지 아니하고 연
구하지 않는 자는 앞의 먹이를 취하며
제 즐거움만 알며, 저를 공격하려는
무서운 자가 노리고 있다는 사실을 모
르는 자와 같음이니,
36 너희가 오늘의 육의 삶에 연연하다 죽
어 지옥으로 가는 그 불행한 무서움이
어떤 것인가, 다시 태어나는 그와 같
은 기회를 얻지 못하는 것이 얼마나
슬프고 불행한 것인가를 아는가?
37 그러니 너희는 미래를 보는 삶이요,
준비된 삶을 사는 그와 같은 현명한
백성으로 살아가도록 그리하라.

38 그저 한 끼의 끼니를 채우면서 그 모
든 것으로써 만족하며, 남에게 폐를
끼치든 남에게 신세를 지든 주워서
먹든 그저 먹고 배가 부르면 그것으로
써 행복하며 제가 제왕이라 생각하는
자, 그리고 노력하지 아니하려는 자,
39 그는 한 치 앞을 못 보는 짐승과 같음
이요, 미물과 같다 하였으니, 그는 곧
잡혀 죽는 자와 같다 하지 아니하였는
가?
40 그러니 내가 너희에게 준 그 생명의
소중함을 그리 쓰지 말며 너희 자신을
그리 다스리지 말라.
41 내가 너희에게 이르기를, 너희 자신이
가장 귀하고 소중한 자이니 그 이치를
먼저 깨닫고, 너희가 소중한 자임을
알며 너희 자리를 지키고 살아가는 자
만이 미래의 구원의 길이요, 하늘에
오르는 길에 기도하고 경배할 수 있는
자격이 있다 했던 나의 가르침의 무서
움을 깊이 깨우쳐 너희 것으로 만들
어, 삶의 지표로 삼도록 그리하라.

6,776 번째 하나님 말씀

2003년 7월 16일 11시 13분

1 사랑하는 나의 아들아!
2 "네, 아버님! 말씀하옵소서."
3 수천 년 동안 지금 믿음의 길을 가고
오는 그 백성이 어찌하고 있는가?
4 저희만이 믿음의 길이요, 나 여호와의
뜻에 따라 진정한 하늘에 오르는 길
을 가는 선택된 백성이라 그리 생각하
며,
5 다른 집단은 인정하지 않으려 하는 것
이며, 다른 생명을 가진 형제들을 사
람으로 취급도 아니 하려는 그와 같은
오만과 자만에 빠져 있음이니,
6 내가 너희에게 뭐라 일렀느냐?
7 이 세상에 나로부터 생명을 가지고 태
어난 그것이 더 소중한 것이며 그보다
더 귀한 것이 없다고 내가 그리 말하
였거늘,
8 인간 세상에 부모와 자식과 형제 간에
도 못난 자식이 있고 잘난 자식을 구
분하여 그 부모의 마음이 그와 같이
평가하여 마음을 가지고 있다 하면
그 부모는 어찌된 것인가?
9 그 부모의 마음이 잘못된 것이며, 너
희 형제지간에 잘난 자, 못난 자를 구
분하여 서로 가까이 대화하며 그들이
살아간다면 그 형제 또한 잘못된 자들
이 아니던가?
10 잘났든 못났든 형제란 같은 형제라 내
가 그리 말하였으며 그 형제가 소중하
다고 아니하였던가?
11 그러니 이 세상에 나로부터 생명을 받
아 나갔으니 너희는 다 같은 형제라
내가 그리 깨우쳐 주었음이니, 그 소
중함을 먼저 배우라 내가 그리 가르쳤
음이니라.
12 그러나 지금의 종교 집단이요, 신도들
너희는 과연 형제를 형제로 대우하고
그리 생각하고 보는가?
13 너희와 믿음이 다른 사람들, 너희와
그 종파요, 가는 길이 다른 자, 그와
같은 자를 과연 어찌하는가?
14 그와 같은 사람들을 너희는 무서우리
만큼 차별화를 두는 것이며,
15 차라리 너희가 이방인이라는 믿음의

길을 가지 않는 백성이라는 사람들에
게는 그래도 전도라는 것, 복음이라는
것을 전하여 그들을 깨우치고자 하여
그들과 대화를 하려고 그리하나,
16 너희와 종파가 다른 믿음의 길을 가
는 자들, 그들이 참진리를 가든, 진정
한 믿음을 가든 그와 같은 자들과 절
대 대화하지 아니하려 하며, 그들이
하는 것을 용서치 않으려 하며,
17 그들을 무조건 사탄이요, 이단이라 배
척하고 외면하며 정적을 대하듯이 무
서운 마음으로 밀고 나감이니, 그것이
과연 사랑이란 말이더냐?
18 내가 너희가 형제로 태어난 것이 소
중하다 하였으며, 믿고 안 믿는 그 종
교요, 종파는 잠깐 옷을 바꿔 입은 것
과 같다 내가 너희에게 그리 수천 번
말하고 가르쳤건만,
19 어찌하여 너희는 그 하나도 실행하지
못하고 사는 백성이란 말이던가?
20 너희는 여기서 알아야 할 것이니라.
21 나 여호와는 성서에서 너희가 행하고
지킬 수 있는 모든 것을 상세히 기록
하고 명하여 너희에게 전하였음이니
라.
22 그러나 너희가 그를 지키지 아니하고
행하지 아니하기 때문에 오늘과 같은
형국이 되어 있음이니라.
23 너희는 내가 나의 아들을 통하여 나
의 아들이 행한 그 역사를 그 제자들
이 기록하여 복음이요, 성서라 하여
지금 전하는 그 내용을 가지고도 그를
정독하고 깊이 깨우쳐 볼 때,
24 세상에서 그 기록된 내용만 그대로 행
하고 실천한다 해도 너희는 지옥문에
가 울고불고 통곡하며 그 문을 들어가
지 않으려 몸부림치는 그와 같은 슬픈
형국은 면할 것이거늘,
25 어찌하여 내가 그 모든 성서에 다 기
록하였거늘, 한 자요, 한 획도 고치고
빼지도 말아야 한다 하면서, 너희는
거기에 있는 내용을 지키고 행하지
아니한다면 그것이 무슨 소용이 있으
며 무슨 의미가 있단 말이냐?
26 아무런 성서의 의미가 없으니, 지금
성서가 바로 너희가 그를 행해지고
지키지 아니하며 일부분이라도 지키
는 것이 아니요,
27 그저 너희 마음에 맞지 않으며 너희
뜻에 맞지 않으면 통째로 삭제해 버리
며 통째로 지키지 않는 것이 오늘의
너희가 성서를 가지고 공부하는 행위
가 아니던가?
28 그러니 이제 나의 아들을 따르는 제자
들이요, 나의 법전을 읽고 깨우친 만
백성 너희는 들어야 할 것이니라.
29 너희도 마찬가지니라.
30 내가 너희에게 내리는 작은 명령이라
도 그를 지키지 아니한다면 그게 휴짓
조각이며,
31 나의 법전이 아무리 소중하고 귀한 것
이라 해도 너희가 그 내용을 지키지
아니하고 행하지 아니하면 아무런 가
치가 없는 것과 마찬가지로,
32 너희도 수천 년 동안 믿음을 오면서
성서는 절대적인 나 여호와의 뜻이요,
나의 아들이 명한 것이요, 구세주가
내린 것이라 그는 꼭 지키며 그리 행
한다 말하며, 그리해야만 구원을 받는
다 하나,

33 너희는 그 지킬 대목들을 지키지 아니
하고 살며 모두 통째로 빼 버리고 지
워 버리고, 행하지 않는 그와 같은 행
위가 얼마나 많이 있던가?
34 성서대로 행한다면 너희가 오늘과 같
이 사악한 삶이 안 되었을 것이니,
35 오늘 나의 아들을 따르는 그 제자 너
희가 또 나의 법전을 그대로 행하지
아니한다면,
36 나의 법전은 수천 년 세월이 흐른 다
음에 오늘의 성서와 같이 너희를 인
도하고 깨우치는 책으로서 나의 성령
으로서 자리를 잡지 못할 것이니,
37 너희는 작은 명령이라도 철저히 지키
는 그와 같은 모범된 삶을 보여,
38 수천 년 동안 흘러오면서 성경에 기록
된 것을 행하지 않는 백성이 오늘의
단죄를 받는 그와 같은 후손이요, 백
성을 육성해 놓아서는 아니 될 것이니
그리 알라.
39 너희가 지금 가고 있는 믿음에 대하여
얼마나 자신과 소신이 없으면,
40 너희가 이방인이라는 백성은 너희가
대화하고 복음을 전한다 하나,
41 너희같이 나 여호와를 믿으며 같은 계
통이요, 같은 그 방향으로 가는 자, 그
리고 나의 아들 주 예수의 이름으로
구원을 받았다 하는 백성이든 어찌하
든, 종파가 다르고 너희와 교류가 조
금만 다르다 해도 그들을 정적으로 생
각하며 원수와 같이 생각하는 것인가?
42 과연 너희가 사랑을 가지고 사는 자
들이요, 세상을 가슴에 안은 자요, 나
여호와의 백성으로서 행하는 삶을 살
고 있는 것인가, 한번 너희 자신을 들
여다보도록 그리해야 할 것이니라.
43 너희가 같은 믿음이요, 참진리를 가지
고 가르치는 백성이요, 그 길을 가고
자 하는 백성까지도 이단이요, 사탄이
라 배척하고 외면하고 욕하고 저주하
는 것은 무엇인 줄 알겠느냐?
44 지금의 종교 집단이요, 지도자 그들이
그 믿음에 대하여 자신이 없으며 전혀
소신이 없기 때문이니라.
45 저희가 진정한 보석을 갖고 있다면
누가 와서 뭐라 한들 그것을 설명할
필요가 없으며 그걸 가지고 두려워할
것이 없으며, 그걸 지키고 있으면 될
것이거늘,
46 자신과 소신이 없고 모르고 불안하며
남들이 너희에게 가르치고 깨우치는
것이 너희의 추한 모습의 삶이요, 그
죄악스러운 것이 드러나고 들춰질까
봐 그걸 봉합하기 위하여 온갖 신경을
다 쓰며 온갖 사악한 짓을 다 하고 살
아가는 것이 오늘의 너희의 형태라
내가 보고 있는 모습임을 알아야 할
것이니라.
47 너희가 이와 같은 것을 자신 있게 연
구하여 버릴 것 버리고 취할 것 취하
는 그와 같은 용기 있는 삶으로 살아
가지 아니하면, 너희는 정녕 나를 볼
수 없으며 나로부터 용서받는 백성이
될 수 없다는 것을 기억해 두도록 하
라.

6,777 번째 하나님 말씀

2003년 7월 16일 11시 30분

1 사랑하는 나의 아들아!

2 "네, 여호와 하나님! 말씀하옵소서."
3 내가 너를 통하여 다시 한 번 너의 제
자요, 만백성의 마음의 눈을 뜨게 하
고자 함이니라.
4 너희는 2천 년 전 나의 아들 예수가
세상에 내려와 나의 뜻을 전하며 그가
지은 죄가 없음이니라.
5 죄를 짓지 아니하였으며 죽음의 길을
선택할 이유가 없으며, 그리하여 그를
다스리는 그 벼슬아치들도 그를 죽이
는 것을 두려워했건만,
6 과연 그를 죽도록 그리 선동하며 그리
몰아간 백성을 너희는 누구라 알고
있는가?
7 그러니 2천 년 전의 그 상황을 오늘날
되돌아보지 아니하면 너희도 또한 그
와 같이 당할 수 있는 것이 뻔하며,
8 너희가 그 위기와 위험을 넘지 못할
것 같기에, 내가 나의 아들을 통하여
이 중요한 대목을 깨우치고자 다시 한
번 여기에 전함이니, 깊이 깨우쳐 만
전을 기하는 그와 같은 삶을 살도록
해야 할 것이니라.
9 아무런 죄도 없는 나의 아들을 그리
죽도록 몰아붙여 선동하여 살인한 자
들이 누구인 줄 알겠느냐?
10 나를 믿는다 하며 나의 아들 예수가
전하는 것을 받아서 이는 나 여호와의
뜻이라 하여 그 대업의 역사를 지금
너희처럼 이루어야 할 그 제사장이요,
그 목회자라는 자들이요, 나를 섬기는
자들이라는 그 백성이 바로 나의 아
들을 그와 같이 죽도록 몰아 갔으며,
십자가에 못 박혀 죽게 했으며 결국
죽음으로써 한 시대의 막을 내리도록
한 자들이니,
11 그들이 바로 어떠한 자들인가?
12 살인한 자들이며 사악한 자들임은 두
말할 것이 없는 것이니라.
13 아무런 죄도 없는 나의 아들과 살인한
죄인을 놓고 누구를 살려 주어야 하느
냐 할 때,
14 그 죄인은 살려 주며 인간을 죽인 살
인한 자는 살려 주며, 아무런 죄도 없
는 나의 아들을 죽여야 한다고 선동
하고 부르짖는 자들이 바로 그를 따라
야 할 제사장들이요, 신도들이요, 목
자라는 자들이니, 과연 너희가 용서받
을 수 있단 말이던가?
15 그리고 너희를 용서해 주기를 바란단
말이던가?
16 너희는 죄 없는 나의 아들 예수를 죽
게 했으며 그리 행하지 아니하였는가?
17 과연 이와 같은 인간의 심성을 내가
어찌 보아야 하며 어찌 평가해야 한
단 말이던가?
18 그러면 나의 아들을 죽게 한 자들이
제사장이요, 목자요, 신도라는 자들이
그와 같이 충동질하여 나의 아들을 죽
게 하였음이니,
19 그들이 지금 성막을 지으며 교회를 지
으며 성당을 지으며 지금까지 흘러온
그 역사가 그들의 뿌리에서 전승되어
내려왔음이니,
20 오늘의 모든 종교 집단이요, 지도자
너희는 그들의 후예이지, 나의 아들
예수의 뜻에 따라 가는 자가 아니요,
나의 뜻에 의하여 역사하는 자들이 아
닌 것이 당연한 것이 아니더냐?
21 지금 교회를 짓고 성전을 짓고 회당을

짓고 성당을 짓고 지금까지 나의 피조
물 만백성을 구하여 이끌어 온다는 그
와 같은 종교 집단 지도자의 그 뿌리
가 어디 있단 말이던가?
22 나의 아들 예수를 그리 죽인 자들이니
라.
23 너희 모두를 다 바쳐 나의 아들을 그
리 죽이려 했던 그 의미와 뜻이 과연
어디에 있는가?
24 너희는 나 여호와의 참진리요, 4천 년
의 구약 시대가 지나도록 그 계명을
지키고 살지 못하기에 너희에게 단
한 번의 기회를 또 주고자 하여 다시
한 번 너희에게 그 중요한 기회를 주
기 위하여 나의 아들을 세상에 내려보
냈거늘, 너희는 나의 아들을 그리 죽
게 만들었으며,
25 그리 너희가 저주한 백성이요, 용서받
지 못할 만큼 인간을 살인한 죄를 지
은 그 사악한 자를 살려 주기를 바라
며, 나의 아들은 죽도록 선동하고 앞
에서 이를 꾸몄으며, 그와 같이 나의
아들이 피할 수 없는 그 십자가의 고
통의 길을 가도록 선동한 그 작태를
부린 자들이 제사장이요, 목자들이라
는 것을 너희는 알아야 할 것이니라.
26 그 후예들이 지금의 모든 종교 집단들
로 그리 내려왔다는 것을 너희는 잊
지 말라.
27 나의 뜻에 따라서 역사해야 할 그 제
사장이요, 목자 그들이 선동 선전하여
나의 아들을 그리 죽게 한 그 이유가
어디 있는가?
28 그 이유는 간단하니라.
29 너희도 이미 알고 있을 것이니라.
30 나의 아들 예수는 나의 뜻을 받아 세
상에 전하니 그는 참진리요, 나 여호
와의 성령이요, 만백성이 영원히 갈증
을 느끼지 않는 그 생수를 그들에게
부어 주고 있음이니, 이를 보는 것이
두려웠던 것이니라.
31 나의 아들은 나의 뜻을 전하며 나의
뜻에 따라 역사하고자 하는 것을 그리
행함이니, 그는 정확한 것이요, 오차
가 없는 것이요, 그리고 하늘의 뜻을
이룸이니라.
32 그러니 지금까지 저희가 모든 나의
피조물 만백성들에게 만행을 부렸으
며, 거짓 종교 지도자로서 추한 모습
으로써 살아온 그 제사장이요, 목자
요, 신도들이 그 추한 모습을 들춰 놓
았을 때 저희가 설 자리가 없으며 그
무서운 파장을 막을 수가 없음이니,
저희는 그를 알고 있었을 것이니라.
33 그러면서도 그들은 나의 아들 예수를
추종하고 따르는 그와 같은 변화의 역
사를 하지 아니하고, 저희의 추하고
더러운 모습을 감추기 위하여 나의 아
들을 그리 죽이도록 한 살인자가 되었
음이니,
34 그게 바로 믿음의 길을 갔던 지금의
믿음의 조상의 뿌리들이 2천 년 전에
역사한 행위이며 그 만행임을 너희는
알아야 할 것이니라.
35 그 후예요, 그 후손들이 지금도 그대
로 전하여 내려오니, 오늘의 이 시점
이요, 내가 새로운 성경이요, 새로운
법전을 세상에 내려보내니,
36 그를 따르고 지키고자 하는 너를 따르
는 제자들이요, 그리고 나의 법전을

읽고 깨우치고자 하는 만백성 너희가
얼마나 핍박받으며 얼마나 위험한 선
상에 서 있는가, 너희에게 경각심을
주며 너희 자신을 다스려 나가도록 하
기 위해 내가 이 한 구절을 또한 나의
아들을 통하여 다시 한 번 여기에 기
록하여 전함이니 알아야 할 것이니라.
37 모두 나의 뜻에 향하며 예수의 뜻을
받아 그 길을 가는 것이 제사장이요,
목자가 해야 할 길이거늘, 그들이 얼
마나 사악한 양이라 했더냐?
38 내가 일찍이 말했듯이 사람을 죽이는
그 살인자보다도 죄 없는 나의 아들
예수를 그리 죽게 선동한 그들이 간악
한 자며 사악한 자들이니라.
39 그리고 그들은 회당에서 그리 회의를
했을 것이니라.
40 지금 저자를 놔두면 이 세상에 파장
이 생기며 저자가 왕이라 하여 모두
를 다스려 나가며 참진리를 전하면,
지금의 저희를 핍박하는 권력을 가진
자들이 더 핍박을 할 것이며 그리하여
많은 생명을 더 잃게 될 것이니,
41 '차라리 예수가 내려온 것이 하나님의
아들이요, 진정한 진리요, 하나님의
뜻을 가르치는 자일지라도 저 한 사람
을 죽게 하여 우리가 그 믿음을 지키
며 오늘의 집단을 지키는 것이 옳고
바른길이 아니냐?' 저희가 회당에서
회의하여
42 그것이 '옳소, 맞습니다.' 하고 지금의
교회에서 부르짖는 것처럼 '옳소, 맞
습니다.' 하며 길거리로 뛰어나와 그
집권하는 자들에게 예수를 죽이도록
내주었으며 죽이도록 선동 선전한 것
이 그들이 아니던가?
43 저희가 말로써는 많은 사람들을 살리
기 위하여 한 사람을 죽여 소를 희생
시켜 대를 살리겠다는 그와 같은 뜻으
로 했다 말하나,
44 회당에서 하는 목자요, 종교 지도자
요, 또 대제사장들이 그리하여 '옳소,
옳습니다.' 손들고 손뼉을 쳐 나의 아
들 예수를 넘겨주어 그리 죽게 하였음
이니라.
45 그러나 사실은 그것이 아님이니라.
46 저희가 그 추하고 더러운 만행이요,
지금까지 나온 죄상이 드러날 것이
두려워 그들은 죄 없는 나의 아들을
넘겨주며, 인간으로서 너희가 본 살인
하고 죄지은 그자를 살려 주기를 원
했으니,
47 이게 얼마나 분통하고 이게 얼마나 가
증스러운 일이며, 이게 과연 용서받을
수 있는 일이라 생각하는가?
48 내가 2천 년 동안 암흑의 세계요, 생
명수를 내려보내지 아니하며 너희에
게서 손을 놓았다 한 그 뜻을 알겠는
가?
49 너희가 어찌하여 눈으로 본 죄요, 사
악한 죽음을 당해야 할 그 죄인은 살
려 주며,
50 아무런 죄도 없는 나의 진리를 가르치
는 나의 아들은 죽여야 한다 하여 그
를 십자가에 못 박아 죽게 한 그 사악
한 자들이 그들이며,
51 그들의 뿌리가 지금까지 흘러오고 있
음이니, 내가 여기에 무엇을 말하겠는
가?
52 내 마음이 분통함이요, 내 마음이 아

픔을 너희는 알고 있는가?
53 지금의 모든 종교 집단이 그들의 후예
로서 지금 2천 년 동안 그 사악한 뿌
리가 뽑히지 아니하고 계속 뿌리를 내
려가며 세상을 덮어 가는 이와 같은
형국으로 지금 가고 있음이니라.
54 지금 나의 아들을 통하여 내가 심판의
법전이요, 구원의 법전이요, 새로운
성경이요, '하나님! 말씀하옵소서'라
는 심판의 이 책을 내려보내니,
55 새로운 시대를 역사하고자 내가 이와
같은 역사를 이루나, 그들이 지금 어
찌하는가?
56 지금의 모든 종교 집단이요, 지도자들
이 2천 년 전에 나의 아들 예수로부터
저희의 치부가 드러날까 봐 그가 나
의 아들이요, 진정한 진리요, 성령을
가르치는 자라 알면서도,
57 그 한 사람을 죽여 많은 신도를 구한
다는 그 미명 아래 그를 죽게 한 사악
한 자들의 후예이니, 지금의 너희가
그와 같은 짓을 아니 한다 생각할 수
있겠는가?
58 그보다 더한 방법으로써 나의 법전이
요, 나의 아들이요, 나의 아들을 따르
며 나의 성서를 가지고 공부하는 백
성, 나의 법전을 보고 깨우쳐 살아가
고자 하는 너희에게 그 닥치는 위협
은 그때보다도 열배 백배 더 가증스
러운 방법으로써 너희를 덮쳐 올 것
이니,
59 이 대비를 철저히 하며 이를 항상 염
두에 두고 삶을 살아가도록, 그리하여
내가 역사할 이 뜻을 이룰 수 있도록
너희를 보호하고자 하며, 그리고 스스
로 너희가 보호할 수 있는 그와 같은
깨달음을 주려고 내가 너희에게 지금
다시 한 번 이 내용을 전하여 기록함
을 알라.
60 나의 법전이 세상에 나오지 못하도록
온갖 만행을 다 할 것이며, 나의 아들
을 따르는 제자들과 선택된 나의 백성
너희에게 그들은 모든 것을 다 동원하
여 너희를 짓밟으며 무너트리고자 할
것이니,
61 이제는 너희의 작은 힘이라도 서로
모아 힘을 한데로 모아, 모든 종파요,
지도자들이 그 죄상을 감추기 위하여
부리는 만행과 거짓 지도자들에게 대
항할 수 있는 그러한 자신을 가져야
할 것이며,
62 그들을 두려워하지 말며 너희가 가야
할 길을 갈 수 있는 그와 같은 삶을 당
당히 살아가는 마음을 굳힘이 중요함
을 너희는 알아야 할 것이니라.
63 이제 머지않아 모든 종파요, 지도자
요, 종교 집단의 그 죄상과 그 만행과
그들이 거짓된 자들이라는 것을 알게
될 것이니,
64 이를 두려워하여 막으려는 그 만행은
가히 하늘을 찌를 듯이 그와 같은 무
서운 형국으로 밀어닥칠 것이니라.
65 그러나 그들의 만행이요, 죄상은 다
드러날 것이며 승자는 너희가 될 것
이니라.
66 너희가 승자가 되려면 나의 성령이요,
나의 법전대로 지키고 사는 삶이요,
너희가 힘을 하나로 모아 힘차게 역사
하는 길밖에 없다는 것을 깊이 깨우쳐
야 할 것이니 그리 알라.

6,778 번째 하나님 말씀

2003년 7월 16일 11시 48분

1 사랑하는 나의 아들아!
2 "네, 아버님! 말씀하옵소서."
3 나의 아들이 누구의 손에 의하여 그리
죽었는지는 너희가 이제 깨우쳐 알
것이니라.
4 나의 아들을 그들이 죽게 한 것이 무
엇이던가?
5 오늘의 너희가 가는 믿음의 뿌리인
그 조상에 의하여 나의 아들은 그리
죽음을 당했음이니라.
6 저희의 죄상이 드러날 것을 두려워하
여 예수를 매도하였으며, 정녕 죽음의
길로 몰아가면서도 그 한을 풀지 못
하여 바른 역사를 이루지 못하고 오늘
과 같이 비뚤어진 잘못된 그 역사를
이끌어 오고 존재하도록 한 그들이 죄
의 온상이니,
7 그들이 행한 죄가 얼마나 무서운 것인
지를 알고 있는가?
8 저희의 죄상이 드러날 것 같아 죄 없
는 나의 아들 예수를 죽게 하고 그리
매도하여 팔아먹은 그들은 과연 어떠
한 자들인가?
9 그리고 그들이 어찌하여 그 당시 그와
같은 만행을 저질렀는가?
10 나의 아들 예수가 그 속에서 고통을
당하며 그들과 싸워 이겨야 했던 예수
의 그 흔적의 아픔을 지금 다시 한 번
생각해 보며, 그 당시의 상황과 그 만
행들을 너희 기억에서 살려야 함을
잊지 말라.
11 그와 같은 역사가 지금 다시 이루어지
지 아니한다 할 수 없기에 그때를 거
울삼아야 하는 것이 오늘 나의 아들
을 따르는 제자들이요, 나의 법전을
읽고 깨우친 너희들이니,
12 예수를 얼마나 매도했으며 얼마나 고
통스럽게 했으며 얼마나 괴롭게 한 것
이 그 제사장들이요, 그를 따르는 목
자들이요, 신도들이 저지른 만행인지
를, 그들의 사악한 만행을 다시 한 번
그 상황을 그려 생각해 보아야 할 것
이니라.
13 너희 머릿속과 마음속에 그 당시 상황
의 그림을 그려 보도록 그리하라.
14 바로 그들의 후예들이 지금의 종교 집
단이요, 믿음의 길을 가는 자들이라는
것을 또한 연계하여 그림을 그려 본다
면,
15 너희가 정신을 바짝 차려도 너희가
나의 뜻을 이 세상에 역사할 수 없는
그 무서운 죄악의 속에서 지금 허덕이
고 있다는 것을 알아야 할 것이니라.
16 까마귀들이 노는 속에 한 마리의 백로
가 있는 것처럼 사자 굴에 하나의 약
한 양이 있는 것보다 더 위험하며 더
드러나며 더 무서운 형국임을 너희는
알아야 할 것이며,
17 얼마나 차별화가 심하게 이루어지고
차별화가 되어 있는지를 너희는 알아
야 할 것이니라.
18 그들이 나의 아들 예수를 죽게 한 죄
가 정녕 없었더라면 오늘과 같은 험악
한 세상이 이루어지지는 아니하였을
것이니라.
19 그들이 나의 아들 예수를 죽게 하지
아니하였으며, 나의 아들 예수를 추종

했으며 예수가 전하고자 하는 그 뜻
을 이어받아 행하고자 했다면, 오늘과
같이 말세의 시대는 절대 오지 아니하
였을 것이니라.
20 그러나 그들은 예수를 죽도록 몰아붙
였기에, 그가 이루고자 했던 그 아름
다운 나 여호와의 뜻이라는 것을 알면
서도 그들은 그 길을 선택하지 아니하
며 반대의 길이요, 사탄의 길로 달려
가고 있었으며 달려왔음이니라.
21 그러니 그들이 예수의 흔적이요, 예수
가 역사하고자 한 그 모두를 다 묻어
버리기에 급급했으며,
22 그를 많은 백성에게 지우는 데 혈안
이 되어 온갖 만행을 다 저질렀으며,
나의 백성이 정신을 차리지 못하도록
그들이 이끌어 가는 그 당시의 상황을
또한 한 폭의 그림으로써 그려 봐야
할 것이니 그리 알아야 할 것이니라.
23 그들이 예수를 죽이지 아니하였다면,
그리고 예수의 뜻을 따르는 그와 같은
백성으로서 갔더라면 오늘날 이와 같
이 험악한 세상은 절대 되지 아니하였
을 것임을 알라.
24 그리하여 저희가 그 모두를 덮어 두
고 걷어 버리며 묻어 버리며 그 반대
의 길을 가고자 함이니, 그게 바로 무
엇이더냐?
25 저희도 모르는 사이에 사탄의 자식이
되었으며 악마의 자식이 되어 악마의
짓을 행하고 악마가 역사하는 것, 사
탄이 좋아하는 것을 만들며 거기에 대
한 모든 교리요, 그 가르침의 법도를
거기에 다 맞춘 것이 너희라는 것을
알아야 할 것이니라.
26 너희는 알아야 할 것이니라.
27 지금 이루어진 각종 종파요, 너희가
만들어 놓은 모든 교파별로 만들어지
고 나누어지는 것이 어디서부터 생겼
는지를 알겠는가?
28 나의 아들을 죽게 만든 그 제사장이
요, 그 목자들이요, 그리고 그 신도들
이요, 그와 같은 자들이 나의 아들을
죽이는 그 순간에 바로 각종 종파와
또 그리고 각종 교파별로 나누어지게
한 원조의 죄인들이라는 것을 알라.
29 그들이 나의 아들 예수가 전하는 것이
나 여호와의 뜻이요, 하나님의 뜻이라
이는 죽어도 지킨다 그리 왔더라면,
지금까지 종파별로, 교파별로 나뉘고
찢어지고 이 추한 세상이 되지 아니하
였을 것이니,
30 그들이 나의 아들을 죽게 하며 그가
이루고자 하는 역사의 그 모두를 덮어
버리며 그를 지워 버리고자 하는 그
사탄의 자식이 되어 변하는 그 순간에
사탄의 장난에 의하여 지금의 교파요,
종파가 수천수만 가지로 벌어지고 찢
어졌음이니,
31 이것이 그 당시의 제사장이요, 나의
아들 예수를 죽게 한 자들이 그 원조
임을 알라.
32 그리하여 오늘날 나의 아들이 죽음으
로 가면서까지 이 세상에 아름다운 그
지상 낙원을 역사하고자 했던 나의 뜻
은 산산조각이 나버렸음이니,
33 나의 아들 예수를 죽게 하는 그 순간
에 아름답고 큰 그 하나의 유람선이
난파선이 되어 갈기갈기 찢어지는 그
와 같은 형국이 되었음이니, 그곳에

탄 백성이 과연 어찌 살겠는가?
34 상어에 물려 죽으며 물속에 빠져 죽으
며 그들은 이래저래 다 죽은 그와 같
은 형국이 되었음이니라.
35 지금 모든 종파의 지도자들이 그 난파
선의 조각 하나를 들고 각자가 그 조
각이 난파선이 아니요, 완벽한 유람선
이요, 이 배를 타는 것이 구원의 길을
간다고 그리 말하니,
36 유람선이 쪼개진 그 난파선을 가지고
거기에 너희가 어떠한 백성을 태워
그리 갈 수 있단 말이던가?
37 난파선 조각에 타는 순간에 너희는
지옥이니, 지금 나의 아들을 죽게 한
제사장이요, 목자요, 신도들의 후예가
만든 교회라는 그곳에 너희가 가는
그 순간에 난파선의 조각에 타는 것이
니,
38 자연적 물속에 가라앉는 것은 당연하
니, 너희가 지옥으로 가는 것은 당연
한 길이니라.
39 그리하여 너희가 가는 순간에 울고불
고 콧물 흘려 눈물 흘려 기도하고 찬
송하고 광란의 짓을 하는 그 순간에
너희는 지옥의 벼랑으로 떨어진다는
나의 뜻을 이제 너희는 알아야 할 것
이니라.
40 저희 입으로 교리를 만들어 이를 갖고
구원의 길이라 지금 가르치고 있으니,
이제는 난파선의 조각에서 내리는 자
만이 구원을 받을 수 있다는 것을 알
라.
41 종파를 진정한 배의 모습으로 만들어
주고자 하며 지금의 모든 종파의 종교
지도자들에게 내가 완전한 유람선의
모습을 보여 주어 그 유람선을 편안하
게 모든 나의 백성이 탈 수 있게 하려
고 내가 지금 내려보내는 것이 무엇이
던가?
42 160권의 법전임을 너희가 알아야 할
것이니라.
43 각자 쓸모없는 난파선의 조각을 가지
고 하늘에 오르는 길이라 하여 나의
백성에게 재물과 금화를 거둬들이며
지옥으로 안내하는 그와 같은 짓을 이
제 너희는 중단할 때가 되었거늘, 어
찌하여 지금도 정신을 차리지 못하며,
44 너희가 그 무서워하는 심판의 법전이
세상에 내려와 너희를 다스려 가고
있건만, 이를 보지 아니하려 하며 이
를 들으려 하지 아니하려는 것이니,
45 너희는 바로 이를 보지 아니하고는 구
원을 받지 못한다는 나의 뜻을 깊이
새겨들어야 할 것이니라.
46 너희는 분명히 나의 뜻을 알아야 하
며, 지금의 종파가 어찌 만들어졌는가
를 만백성 너희는 알아야 할 것이니
라.
47 그러니 2천 년 전에 그 당시 나의 아
들 예수를 죽게 했던 대제사장이요,
종교 집단이요, 믿음의 길을 가는 그
백성이 얼마나 포악하고 잔인하고 간
교했으면 나의 아들이 견디지 못하며,
그 죽음의 길을 가기 전까지 나의 아
들의 그 고통은 얼마나 힘들고 어려웠
을 것인가, 나의 아들 예수의 그 고통
을 너희가 생각하는 그와 같은 그림을
그려야 할 것이며,
48 너희가 그들에게 당하는 그와 같은 그
림을 역으로 그려 거기에 대한 방어하

는 기술을 늘려 습득해 나가야 함을
너희는 알아야 할 것이니라.
49 오늘날 수천수만 가지 종파로 갈라졌
으며 종파별로 이루어졌으며 이와 같
이 이루게 된 것은 너희 조상의 사악
한 죄의 대가이니라.
50 그리하여 그들이 나의 아들 예수를 죽
게 한 그 죄의 대가가 바로 무엇이더
냐?
51 그들의 육의 후손이라는 종교 집단이
요, 지도자라는 자들이 지금 난파선을
가지고 각종 종교 지파의 이름을 붙여
나의 피조물 만백성들을 이끌어 간다
말하는 자들이 그들의 후손이니,
52 그들의 후손이 지옥으로 가는 그 벌을
받게 되는 것이며, 자업자득이요, 스
스로 만든 죄를 그 후손들이요, 후예
들이 치른다는 것을 잊지 말라.
53 이것이 바로 오늘에 흐르는 역사요,
오늘 이와 같이 가는 형국이니, 내가
2천 년 동안 그 암흑의 문을 닫은 것
을 암흑으로써 흘러오는 세월을 내가
모두를 닫았다는 이유를 알겠는가?
54 죄 없는 나의 아들을 너희가 죽이라
하여 그를 죽이며, 죄 있는 자는 살려
야 한다는 그것이 얼마나 사악한 자며,
55 일반 백성도 할 수 없으며 철이 들은
백성도 할 수 없으며 세상 이치를 아
는 백성은 할 수 없는 것이니라.
56 하늘의 나 여호와의 진리를 전한다는
나의 아들이 간음하며 사기하며 거짓
하며 살인하는 행위를 했다면, 너희는
나의 아들 예수를 죽이라 선전 선동했
어도 내가 탓하지 아니할 것이니라.
57 아무런 죄도 없으며 영원히 사는 그
생명수를 내려보내는 나의 아들을 죄
가 없는 나의 아들과 인간 세상에서
사악한 죄를 지은 살인한 자를 놓고
너희가 누구를 살려야 하느냐 할 때,
58 나를 믿는다며 하늘에 오르는 길을 경
배한다며 나의 진리를 따라 만백성을
구한다는 자들이 그를 대신하여 내가
보낸 나의 아들을 죽게 하였으며, 살
인자를 살리게 한 그들이 과연 어떠한
백성이며,
59 그들의 뜻을 따라 지금의 교리요, 교
파가 생겨 그를 가지고 제 이름 앞에
모든 성씨를 갖다 붙여 놓고 가는 그
종교 집단이요, 그들이 과연 어떠한
자들인가 이제 너희는 깨우쳐야 할
것이니 그리 알라.

6,779 번째 하나님 말씀

2003년 7월 17일 07시 20분

1 사랑하는 나의 아들아!
2 "네, 아버님! 말씀하옵소서."
3 너희 인간들의 신체 구조요, 너희의
눈과 귀와 입과 모든 몸의 균형이 다
제자리에서 제 역할을 하고 있음이니
라.
4 그와 같이 필요한 형태로써 나 여호와
가 너희에게 그리 아름다운 모습으로
만들었음이니,
5 너희가 가지고 있는 눈과 코와 입이
요, 또 팔다리요, 너희의 생각이요, 그
모두를 선한 쪽으로 또한 아름다운 쪽
으로 그리 살면 나에게 오를 수 있으
며 내가 그리 살라 명하였음을 어찌하
여 너희는 모르는가?

6 너희가 모두를 밝히며 볼 수 있는 그
눈 또한 어떤 것인가?
7 너희가 그 눈을 위로 치켜뜨며 상대방
에게 불쾌감을 주는 눈으로써 뜨면 그
눈이 험악하게 보이며 상대방의 감정
을 불쾌하게 하며 상대방으로부터 너
에게 공격 태세를 갖출 수 있는 그와
같은 자세며 너를 방어하는 그와 같은
자세로 보는 것이 너희가 위로 뜨는
눈이요,
8 너희가 곱게 눈을 뜨는 것은 인자함이
요, 아름다움이니,
9 너희가 얼굴에 있는 그 눈을 어찌 뜨
느냐에 따라서도 그와 같이 변함이니,
10 너희가 눈을 치켜뜨며 상대방에게 불
쾌한 감정을 주며 상대방으로부터 경
계하는 그와 같은 눈을 뜨지 아니하며,
11 선하고 아름다움으로 내리뜨는 그와
같은 눈을 뜨고 살라는 것이 나 여호
와의 뜻이니라.
12 너희가 말하는 것 또한 마찬가지니라.
13 아름다운 마음으로써 이해하는 말로
써 상대방에게 말을 전한다면 그는 너
에게 친밀감을 가질 것이며, 너에게
둘도 없는 친구요, 오래된 벗과 같이
네가 사귈 수 있으나,
14 그 말이 험악하며 상대방으로부터 감
정을 유발하며 그 상대방으로부터 듣
기 곤란한 원성의 말로써 상대방을 공
격하는 그와 같은 자세로써 한다면 그
는 되받아칠 것이며 그는 너희가 감
당할 수 없을 것이니라.
15 또한, 너희가 가지고 있는 그 손도 마
찬가지 아니던가?
16 너희가 이 손으로써 사랑하는 사람을
보듬듯이 어루만지며 곱게 다듬어 주
며 안아 주며 다스려 주면, 그 손이 얼
마나 부드러운 것이며 상대방의 마음
을 얼마나 편안하고 또한 기쁘게 하는
가?
17 그러나 너희가 그것으로써 사람을 공
격하고 타격을 준다면, 그는 살생 무
기로서 그와 같이 변화될 것이니라.
18 너희가 손으로 나이 든 자를 밀어붙
여 그가 넘어진다면, 또한 그는 생명
을 잃을 수 있는 것이 아니던가?
19 그와 같이 너희 신체 구조를 어찌 쓰
느냐에 따라서 천태만상으로 변함이
니,
20 이는 손을 엎는 것과 손등을 젖히는
그와 같이 간단한 것이나, 그 차이요,
그 쓰임이요, 그 생각하는 것, 받아들
이는 것은 하늘과 땅과 같은 차이가
있음이니, 너희 육신에 있는 모든 것
이 그와 같으니라.
21 그러니 너희 마음은 과연 어떠하던가?
22 보이지 않는 마음을 어찌 쓰며 생각을
어찌 쓰느냐에 따라서 천사와 사탄이
되는 그와 같은 형국이니, 내가 너희
에게 바라는 것이 무엇이더냐?
23 너희가 생각하는 것이요, 마음을 곱고
아름답게 쓰라는 것이요, 그럼으로 너
희가 나에게 올 수 있으며 구원을 받
는 길이라 하였음이니라.
24 너희가 가진 입이요, 귀요, 눈이요, 그
모두를 다 아름답고 내가 원하는 쪽으
로 쓰고 사용하는 것이 내가 너희에게
바라는 것이요,
25 너희가 눈을 치켜떠 남에게 불쾌감을
주며 말을 공격적으로 하며 그저 닥치

는 대로 손을 무기로 쓰며 또한 발을
무기로 쓰는 것, 그리고 사악한 생각
이요, 흉물스러운 생각을 하고 산다면
그것은 나에게 올 수 없으며,
26 너희가 똑같은 하나의 육체요, 한 사
람이라 할지라도 그와 같이 하늘과 땅
의 차이가 있음이니,
27 내가 너희에게 바라고 원하는 것이
무엇인 줄 알겠느냐?
28 선하고 아름다운 모습으로써 모두를
관리하고 통제하라 함이니라.
29 너희가 하나하나를 그와 같이 선하고
아름다운 쪽으로 통제하고 행하여 산
다면, 그것이 곧 하늘에 오르는 길이
요, 나에게 오르는 길이라는 것을 어
찌하여 모르는가?
30 너희가 똑같이 그 아름다운 눈으로 모
두를 다 바라보며 너희들이 걷고 판단
하고 생활하는 데 가장 중요한 그 눈
의 역할을 그를 위로 치켜뜨며 상대방
에게 불쾌감을 주는 그와 같은 눈으로
뜨는 것과 그 눈을 인자한 모습으로
곱게 뜨는 것은 상대방이 받아들일 때
얼마만큼 차이가 있겠는가?
31 내가 모든 신체 구조를 아름답게 활용
하고 쓰라는 것이며, 그것이 나에게
오르는 길이라는 나의 뜻을 너희가
알아야 할 것이니, 너희 자신을 모두
그리 다스리도록 하라.
32 그것이 마음먹기요, 생각에 달렸음을
알라.

6,780 번째 하나님 말씀

2003년 7월 18일 0시

1 사랑하는 나의 아들아!
2 "네, 아버님! 말씀하옵소서."
3 내가 너희에게 성서에 기록하여 전하
기를, 너희는 사람을 외형으로 보고
평가하지 말라 그리 가르쳤음이니라.
4 너희가 행하고 만나는 사람이 누군지
를 모르며 어떠한 사람인지를 모르기
때문이니,
5 너희가 언제 천사와 동행을 하며 천
사와 같이 행동을 하고 있는 것인지
그 자체도 알지 못하며 모르기 때문임
이니,
6 사람을 외형으로 보고 평가하지 말라
나 여호와가 성서에 일찍이 기록하여
너희에게 전하여 깨우쳐 주었음을 너
희는 알아야 할 것이니라.
7 너희는 지금 나의 법전이요, 나의 아
들을 심판하지 말라.
8 너희가 임의대로 평가하며 네 임의대
로 사탄이요, 사악한 자요, 이단이요,
이는 나 여호와의 뜻이 아니라 너희가
그와 같은 말을 함부로 평가하지 말라.
9 이제는 너의 제자들이요, 또한 나의
피조물 만백성 너희가 정녕 나의 법
전을 읽고 정독하고 깨우쳐 본다면,
나의 법전이 나의 뜻이요, 아니요, 하
는 것을 너희가 알 수 있는 그와 같은
깨달음이 있지 아니하던가?
10 그러니 너희가 나의 법전이요, 나의
아들을 임의대로 심판하며 너희 스스
로 평가하지 말라.
11 나의 법전은 나의 진리를 진리대로 너

희가 그 깨우침을 얻고 얻으면 될 것
이며,
12 너희가 정녕 이를 깨우치지 아니한 자
는, 깨우칠 수 없는 자는 깨우칠 수 없
을 것이며, 아니라 생각하는 자는 아
니라 생각하며, 너희 능력의 한계에서
버리면 버리는 것으로써 가야 할 것
이며 그리하면 되니, 너희 임의로 이
를 마음대로 평가하지 말라.
13 너희가 얻어 깨우칠 수 있는 것과 깨
우치지 못하는 그와 같은 능력이요,
방법을 지금 알고 있으며, 또한 그를
모르는 백성이라 해도 내가 참진리가
아님을 깨달을 수 있도록 나의 법전을
읽으면 그 속에 다 있으며 내가 너희
에게 가르쳐 주는 것을 어찌 모른단
말인가?
14 너희가 깨달아 얻으면 될 것이요,
15 너희가 나의 아들과 나의 법전을 시험
해서는 절대로 아니 됨을 알라.
16 너희 자신이 악이요, 선이 무엇인가를
구분도 못 하는 종교 집단이요, 지도
자가 자신을 다스리지 못하면서, 어찌
남을 시험하며 나의 법전이요, 나의
아들을 시험하려 들며 그리 시험하는
가?
17 나를 믿는 자는 그저 믿으면 나에게
오게 될 것이요, 그리고 믿는 자는 그
대로 믿고 따라오면 될 것이요,
18 너희가 나를 믿지 못하며 나의 법전을
모른다면 너희 스스로 갈 길을 가며
떠나면 될 것이거늘,
19 나 여호와가 나의 아들을 통하여 만백
성을 구하고자 내리는 나의 성령이요,
새로운 이 법전이요, 너희를 심판하는
'하나님! 말씀하옵소서'라고 내가 증
거로 내려보내는 나의 이 법전을 어찌
하여 가짜요, 이단이요, 사탄이라 너
희 마음대로 평가하는가?
20 그리고 나의 아들에 대하여 너희가
어찌 감히 그리 시시비비하는가?
21 그가 나의 법전을 기록하여 적으면서
어떠한 것을 암송하며 어떠한 것을 내
앞에서 맹세하며, 그가 어떠한 길을
가고자 하며, 나로부터 성령을 받아
내리며 나의 아들이 어찌 가고자 노력
하며, 내가 나의 아들에게 그 성령의
뜻을 법전에 기록할 수 있도록 내리고
안 내리는지를 너희가 어찌 안단 말
이던가?
22 그 자격이 있으니 내리고 받을 수 있
기 때문에 내가 내리는 것이니라.
23 자신도 알지 못하는 자가, 제가 지금
악의 구렁텅이로 가고 있는지 선의 나
에게 오는 것인지 너 자신도 알지 못
하니, 너희 제자들 또한 알지 못하는
자가 시시비비하지 말라.
24 나의 법전을 읽고 깨우쳐도 너희가
그 길을 오고 싶지 아니하며 정녕 미
덥지 못하다면 따라오지 아니하면 될
것이요,
25 너희가 정녕 믿는다 생각하며 진정한
나 여호와의 뜻이라면 그저 믿고 그리
따르면 될 것이며 같이 가면 될 것이
니,
26 이제 너희가 함부로 시시비비하지 말
라, 내가 너희에게 전함이니,
27 이미 내가 성서에 기록하여 말하기를
외형을 보고서 평가하지 말라는 그 뜻
을 읽고 깨우치고 수없이 들은 자들이

어찌하여 함부로 이 세상에 나온 참
진리까지도 매도하며,
28 만백성을 통하여 내가 무엇인가를 역
사하고자 하는 그와 같이 필요한 자를
보냈을 때, 그들조차도 견디지 못하도
록 그리하며 그 무엇도 받아들이지
아니하는 것이 너희니라.
29 참진리요, 아무리 나의 성령을 내려보
낸다 해도 너희가 받아들이지 못하며
그를 이해하지 못하며 너희 자신을
모르고,
30 내가 만백성을 구하는 참진리요, 나의
뜻이요, 이를 증거하는 법전으로써 세
상에 내려보내며 또 나의 아들을 통해
서 내려보내니, 나의 아들이 받을 자
격이 있으며 내가 내릴 수 있기에 그
에게 내리거늘,
31 어찌하여 너희가 깨우치는 그 길을
모르며 너희를 위해서 내리는 그 뜻
의 감사함을 모르며 시시비비를 하는
가?
32 성서에 기록되어 있듯이, 너희가 외형
을 보고 남을 평가하지 말라.
33 너희가 나의 아들을 보고 평가하지 말
며 내가 내리는 법전을 너희가 읽어
보지 아니하며 그를 보고 평가하지 말
라.
34 너희가 평가하는 것이며 너희가 가는
길이요, 뜻이 다르다 하여 모두를 적
대시하고 보며 버리고 짓밟고 태우는
그와 같은 것으로 나에게 와서 벌을
받는 것이 두려움이 아니요,
35 영광된 것을 스스로 네 손으로 버리며
그 영광된 것을 찢어 버리고 태워 버
리고 밟으며 과연 네가 어디에 설 수
있으며 어디를 올 수 있는 것인가,
36 너희 자신이 불쌍하고 초라하여 너희
에게 이 뜻을 가르침이니 그리 알라.
37 너희는 말하기를 세상사 모든 사람이
그리하느니라.
38 제가 재는 잣대요, 제가 생각하는 것
을 남들도 그리 생각할 것이며 그리
생각할 것으로 생각하느니라.
39 너희가 남의 집을 가 도와주고 서로
어렵고 힘든 일을 같이 협조하고 사는
인간 세상에서 어렵고 힘들 때 그와
같이 와 주기를 바라는 마음을 가지고
있는 사람이 있는가 하면,
40 가서 도와주되 그가 와 주기를 바라지
아니하며 제가 어려울 때는 초청하지
않는 사람도 있다는 것을 알아야 할
것이니,
41 그러나 그것을 계산적으로 두는 사람
은 그 아름다운 마음을 가지고 있는
사람을 절대 알 수 없음이니라.
42 너희가 지금 남의 집에 와서 도와주
며 남을 도와주는 것, 그리고 같이 협
조하는 것을 계산적으로 하는 사람이
있는가 하면, 절대 계산적으로 하지
않는 사람이 있음이니라.
43 스스로 가서 어려움을 도와주나, 제가
어려울 때는 초청하지 아니하며 부르
지 않는 그와 같은 사람도 있거늘,
44 그 너그러운 마음을 모르며 편협한
자, 제 잣대로 재는 자는 반드시 그와
같이 계산을 두니,
45 아무리 아름다운 말이요, 아무리 깨우
치는 말이요, 저에게 피가 되고 살이
될 수 있는 진리의 뜻을 전해도 그는
제 잣대로 재며 제 생각으로써 가기

때문에 받아들이지 못하는 어리석은 백성이 수없이 있지 않던가?
46 그러니 바로 외형이요, 그 어떤 것을 보지도 않으면서 모두를 평가하는 것은 네 잣대요, 네 생각으로 세상을 다 점수를 매기고 계산을 하는 것이니, 가장 어리석고 불쌍한 자임을 너희는 알아야 할 것이니라.
47 그리하여 내가 외형을 보고 모두를 평가하지 말라는 그 내용을 성경에 일찍이 기록하여 내렸음을 잊지 말라.

6,781 번째 하나님 말씀

2003년 7월 18일 0시 12분

1 사랑하는 나의 아들아!
2 **"네, 아버님! 말씀하옵소서."**
3 내가 너에게 십계명의 제1계명을 내렸음이니, 그 십계명의 그 제1계명이 무엇이던가?
4 '나 외에 다른 신을 네게 있게 하지 말라.' 하고 내가 너희에게 그리 명하였음이니라.
5 '나 외에 다른 신을 네게 있게 하지 말라.' 하는 그 뜻을 너희는 어찌 아는가?
6 너희가 하는 행위는 다른 신을 섬기는 것이 아니요,
7 다른 사람들이 하는 것이요, 이방인이라 하는 백성이 하는 것은 사탄이요, 우상을 섬기는 것같이 그리 가르침이니,
8 저 자신을 모르는 자들이 지금 수천 년 동안 흘러온 종교 집단이요, 지도자요, 그리고 구원을 받았다고 울고불고 광란의 길을 가는 백성이 지금 평가하고 깨닫는 것이니,
9 이를 내려다보는 나 여호와의 마음이 과연 어떻겠는가?
10 다른 백성이 그림을 그려 놓고 거기에 절하며 복을 빌며 그리고 형상을 깎아 놓고 절하며, 또한 신줏단지를 갖다 모셔 놓듯이 저희 신을 모시며 그리고 서낭당 그곳에다 절하는 것은 이단이요, 사탄이라 그리 말함이니라.
11 그러나 너희는 알아야 할 것이니라.
12 나를 믿고 나를 경배하며 오로지 나만을 찾으며 절대적인 백성이라는 자들 너희 스스로 어떠한 행위를 하는지 봐야 할 것이니라.
13 너희는 나 외에 다른 신을 두는 사악한 자요, 이방인이라 말함이니라.
14 그러나 똑같은 것을 만들어 놓고 똑같은 행위를 해도 너희는 이방인이 아니요, 사탄이 아니요, 오로지 나를 믿고 가는 백성이라 그리 말함이니,
15 어찌하여 너희가 그리고 깎고 만들어 붙이고 달고 걸어 놓고 하는 그와 같은 것은 우상이 아니라 생각하는가?
16 그러한 착각 속에서 지금 살아가는 것이 나의 백성임이니라.
17 그리하여 그와 같은 것을 깨우쳐 주고자 하며 너 스스로 서 있는 그 자리를 들여다보게 하려고 내가 오늘 나의 아들을 통하여 나의 법전에 두 번 세 번 기록하여 너희에게 깨우쳐 주는 것이니라.
18 너희가 말하는 종교 집단에서 마리아 상이라 하여 깎아서 만들었으며, 예수의 상이라 하여, 또 예수의 그림을 그려 놓으며, 십자가라 하여 그 형상을

만들어 각종 조형물을 만들어 놓고
붙여 놓고, 심지어 몸에다 붙이고 만
들고 달고 다니는 그와 같은 형국이
되었으며,
19 그걸 만들어 장식품으로까지 쓰는 것
이요, 너희가 살아가는 작은 방이요,
성당이요, 회당이요, 교회라는 곳에
장식품으로써 만들어 놓고 또한 치장
해 놓고 지금 가고 있지 않은가?
20 조형물을 만들어 놓고 붙여 놓고 그러
면서 그건 다른 우상을 섬기는 것이
아니요, 그건 우상이 아니라 그리 말
함이니,
21 이 답답함을 내가 어찌해야 할 것이
며, 과연 너희를 어찌 다스려 나가야
하는가?
22 그리고 그들이 하고 있는 모습을 너희
는 어찌 보는가?
23 그들은 그 물건을 사고팔며 수없이
만들어 놓아 그를 전문적으로 관리하
고 팔고 거래하는 장소까지 있음이니,
24 거기에 와서 사는 자, 그리고 파는 자,
그리고 그를 갖다 장식품으로 꾸며 놓
는 자, 더구나 하늘에 오르는 성전이
요, 너희가 와서 기도하고 경배하면
된다는 곳에 장식품으로써 보기 좋은
방법으로써 치장하며 가꾸어 놓은 그
와 같은 행위를 하는 것이 너희니, 바
로 너희가 무엇인 줄 알겠느냐?
25 우상을 섬기는 대표적인 백성이니라.
26 그 많은 조직이요, 백성이 아니라면
내가 우상을 섬긴다는 말을 하고 싶어
도 덮어 주고 싶으나, 가장 많은 백성
이요, 가장 큰 집단들이 그와 같은 행
위를 하고 있으니, 나머지 따라가는
작은 군소 종교 집단이요, 그들이 가
는 행위는 과연 어떠하겠는가?
27 그들 자신도 그걸 모르고 있으며 그들
과 너희는 똑같은 자임을 알아야 할
것이니라.
28 나의 법전에 기록하여 전하였거늘, 너
희는 그 조형물을 만들어서 달고 경배
하며 그리고 붙이고 다니는 그와 같
은 행위를 하는 자, 그것이 무엇인 줄
알겠느냐?
29 '나는 다른 신을 모시는 자요, 나는 절
대 하나님을 모시는 자가 아니라'고
용감한 행위를 하는 자니,
30 미련하고 무식한 자가 용감한 행위를
할 수 있는 것이며, 아는 자는 고개를
숙이게 되어 있음이니라.
31 모든 것을 아는 자는 그 모두를 알고
있기에 나서지 아니하며 제가 앞에서
아는 체하지 아니하며 끌어가지 아니
함이니라.
32 그저 몇 번만 밀고 당겨도 알 수 있는
것도 알지 못하는 자요, 기본이 되지
않는 자가 온갖 세상 것을 다 지배하
는 것처럼 그리 말함이니,
33 그러면서 작은 상식을 가지고 유식한
자요, 능력 있다는 소리를 듣고자 하
는 것이 너희니라.
34 그와 같은 행위를 하는 자들이라는 것
을 너희는 절대 잊어서는 아니 되니
그리 알라.
35 나 여호와가 아닌 다른 하나님을 모시
고 사는 백성 그들이 바로 무엇이더냐?
36 나와는 관계없는 자들이니라.
37 너희 스스로 우상을 만들어 놓고 그와
같이 경배하면서 너희는 차별화된 것

처럼 그리 나의 백성을 현혹하며 이
끌어 가고 있지 않은가?
38 너희가 재물을 거둬들여 우상을 만들
며 우상을 숭배하는 것이 무엇이더냐?
39 이와 같이 방대한 조직이요, 이와 같
이 위대한 조직이라 하여 너희 욕심
을 채우기 위한 그와 같은 방법으로써
만들어 놓은 형상이 곧 우상인 것이
니, 이 이치를 너희가 깊이 깨달아야
함을 알아야 할 것이니라.
40 너희는 어찌하여 공공연히 우상의 형
상을 만들어 놓고 그건 우상이 아니라
말하며 남들이 하는 것은 우상이라 그
리 말하는가?
41 내가 일찍이 말했듯이 가장 불행하고
사악한 자들은 우상이라면서 그걸 공
공연히 사고팔고 하는 그 장소에 가
수없이 사 나르는 자들이 있음이니라.
42 그것이 바로 어떠한 것이더냐?
43 나는 나의 아들딸들에게 어찌하였는
가?
44 내가 내린 친필로 쓴 그 십계명을 손
으로 직접 써 읽고 깨우치며 그걸 써
서 전하는 그와 같은 삶을 살라 하였
음이니, 그들이 그와 같이 하는 행위
와,
45 너희가 각종 모형이요, 조형물들을 사
고파는 곳에 가서 그저 사들여서 장
식품으로도 쓰고 그저 기념물처럼 바
라보는 그와 같은 행위를 하는 것,
46 네 손에 들고 있는 것은 우상이 아니
요, 남의 손에 든 것은 우상이라는 그
어리석음을 이제는 깨우칠 때가 되었
거늘, 어찌하여 지금도 너희는 그를
보지 못하는가?
47 너희는 여기서 벗어나는 믿음의 길을
가지 아니하고는 정녕 나와는 아무런
인연이 없는 백성이라는 것을 명심하
고 또 명심해야 함을 잊지 말라.

6,782 번째 하나님 말씀

2003년 7월 18일 0시 16분

1 사랑하는 나의 아들아!
2 "네, 아버님! 말씀하옵소서."
3 남들이 해 놓은 것은 우상이요, 너희
가 하는 것은 우상이 아니라 그리 말
하는 자라 그리하였음이니라.
4 그리고 그 모든 형체를 너희가 장식
품으로 몸에 두르고 달고 다니며 그와
같은 행위를 한다 하였음이니라.
5 그리고 그와 같이 하면서 즐거워하며
행복해하는 백성이라 하였음이니, 그
와 같은 백성은 나를 믿지 않는 백성
이라 너희가 과시하는 것이며 남에게
보이는 사악한 행위를 하는 것이라 내
가 그리하였음이니라.
6 너희는 즐겁고 행복한지 모르나 나 여
호와가 보는 너희의 그 행동은 사악
한 짓이요, 내가 더 이상 바라볼 수 없
는 그와 같은 짓이니, 너희가 나를 경
멸하며 나를 욕되는 하는 행위라 하였
음이니라.
7 그러니 내가 너희에게 그와 같은 것
을 오늘 내가 나의 아들을 통하여 기
록하여 전했으며, 또한 이를 깨우쳐
주려고 많은 내용을 여기에 기록하여
전했음이니라.
8 그러나 내가 오늘 더 너희를 염려하며
마음을 놓지 못하며 너희를 불쌍히

여기며 바로잡아야 하는 것이 무엇인
줄 알겠는가?
9 너희는 외형으로 보이는 것이요, 외형
으로 만들어 놓은 그 우상이 중요한
것이 아니라, 너희 마음속에 가지고
있는 우상이니라.
10 너희 마음속에 있는 그 형상의 우상이
문제라는 것이니, 너희 마음속에 가진
것이 항상 육으로 만들어 보이는 그
우상보다도 더 무서운 형국으로써 역
사할 수 있음이니,
11 너희가 눈으로 보고 장식품으로 가지
고 다니는 그 우상을 가지니, 너희도
모르는 사이에 마음에 우상을 섬기며
너희 마음속이 우상으로 그득 차 있는
그와 같은 형국이니,
12 이를 바로잡고 네 마음을 다스리는
것이 더 어렵고 힘듦이니라.
13 그러니 이를 어찌해야 한단 말이던가?
14 이를 다스릴 수 있는 길이 없음이니,
그리하여 진정 성서의 그 비유의 뜻이
무엇이며, 내가 원하는 것이 무엇이
며, 너희가 나에게 오르는 것이 무엇
인가를 내가 160권 속에 상세히 기록
하여 전하기에 이를 읽고 깨우치라 함
이니라.
15 이를 읽지 않는 자는 성령이 임하지
아니함이니, 성령이 임하지 않는 자는
아무것도 볼 수 없으며, 너희가 심판
을 받는 그와 같은 것도 아무것도 혜
택이 없는 것이며, 그 역사도 이루어
지지 아니하였다는 그 의미의 깊이를
알도록 그리하라.
16 마음속에 있는 우상을 버려야 할 것
이며, 마음속에 있는 우상을 하나하나
짚어 보도록 하라.
17 과연 어떤 것이 마음속의 우상인가를
너희가 하나하나 맑은 정신으로써 짚
어 볼 때, 너희는 우상의 덩어리로써
마음이 어그러졌으며 병들어져 있으
며 썩어져 있다는 것을 알게 될 것이
니라.

6,783 번째 하나님 말씀

2003년 7월 18일 0시 26분

1 사랑하는 나의 아들아!
2 "네, 아버님! 말씀하옵소서."
3 나 여호와는 죄인을 사랑하지 아니하
며 그 죄를 사랑하지 않으며 또한 악
을 사랑하지 않는 나 여호와니라.
4 나 여호와가 죄를 사랑하지 아니하며
악을 사랑하지 아니한다 하여 내가 무
조건 나의 피조물 만백성 너희를 용서
하며 사랑의 하나님이니 사랑으로써
모두를 다 덮어 준다고 생각하고 사
는 백성이 있으며,
5 나 여호와의 사랑은 너희 하나님이기
때문에, 그리고 너희를 사랑하는 나
여호와이기 때문에 너희를 절대 지옥
으로 보내지 아니할 것이라는 그와 같
은 생각으로 사는 백성이, 또 마음속
에 그와 같은 위안을 하고 사는 백성
이 수없이 있음이니, 너희는 여기서
깊이 깨우치며 알고 가야 할 것이니라.
6 나 여호와는 사랑의 하나님이기 때문
에 너희를 절대 지옥으로는 보내지 아
니할 것이라는 그와 같은 생각으로 사
는 백성 때문에 너희가 얼마만큼 무
서운 그 결과 앞에서 통곡하는지를 머

지않아 알게 될 것이니라.
7 그리고 지금 너희가 육의 세상에서
짓는 그 죄 정도는 용서받을 수 있는
것이라 그리 생각할 수 있으며,
8 어쩔 수 없이 도둑질하였으며, 어쩔
수 없이 거짓 하였으며, 어찌하여 너
희가 십계명을 지키지 못했는지 그 사
정의 아픔을 나 여호와는 잘 알고 있
기 때문에, 나 여호와가 너희는 용서
해 줄 것이며 그는 눈감아 줄 것이라
는 그와 같은 생각을 하고 살아왔으며,
9 지금도 그와 같이 생각하는 마음을 가
지고 살아가는 백성이 있음이니, 그게
곧 너희 믿음의 한계요, 너희가 가고
있는 믿음이라는 것을 알아야 할 것
이니라.
10 그리하여 그와 같은 실날 같은 기대를
하고 살아가며 그 실날 같은 기대로
하여금 더러는 육의 세상에서 작은 죄
라 하여 짓고 넘어가며 사랑의 하나님
이기 때문에 절대 지옥은 보내지 아니
하겠지 하는 그와 같은 안일한 생각으
로써 너희 자신이 오늘의 믿음의 길
을 가고 있다는 것을 알아야 할 것이
니라.
11 그리고 자신은 죄가 없으며 다 용서를
받았다고 생각하며 빌었기 때문에 자
기는 깨끗하다는 생각을 하는 백성이
며 오로지 사랑의 하나님이라 그리 생
각함이니, 너희의 믿음이 얼마나 잘못
가고 있으며 또한 믿음 자체가 흔들리
는지 알겠는가?
12 믿음 자체가 흔들리고 있는 너희의
그 형태를 나 여호와가 법전에 기록하
여 너희 손에 쥐여 주어야만 하겠는
가?
13 너희는 이 세상에 살면서 너희 스스
로 좀 억울하다는 일, 분한 일이라는
것, 그리고 억울하게 남으로부터 당했
다는 것, 그리고 고통에서 견뎌내기
힘들 때 뭐라 하느냐?
14 나 여호와가 있기는 어디 있느냐 하
며, 수십 년 동안 믿음을 간 자체에서
육의 세상에서 부딪치고 힘들 때 그들
은 말하느니라.
15 나 여호와 하나님이 있기는 어디 있느
냐 그리 말하는 것이 너희의 그 믿음
이니, 바로 너희의 그 믿음의 한계가
그와 같은 자세임을 알아야 할 것이
니라.
16 너희는 감히 말할 것이니라.
17 '하나님이 뭐라 하든 하나님이 용서하
든 않든 하나님이 어찌 생각하든, 하
나님은 내 마음을 아실 것이며 이와
같은 것은 용서하실 것이라' 너희는
그리 말할 것이니라.
18 '하나님이 뭐라 해도 나는 이 일을 할
수 있다.
19 그리고 하나님께서 이를 인정하고 용
서하실 것이다, 내가 가는 믿음이 얼
마나 깨끗하고 아름다운데 나를 용서
하지 아니하며 이해하지 못하신다 생
각하느냐?
20 하나님이라도 이는 용서할 것이다.'
그리 함부로 말을 하는 것이 너희니라.
21 그러니 너희가 그와 같은 말을 할 수
있는 너희 자신의 그 믿음의 한계요,
그것의 기준이 어디에 있는가?
22 나 여호와는 공의의 하나님이라는 것
을 너희는 수천 번 들어서 알 것이니

라.
23 공의의 하나님이요, 나는 재판을 하는
그 재판관으로서, 어떠한 경우에도 내
가 한쪽에 치우치며 나를 믿은 백성이
라 하여 내가 너희를 다스려 주며 내
가 눈감아 줌이 없음을 알아야 할 것
이니라.
24 나 여호와는 정확한 심판관이기 때문
에 내가 죄인은 죄인대로 상은 상대로
상을 받을 자는 상을 받을 자로 내가
엄격히 심판함을 너희는 알아야 할
것이니라.
25 나 여호와는 사랑의 하나님이라 진노
가 없는 하나님이라 그리 생각하는 자
세를 바꿔야 할 것이니라.
26 나 여호와는 너희의 잘못된 그 죄를
다스릴 때는 가장 무서운 하나님이요,
용서가 없는 나 여호와라는 것을 알라.
27 그러기에 너희가 죄짓고 울고불고 용
서해 달라 수없이 기도하고 목매달아
도 내가 그를 듣지 아니하며 내가 그
를 보지 아니한다 그리하였음이니라.
28 이는 무엇이던가?
29 너희가 죄를 짓고 말로써 용서를 비는
것을 내가 용서해 줄 수 없기 때문이
니라.
30 아무리 너희가 통곡하고 울고불고 용
서를 빈다 해도 나 여호와가 그 기도
소리를 듣지 아니하며, 너희가 무엇을
달라, 이루어 달라 하는 것을 듣지 아
니한다고 말하지 아니하였던가?
31 나 여호와는 엄격히 다스리며 어떠한
것에도 편파적인 것이 없으며 죄는 죄
대로 상은 상대로 내 앞에서 받을 때
나 여호와가 얼마나 엄격하며 무서운
너희 아버지인지를 그때는 알게 될
것이니라.
32 절대 용서함이 없으며 그대로 넘어 감
이 없으며 덮어 줌이 없다는 것을 너
희는 알아야 할 것이니라.
33 그러니 너희가 그리 애원하고 울고불
고해도 내가 너희를 용서해준다는 말
을 할 수 없으며 하지 않는다는 것을
알아야 할 것이니라.
34 내가 너희에게 가르쳐 주기를 죄를 짓
고 그 죄에 대해서 면죄부를 받는다는
것은 어찌해야 한다 그리했더냐?
35 모든 것을 원상복구시켜 놓으며 그
형태를 만들어 놓고, 잘못하고 죄지은
것을 용서를 빌고 이해를 시켜서, 그
상대방으로부터 이해하고 받아들였
을 때 내가 너희를 생각하며 그것이
죄를 용서받을 수 있는 기초요, 너희
가 용서받는 길이라 내가 그리하였음
이니라.
36 그렇지 못한 자는 열 배 이상 갚아야
모두 면죄 받을 것이라 내가 일찍이
너희에게 가르쳤으며 또한 내가 너희
에게 뭐라 명하였느냐?
37 너희가 아무리 천국에 오고 싶어 하여
나의 나라에 너희를 특별히 갖다 놓
는다 해도 죄가 있는 자, 사악한 삶을
산 자는 스스로 숨이 막히고 견딜 수
없어 너희가 지옥으로 기어 내려간다
고 말하지 아니하였던가?
38 그것이 천국이니라.
39 그리하여 죄지은 자는 올 수 없다는
것을 명심해서 들으라.
40 너희는 이 모든 내용을 나의 법전에
기록하여 내려보내니 너희가 이를 정

독하고 깨달음을 연구했을 때, 그리고 노력했을 때 그 모두는 그 속에 너희가 바라볼 수 있는 그와 같은 형국임을 알아야 할 것이니라.

41 유리의 이쪽에서 저쪽을 보듯이 투명하게 모든 것을 다 그대로 볼 수 있도록 그와 같은 것을 나의 법전에서 얻을 수 있는 것은 여기밖에 없다는 것, 나의 법전에, 그리고 나의 아들을 통하여 내리는 그 강론밖에는 아무 곳에서도 찾을 수 없느니라.

42 나의 아들을 통하여 내리는 그 강론 속에서 나의 법전을 정독할 때, 거기에서 너희가 상대방을 유리로 보는 것처럼 그와 같이 깨달음을 얻을 것이니 그리 알라.

43 그렇지 않은 곳에서 너희는 찾을 수가 없으며 얻을 수 없다는 것을 명심하라.

6,784 번째 하나님 말씀

2003년 7월 18일 0시 41분

1 사랑하는 나의 아들아!

2 "네, 아버님! 말씀하옵소서."

3 나의 백성이 참진리의 길이 무엇인가 그를 깨닫도록 너희가 최선을 다하여야 할 것이니라.

4 지금 그것보다 더 시급한 일이 없음을 알겠느냐?

5 너희가 한 발짝 늦출 때마다 그 많은 백성이 지옥으로 가고 있음이니, 너희가 한 발짝을 먼저 디뎌 나의 법전을 가지고 전할 때 그로 하여금 구원을 받는 그 백성의 수를 헤아릴 수 없는 것이 지금이니라.

6 그러니 너희가 얼마나 급하게 가야 하는지를 알아야 할 것이니라.

7 진리의 길이 무엇이며 선이 무엇이며 악이 무엇이며 나 여호와가 역사하고자 하는 것이 무엇이며 천 년에 걸쳐 이루고자 하는 그 모두 다, 그것조차도 모르는 백성을 깨우치는 데 이보다 더 시급한 것이 없음을 너희는 알아야 할 것이니 그리 행하도록 하라.

8 지금 동양의 작은 나라 너희의 그 믿음의 형국이 얼마나 잘못되었으며 얼마나 잘못 가고 있는지 알겠느냐?

9 동양의 작은 나라 너희가 주식으로 만들어 쓰는 콩이라는 그 식품을 가지고 메주라는 것을 만듦이니, 이는 정답인 것이니라.

10 그러나 콩으로써 그 정답인 메주를 만든다 하여도 저는 절대로 믿지 않는다는 사람들이 있을 때 왜 그 말을 하는가?

11 평소에 거짓된 말을 많이 하며 거짓을 하기 때문에 그가 아무리 말을 해도 믿을 수 없으며 그를 믿지 않는다는 그 의미의 말이 아닌가?

12 그러니 지금 그와 같은 형국에서 나의 피조물 만백성들에게 한번 신뢰를 잃은 자, 그리고 거짓을 계속하는 자는 그 말을 믿지 않고 듣지 않음이니,

13 너희 인간관계에서는 그와 같이 현명한 귀를 가지고 있으며 옳고 그름을 깨달으며 진리인지 진리가 아닌지를 그렇게 잘 깨닫고 아느니라.

14 그리고 거짓된 것인가 아닌가를 또한 너희가 남을 의심하기를 이루 말할 수

없이 의심하여 두드려 보고 또 다스려
보며, 그리고 잘못되는 자, 거짓 하는
자와 상대하지 아니하며 그를 구별하
는 재주가 뛰어난 나의 백성이니라.
15 그러나 이 세상에 그와 같은 것을 믿
지 않고 따르지 않는 그 현명함을 갖
지 못한 백성이 지금 있음이니, 가장
현명하고 똑똑한 백성이 그를 쓰지
못하며 그를 알지 못하는 자들이 누구
인 줄 알겠는가?
16 지금의 종교 집단이요, 구원을 받았다
는 백성 너희는 무어라 하느냐?
17 식물인 콩이라는 것으로써 장을 담그
는 원료로 삼는다 하나, 종교 집단이
요, 지도자가 팥으로써, 감으로써, 감
자로써 그것을 만든다 해도 너희는
그저 '믿습니다, 맞습니다.' 하고 설쳐
대니,
18 수천수만의 거짓말이요, 그 잘못된 것
을 가르친다 해도 '그게 맞습니다, 맞
습니다.' 그리 말하는 것이 지금의 종
교 지도자 밑에서 구원을 받는다는 그
러한 백성이니,
19 거짓말이 통하며 거짓말을 계속 갖다
부어 대도 영원히 그것이 옳은 말이라
하여 거짓을 모르며 그걸 구분하지 못
하는 자들이니라.
20 인간 세상에서 거짓 하는 것, 남을 속
이는 것, 이와 같은 것을 선별할 줄 알
며 그와 같은 사람을 판단하여 상대할
수 있는 그 뛰어난 재능이 있으면서
도, 어찌하여 구원이요, 영원히 살고
못 사는 그 믿음 속에 들어가기만 하
면 어찌하여 그를 알지 못한단 말이더
냐?
21 그러니 종교 집단이요, 지도자 밑에
있는 신도들이 어떠한 형국에 있는지
아는가?
22 종교 지도자가 강도와 선한 사람을 세
워 놓고 강도질을 한 사람을 알면서도
이자가 선한 자요, 저자가 강도라 말
하면, 너희는 천사 같은 사람을 '강도
가 맞다, 옳습니다.' 소리 지르는 것이
지금의 종교 집단이요, 너희가 가고
있는 형국이니,
23 너희처럼 정신 나간 자가 없으며 너
희처럼 제가 누구인지를 모르는 백성
이 없으며,
24 정신이 혼미한 자, 그리하여 남들이
말하는 것을 잘 모르는 자, 남들보다
조금 부족한 지능을 가지고 세상에 태
어난 백성 그들보다도 더 불쌍한 자가
너희니라.
25 그들은 신체요, 언어의 장애요, 몸의
구조가 혼미한 상태로 세상에 태어났
으나,
26 너희는 멀쩡한 육신이요, 멀쩡한 형체
를 가진 자들이 정신이 혼미한 자들보
다도 못하니, 어찌해야 너희를 바로잡
는단 말인가?
27 정신이 혼미한 그 상태에서 너희가
깨어나는 그와 같은 역사부터 다스려
야 함이니, 그리하여 나의 아들딸들이
기다릴 시간이 없으며 지금의 급함을
내가 그들에게 다시 한 번 이리 명함
을 너희는 알아야 할 것이니라.
28 이 세상에서 거짓이 통하지 않는 것이
인간 세상의 삶이지 않더냐?
29 두 번, 세 번 거짓을 할 때 아무리 그
가 정답이라 해도 너희가 믿지 않으

며 그리고 속아 넘어가지 않으며 두
번 다시 당하지 않는 그와 같은 현명
한 것을 가지고 있으면서도,
30 너희 육으로 보이는 세상에서 작은 것
들에 대한 그와 같은 판단력은 천재보
다도 더한 능력이 있는 자들이 어찌
하여 영원히 사는 나라요, 너희가 영
원히 살고 죽는 그리고 지옥이요, 천
국이라는 그 길에 가는 믿음에 대해
선 어찌하여 너희가 그와 같이 강도
를 천사라 하여도 종교 지도자가 말하
면 그와 같이 뒤집어 놓고 '옳소, 맞습
니다.' 손뼉을 치며 그와 같이 가고 있
음이니,
31 이를 어찌 다스려야 할 것이며 이것
을 어찌 잡아야 하겠는가?
32 그러니 아무리 똑똑한 자요, 한 시대
를 통제하는 사람도 그 뿌리 깊은 것
을 바로잡을 수 없으며 그를 역사할
수 없기에 그를 잡으려 하지 아니하며
포기하는 것이니라.
33 지금 종교 집단이요, 지도자요, 그리
고 구원을 받았다 하는 그 백성 너희
가 어찌하여 그만큼 오만무도한지 알
겠는가?
34 아무리 진리가 내려오고 하나님이 내
려오고 예수가 다시 내려온다 해도 너
희를 절대로 넘기지 못하며 무너트리
지 못한다는 그와 같은 베짱이요, 그
와 같은 오만방자한 마음을 지금 가
지고 있는 것이 신도요, 지도자며, 아
무리 누가 뭐라 해도 너희를 이길 수
없다고 생각하느니라.
35 네가 가고 있는 길이 지금 잘못된 길
이요, 사탄이요, 사악한 것이라 하며
네가 기록하는 것, 네가 전하는 것이
나 여호와의 뜻이 아니라 그리 말하
며, 그게 참진리라 해도,
36 아무리 네가 설치고 잘나고 똑똑한 체
해도 절대로 저희 조직을 무너트리지
못할 것이며,
37 지금 세상을 덮고 있는 그 모든 종교
지도자요, 교회라는 곳, 성당이요, 성
막에서 지금 그 길을 가고 있는 자들
의 뿌리를 절대로 넘어뜨릴 수 없으며
뽑을 수 없으며 이길 수 없는 것이거
늘, 네가 함부로 설친다 그리 생각하
느니라.
38 소위 너희가 이야기하는 단단한 바위
라는 돌을 계란이라는 걸로 치려 대드
는 것처럼,
39 참진리가 와도 진정한 나의 법전이 세
상에 내려가 이게 맞다고 나의 아들을
따르는 제자들이 전해도, 너희가 아무
리 진리를 가지고 나의 뜻이라 하여도
저희를 이길 수 없는 것이니, '까불지
마라, 그리고 설치지 마라, 이 불쌍한
인간들아!' 그리 나의 아들이요, 나의
아들을 따르는 백성을 보고 있음이니,
40 그것은 진정한 믿음으로써 당당하게
이긴다고 생각하는 것이 아니요, 그저
집단의 수와 펴져 있는 그 종파, 그리
고 거기에 있는 인원과 그 방대한 조
직과 물질적인 그 힘을 가지고 지금
그와 같이 오만무도한 소리를 하고
있는 자가 있을 것이니라.
41 가슴에 손을 얹고 너희가 생각해 보라.
42 진정한 진리이기 때문에 나의 아들을
통하여 하늘에 오르는 길인 법전이라
하는 것을 두려워하지 아니하는가?

43 힘으로써 두려워하지 아니하며 육의 그 방대한 조직으로서 두려워하지 아니하느니라.
44 그러니 너희가 얼마나 어리석은 자인 줄을 알겠는가?
45 머지않아 너희의 그것이 오만이요, 방자하며, 나 여호와의 진리가 얼마나 위대한 것이며 진리가 이 세상을 태워 나갈 때 일순간에 태운다는 것을 너희는 알게 될 것이니라.

6,785 번째 하나님 말씀

2003년 7월 18일 0시 47분

1 사랑하는 나의 아들아!
2 "네, 아버님! 말씀하옵소서."
3 나의 성령을 책으로 직접 내려보내며 너를 통하여 강론을 내리며 나의 백성을 깨우치며 변화시키고자 하는 나 여호와가 너희를 사랑하고 아끼는 마음을 너희는 어찌 그리 알 수 없으며 모른단 말이던가?
4 나의 사랑하는 피조물 만백성들이 쉬지 않고 수없이 지옥 불로 떨어져 가는 것을 보는 나 여호와의 마음이 어떠한 것인가를 너희는 알겠는가?
5 그리하여 나에게 오는 백성이 아니요, 지옥으로 떨어지는 백성은 쉬지 않고 떨어지나, 나에게 오르는 백성은 없음이니, 나 여호와의 마음이 과연 어떠하겠느냐?
6 모든 백성이 회개하며 변화되며 참진리를 찾는 그와 같은 길을 가지 아니하면 절대 아니 되는 것이 지금이니라.
7 그와 같이 아니 하면 너희가 구원을 받을 수 없음이니, 지금의 믿음에서 가는 발길을 멈춰야 할 것이며,
8 진정한 진리의 길을 돌아다보는 눈을 떠 제정신으로서 진정한 나에게 오를 수 있는 그 새로운 길이요, 진정한 그 역사 속에 동참하는 자가 되지 아니하면 절대 아니 됨이니라.
9 지금으로서는 너희가 역사할 수 없으며, 나에게 올 수 없다는 것을 내가 너희에게 다시 한 번 전함이니, 이를 명심하여 들어야 할 것이니라.
10 나 여호와는 나의 법전을 보고 읽어 만백성들이 변화되고 회개하는 것만을 기다리고 있음이니라.
11 너희가 그와 같이 변화되어 오기를 바라는 나 여호와의 애절한 마음을 너희는 알겠는가?
12 얼마나 애절하면 몸부림치는 것보다도 더 내가 너희를 위해서 모두를 다 내려보내고 있건만, 어찌하여 이와 같은 애절한 나의 음성이요, 나의 뜻을 귀를 열어 듣지를 아니한단 말이던가?
13 사랑하는 나의 피조물 만백성 너희는 나 여호와가 너희 백성이 돌아오기를 바라는 그 애절한 소리에 귀를 기울여 그를 듣도록 그리하라.
14 그렇다면 너희가 내 뜻을 알게 될 것이거늘, 어찌하여 그 소리를 들으려 하지 아니하려고 귀를 막아 놓고 있단 말이더냐?
15 너희가 어떠한 것으로 지금 나를 끌고 가고자 하는 것인지 알겠는가?
16 모든 종교의 집단 지도자들이 나 여호와가 분노하여 나 여호와가 더 이상 견딜 수 없어, 이 세상의 사악함을 내

가 눈을 뜨고 보기 싫어 재앙으로써 모두를 다스려 주기를 바라는 것이 지금의 종교 집단이요, 지도자 너희가 하고 있는 행위니라.
17 이 세상을 재앙으로 다스려 주십사 애원하는 그와 같은 행위를 하고 있는 것이 너희라는 걸 어찌하여 모른단 말이냐?
18 지금의 종교 집단이요, 지도자 너희가 나에게 재앙을 내려 이 세상을 다 불바다요, 물바다로서 아무것도 존재하지 못하도록 해 달라고 애원하는 그와 같은 행위를 하고 있는 짓이라면, 너희는 믿겠는가?
19 너희가 그와 같은 행위를 하고 있음이니라.
20 그러니 그 속에서 깨어나지 못하며 헤어나지 못하는 백성을 내가 사랑하기에 진정으로 모든 것을 다 풀어 누구나 읽고 보면 깨우칠 수 있는 나의 법전을 너희가 회개하여 변화되는 그 삶의 기초요, 양식으로서 만들어 세상에 내려보내니, 이를 접하고 깨우치며 마음의 문을 열라.
21 그리고 나에게 더 이상 재앙으로서 나의 분노함으로 너희를 벌로써 다스리기를 원하는 그와 같은 행위를 하지 말라.
22 나 여호와의 마음 아픔을 너희가 너무나 모르고 있는 것이 내 아들딸들이니, 부모의 마음을 그리도 모른단 말이던가?

6,786 번째 하나님 말씀

2003년 7월 18일 09시 02분

1 사랑하는 나의 아들아!
2 "네, 아버님! 말씀하옵소서."
3 너희 몸에 있는 눈과 입과 코, 귀, 손, 발이요, 그 모든 것 또 생각이요, 그걸 어찌 쓰느냐에 따라서 천사와 같은 행동으로써 변할 수 있으며,
4 천사가 아니라 상대방을 무너트리며 상대방을 공격하는 그와 같은 방법으로 쓰는가 하면,
5 상대방의 감정을 유발하도록 할 수 있는 것이며, 그 감정의 유발로 하여금 크나큰 재앙을 부르는 그 역할을 할 수 있는 것이 너희 몸에 있는 이목구비요, 손발이라 내가 그리 말하였느니라.
6 그러니 이 세상의 모든 자연 속에 살아가는 그 모두를 다 너희가 어찌 이용하고 어찌 쓰느냐에 따라서 너희에게 독이 되며 득이 되는 것이니라.
7 그러니 모든 세상을 상대하고 보는 것을 어떤 마음으로 보고 생각하여야 할 것인가를 알아야 할 것이니라.
8 외형적으로 보이는 면에서는 무기로 너희를 공격하며 가격을 할 수 있으나, 또한 그를 아름답고 좋은 것으로서 볼 수 있으며 쓸 수 있으니,
9 그 마음으로서 보는 것은 그보다 더 무섭고 큰 차이가 있음을 너희는 알아야 할 것이니라.
10 너희는 세상사 모든 것을 어찌 보고 어찌 사는가?
11 너희가 마음을 어찌 가지고 어찌 생각

하며 사느냐에 따라서 바로 무엇이던
가?
12 그리 원하고 갈구하는 천국에 오는 길
이요, 그렇지 않으면 지옥으로 가는
갈림길의 그 모두가 너희 마음에 달
렸다 하는 것을 이제야 알겠는가?
13 너희 신체 구조의 손을 무기로써 사용
한다면 그는 감당할 수 없는 일을 벌
일 것이며, 천사와 같은 아름다운 것
으로써 인자한 손으로 쓰면 그 사랑이
끝이 없을 것이니,
14 바로 너희가 육의 형태를 어찌 쓰느
냐에 달린 것과 마찬가지로 너희 마
음을 어찌 쓰느냐에 따라서 천배 만배
더 위대하며 더 소중한 결과가 이뤄지
는 것이니,
15 모두는 다 네 마음에 달렸으며, 너희
마음에 달렸다 내가 하지 않았는가?
16 그러니 마음으로써 행하고 행하지 아
니하는 것을 실천하고 또 지키는 것이
변화되는 백성이요, 나에게 오르는 길
이라는 걸 잊어서는 아니 됨이니라.
17 그러니 너희가 모든 계명이요, 나의
율법이요, 나의 법전을 지키고 못 지
키는 것, 또한 너희 마음 하나에 달렸
다는 그 의미를 알겠는가?
18 육신에 있는 것도 너희가 어찌 사용
하고 어찌하느냐에 따라서 그게 나를
위해서 사용하며 나의 나라에 올 수
있는 곳에 사용하는 것이요, 지옥으로
가는 데 사용하는 그와 같은 하늘과
땅 차이보다도 더 무서운 결과가 있음
이니,
19 너희 마음의 생각을 어찌하며 마음을
어찌 다스리느냐에 따라서 그와 같이
무서운 것이니,
20 그 무서운 너희 마음이요, 무서움을
모르고 마음대로 생각하며 감정대로
유발하며 보고 느끼는 것을 또한 너희
생각대로 너희 마음대로 판단하며 상
대방 또한 깊은 마음속에 그가 가지고
있는 마음을 모르면서 너희가 마음껏
평가절하하는 그와 같은 행위를 하니,
21 남의 속마음을 모르면서 절대 평하지
말라, 그래서 너희는 평할 자격이 없
다 함을 이제 알겠는가?
22 너희가 마음으로써 어찌 정하느냐에
따라 너희의 육이 공격의 무기로 쓰
느냐, 나에게 올 수 있는 인자한 모습
으로써 쓰는 것이냐 하는 그 차이보다
도 몇천 배 더 무서운 차이요,
23 그와 같은 재앙을 부를 수 있으며 축
복을 부를 수 있는 것이 그 마음에 달
렸음이니,
24 그 마음을 어느 쪽으로 다시 돌리느냐
하는 것을 굳게 결심하고 그 무서움을
알고 산다면, 감히 너희가 선한 행위
를 접어 두고 악한 행위를 할 수 없다
는 것을 알라.

6,787 번째 하나님 말씀

2003년 7월 18일 21시 05분

1 사랑하는 나의 아들아!
2 "네, 아버님! 말씀하옵소서."
3 내가 너희에게 마음을 비우고 살라
하며, 마음을 비우고 세상을 보라 하
며, 마음을 비우는 자의 가슴에 성령
이 임한다 한 그 뜻을 너희는 알겠는
가?

4 너희가 마음을 비우지 아니하면 세상사를 볼 수 없는 것은, 마음을 비우지 아니하는 자는 자기를 먼저 생각하며, 자기의 생각을 먼저 하며, 자기의 입장을 먼저 놓고 모든 대화를 하고 생각함이니,

5 앞에 있는 사람을 모르듯이 내가 이루고자 하는 뜻과 그걸 더 알 수 없는 것이 너희니라.

6 그리하여 너희가 마음을 비우고 욕심을 비우고 살면, 나를 볼 수 있으며 나의 음성을 들을 수 있다 하는 그 뜻을 이제 알아야 할 것이니라.

7 마음을 비우고 있을 때 모두는 다 알 수 있으며 볼 수 있음이니라.

8 자기를 먼저 생각하는 그와 같은 자세로써는 그 이치를 알 수 없음이니, 제 생각이요, 제 계획을 먼저 생각하다 보니, 남의 생각이요, 역사하고자 하는 것을 모르며, 더욱이 나 여호와가 이루고자 하는 그 뜻을 너희가 알 수 있으며 볼 수 있다고 생각하느냐?

9 그러니 자기를 생각하지 말며 마음을 비우라 함이니라.

10 자기가 존재함을 먼저 생각하며 자기를 의식하는 자는 아무것도 볼 수 없으며 변할 수 없으며 깨달음이 없다는 것을 너희는 알아야 할 것이니라.

11 2천 년 전에 나의 아들 예수가 그리 죽어 감으로 그 제자 중에 그를 대신하여 죽을 수 있는 용기가 있었으며 그와 같은 준비가 되어 있는 자가 있었다면, 나의 아들이 죽지 아니하며 그 역사를 이룰 수도 있었지 않겠느냐 그리 나의 아들이 지금 말하였음이니,

12 그와 같은 역사가 변화되고 변화되지 아니하는 것은 관계없이 다만 그와 같이 대신 죽어 갈 수 있는 사람이 있었다면 어떠했겠는가?

13 그와 같은 자가 없었음이니, 그러한 자가 없어 나의 아들 예수가 그리 고통스럽게 십자가에 못 박혀 죽는 그 죽음을 면할 수 있던 것을 면하지 못하고 그리 갔다면 너희는 어찌하겠는가?

14 나의 아들이 너희에게 오늘 하늘의 비밀이요, 천기를 말했느니라.

15 그가 넘을 수 없는 그 고통이요, 훈련이요, 그 시련을 반드시 한 번 넘을 수 있다는 것은 나를 믿는 제자요, 그리고 목숨을 바칠 수 있는 마음의 제자가 한 사람이라도 세상에 나왔을 때, 그는 그 훈련에서 버티고 견디고 이길 것이나,

16 그와 같은 제자가 없을 때는 그 또한 무너질 수밖에 없다는 하늘의 비밀을 그가 이미 가르쳐 주었음이니,

17 이를 듣고도 너희가 마음 자세를 어찌해야 할 것인지 생각하지 못하며, 정녕 자기를 버리지 못하며, 자기를 먼저 지우지 못하며, 자기를 생각하며, 제 입장을 먼저 고려하고 행동하면,

18 너희는 그 누구도 그 일을 감당할 수 없으며 역사할 수 없으니 그리 알아야 할 것이니라.

19 나의 아들 예수는 열두 제자 중에서 그를 대신하여 죽고자 하는 자가 하나도 없었으며, 그를 판 자, 그를 배신한 자 그 모두는 나의 아들 예수가 잘못

가르쳤으며 잘못 인도했으며 잘못했
다는 그 의미의 깊은 뜻을 너희는 알
아야 할 것이며,
20 또한 나의 아들이 그와 같은 전철을
밟지 아니하고자 그가 노력하는 것을
받아들이고 거둬들이는 너희 제자가
얼마만큼 그를 이해하며 그 뜻을 깊이
알고 가느냐 하는 거기에 답이 있음이
니,
21 너희가 어찌하여 이 세상 그 많은 백
성 중에서 선택됐으며, 나의 선택된
백성이요, 또한 나의 아들을 따르는
제자들이 과연 말로써 제자요, 그리고
말로써 나로부터 은혜 받은 백성이라
하여 너희에게 어떠한 은혜요, 영광이
있을 것이라 생각해서는 아니 될 것
이니라.
22 모든 것은 그만큼 대가가 있으며 그만
큼 역사가 이루어지지 않는가?
23 너희가 일꾼을 쓰는 것도 그가 그만
큼 노력을 하며 그만큼 그 대가를 치
렀을 때 그 값을 지불해 주는 것이 아
니던가?
24 그 값어치를 해 주지 아니했을 때, 너
희는 그 값을 지불하기가 억울하다 생
각하며, 그 값을 지불하되 즐거운 마
음으로 지불할 수 없느니라.
25 인간도 제 몫을 아니 했을 때 품삯을
베풀어 주는 것은 억울한 것처럼,
26 나 여호와의 뜻이요, 그리고 나로부터
선택된 그 백성이 갈 길이 무엇인가
를 찾지 못하며, 네가 선택된 만큼 자
리를 지키지 못한다면 그것이 다 어찌
되겠는가?
27 그는 차라리 없느니만 못한 자가 될
것이니 이를 명심하여 행하도록 그리
하라.

6,788 번째 하나님 말씀

2003년 7월 19일 07시 42분

1 사랑하는 나의 아들아!
2 "네, 아버님! 말씀하옵소서."
3 모든 것은 다 제 직분이 있으며 제가
가는 길이 있으며 제가 살아가는 길이
있음이니라.
4 땅속에 사는 미물이요, 물속에 사는
미물이요, 그리고 물속에 사는 물고기
라든지, 밀림에 사는 사나운 맹수요,
또한 모든 동물이요, 그 모두는 제 환
경과 제 삶의 터전을 벗어나서는 역사
할 수 없음이니라.
5 모든 동식물이요, 미물들이요, 그들이
제자리를 떠나서 살 수 없는 것처럼,
너희 인간 또한 인간 세상을 떠나서
살 수 없고 사는 것이 아니라 너희는
한 가지 더 소중한 것이 있음이니라.
6 인간이란 바로 살아갈 도리요, 직분이
요, 근본이 있으며, 도덕이요, 예의요,
예절이 있음이니, 그를 지키고 살지
아니하면 그게 곧바로 무엇인 줄 알
겠는가?
7 물고기가 물을 떠나서 살려 하는 것이
며, 산림의 맹수들이 산림을 떠나서
도시에 와 살고자 하는 것과 같으며,
땅속을 누비고 사는 그 미물들이 태
양빛 위의 메마른 땅에서 살아가겠다
는 것보다도 더 잘못된 삶이라는 걸
알겠는가?
8 인간인 너희는 예절이요, 도덕이요,

예법에 따라 살아가는 인간의 도리요,
근본이요, 기본이 있으니,
9 그걸 잊고 사는 자가 그와 같이 사는
자보다 더 미련하고 불쌍한 백성임을
알겠느냐?
10 너희가 그와 같이 지켜야 할 도리를
지키지 아니하고 살았을 때 너희는
나에게 와서 심판을 받음이니, 그 심
판이 얼마나 두렵고 무서운 걸 아는가?
11 그러니 물속에 있는 물고기가 물을
떠나 살고자 하는 것보다도 더 거역하
는 것이며, 더 이룰 수 없는 것을 원하
는 것이 바로 너희가 기본자세의 마
음을 가지고 살지 못하는 것이 그러함
을 알아야 할 것이니라.
12 너희가 기본자세를 가지고 살지 못한
다 했을 때, 그리 살지 않았을 때 너희
는 나에게 와 심판을 받아 그 대가를
치름이니, 그 대가가 얼마나 고통스럽
고 무서운가를 아는가?
13 물을 떠나 물고기가 살겠다 발버둥치
는 것, 밀림에 사는 맹수들이 대도시
의 한복판에 와 살겠다고 설치는 것,
지하나 숲 속에서 사는 미물이 땅 위
에 나와 태양빛을 거역하며 살겠다고
하는 것보다 너희가 더 어리석고 불
쌍한 자들이니라.
14 그들은 그저 형체로써 죽으면 그것으
로써 끝나나, 너희는 영원히 사는 그
삶의 세상에서 그 대가를 영원히 치르
고 살아야 하니,
15 그것을 위하여 지금 거역하는 자들이
니, 그걸 두려워하지 아니하며 그 길
을 가겠다 하는 자들과 마찬가지니라.
16 그 길을 벗어나는 것은 예절이요, 예
의요, 기본의 도리를 벗어나서 살아서
는 아니 되는 것이니,, 바로 인간이 살
아가야 할 그 도리를 벗어나며 행함을
벗어나서 사는 것은 그와 같은 자들이
라는 걸 그들에게 깨우치라.
17 그렇다면 과연 너희가 삶을 어찌 살
아야 하는가?
18 스스로 알아서 생각하며 너희가 판단
하고 평가해서 살아가도록 그리하라,
사랑하는 나의 아들딸들아!

6,789 번째 하나님 말씀

2003년 7월 19일 23시 54분

1 사랑하는 나의 아들아!
2 "네, 아버님! 말씀하옵소서."
3 나의 피조물 만백성들이 나의 법전이
세상에 나가니, 이는 읽고 깨우치기가
간단하며, 그를 보는 자가 하늘의 뜻
이요, 내가 원하고자 하는 그 의미가
무엇인가를 쉽게 알 수 있음이니,
4 이를 보고 너희가 바로 깨우쳐 하늘
에 오르는 길을 직접 보고 깨달으라
하여 나의 법전을 내가 가장 쉽게 풀
어 간단한 방법으로써 너희에게 내려
보냄이니라.
5 이는 스승이 없이 스스로 공부하고 깨
우쳐 너희가 나에게 오를 수 있는 길
을 열어 줌이니,
6 이는 각자가 노력하여 스스로 얻는
길이요, 얻지 못하는 그와 같은 똑같
이 균등한 기회를 주고자 하는 것이
나 여호와의 뜻임이니라.
7 성서는 비유로 되어 그 뜻을 이해하고
가르치기에 그것을 생각하기에 달렸

음이니, 해석하는 자에 따라서 그 뜻
이 천태만상으로 변하며 수천수만 가
지로 변할 수 있는 것이 나의 성경이
었음이니라.
8 그러나 이제 나의 법전은 가장 아래에
서 설명했으며 가장 쉽게 들을 수 있
도록 내가 깨우쳐 기록하여 전함이니,
9 여기에 너희가 살을 붙이며 너희가
마음대로 해석하며 더 이상 내려가려
야 내려갈 수 없는 그와 같은 밑바닥
의 진리로서 시작함이니,
10 이는 너희가 변조할 수 없으며 너희
가 마음대로 해석할 수 없으며 너희
가 깨우칠 수 없는 것이니라.
11 그리고 160권이라는 법전이 세상을
다 덮는 것은 모든 백성이 이를 읽고
깨우치게 하고자 함이니,
12 모든 백성이 나의 법전을 읽고 접함
으로 인하여 스승이라 하는 자요, 또
한 지도자라 하는 자도 바로 읽지 아
니하며 깨우치지 아니하면 아니 됨이
니,
13 지금 잘못된 종교 지도자들이 단상에
서서 나의 성서요, 나의 성령이라는
것을 가지고 가르치고 깨우치는 자격
이 있는 자, 자격이 없는 자, 미달한
자, 이루 형언할 수 없는 자들이 종교
지도자라 하여 지금 만백성을 우롱하
고 있음이니,
14 그리하여 이는 어떠한 종교 지도자든
누구도 너희가 이를 가르치고 깨우치
는 자가 특별히 교육을 받은 자가 아
니요, 더 깨달음이 있는 것이 아니요,
그저 너희가 다락방에서 토론하는 그
와 같은 식으로써 너희가 나의 법전
을 가지고 공부할 수 있도록 내가 그
리 만들었음이니,
15 너희가 나의 법전을 들으면서 누구에
게 지금같이 재물을 바치며, 제왕적으
로 그를 모시지 아니하며, 그가 하는
말에 맹종하며, 그와 같은 나의 백성
이 지금까지 재물과 시간과 그 모두를
바친, 그리고 그것이 진정한 나의 선
택된 목자가 아니요, 사탄의 앞잡이로
서 사탄의 자식이 되어 역사하는 그들
에게 너희가 모두를 다 바치는 그와
같은 불행한 일을 막고자 함이니라.
16 지금은 제대로 배우지 않는 자, 제대
로 알지 못한 자, 기준이 없는 자들이
종교 지도자요, 선생이라 하여 단상에
서서 강론하고 설교했으나, 나의 법전
을 가지고 그 누구도 그리할 수 없음
이니라.
17 이는 누구든지 보고 깨우치며 누구든
지 읽으면 알 수 있으며, 그리고 간단
히 설명을 들으면 알 수 있기에,
18 이를 가지고 너희가 평생 나의 피조
물 만백성들을 지금의 종교 집단처럼
그리 울리고 사악한 길로 끌고 갈 수
없음이니라.
19 나의 성경은 너희가 갖다 붙이기에
따라서 설명하기에 따라서 해석하기
에 천 가지 만 가지 길로 갈 수 있으나,
20 나의 법전은 가장 아래에서 가장 밑에
서부터 시작하는 진리이기 때문에 너
희가 그와 같이 응용해 할 수 없으며
그를 써먹을 수 없기 때문에
21 어떠한 종교 지도자든 나의 160권을
가지고 너희가 10년, 20년이요, 너희
가 평생 그와 같이 나의 백성을 우롱

할 수 없으며 재물을 갈취할 수 없으
며 시간을 갈취할 수 없게 되어 있음
이니라.
22 그러니 나의 법전이 지금은 모두의 밑
에서부터 나약한 자서부터 그리고 너
희가 말하는 지도층이 아닌 그 백성
도 그저 읽어서 깨우쳐 그대로만 저
희가 받아들인다면, 하늘에 오르는 길
을 알 수 있도록 그리 가르쳤음이니,
23 이것이 나의 법전이요, 지금의 성경과
다른 것이요, 마지막 시대 너희를 구
원하고자 내가 모두를 태워 가장 낮은
바닥의 진리에서부터 지금 너희를 깨
우쳐 이루고자 하는 것을 알아야 할
것이니라.
24 배우지 못한 자, 자격이 없는 자가 종
교 지도자라 하여 나의 피조물 만백성
을 지옥으로 이끌어 가는 이 혼란한
것을 바로잡으며, 이제는 서로 스승이
되며 서로 지도자가 되며,
25 누구든지 나의 법전을 정독해서 읽으
면 배운 자, 안 배운 자, 학식이 있는
자, 없는 자, 직함이 높은 자, 낮은 자,
26 너희처럼 종교 지도자가 되기 위하여
어떠한 소정의 과정을 거치는 자만이
선생이 되는 것도 아니요, 그저 좌담
회, 토론회 식으로써 나의 법전을 가
지고 의논하고 깨우쳐 그를 그대로 행
하고 지키면 되는 것이 나의 법전이니,
27 그리하여 이게 바로 위대한 나의 성령
이라는 것을 너희는 알아야 할 것이
니라.
28 많은 백성이 책이라 하여 써내며, 나
여호와로부터 메시지를 받았다 하여
우후죽순으로 동서남북 할 것 없이
책들이 많이 쏟아져 나올 것이니라.
29 그러나 그들은 바로 나의 법전처럼 바
닥의 진리요, 아래서부터 오르는 그
진리가 아니라 저희의 상식선에서 배
운 자, 깨달음이 있는 자만이 이해할
수 있으며, 받아들일 수 있도록 그들
이 그리 씀이니,
30 그리고 또 그들이 종교의 모든 뼈대
를 버리지 못하고 저희가 그 뼈대 위
에 인간의 생각을 접목시켜 나온 책이
니, 그 책과 나의 법전과의 차이점이
라는 것을 너희는 다시 한 번 깊이 깨
우쳐, 나의 법전을 정독하는 데 최선
을 다하여야 할 것이며,
31 앞으로 나의 법전을 공부한 스승이요,
제자는 지금의 종교 지도자처럼 잘못
된 자, 사악한 자, 자격이 없는 자들이
그저 소정의 교육을 받았다 하여, 또
는 악덕 종교 지도자로부터 명을 받았
다 하여 그와 같이 오늘의 종교 지도
자라 하여 단상에 서서 나의 피조물
만백성의 고혈을 빨아들이는 그와 같
은 일은 절대 있을 수 없으며 역사하
지 못할 것임을 알라.
32 그리하니 이제는 모든 나의 법전이 참
진리요, 나 여호와의 뜻이라 그리 깨
닫는 백성이 있으면, 너희 손으로 지
은 그 교회요, 성당이요, 성전이요, 성
막에 가서 공부할 자가 없으니, 그리
하여 거미줄을 치며 문을 닫는 그 역
사가 이루어진다 함이 여기에 있음을
알라.

6,790 번째 하나님 말씀

2003년 7월 19일 23시 58분

1 사랑하는 나의 아들아!
2 "네, 아버님! 말씀하옵소서."
3 내가 너희에게 가장 엄하게 다스린
것이 무엇이던가?
4 '나 외에 다른 신을 너희에게 있게 하
지 말며, 어떠한 형상이든 우상을 만
들어 너희가 받들지 말라.' 내가 너희
에게 그리 엄하게 가르쳤음이니라.
5 그러나 지금 어떠한 행위를 하고 있는
가?
6 어떠한 교회의 법이나 너희가 교회의
교리를 만들어 가르치는 그 모두가 과
연 나의 뜻에 의해 역사한다 생각하
는가?
7 지금 모든 종교 집단은 수천 년 동안
흘러오면서 수많은 종파가 생김으로
인하여 저희가 교회의 법이요, 교리를
만들어 가르침이니, 나의 뜻을 거역하
는 것이 그들이니라.
8 너희가 스스로 한 자도 더해서도 안
되며 한 획을 고쳐서도 안 된다고 말
하며 성서라 하여 신학 서적이라 하
여 너희가 지어냈으며 너희가 만들어
내서 만백성들을 깨우치고 또 읽게 하
는 그와 같은 형국으로 그리 가지 않
는가?
9 그것뿐이던가?
10 너희가 각종 오역된 서적이요, 잘못된
서적을 만들어 그걸로 백성을 깨우친
다며 그걸로 선전하고 가르치는 자가
수없이 있음이니,
11 종교 지도자요, 목사요, 또한 종교 집
단의 책임자라 하여 지금 오역된 서적
을 만들어 세상에 전하며, 그를 가지
고 나의 백성에게 깨우치고자 한다 함
이니,
12 성서에서 한 자를 더 빼도 더해도 안
된다는 너희가 나의 성서를 가지고 가
르치면 되는 것이거늘, 어찌하여 너희
가 서적이라는 것을 만들어 종교 지도
자라는 사람이 책을 만들어 그 형상을
가지고 나의 피조물 만백성들에게 깨
우친다며 전하는 행위를 하고 있는가?
13 그것이 과연 너희 생각이지 나 여호와
의 뜻이며 나의 성경에 기록된 뜻이라
말할 수 있는가?
14 너희가 만든 그 서적도 오역된 성서를
바탕으로 하여 그 뼈대를 넣은 다음에
깨우치며 너희 상식을 가지고 서적을
발간하여 종교 지도자라는 자들이 제
이름을 거기다 기록하여 만백성을 깨
우치고 가르친다 함이니,
15 그러면 성서를 가지고 가르친다는 종
교 지도자라 하여 무섭게 한 획도, 한
자도, 한 줄도 더 넣고 빼고 고쳐서도
안 된다 하면서,
16 너희가 만든 그 오역된 서적으로써 나
의 피조물 만백성들에게 전하며 읽고
깨우치라 말하면, 과연 그것이 진정한
나의 진리라 그리 생각하는가?
17 그뿐이던가?
18 내가 너희에게 어떠한 우상이나 형상
을 만들지 말라 하였거늘, 종교 집단
이요, 지도자요, 구원을 받았다는 백
성 너희가 지금 나의 형상이요, 각종
우상을 만들어 놓고, 각종 오역된 서
적들을 사고파는 그와 같은 장소가 헤

아릴 수 없이 생겨나 있으며, 그곳에
와서 그걸 사고팔고 하는 것이 너희
가 아니던가?
19 너희는 형상을 만들지 말며 우상을 섬
기지 말라 하면서, 어찌하여 그 물건
을 사고파는 그 장소에 가 사들여 그
걸 장식으로 쓰며 그걸 소장하는 그와
같은 행위를 하는가?
20 남들이 만든 것은 우상이요, 거짓된
형상이라 말하며, 너희가 사고파는 그
것은 과연 무엇이던가?
21 그것은 우상이 아니고 거짓된 형상이
아니단 말이던가?
22 그러니 너희가 그곳에 가 물건을 사
면서도 너희는 우상을 섬기지 아니하
며 다른 신을 두지 아니한다는 그와
같은 형국으로 되어 있음이니, 이를
내가 용서할 수 없으며,
23 너희는 나의 뜻을 거역하는 것이며 나
를 능멸하는 자들의 행위라는 것을 어
찌하여 모른단 말이던가?
24 과연 그 오역된 서적과 너희가 만든
우상이요, 우상의 형상들을 팔고 사는
것이 없던가?
25 팔고 사는 것이 없다면 너희가 나 여
호와가 내리는 이 뜻이요, 내 성령이
잘못되었다고 말해도 되나,
26 너희가 우상의 형상을 만들어 놓고
사고파는 그와 같은 장소가 버젓이 있
으며,
27 종교 지도자라는 자, 그리고 구원을
받았다며 믿음의 길을 가는 백성, 절
대로 다른 신을 제 가슴에 두지 아니
하며 다른 우상을 섬기지 아니한다는
너희가 과연 그리 가고 있는가,
28 이를 한번 들여다보면 너희 자신이 어
떠한 것인지를 알 것이거늘, 어찌하여
그 의미 하나도 깨우치지 못하며 그와
같이 사악한 행위를 하면서 남들이 하
는 것은 우상을 섬긴다고 그리 비방하
는가?
29 스스로 너희를 들여다보도록 그리하
여야 할 것이니라.

6,791 번째 하나님 말씀

2003년 7월 20일 0시 06분

1 사랑하는 나의 아들아!
2 "네, 아버님! 말씀하옵소서."
3 나 여호와가 성서에 기록하여 용서치
못할 것이 무엇이라 말하였다 했느냐?
4 "성령을 모욕하는 것이요, 우상을 만
들어 섬기는 것을 용서치 아니하며 용
서할 수 없다, 그리 가르쳐 말씀하셨
사옵나이다."
5 정녕 그와 같은 행위는 내가 용서치
못함이니라.
6 그러나 너희는 어찌 가고 있는가?
7 지금 인간이 만든 형상을 믿고 섬기는
것은 교회라는 곳이 대표적이요, 성당
이요, 성막이요, 모든 회당에서 지금
하고 있는 것이 그와 같은 행위를 하
고 있지 않은가?
8 그러면서 나를 믿으면 구원을 받는다
는 너희가 지금 나의 피조물 만백성들
을 그리 가르치고 있음이니, 과연 너
희가 어떠한 행위를 하고 있는가?
9 서로 우상을 섬기지 아니하며 성령에
위배되지 아니하게 산다는 너희가 서
로 경쟁과 경쟁이 불붙듯이 붙어 서로

각종 말 못할 우상의 형상을 만들어
놓고, 그걸 사들여 단상에 놓고 보는
자들이 있는가 하면, 그 앞에서 복을
비는 자들이 있음이니라.
10 그리하여 너희가 기복 신앙의 대표자
들이며 나의 백성을 지옥으로 이끌어
가는 그와 같은 안내자라 내가 그리
말하였음이니라.
11 내가 나의 법전에 기록하여 너희에게
전하기를 뭐라 말하였는가?
12 예수의 형상도 너희가 지금 말하는
대로 그와 같은 형국으로 만들어 놓은
것이 우상이요, 마리아의 상을 만들어
놓은 것, 그것 또한 우상이라는 것을
어찌 모르는가?
13 너희가 그리도 많이 만들어 많이 장
식해서 다니며, 너희가 입는 나의 아
들 예수의 그 형체요, 그 그림도 다 우
상이라 내가 너희에게 명하는 것이며,
마리아요, 어떠한 형상도 내가 너희에
게 우상이라 말함을 알아야 할 것이
니라.
14 심지어 너희는 천사의 형상을 만들어
놓고 기도하고 경배하는 것이니, 그것
이 바로 너희가 얼마나 우상을 섬기
는 자들인가?
15 우상을 섬기는 것이 너희 머릿속에
깊이 뿌리가 박혀 내려져 있음이니라.
16 그러면서 너희가 만들어 놓고 팔고
사며 그 앞에 가 기도하고 경배하는
그와 같은 형상들은 다 우상이 아니라
는 너희도 모르는 세월 속에 고정관
념이 뿌리가 내려져 있으며, 너희 머
릿속에 깊이 인식되어 있음이니,
17 그러니 너희가 하고 있는 그것이 우
상 숭배라는 것을 너희 자신도 모르고
있으며 정녕 우상을 섬기지 아니한다
그리 말하고 있음이니라.
18 그와 같이 오늘의 가는 길을 너희는
들여다볼 것이니라.
19 내가 나의 아들 예수의 그림이요, 나
의 아들 예수의 형체요, 내가 마리아
의 형체요, 어떠한 형체도 만들어 놓
고 그 앞에 가 기도하고 경배하는 것,
내가 십자가까지도 우상을 섬기는 마
음의 근본이요, 기본의 뿌리에서 나왔
다 그리하였거늘,
20 어찌하여 너희가 하는 짓은 우상이
아니요, 남들이 하는 것은 우상이라는
말이던가?
21 그러니 이제 나의 법전에 기록하여 전
하는 나 여호와의 뜻을 너희가 알아
야 할 것이니라.
22 어떠한 형태든 너희가 우상을 만들어
놓으며 형상을 만들어 놓고 그림을 그
려 놓고 또 그와 같은 행위를 하는 것
은 그 모두가 다 무엇인지 알겠는가?
23 다 우상 숭배의 장본인이라는 것을 알
아야 할 것이니라.
24 너희는 어찌하여 이를 잊고 산단 말이
던가?
25 서낭당이라는 곳에 가서 돌을 놓고 복
을 비는 자, 날짐승을 놓고 비는 자,
목각으로 깎아 놓고 비는 자, 그와 같
은 것들만이 우상이요, 너희가 만든
것은 우상이 아니라는 그 착각 속에
사는 그 고정관념을 버려야 할 것이며,
26 머릿속에 깊이 뿌리 내려져 있는 너희
가 만들어 모시고 받드는 것은 우상이
아니라는 그 인식을 버려야 함을 알

아야 할 것이니 그리 알라.
27 그렇지 않은 자는 우상을 섬기다 나에
게 와 심판받아 지옥으로 감을 잊어서
는 아니 될 것이니라.

6,792 번째 하나님 말씀

2003년 7월 20일 0시 11분

1 사랑하는 나의 아들아!
2 **"네, 아버님! 말씀하옵소서."**
3 나 여호와가 너희에게 일깨워 가르치
기를 뭐라 말하였더냐?
4 지옥과 천국의 구분은 나 여호와가 존
재하는 것이 천국이요, 내가 존재하지
않는 곳이 지옥이라 내가 너희에게
일찍이 깨우쳐 주었음이니라.
5 나 여호와가 존재하는 그와 같은 곳이
천국이요, 존재하지 않는 곳이 지옥이
라 하였음이니,
6 너희가 지금 이 세상에 살아가면서 지
상에서 사탄과 천사를 엄연히 구분할
줄 아는 지혜를 얻어야 함을 알아야
할 것이니라.
7 나의 성령이 임하는 곳은 천사의 집이
요, 나의 성령이 임하지 않은 곳은 사
탄의 집으로 구분할 수 있는 지혜를
가져야 할 것이니라.
8 나 여호와의 뜻에 따라 살아가는 자
는 천사요, 나의 뜻에 따라 살아가지
아니하는 자는 사탄이라는 것을 알아
야 할 것이니라.
9 나 여호와가 너희에게 깨우쳐 하늘에
오르고자 하는 그 참진리를 그대로
행사하는 곳은 곧 성령의 집이요, 성
령이 임하는 곳이요, 나 여호와가 임
하는 곳이니라.
10 그러나 너희가 나의 뜻을 마음대로 가
감하여 너희 생각대로 교리를 만들어
전하고 가르치는 것은 곧 무엇이던가?
11 그게 사탄의 집이니라.
12 그러니 너희는 악령의 집이요, 사탄의
집이라는 것을 이제 구분하여 선택의
길을 가야 함을 알아야 할 것이니라.
13 이 세상에 수많은 종교 집단이요, 성
막이요, 회당이요, 교회를 지어 놓고
나의 피조물 만백성을 구원한다 하나,
14 거기에서 나의 참진리요, 나의 뜻대로
행하는 곳은 성령의 집이요, 나의 뜻
을 거역하며 내가 명하지 않은 것을
행하는 것은 사탄의 집이라는 것을 알
아야 할 것이니,
15 너희가 이를 구분하고자 하면 나의 십
계명대로 지키고 행하는가, 행하지 않
는가 그것을 철저히 보면 알 것이며,
16 두 번째는 성경에 기록된 내용대로 그
대로 가르치며 그대로 행하는가 그걸
보면 될 것이며,
17 그리하여도 구분을 할 수 없거든 지금
나의 아들을 통하여 '하늘에 오르는
길'이요, '하나님! 말씀하옵소서'라는
이 책을 읽으면 나 여호와의 뜻을 알
것이며 내가 역사하는 것을 알 것이니,
18 나의 법전을 읽고 깨우친 백성이 지상
에서 성령의 집이요, 사탄의 집이요,
천사의 집이요, 악마의 집이라는 것을
알 수 있음이니, 이를 보고 깨우치라
내가 너희에게 전함이니라.
19 지금 모든 종교 집단이요, 지도자들이
나의 뜻이요, 나의 아들 예수가 너희
에게 전하고자 한 그 뜻을 받아 그대

로 행하는 것이 아니라, 저희 마음대
로 가감하였으며 저희의 교회요, 성당
에 따라서 그 법도를 고쳤으며 거기에
따른 너희가 규약을 만들어 놓고 가
르치는 것이 얼마나 많겠는가?
20 나의 성경이 너희에게 가르치는 근본
이 어찌 되어 한 획도 고치지 말고 더
하지도 말라 하면, 너희는 그대로 공
부하고 그대로 깨우쳐 가면 되는 것이
지,
21 너희가 교리요, 교회에 그 법도를 만
들며 질서를 정하며 무엇인가를 만들
어 통제하는 그와 같은 행위를 하는
것이 무엇이던가?
22 너희가 한 획도 고치지 말고 더하지
말라는 그 모두를 다 무시하고 버리며
너희 생각을 집어넣어서 필요한 대로
규정을 만들어 그리 가르치는 것이 교
리라 지금 하고 있음이니,
23 바로 너희가 가고 있는 것이 사탄이
요, 악마의 집이라는 것을 너희는 알
아야 할 것이니라.
24 모든 교회요, 성당이요, 회당이 지금
다 변질될 대로 변질되어 썩고 썩은
그 냄새가 하늘을 진동함을 너희는
알아야 할 것이니라.
25 이제 그와 같은 곳에서 벗어나 너희가
진정한 참진리의 길을 보는 것은 나
의 계명대로, 나의 율법대로 행하는
것인가 아닌가 그것 하나만 들여다보
면 될 것이며,
26 그리하여도 깨우치지 못하거든 나의
법전을 읽으면 너희가 그걸 알 수 있
음을 알아야 할 것이니라.
27 죽어서는 나에게 왔을 때 내가 존재하
는 곳이 천국이요, 내가 존재하지 않
는 곳이 지옥이라 하였음이니,
28 지상에서는 나의 성령대로, 나의 진리
대로 행하는 것이 곧 천국이요, 나의
뜻을 거역하며 나의 진리대로 행하지
않는 것이 바로 지옥으로 가는 길이라
는 것을 잊어서는 아니 됨을 알라.

6,793 번째 하나님 말씀

2003년 7월 20일 0시 17분

1 사랑하는 나의 아들아!
2 **"네, 아버님! 말씀하옵소서."**
3 너희가 깨끗하고 깨끗하게 살아갈 때
마음을 비우고 살아가는 너희에게 성
령이 임하며, 그와 같은 마음 자세로
살아가는 것이 가장 소중한 삶이라 내
가 그리 말하였느니라.
4 너희가 성령이 임하지 못하는 것은 깨
끗이 살지 못했을 때 성령이 임하지
못한다면, 바로 너희 마음에 악이 임
하게 되니, 너희가 사탄이 되어 쓰러
진다는 것을 알아야 할 것이니라.
5 성령이 임하지 못하는 백성이란 반드
시 그 악이 뿌리를 내리며 악이 너희
를 지배함이니, 곧 너희가 사탄의 자
식이 된다는 것을 잊어서는 아니 될
것이니라.
6 바로 그와 같은 모든 근본이 무엇인지
알겠는가?
7 너희가 성령이 임하지 못하며 악의 자
식으로 변질되는 것은 바로 너희 인
간의 가슴속에 있는 욕심이라는 것으
로부터 비롯되게 되어 있으며, 욕심을
버리지 못하였기 때문에 그와 같이 무

너짐을 알아야 할 것이니라.
8 나에게 오르고자 하는 백성이라면 무
엇보다도 가장 소중한 것은 너희 인
간 자신의 가슴속에 있는 욕심이라는
그 뿌리를 스스로 뽑아내지 못한다면,
9 너희는 그걸 뽑지 못하는 그 자체로써
사탄이요, 사악한 악마의 자식이기 때
문이라는 것을 알아야 할 것이며,
10 너희는 그리 수없이 전락하며 미끄러
져 가고 있음을 알아야 할 것이니라.
11 그러니 욕심이라는 것이 얼마나 너희
를 지옥으로 이끌어 가며 너희를 모
두 무너트리는 것인가를 알아야 할
것이니,
12 과연 너의 제자들도 가슴의 욕심을 비
웠는가, 그 욕심의 뿌리를 뽑았는가
스스로 깨우쳐 반성해 보도록 그리하
라.
13 아무리 나의 법전을 읽으며 나로부터
선택된 백성이라 하여도, 욕심의 뿌리
를 버리지 못하며 거듭나는 그와 같은
역사를 행하지 못할 때,
14 너희는 나로부터 선택받을 수가 없으
며 전사로서 나 여호와의 뜻을 역사할
수 없다는 것을 그들에게 명심하도록
가르쳐야 할 것이니 그리 알라.
15 너희가 욕심을 뽑지 못하는 그 자체가
사탄의 자식이기 때문이니, 나와 관계
없다는 것을 알라.
16 내가 지금 나의 피조물 만백성 너희를
바라보는 형태가 무엇이라 말했는가?
17 너희 몸 안에 벌레가 득실거린다 내가
하지 않았더냐?
18 너희 몸뿐만 아니라 마음의 그 가슴
까지도 벌레가 득실거리는 나의 백성
이 이 세상에 살아간다고 그리 말하였
음이니,
19 인간이 인간의 형태가 아니라 벌레가
득실거리는 그 모습으로 간다면, 너희
는 과연 어떠한 형태더냐?
20 너희가 어떠한 존재인지 알겠는가?
21 그와 같은 모습이요, 그와 같은 생각
의 자세로써 너희가 나에게 올 수 있
다고 생각하는가?
22 너희 몸과 마음속과 가슴속에 벌레로
그득히 차 있는 그와 같은 사람을 과
연 사람이라 말할 수 있으며 내가 가
장 아름답게 만든 가장 사랑하는 나의
아들딸이라 과연 말할 수 있는가?
23 나의 아들딸이라 말할 수 있는 자는
성령으로써 가슴에 그득히 차 있는 자
라야 함이니라.
24 너희는 나를 아버지라 부를 그와 같은
자격이 없다 하지 않았던가?
25 너희가 나를 아버지라 부를 수 있는
것은 너희가 죽어 와 그 심판을 받고
선함이 많아 나에게 올라 천국의 문을
들어설 때 나를 아버지라 부를 수 있
다 하였거늘,
26 어찌하여 육에서 사는 그 삶에서 성령
으로 충만하여 천사와 같은 마음으로
살지 못하며 욕심의 뿌리를 뽑아내지
못하며, 온통 벌레가 몸 안에 득실거
리는 그와 같은 형국으로 살아간다면,
27 과연 너희를 내가 가장 사랑하며 가
장 아름답게 만든 나의 아들딸이요,
형상이라 그리 말할 수 있겠는가?
28 그러니 너희가 그와 같은 자세로는 절
대로 나에게 올 수 없음을 알라.
29 너희가 거듭나는 삶이요, 그리고 너희

몸과 마음속에 그득히 있는 그 우글거
리는 벌레들을 다 밀어냈을 때 나의
성령이 들어가며,
30 벌레 속에는 내 성령이 들어가지 못함
을 너희는 알아야 할 것이니라.

6,794 번째 하나님 말씀

2003년 7월 20일 0시 31분

1 사랑하는 나의 아들아!
2 "네, 아버님! 말씀하옵소서."
3 나의 사랑하는 백성 너희가 어찌하여
하늘에 오르는 길이요, 나에게 오르는
길을 버려두고 사탄의 자식이 되어
지옥으로 가는 길을 주저 없이 선택하
여 그 길을 갈 수 있는가?
4 너희가 선과 악에서 선을 버리고 악의
길이냐, 하늘에 오르는 길이냐, 지옥
으로 가느냐는 그 갈림길의 선택에서
그래도 나에게 오기를 갈구하며 기도
하고 경배하는 그와 같은 백성이, 어
찌하여 하늘에 오르는 길을 선택하는
것이 아니요, 지옥으로 가는 길을 선
택하며 그리 주저 없이 행할 수 있는
것인가?
5 그것은 바로 무엇인 줄 알겠느냐?
6 너희 마음속에 그득히 실려 있는 그
욕심을 버리지 못하기 때문이니라.
7 너희가 욕심으로써 그득히 참이니, 그
욕심의 마음이 뭐라 하였던가?
8 벌레로 되어 너희 마음과 가슴과 머
릿속에 그득히 차 있음이니라.
9 그 벌레가 있음이니 욕심을 볼 줄 모
르며 욕심이 무엇인가를 알 수 없으
며, 욕심이 무엇인지를 알지도 못함이
니 너희가 욕심의 뿌리를 뽑아내지 못
하며 뽑을 수 없는 것이 아니던가?
10 너희가 욕심이라는 그 뿌리를 버리지
못하고 있기에 참진리요, 나 여호와의
뜻이요, 하늘에 오르는 길이요, 악령
의 가르침이요, 사탄의 가르침이라는
그 자체를 구분하지 못하기 때문이니
라.
11 그리하여 우선 먹기는 단 것이 좋다
하듯이, 그저 환영하고 불러들이며,
너희에게 그저 무엇인가를 역사하고
눈앞에 보이는 것을 주고자 하는 그와
같은 사탄 앞으로 달려가는 데 조금도
주저 없이 용감무쌍하게 가는 것이 너
희니라.
12 그리하여 지금 사탄의 앞잡이가 된 종
교 집단이요, 지도자이기에 수천수만
가지의 종교 집단이요, 그것이 갈기갈
기 찢어져 있으며,
13 오늘과 같이 너희가 말하는 수많은
종파 속에서 수많은 교회요, 회당이
요, 성당을 지어 열 발짝도 못 가서 하
나의 교회요, 성당이요, 종교 집단이
지금 자리를 잡고 있는 그와 같은 형
국이라 내가 그리 말하지 아니했던가?
14 그 종교 집단은 또한 무엇이던가?
15 서로 경쟁하며 시기 질투 속에서 자신
의 그 역사를 과시하며 너희가 존재
하는 것을 보여 주기 위해 온갖 수단
과 방법을 가리지 아니하여 그 믿음의
전당이 지금 상업적이요, 사업장으로
타락되었으며,
16 너희가 이방인이라 하는 일반 나의 피
조물 백성이 살아가는 질서를 지키며
도덕을 지키는 것만큼도 너희가 지키

지 못하는 지금의 사악한 형국으로써 전락하였음이니,

17 그리하여 너희 스스로 말세요, 종말이라 그리 말하지 않는가?

18 지금 이 아름다운 세상에 종교 집단이요, 지도자가 아니었으면 이와 같이 부패하고 썩지는 아니하였을 것이니라.

19 너희가 진리를 모르며 잘못 가르치고 있기에 지금 부패할 대로 부패하며 썩을 때로 썩었음이니, 그 모든 원인은 어디서부터 시작되었다 하는가?

20 바로 너희가 물질에 대한 그 욕심을 버리지 못하기 때문이니라.

21 모든 종교 집단이요, 지도자요, 믿음의 길을 가는 백성이 욕심을 버리지 못하기에 지금 이 세상에 종교 집단이라는 믿음의 길을 가는 것은 썩고 썩었으며 부패할 대로 부패하여 그 냄새가 하늘을 진동한다 내가 그리 말하지 아니했던가?

22 이제 너를 따르는 너의 제자들에게도 깨우쳐야 할 것이니라.

23 너의 제자들 또한 욕심을 버리지 못하며 또한 오늘과 같은 그 삶에서 정녕 거듭 태어나는 삶으로 욕심의 뿌리를 버리지 못한다면,

24 지금 나의 아들을 통하여 내리는 160권의 이 법전을 가지고 너희 후손은 갈기갈기 찢어질 것이며, 수천수만의 종파가 또한 이 세상에 등장하게 될 것이니,

25 너희부터 욕심을 버리며 너희 자신이 거듭나는 그와 같은 삶을 살아가야 할 것이며, 그것을 기초요, 근본으로 하여 너희 후손들이 너희 삶을 보고 그들이 바로 살아가는 그와 같은 역사를 이룰 때, 천 년에 걸쳐서 하늘에 이루어진 것같이 이 지상의 낙원이 이루어짐을 너희는 알아야 할 것이니라.

26 지금 모든 종교 집단이 가는 것이 기복 신앙의 대표자들이요, 그들이 우상숭배의 대표자들이라는 것을 너희는 알아야 할 것이니,

27 그들이 가고 있는 것이 나 여호와의 뜻을 거역하는 일만을 하고 있다는 것을 나의 법전으로써 그들에게 깨우쳐야 함을 절대 잊어서는 아니 됨이니라.

28 모든 종교 집단에서 구원을 받았다는 백성 너희는 말하느니라.

29 종교 지도자도 인간이기에 실수가 있다 하며 인간이기 때문에 실수할 수 있는 그와 같은 삶을 살 수 있기에, 너그럽게 이해하고 용서하는 것이 나 여호와로부터 구원받으며 사랑 받는 길이라 그리 생각할 것이나, 절대 그렇지 아니함이니라.

30 종교 지도자는 바로 서야 함이니라.

31 그들이 흔들렸을 때 나의 피조물 만백성들에게 성령을 전할 수 없으며 그들은 나의 진리를 가르칠 수 없으며, 나의 사랑하는 백성을 그들이 사탄의 소굴로 그리고 지옥의 낭떠러지로 계속 밀어 넣는 그와 같은 행위를 하고 있음을 너희는 알아야 할 것이니라.

32 지금 모든 종교 집단이요, 지도자들이 재물을 거둬들이는 것이 무엇인 줄 알겠는가?

33 사탄에게 거둬들이는 것임을 알라.

34 사악한 종교 지도자로 인하여 너희가

재물을 갖다 바침이니 그는 무엇이던
가?
35 사탄으로 하여금 너희가 그 종교 지
도자에게 재물을 바치게 하며 그를 돕
게 하는 것이니라.
36 그러니 그 종교 지도자요, 그 사탄이
된 그들은 어떠한 역사를 하느냐?
37 한 사람을 지옥으로 보냄으로써 사탄
에게 금화와 은화를 받아들이는 그와
같은 형국이 지금 이뤄지고 있다는 것
을 너희는 모르나, 나 여호와가 보는
지금의 형국은 그러하니라.
38 너희가 지금 나의 피조물 만백성들을
한 사람을 깨우친다는 그 진리가 지옥
으로 이끌어 감이니, 하나를 지옥으로
밀어 넣는 역사를 하면 사탄이 너에게
금화와 은화를 그만큼 줌이니라.
39 그러니 바로 너희가 지금 나의 피조
물 만백성으로부터 거둬들이는 그 재
물이 사탄과 같은 자들로부터 받는 것
임을 알아야 할 것이니라.
40 구원을 받겠다는 욕심이요, 천국에 오
겠다는 그 욕심으로 나의 피조물 만백
성을 지옥으로 몰아 넣는 그 숫자만
큼 사탄이 너희에게 인간을 통하여
재물을 내려 준다는 것을 잊지 말아야
할 것이니라.
41 그러니 너희가 받는 것은 인간에게서
받는 것이 아니요, 사탄에게 재물을
거둬들이며 받아들이는 그와 같은 흉
악무도한 자들로 전락하였음을 잊지
말라.

6,795 번째 하나님 말씀

2003년 7월 20일 0시 43분

1 사랑하는 나의 아들아!
2 "네, 아버님! 말씀하옵소서."
3 기복 신앙이요, 우상숭배의 그 대표적
인 믿음의 길을 가는 것이 지금 종교
집단이요, 지도자라 내가 그리 말하였
음이니라.
4 그들이 그와 같은 물건을 사고파는 그
곳에 가 거래하는 것, 그러면서 제 손
에 들고 있는 것이 우상숭배요, 우상
을 대표하여 만든 것임을 모르며 그것
앞에 축복의 기도를 드리는 것, 또한
너희가 기복 신앙의 대표라는 것을 모
르고 있는 자라 내가 그리 말하였음
이니라.
5 나 여호와에게 오르는 길이며 나의 뜻
과는 전혀 관계도 없는 그와 같은 길
을 가면서 그들이 나의 뜻에 따르는
믿음이요, 나만을 경배하며 나 여호와
의 뜻에 살며, 다른 신을 섬기지 아니
하며 다른 신을 숭배하지 아니하고 사
는 자들이라 착각함이니,
6 이들을 어찌 깨우쳐 줘야 할 것이며
이들을 어찌 다스려야 한단 말이더냐?
7 손에 들고 있는 것, 저희가 그 형상이
요, 우상을 보면서 그것은 우상을 숭
배하는 것이 아니라 그리 말하는 자를
과연 어찌 깨우쳐야 한단 말이던가?
8 눈으로 보고 손으로 만지면서도 아니
라 말하는 것, 제 손에 들고 있는 것을
보면서도 그것이 아니라 말하는 그와
같은 고집스럽고 우직한 백성을 어찌
깨우쳐 하늘에 오르는 길로 돌릴 수

있단 말이던가?
9 그러니 그들을 바로잡는 것이 얼마나
힘들고 어려운 일이더냐?
10 너희가 아무리 힘들고 어렵다 해도 제
손에 들고 있는 것이 무엇인지도 모르
는 그 어리석은 백성을 불쌍히 여겨,
너희가 나의 피조물 만백성을 구하는
데 잠시도 게을리해서는 아니 될 것
이니라.
11 저희가 우상을 손에 들고 있는 자, 우
상을 숭배하면서도 우상 숭배인지 모
르는 자, 그들이 과연 기도하는 소리
는 너희가 들어 보았느냐?
12 그들은 수없이 기도를 하느니라.
13 나 여호와에게 말하느니라.
14 '하나님 아버지 뜻대로 살지 못하는
저를 그리 살게 하여 주옵소서.' 하며
눈물로써 기도하느니라.
15 그러니 너희가 나의 뜻에 따라 살고
못 사는 것을 내가 너희에게 만들어
줄 수 있겠느냐?
16 저희가 노력하여 그 살 길을 찾아야
하는 것이거늘, 어찌하여 저희가 노력
하지 아니하고 찾지 아니하며 나에게
그와 같이 살아가는 길을 열어 달라
그리 말하는가?
17 그들은 말하느니라.
18 '당신의 뜻에 따라서 따르지 아니하고
잘못 살고 있는 저의 삶을 바로 살 수
있도록 하여 주옵소서.' 그리고 '저에
게 힘을 주옵소서.' 하며 울고불고 기
도를 하느니라.
19 이 또한 무엇이더냐?
20 너희 스스로 노력하여 이루어야 할
것이며 너희 스스로 거둬야 할 것이
니라.
21 그것 또한 너희 노력으로써 거둬야 할
것을, 어찌하여 나 여호와에게 나의
뜻대로 살 수 있도록 살지 못하는 것
을 바로잡아 달라 그리 말하는가?
22 내가 너희에게 백 년을 살 사람이라
하여도, 너희 스스로 높은 절벽에서
뛰어내리며 스스로 목숨을 끊을 때,
내가 그 목숨을 부지하게 할 수 없지
않은가?
23 내가 너희에게 백 년을 살 수 있다 하
면, 너희가 백 년을 살 수 있도록 노력
하며 자신을 잘 다스려 가는 자가 백
년을 살 수 있는 것이요,
24 절벽이나 기계 앞에 너희 목숨을 던
지며, 바위에 머리를 받거나 스스로
약을 먹고 죽는다 하면, 그것을 어찌
내가 통제하고 너희를 다스려 줄 수
있단 말이던가?
25 스스로 노력하는 자가 내가 명한 백
년의 삶을 사는 것이 아니던가?
26 너희는 감정대로 행하지 못하도록, 또
후회하는 저희에게 용기를 주옵소서
그와 같은 기도도 서슴없이 하느니라.
27 그와 같은 삶도 다 너희가 노력하여
후회하지 않는 삶을 살 수 있도록 진
리의 길이요, 깨달음의 길을 가면 되
는 것을,
28 노력하지 아니하고 힘들고 어려운 길
을 가지 아니하며 그저 나 여호와에게
모두를 이루어 달라 그리 말함이니,
이것이 바로 너희가 기복 신앙의 대
표며 얼마나 믿음을 잘못 가는 자들
이냐?
29 모두 너희의 결과에 따라서 받고 못

받고, 얻고 잃는 것이거늘, 너희는 또
울고불고 말하느니라.
30 감정대로 남을 욕하며 함부로 말하며
그 감정을 누그러트리지 못하는 저를
다스려 주옵시고, 저에게 용기를 달라
그리 말함이니,
31 감정을 다스리는 것, 남을 욕하는 것
을 참는 것, 욕하고자 하는 것을 참지
못하는 너희의 그 불 같은 성격 그 모
두는 다 무엇이더냐?
32 너희가 네 마음을 다스리며 저 자신
을 다스려야 할 것이며 너 자신이 이
루어야 할 길이 아니던가?
33 너희 스스로 행해야 할 것을, 어찌하
여 그것 또한 나에게 그리 밀어붙이는
가?
34 너희는 '복음을 전하는 힘과 용기를
주옵소서.' 그리 말하느니라.
35 너희가 복음을 전하는 것은 어찌 전하
는가?
36 너희가 노력하고 움직여 전하는 것이
너희가 복음을 전하는 길이 아니던가?
37 그러하거늘, 너희가 노력하지 아니하
며 어찌 복음을 전하는 힘과 용기를
나에게만 달라 그리 말하느냐?
38 이 모두가 기복 신앙의 기초에서, 의
지하며 기다리고 얻고자 하는 마음에
서 그와 같은 행위를 하는 것이 아니
더냐?
39 너희는 추하고 더러운 것을 끊지 못함
이니, 그를 끊어 달라 나 여호와에게
비느니라.
40 행동은 너희가 하며 육으로써 저지른
그 모두를 너희 스스로 육을 다스려
야 함이니라.
41 내가 너희에게 거짓 하는 것을 하지
말며 거짓 하는 것은 살인과 같은 삶
이라 내가 너희에게 말하지 아니하였
던가?
42 그리하여 거짓 하지 않는 삶을 살라
하였으니, 너희가 거짓 하지 아니하고
살아간다면, 추하고 남에게 누를 끼치
는 그와 같은 삶은 살지 아니할 것이
니라.
43 그 모두도 너희가 다스려 가야 할 것
이 아닌가?
44 남을 속이지 않는 삶을 살게 해 달라
는 것도 너희가 남을 속이는 것, 또한
너희 스스로 속이는 것이지, 내가 속
이지 않게 속이는 마음을 어찌 다스려
주기를 바라는가?
45 그 모두는 너희 스스로 해결해야 할
것이며 노력의 결과로써 얻어지는 것
이니 그리 알라.
46 거짓 하지 않는 것, 너희가 구원하는
것도 또한 너희 스스로 다스려 나가
야 할 것이니, 이를 나에게 미루며 나
에게 기도하지 말라.
47 남을 용서치 못하는 것을 그 마음을
너희가 용서할 수 있는 너그러운 마음
을 갖게 해 달라는 그것 또한 너희 자
신이 가슴속에 달린 마음이요, 행함이
니,
48 내가 십계명을 지키고 못 지키는 것도
차 한 잔 마시는 것보다 더 간단하다
하였음이니라.
49 그러니 그와 같은 이치의 깨달음을 안
다면, 남을 용서하고 못 하는 것도 네
마음에 달렸으며, 미워하는 자를 사랑
하지 못하는 그 마음 또한 너희가 적

대시하는 자를 사랑하는 마음을 달라 함이니,
50 너희가 울고불고 기도하며 사랑을 실천하고 산다 하며 너희가 몸소 실천하지 못함이니,
51 너희가 미운 자를 사랑하지 못하며 원수와 같은 자를 사랑하지 못하는 것이 너희가 아니던가?
52 감정이 격화된 자가 평소에 가지고 있는 그 감정을 풀지 못함이니, 너희가 사랑하지 못하는 것이 아니더냐?
53 그 모두도 너희 스스로 그 사람의 손을 잡고 그 사람의 마음을 풀고 가는 것은 너희의 노력에 달렸지 않는가?
54 너희는 인간을 경멸하고 무시하고 살아가는 그 마음을 다스릴 수 있게 해 달라 기도하느니라.
55 그것 또한 너희 스스로 역사하는 것이며, 너희가 남의 재물을 손해 보게 해도 그와 같이 모두 너 자신의 책임이며,
56 그리고 스스로 그 부끄러움을 알며, 손해를 입혔을 때 그것을 보상하며 용서를 받는 것도 재물을 갖다 놓는 것은 너희의 행함이요, 가서 말로써 용서를 비는 것은 회개함이니, 이 모두는 너희가 잘 알고 있음이니라.
57 너희는 이와 같은 내용을 너무나 잘 알고 있음이니라.
58 너희 스스로 행하여야 한다는 것을 알면서도 노력하지 아니하고, 그저 나에게 무엇인가를 이루어 달라 하며 그와 같이 살지 못할 때, 그건 바로 무엇이더냐?
59 나 여호와가 너희에게 역사하지 아니했으며, 너희를 깨우쳐 주지 아니했으며, 너희에게 그와 같은 힘을 주지 아니하여 잘못 살아왔다 하며 나에게 심판을 받을 때 그와 같은 항변을 할 수 있다고 생각하는가?
60 나는 모든 백성에게 똑같은 기회를 주었으며 균등한 자격으로서 깨우쳐 하늘에 오르는 길이요, 너희 스스로 사악하여 성령이 임하지 못하여 지옥으로 가는 그 선택은 너희에게 모두 주었음이니라.
61 말로써 이와 같이 하나하나를 나에게 힘을 주고 용기를 달라 그리하지 말라.
62 그 모두는 각자 너희가 스스로 이기고 역사하는 것이거늘, 그와 같은 기도를 드리지 말라 하였음이니 잊지 말라.

6,796 번째 하나님 말씀

2003년 7월 20일 0시 54분

1 사랑하는 나의 아들아!
2 "네, 아버님! 말씀하옵소서."
3 죄 없는 나의 아들을 그리 죽게 한 자들이 과연 누구라 말하던가?
4 그 시대의 정치를 하던 그자들이 나의 아들을 그리 죽게 만들었다 생각하는가?
5 나의 아들을 사형시키며 그 사형 선고를 내린 것은 나의 뜻이요, 믿음을 간다는 그 대제사장이요, 그 지도자요, 그 백성이 그와 같이 나의 아들에게 사형 선고를 내린 바로 그자들임을 너희는 알아야 할 것이니라.
6 정치를 하며 나라를 다스리는 그들은

나의 아들 예수를 놓아주고자 하여 저
희만이 유독 치르는 유월절의 그 사
면 방법을 제안했느니라.
7 그러나 그를 죽게 한 것이 바로 누구
던가?
8 나를 믿는 백성이요, 제사장들이요,
그 지도자들인 그들이 예수가 아닌 강
도요, 살인한 자를 놓아주며 살려 주
기를 원하였음이니라.
9 그러니 그 당시 그 시대를 지배했던
그 모든 통솔자는 어찌하였는가?
10 제사장이요, 지도자들은 그 백성이 등
돌려 광란의 짓을 하며, 그 지시에 따
르지 않을 때 도리어 그 정치 지도자
들이요, 그 시대의 지도자들이 받을
타격이요, 후유증의 두려움 때문에,
11 제사장이나 종교 지도자요, 믿음의 길
을 가는 그 유대인 백성들이 예수를
죽이고자 광분하는 뜻을 들어주지 아
니했을 때, 그들의 통치력에 지장과
그들이 받는 타격을 우려하지 아니할
수 없으며 생각하지 않을 수 없기 때
문에,
12 지도자들은 그 제사장이요, 종교 지도
자요, 유대인 백성의 요구를 충족시켜
주기 위하여 그와 같이 극형에 처하는
결론을 내린 것이 아니던가?
13 그들은 과연 나의 아들 예수를 유월절
의 그 규정에 따라 그 사면 제도에 의
하여 나의 아들 예수를 살려 주고자
그리 말했으며,
14 살인자와 예수를 놓고 누구를 구하기
를 원하느냐 할 때, 그는 죄 없는 나의
아들을 살려 줄 것이라, 제사장이요,
믿음의 길을 가는 모든 백성이요, 유
대인 백성이 그를 원할 것이라, 그 시
대의 다스리는 자들은 그리 생각하였
을 것이니라.
15 그러나 그들이 노도와 같이 무섭게 예
수를 십자가에 죽이게 해 달라 그리
아우성을 치니,
16 그 아우성을 거절했을 때 그들로부터
반발의 두려움을 그 정치요, 그 시대
를 다스리는 사람들은 인간이기 때문
에 계산을 두지 아니할 수 없으며 그
들은 타협하지 아니할 수 없었음이니,
그들은 마음속으로 타협했을 것이며
마음속으로 계산했을 것이니라.
17 예수를 죽이라 하며 십자가에 매달아
죽이라 하며 극형에 처하라 소리 지르
는 그 믿음을 간다는 같은 백성이요,
같은 민족들이 하는 추한 모습을 보고
그들은 경악을 금치 못했을 것이며,
마음으로써 그들을 조소했을 것이며,
18 정녕 저희가 나 여호와를 믿는 백성
이요, 믿음의 길을 가는 백성인가 그
들이 통치하는 백성보다도 더 사악한
자들이라는 것을 그들은 알았을 것이
며,
19 마음속으로 그들을 조소하며, 그들을
달래 주고 어루만져 주기 위하여, 광
분하는 자들을 통제하고 다스리는 그
인기를 얻기 위하여 그들은 협잡했을
것이며,
20 그들은 계산을 두고 그와 같이 할 수
없이 나의 아들 예수를 극형에 처하도
록 그를 내주었음이니,
21 그건 바로 그들이 죽인 것이 아니요,
대제사장이요, 그 믿음의 지도자들이
요, 그 백성이 그를 죽게 하였음을 너

희는 알아야 할 것이니라.
22 그러니 나를 믿고 따른다는 나의 백성
이 나의 아들 예수를 죽게 만들었으
며, 그 집권하는 자들이 그리한 것이
아님을 너희는 알아야 할 것이니라.
23 그러니 그 사형을 집행한 자들이 바로
집권하는 백성이 아니라, 나를 따르며
믿음의 길을 가는 길이요, 나 여호와
요, 하나님을 찾는 그 백성이 사형 집
행자들이라는 것을 너희는 알아야 할
것이며,
24 내가 그리하여 그들이 사형 집행자요,
그 통치자들이 집행자가 아니라는 말
을 내가 오늘 나의 아들을 통하여 이
법전에 기록함을 너희는 알아야 할
것이니라.
25 지금의 각종 종교 집단의 지도자는 무
엇이던가?
26 수천수만 개로 갈라진 그 후예들이 지
금 이 세상에 존재하며 종교 지도자라
존재하고 있음이니, 그들의 마음속에
는 어떠한 것이 자리 잡고 있는지 알
겠는가?
27 욕심의 뿌리를 버리지 못하기 때문에
나 여호와의 참진리요, 나 여호와의
진리에 따라서 나의 피조물 만백성들
을 하늘에 오르게 인도하는 공익보다
도, 저희 집단을 이끌어 가는 것에, 또
그들 앞에 제왕과 같이 자리를 지키고
그들을 통제하며 살아가는 그와 같은
자들이,
28 지금 인간들이요, 저희 제자들을 다스
리며 인간의 육의 삶을 누리려고 그
들은 더 나 여호와의 진리보다도 저
희를 따르는 그 종교 집단이요, 그 신
도들을 다스리는 것이 더 중요하고 소
중하기 때문에,
29 아무리 나의 진리요, 나의 법전이 만
백성을 구원하는 길이라 내려보낸다
해도 그들은 이를 중요히 받아들이려
하지 아니하며 소중히 생각하지 아니
하며,
30 저희가 제왕의 자리를 지키기 위하여
그 백성을 다스리듯이 나의 피조물 만
백성들을 맹종이요, 맹신하는 기계요,
짐승과 같이 만들어 다스리는 것을 더
소중히 생각하기에,
31 어떠한 진리가 세상에 내려온다 해도
받아들이지 아니하며 차단할 자들이
그들이니라.
32 그러니 나 여호와를 대신하여 지금 나
의 아들이 세상에 내려가 이 모두를
역사함이니,
33 과연 그들은 어찌 대할 것이며 나의
법전을 과연 어찌 보며 어찌 대하는지
너희는 생각해야 할 것이니라.
34 나의 아들을 따르는 제자들이요, 나의
법전을 읽고 깨우친 백성 너희는 이와
같은 대책을 논의하지 아니하면 아니
될 것이며, 생각해 두지 아니하면 아
니 됨을 알아야 할 것이니라.
35 나의 아들 예수가 온몸이 찢어져 고
통스럽게 죽어 간 그와 같은 고통보다
도 더 악독한 방법으로써 더 악랄한
행위로써 나의 아들이요, 나의 법전이
요, 그 모두를 세상에 존재하지 못하
도록 하는 것이 그들이며, 그리하고도
남을 자들이 그들이라는 것을 알아야
할 것이니,
36 이제 나의 아들을 따르는 제자들이요,

나의 법전을 읽고 깨우친 만백성 너희
는 이와 같은 두 번의 역사가 다시 반
복되는 것이 있어서는 아니 될 것이
니, 너희가 이를 알아 행하도록 그리
하라.

6,797 번째 하나님 말씀

2003년 7월 20일 01시 14분

1 사랑하는 나의 아들아!
2 "네, 아버님! 말씀하옵소서."
3 수천 년 동안 흘러오는 나의 피조물
만백성 중에 정녕 저희만이 구원을
받는 길이요, 믿음을 간다는 그 백성
이 나의 아들 예수의 보혈로써 저희
가 은혜를 입어 구원을 받았다며 편안
한 믿음으로써 가고자 하나,
4 그들이 나의 아들 예수가 그와 같이
고통의 죽음으로써 간 그것을 과연 얼
마나 생각해 보는가?
5 모든 백성이 비웃음이요, 그가 정녕
나 여호와의 아들이거든 네가 이곳에
서 탈출해 보라는 그와 같은 아우성
이요, 그 모두를 받으면서도 묵묵히
그가 할 길이요, 내가 명한 그 길을 가
는 나의 아들 예수의 그 고통이 얼마
나 아팠는지 그걸 생각해 보는 백성
이 과연 얼마나 있겠느냐?
6 어찌하여 너희가 보혈로써 은혜를 받
고 구원을 받았다 하며, 나의 아들의
그 고통은 생각해 보는 마음마저도 갖
지 못하는 백성인가?
7 너희가 과연 그 고통의 아픔을 안다면
감히 그 보혈로써 쉽게 구원을 받아
영광의 하늘에 오르는 길이라 말할
수 없을 것이니라.
8 남의 고통과 남의 시련이요, 견딜 수
없는 그 아픔을 가지고 너희가 구원
을 받았다고 당당히 말하는 너희는
기본적인 양심이 있는 자들인가?
9 그리고 너희가 인간의 인정이 있는 자
요, 사랑이 있는 자들인가?
10 너희가 나의 아들 예수의 보혈로써 구
원을 받았다 말한다면, 너희가 구원을
받았다고 말하기 전에 나의 아들 예수
의 고통이요, 그 아픔을 백배 천배 깊
이 깨달아 그보다 더 강한 마음 자세
로 살아감이 도리가 아니던가?
11 그와 같은 자가 구원을 받을 수 있는
자라 너희는 과연 생각할 수 없더냐?
12 생명을 던져 너희를 구원하고자 했다
면 너희를 위해 생명을 던진 자의 생
명까지 대신 살아야 하는 것이 인간
세상에서 너희가 하는 말이 아니던가?
13 누가 네 생명을 구원해 주고 그가 죽
어 갔을 때 너희가 인간이라면 그 자
식의 도리를 다할 것이며, 그 부모에
게도 자식의 도리를 배로 해야 할 것
이며, 모든 사람을 대신한 삶을 살면
서 너희가 가야 하는 것이 도리가 아
니던가?
14 하물며 너희를 위하여 죽어 간 나의
아들이요, 너희가 영원히 하늘에 오르
는 길이요, 그를 위해 과연 나의 아들
이 죽었다며 피로써 구원을 받았다는
자들이,
15 나의 아들 예수의 삶을, 그가 사랑이
무엇인가를 실천하고 행했던 그 뜻을
받들어 살아가는 자가 과연 어디 있는
가?

16 나의 아들 예수가 일찍이 너희를 위
해 죽어 갔다며 죽어 간 그의 삶을 너
희가 대신 살아간다면, 그가 나의 명
을 받아 이 세상에 이루고자 했던 것,
역사하고자 했던 것을 너희가 뒤를 이
어 가는 것이 도리가 아니던가
17 과연 너희는 그 길로 그리 가고 있는
가?
18 그와 같은 길을 가지 못하는 백성은
정녕 나의 아들의 피로써 구원을 받았
다는 말을 입이 부끄러워서 말할 수
없으며, 감히 두려워서 그 말을 할 수
없는 것이 정녕 나의 아들 예수의 삶
을 따라가는 길일 것이니라.
19 그는 눈물의 고통으로써 죽어 간 나의
아들보다도 더 진한 눈물로써 회개하
고 감사하며,
20 가슴이 저리고 두려워 나의 아들의
삶을 살아가지 못하는 것을 후회할 것
이며, 그 길을 위해 살아가고자 몸부
림칠 것이며,
21 감히 보혈로써 구원을 받았다고 말을
할 수 없으며 말을 하지 아니할 것이
니라.
22 그는 나의 아들의 삶을 알고 있는 자
요, 나의 아들의 삶을 대신 살아 은혜
를 받고자 생각하며 그 은혜에 감사하
게 생각하며, 마음이 두렵고 감사하여
감히 보혈로써 구원받았다 말하지 못
하며 조용히 묵묵히 나의 아들 예수의
삶을 살아가고자 하여 살아가는 백성
일 것이니라.
23 그와 같은 자가 곧 나의 아들 예수의
뜻을 아는 자요, 나 여호와의 뜻을 아
는 자요, 나의 백성이라는 것을 알 수
있음이니라.
24 내가 예수를 통하여 이루고자 했던
것, 그리고 예수가 너희에게 전하고자
했던 '나를 죽인 자를 사랑하라, 그리
고 용서하라.'는 그 사랑을 실천하고
역사했던 그를 들여다보지 아니하며,
그와 같은 뜻을 가지고 살아가고자 생
각지도 못하는 자들이
25 그러면서도 나의 아들 예수로써 구원
받았다는 그와 같은 생각과 그 착각에
서 벗어나야 할 것이니라.
26 그 속에서 벗어나지 못하는 자는 정녕
하늘에 오르는 길조차도 볼 수 없는
자라는 것을 알아야 할 것이니라.
27 너희가 나의 아들 예수가 그와 같이
너희를 위하여 사랑이라는 것을 전하
며 실천하고자 그를 바라며 죽어 간
나의 아들의 죽음을 너희가 조금이라
도 두렵게 생각하며 감사하는 마음이
있다면,
28 너희는 사랑을 실천하고 살아가야 할
것이며, 나의 법전에 기록되었으며 나
의 성경에 기록되어 있는 십계명에 기
록되어 있는 그와 같은 삶을 살아가야
하는 것이 너희임을 알아야 할 것이
니라.
29 이제 나의 아들을 따르는 제자 너희야
말로 나의 아들 예수가 이루고자 했던
그 사랑이요, 그가 죽어 가는 그 고통
을 가슴속에 깊이 새겨 그 대를 이어
대신 삶을 살아가는 그와 같은 마음으
로 살아가야 할 것이니라.
30 그러니 사랑을 가슴에 안고 사는 백성
이요, 사랑을 먹고 사는 백성이요, 거
짓이 없는 삶이요, 순수한 모습으로써

살아가는 너희 삶을 살아야 할 것을
잊지 말라.
31 너희야말로 거짓 없는 삶을 사는 자,
거짓 없는 미소를 짓고 사는 자, 그와
같은 자로 하여금 거기에서 비추는 그
빛이 얼마나 아름답고 깨끗한 것인가
를 너희는 알겠는가?
32 그러니 너희가 거짓 없는 자, 사랑의
미소를 짓고 사는 그 아름다운 눈빛에
서 비추는 그 빛을 가지고 먹고살아야
하는 것이 나의 피조물 만백성들이니
라.
33 그 빛을 보는 자, 그 빛이 소중하고 아
름다움을 아는 자, 그리하여 너희 눈
에서 비추는 그 빛을 보고 저희도 그
눈에서 그와 같이 빛이 나고자 하여
그들이 너희를 보고 노력하고 깨우치
는 자, 그 백성이 구원을 받으며 하늘
에 오름이니,
34 그들이 바로 그 빛을 받고 먹고살게
되는 백성이 됨을 알아야 할 것이니
라.
35 그러니 너희가 아름다운 그 미소 속
에서 모두 다 빛이 나는 눈빛이요, 너
희 미소에서 그 보이지 않는 빛이 발
산하는 그와 같은 삶으로 살아야 할
것이니라.
36 그리하여 만백성들이 그걸 보고 따라
가고자 변하는 삶을 살게 될 것이니라.
37 그러니 너희가 나 여호와에게 달려오
는 길이요, 나에게 오는 길이라는 것
은 바로 그와 같이 살아가는 것이 가
장 소중함을 너희는 오늘 이 시간부
터 잊어서는 아니 됨을 알아야 할 것
이니라.
38 너희는 말로써 설교하는 것, 말로써
가르치는 것, 그리고 말로써 교리라
하여 너희가 말하는 것, 그와 같은 모
두는 다 나의 피조물 만백성들의 깨우
침이 되지 못함이니라.
39 너희가 항상 밝고 기쁨에 찬 얼굴이
요, 순박한 모습의 얼굴로 살아갈 때
그들을 보고 모든 백성이 변화되는
것임을 너희는 알아야 할 것이니라.
40 그러니 가장 중요한 것은 나의 아들을
따르는 제자들이요, 나로부터 선택된
너희야말로 모든 백성이 가는 길의
본보기로 가야 하기 때문이니, 너희가
그와 같은 삶을 살아야 함을 잊지 말
라.
41 내가 원하는 그와 같은 삶을 사는 백
성 그들만이 나의 피조물 만백성들을
구원할 수 있는 가장 소중한 길이며
그것이 역사할 수 있는 길이라는 것을
잊지 말라.
42 나로부터 선택된 백성 너희의 삶이
모든 백성을 인도하는 길이며, 그들을
구원하는 길임을 잊지 말라.
43 욕심을 버리지 못하며 두 마음을 가지
고 산다면, 너희 그 얼굴에서는 점점
그 찬란하고 아름다운 빛이 발산할 수
없으며 비칠 수 없음을 너희는 알아
야 할 것이니라.
44 모든 종교 집단들이 그리 살아왔기에
그들의 얼굴에서 그들의 눈에서 그 아
름답고 소중한 미소요, 빛이 없음이
니, 그들을 따르는 신도들이 과연 무
엇을 보고 배워 깨우치겠는가?
45 스승이 바른 자가 있어 제자를 바로
가르치며 스승이 모범적으로 살아갔

을 때, 그 아이는 그 스승에게서 배운
그 삶을 영원히 잊지 않을 것이며, 스
승을 닮아 가고자 노력하는 그 삶에서
그는 아름다운 삶을 살아갈 수 있으
며, 그가 곧은 삶을 살아갈 수 있는 그
와 같은 사람으로 변화되는 한 사람의
생명을 좌우하는 것이 스승이요, 선생
이요, 지도자들이 보여 주는 모습이라
는 걸 너희 인간 세상에서 잘 알고 있
을 것이니,
46 바로 나의 피조물 만백성들을 구원하
고 구원하지 못하는 그 대역사를 이루
는 건 너희의 미소요, 너희의 눈빛에
서 좌우된다는 걸 절대 잊지 말라, 사
랑하는 나의 아들딸들아!

6,798 번째 하나님 말씀

2003년 7월 20일 01시 23분

1 사랑하는 나의 아들아!
2 "네, 아버님! 말씀하옵소서."
3 나의 법전을 읽고 모든 백성이요, 믿
음의 길을 가는 그 백성 너희가 가고
있는 그 믿음의 길을 너 자신이 돌이
켜 보며 그걸 들여다봐야 할 때가 되
었음을 알라.
4 믿음의 길을 가는 자들이 지금 무엇을
위하여 부르짖고 가는가?
5 너희가 구원을 받았다는 것, 그리고
나의 아들 예수의 피로써 구원을 받았
다고 말하는 것, 그걸 믿고 가는 자들
이 과연 어떤 생각을 하며, 그 시대의
정황을 돌이켜 봐야 할 것임을 잊어
서는 아니 될 것이니라.
6 그와 같은 시대의 역사가 어찌 변화가
있던가?
7 나의 아들을 죽게 한 것은 믿음을 가
며 나를 경배한다는 대제사장이요, 지
도자들이요, 그 백성이 나의 아들 예
수를 향하여 그를 십자가에 못 박아
죽이도록 선전 선동하여 그와 같은 형
상으로 그들이 사형 선고를 내린 자들
이라 그리 내가 말하지 아니했던가?
8 나의 아들 예수를 도울 자들이며 그를
보호할 수 있는 백성이라 예수가 믿었
던 그들이 나의 아들 예수로부터 등을
돌리며 나의 아들을 선전 선동하여 십
자가에 못 박아 죽이라 그리 아우성치
는 그들을 보는 예수의 마음은 과연
어떠했겠는가?
9 예수를 보호할 자며 같이 더불어 역사
할 자들이 나의 아들 예수를 죽이라
소리 지르는 그들의 소리를 듣는 그
예수는 그 외형의 초라함보다도 그 마
음의 초라함은 이루 말할 수 없었을
것이니라.
10 그와 같이 초라한 마음으로써 그들이
아우성을 치는 것을 듣는 나의 아들
예수의 그 마음이 얼마나 비참하며 곤
혹스러웠겠는가?
11 너희는 그 모습을 한번 생각해 보고
있는가?
12 그와 같은 예수의 아픈 마음을 너희는
들여다봐야 할 것이거늘, 어찌하여 그
와 같은 것은 들여다보지 아니하며 그
저 나의 아들 예수의 보혈로써 구원을
받았다 그리 말하는가?
13 나의 아들 예수에게 과연 너희는 어찌
하였는가?
14 그들은 예수에게 '네가 정녕 만백성의

왕이라면 여기에서 이와 같은 곤욕을
벗어날 것이며, 네가 기적의 역사를
보이라'며 흥분하고 광분하여 소리를
질러 대며 나의 아들 예수를 비웃고
비아냥거렸음이니라.
15 그와 같이 종교 집단이요, 그를 보호
하고 더불어 가야 할 그 백성이 광분
하여 그들이 가져서는 안 되는 증오감
과 적대감으로써 뭉쳐져 있으며,
16 그저 나의 아들 예수를 고통스럽게 극
형에 처하라고 소리 지르는 그들의 만
행을 듣는 나의 아들 예수의 그 심정
은 어떠했으며,
17 그 십자가를 짊어지고 죽음의 길을 향
하여 가는 그에게 그와 같이 증오와
적대감으로써 그를 비방하는, 그를 사
랑하고 따라야 할 그 백성의 원성을
듣는 나의 아들 예수의 그 찢어지고
아픈 고통의 마음을 너희는 과연 생
각해 봤으며 그 정황을 그려 보았는가?
18 그 고통은 어찌하여 생각지 아니하며,
그 보혈로써 구원을 받았다며 믿음의
길을 간다 하는 자들은 그와 같이 구
원을 받았다는 생각에서, 착각에서 벗
어나라 내가 너희에게 수없이 말하고
전하였음이니, 그와 같은 믿음에서 깨
어나지 못하는 자는 정녕 나에게 오를
수 없음이니라.
19 너희가 나에게 오르지 못하는 것은 무
엇이던가?
20 곧 나 여호와가 존재하지 않는 그 세
계로 감이니, 그게 지옥으로 간다는
것을 절대 잊지 말라.
21 너희가 이제는 나의 아들 예수의 그
고통이요, 그가 당했던 그 곤혹스럽고
비참한 것이요, 그를 받들고 같이 가
야 할 그와 같은 믿음의 길을 가는 백
성이 그에게 등 돌리고 십자가에 못
박아 극형에 처하라 소리 지르는 그걸
듣는 초라한 나의 아들 예수의 그 아
픈 모습을 너희가 생각해 본다면, 감
히 그 보혈로써 구원을 받았다는 말을
할 수 없을 것이니라.
22 내가 살리고 구원할 수 있는 나의 아
들이 그리 고통스럽고 곤혹스럽게 죽
어 갔으며 그가 처참하게 죽어 갔으며,
23 그들이 적대시하며 증오감이요, 만행
의 그 소리요, 나 여호와의 아들이거
든 네가 기적으로써 여기서 기적을 보
이라 그리 비아냥거릴 때,
24 그를 참고 인내하는 나의 아들 예수의
어렵고 힘든 그 순간을 넘기고 넘기면
서 그가 죽음의 십자가에 못 박혀 피
한 방울까지 다 쏟아 가면서도 그가
어찌하였던가?
25 그를 죽인 자를 사랑하라고 말한 나
여호와의 사랑의 근본을 전한 그 소중
한 피를 가지고 구원을 받았다 말하는
자들이 얼마나 욕심에 가득 찬 자들이
며 얼마나 사악한 자들이며 자신의 분
수를 모르는 자들인가?
26 너희가 살아가면서 짓고 짓는 그 죄가
하늘에 닿고도 남거늘, 어찌하여 그와
같은 죄를 나의 아들이 죽은 보혈로써
다 씻었으며 너희가 용서받은 자라
그리 말하는가?
27 너희가 육에서 살면 과연 백 년을 사
는가, 천 년을 사는가?
28 그 삶이 끝나고 왔을 때 너희가 얼마
나 허황된 짓이며 사악한 짓이며 잘못

된 삶을 살았는가를 알 날이 멀지 아
니하였음이니,
29 너희가 그때 지옥문 앞에서 통곡하며
울지 않으려거든 나의 법전을 보며 지
금이라도 나의 십계명대로 살아가며,
30 나의 아들 예수의 그 슬픔의 고통으로
몰아넣은 너희 조상의 뿌리가 누구인
것인가,
31 그리고 지금의 믿음의 길을 가는 너희
가 과연 그와 같은 사악한 행위를 할
수 있는 자들인가, 너희 자신을 돌이
켜 보라.
32 너희가 참진리요, 아름다운 것이요,
무엇인가를 깨우치고자 이 세상에 나
오는 백성은 이단이요, 사탄이요, 그
저 악마라 그리 몰아붙이는 너희는
정녕 그 시대의 백성보다도 더 사악한
증오감을 가지는 것이요, 그 적대감이
가슴에 타는 그 불길은 아무것으로도
끌 수 없는 것이 오늘의 사악한 마음
이라는 것을 나 여호와가 너희에게
가르쳐 줌이니,
33 너희가 모르고 깨닫지 못하며 반성하
지 못하며 회개하지 못하며, 오로지
참진리요, 다른 신을 두지 아니하며
오로지 다른 신을 경배하지 아니하며
나 여호와만을 경배하며 나 여호와만
을 따라 구원을 받는 길을 가고 있으
며 구원을 받았다 하는 너희의 그 욕
심이요, 그 무서움을 모르는 너희를
깨우쳐 주고자 하여 내가 이 밤 나의
아들을 통하여 이 대목을 내림이니 그
리 알라.

6,799 번째 하나님 말씀

2003년 7월 20일 01시 29분

1 사랑하는 나의 아들아!
2 "네, 아버님! 말씀하옵소서."
3 수천 년 동안 믿음의 길을 온 그 백성
이 과연 어떠한 길을 왔는지 알겠느냐?
4 너희가 그 믿음의 길을 오며 거듭나는
백성이요, 영적으로 다시 태어나는 그
와 같은 백성으로서 왔으면, 오늘날
이와 같이 험악한 세상은 되지 아니하
였으며,
5 인간이 인간을 의지하고 더불어 사는
것이 아니라, 인간이 인간을 의심하며
인간을 가장 두려워하는 세상으로 변
하지는 아니하였을 것이니라.
6 그러니 지금의 믿음의 길이요, 지금
흘러오는 백성 너희는 과연 어떠한
믿음의 길을 왔는지 알겠는가?
7 천사로서 하늘에 오르는 그 믿음의 길
을 오는 것이 아니요, 너희는 썩을 대
로 썩고 병들 대로 병든 그와 같은 믿
음의 길로 왔음이니라.
8 이제는 너희가 지탱할 수 없는 그와
같은 형국이요, 정녕 돌이킬 수 없는
그와 같은 사악한 죄악의 고리에 지금
묶여 있음을 너희는 과연 알고 있는가?
9 나 여호와가 내려다보는 너희는 그러
니라.
10 욥이 모든 훈련이요, 시험에서 견뎠을
때, 그 몸에서 구더기가 나오는 것보
다도 더 썩어졌으며 더 볼 수 없는 그
와 같은 형국으로 되었음을 너희는
알아야 할 것이니라.
11 이제 믿음의 길을 오는 그 백성이 2천

년 동안 흘러오면서 너희 자신을 바
치고 있는 그 뼈까지도 썩어져 무너지
는 그와 같은 형국에 이르렀음이니,
12 나 여호와가 너희를 더 이상 볼 수 없
으며 더 이상 방치할 수 없기에, 내가
너희를 구원하고자 지금 160권의 법
전을 세상에 내려보냄은,
13 너희는 육신이 썩었으며 정신이 썩고
병들었으며 도저히 구원의 길에 오를
수 없는 백성이기에 내가 너희를 다
스리고자 하며,
14 지금 이 시기를 놓치며 이때를 놓치
면 영원히 너희를 구원할 수 없으며,
썩어져 가는 것을 막을 수 없으며, 그
병든 곳을 고칠 수 없으며, 너희가 정
신적으로 무너지는 것을 바로 세울 수
가 없기에,
15 내가 나의 아들을 통하여 나의 성령이
요, 나의 모두를 태워 내려 법전이라
는 책으로써 너희를 깨우치고자 지금
내려보냄이니,
16 너희가 이를 접하고 깨우치는 자만이
하늘에 오르는 빛을 볼 수 있다는 나
여호와의 그 명함을 깊이 새겨들어야
함을 잊지 말라.
17 이제는 2천 년 동안 썩고 썩어서 너희
자신이 지탱할 수 없으며, 너희 자신
이 지옥으로 흘러가며,
18 또한 너희 후손들도 오늘과 같은 그
믿음이요, 그 지도자들 밑에서 평생
희생과 봉사로써 재물을 바치며 구원
을 사겠다는 그 마음으로써 살다가 그
들까지 또한 지옥으로 흘러감이니,
19 이제 너희가 너희 자신을 구원해야
할 것이며, 너희 후손들이 그리 무너
지지 않도록 너희 후손들을 구원하는
데 최선의 노력을 다하여야 할 것이니
라.
20 이제는 너희가 십계명을 지키고 사는
것이 하늘에 오르는 길이요, 영혼의
양식이라는 것을 깊이 새기며, 나의
법전대로 사는 것이 정녕 구원의 길이
요, 구원의 대열에 너희가 역사한다는
것을 잊어서는 아니 됨을 알라.

6,800 번째 하나님 말씀

2003년 7월 20일 01시 36분

1 사랑하는 나의 아들아!
2 나의 아들 예수를 보호하며 지켜야 할
그 대제사장들이요, 그 믿음의 지도자
들이요, 그 시대의 백성이 과연 그들
이 그 세력 다툼에 의하여 그 추하고
더럽고 부패한 모습을 보는 나 여호
와의 마음이 어떠했겠는가?
3 그들이 그 오만방자함이요, 나의 아들
예수의 초라하고 고통스러운 그 모습
을 견주어 볼 때, 나 여호와가 그 둘을
다 참고 인내했음은 오로지 너희를
사랑하기 때문이니라.
4 그 지도자요, 그 제사장들에 의하여
왜 그와 같은 역사를 했는가?
5 저희가 지금까지 왔던 그 추함이요,
더럽고 잘못된 것이 드러나며 많은 백
성이 저희에게 등 돌리며 돌팔매질할
것을 두려워하여 나의 아들 예수를 십
자가에 매달아 극형을 처함으로써 저
희의 입지를 다지고자 했던 것이 그들
의 속셈이 아니던가?
6 그리고 군중을 선전하고 선동하여 저

희가 그와 같이 힘으로써 나의 아들을
죽게 하였음이니, 또한 그들을 다스렸
던 그 시대의 백성은 무엇이라 말했
는가?
7 서로 자신의 입지가 무너지는 것이 두
려워, 죄 없는 예수를 극형에 처하여
그를 죽게 함으로써 권력자의 결정적
인 그 지도력에 영향을 미치며,
8 또한 사악하고 더럽게 살아왔던 그 종
교 지도자요, 집단들이 저희 자신의
그 추함을 덮어 버릴 수 있음이니,
9 이는 서로 이익을 보장하기 위하여
묵시적인 그와 같은 상황에서 나의 아
들 예수만 그 희생양으로서 죽었다 내
가 너희에게 일찍이 그리 말하지 아
니하였던가?
10 이는 바로 무엇이더냐?
11 사악한 협잡꾼들의 작품의 결과가 아
니던가?
12 그 결과로써 무엇이 이루어졌느냐?
13 너희에게 생명수를 전하는 나의 아들
을 죽게 하여 너희가 생명수를 마시
지 못하게 했으며,
14 나의 아들 예수가 그 죽음으로 2천 년
동안 내가 암흑의 세상이요, 내가 빛
을 비추고 내리지 아니하였다 하였음
이니,
15 그 결과는 그와 같이 너희가 오늘의
무서운 형국이 되었으며,
16 오늘의 너희 후예들, 모든 종교 집단
이요, 지도자들이 그들이 했던 그보다
도 더 사악한 방법으로써 지금 이 세
상을 덮고 이끌어 가는 그와 같은 기
초를 다진 자들이 그들이니라.
17 그들이 무엇을 내렸는가?
18 죄 없는 나의 아들 예수를 극형에 처
하여 그를 죽게 함으로 인하여 저희가
그와 같이 추하고 더러운 점이 보이지
아니하며,
19 지도자요, 그 정치권에 있는 그들 또
한 저희의 단점이요, 저희의 부족한
것을 채우기 위한 협잡꾼의 그 장난에
그 한 시대의 역사를 덮었다는 것을
너희는 알아야 할 것이니라.
20 그러하니 그와 같은 후손들이 지금 종
교 지도자라 하니, 나의 법전이 세상
에 나가면 지금의 종교 집단과 그들의
세력에 의하여, 그들의 손에 의하여
얼마만큼 무서운 결과가 초래되는 것
인지 너희는 상상이나 해 보았는가?
21 지금의 종교 집단이요, 지도자들이 협
잡 극을 벌이는 것은 2천 년 전의 그
백성이 벌였던 것보다도 더 상상을 초
월하는 무섭고 비참한 방법으로써 그
들이 역사할 것이니,
22 하늘에 오르고자 하는 자, 나의 뜻을
지상에서 이루고자 한다면, 너희가 이
를 지키고 역사하는 것은 너희 제자들
이 가야 할 길이며, 나의 법전을 읽고
깨우친 백성 너희의 몫이라는 걸을
잊어서는 아니 될 것이니라.
23 지금의 모든 종교 집단들이요, 지금
모두를 다스리고자 하는 그와 같은 자
들, 그 협잡꾼들의 후예가 벌이는 그
간사함과 교활한 수단과 방법은 하늘
도 막지 못할 만큼 교활한 자들이요,
간교한 자들이니, 과연 너희가 그를
싸워 어찌 방어하며 그를 이기고 가겠
는가?
24 너희가 모두를 다 바쳐 그와 같은 역

사를 이루지 아니하면 절대 이룰 수 없다는 것을 너희는 알아야 할 것이니라.
25 너희가 그와 같은 역사를 이루고 하늘에 오르는 길로 나의 피조물 만백성을 인도하며, 하늘에서 내가 내리는 나의 법전이 세상을 덮을 수 있도록 역사했을 때,
26 너희가 받는 그 상은 상상할 수 없을 것이며, 너희는 어떠한 상상으로도 그를 그려 볼 수도 없다는 것을 잊어서는 아니 됨이니 그리 알라.

6,801 번째 하나님 말씀

2003년 7월 20일 01시 42분

1 사랑하는 나의 아들아!
2 "네, 아버님! 말씀하옵소서."
3 너희가 죽어 나에게 오는 길에는 쉬는 곳도 없으며, 쉬어 갈 주막도 없으며, 너를 반겨 주는 사람도 없으며, 아는 자라 하여도 아는 체를 못 하는 것이 너희가 죽어 나에게 오는 그 길임을 알아야 할 것이니라.
4 그러니 너희가 이 세상에서 사는 삶이 얼마나 소중하고 아름다운 것인지를 알겠는가?
5 너희가 쉬고 싶을 때 쉬며, 잠자고 싶을 때 잠을 자며, 먹고 싶을 때 먹으며, 자유롭게 행동할 수 있는 이 육의 세상에서 너희는 과연 어떠한 길을 선택하고자 하는 것이냐?
6 너희가 선한 길을 가며 그 삶을 살고자 하는 것인가, 악한 길의 삶을 위하여 살아야 하는 것인가를 깊이 생각하고 깨우쳐야 할 때가 지금임을 알아야 할 것이니라.
7 너희가 육의 세상에 사는 것은 자유가 있으며, 선한 길을 선택하고 악한 길을 선택하는 것도 너희의 자유의사에 달렸으며,
8 사악한 짓을 하는 것, 사악한 짓을 아니 하는 것도 모두 다 너희에게 달렸으며 너희의 행함에 달렸지 아니하던가?
9 그러니 여기서 공을 쌓는 자는 공을 쌓으며, 공을 잃은 자는 잃는 것이며,
10 천사가 되고자 하는 삶을 사는 자는 천사가 될 것이며, 악마가 되고자 하여 사는 자는 사탄이요, 악마가 될 것이니라.
11 그러니 너희가 여기서 스스로 어떠한 것이 참진리요, 하늘에 오르는 길인 줄을 모르고 억울하게 지옥으로 끌려가는 그 백성을 내가 구원하고자 지금 법전을 세상에 내려보내니,
12 이것이 하얀 눈이 덮듯이 모든 세상을 덮어야 나의 피조물 만백성들이 구원을 받지 않겠느냐?
13 지금 그들은 모르느니라.
14 죽어서 너희가 가는 길이 어떠한 길인가?
15 너희가 죽어서 가는 길은 쉬는 곳도 없으며, 누울 곳도 없으며, 잠잘 곳도 없으며, 먹고 쉬고 가는 그 주막조차도 없으며,
16 너희가 금화와 은화를 주고 구할 수 있는 주막이요, 어떠한 휴식 공간도 없으며, 반겨주는 자도 없으며, 너희에게 안내하는 자도 없다고 내가 그리

말하지 아니하였던가?
17 그리고 너희에게 무슨 말을 거는 자,
너희에게 무엇을 가르쳐 주는 자도 없
음이니, 그것이 죽음의 가는 길이라
내가 그리 말하였음이니라.
18 너희가 심판을 받는 다음 세대를 위
하여 오늘의 삶을 어찌 살아야 하는
가, 그 의미를 깊이 깨우쳐야 할 것이
니라.
19 그를 깨우치지 않는 자는 어떠한 그
무서운 결과 앞에 몸부림쳐도 헤어날
수 없으며 돌이킬 수 없는 것이 너희
의 삶이라는 것을 절대 잊지 말라 그
리 전하라.
20 쉬고 먹고 마음대로 너를 다스리고 행
할 수 있을 때, 여기서 하늘에 오르는
길이요, 참진리요, 천사가 되도록 그
리하라.
21 자유가 없으며 쉬는 곳이 없고 주막이
없는 곳, 그리고 너희가 무엇을 이룰
수 없는 그때는 이미 늦음이니,
22 그때는 아무리 몸부림치고 발버둥을
쳐도 오늘의 이 세상은 다시 너희에게
기회가 없음이니,
23 오늘의 너희와 같이 엄격하고 어려운
길을 가며 구원의 길을 노력하려야 노
력할 수도 없는 그 세상에서 통곡하며
피눈물 흘리는 너희가 되지 말라.
24 오늘의 자유가 보장되며 너희가 마음
대로 행동하고 역사할 때 여기서 구
원을 받도록 그리 노력하라.
25 너희가 얼마나 지금 소중한 세상에서
삶을 사는지 아는가?
26 너희가 빈둥빈둥할 시간이 없음을 알
라.

6,802 번째 하나님 말씀

2003년 7월 20일 01시 49분

1 사랑하는 나의 아들아!
2 "네, 아버님! 말씀하옵소서."
3 하루의 삶이 너희에게 얼마나 소중한
것인지를 알겠느냐?
4 너희의 그 삶의 생명줄이 감아져 가며
줄어 가고 있는 그와 같은 삶을 살고
있다는 것을 알고 있는가?
5 그와 같이 생명줄이 감겨 그 생명줄이
다 감기고 나면 무엇이더냐?
6 너희의 육은 죽어 흙으로 가며 너희
의 영혼은 나에게 심판을 받음이니,
바로 너희는 그 심판을 받기 위하여
지금 가고 있는 것이지 않던가?
7 너희는 심판을 받기 위하여 살아가는
생명이라면, 과연 그 삶 속에서 너희
가 무엇을 생각하며 어떠한 사악한 마
음을 가지고 감히 살 수 있단 말이던
가?
8 이는 엄연한 사실이며 이는 피할 수
없는 길이거늘,
9 어찌하여 너희가 이를 깊이 깨우쳐
너희 것으로써 소중히 만들어 오늘 하
루하루의 삶을 부끄럼이 없는 삶을 살
기 위한 길을 가지 아니하며, 육의 향
락에 젖어 오늘의 가장 소중한 삶을
그리 함부로 쓰고 보낸단 말이더냐?
10 오늘의 삶이 얼마나 소중하고 그리운
것이며 소중한 것인가를 너희가 죽어
나에게 왔을 때 알게 될 것이니라.
11 너희가 오늘의 삶을 함부로 살며 소중
히 살아가지 아니하는 자는 죽어 나에
게 올 때 너희에게 남는 것은 무엇인

줄 알겠느냐?
12 후회와 눈물밖에 없으며 불안과 공포
밖에 아무것도 없음이니 너희는 이를
알아야 할 것이니라.
13 너희가 오늘 육의 삶이 얼마나 그립
고 소중한 것인지를 알겠느냐?
14 너희는 오늘의 삶을 모르느니라.
15 너희가 고향을 떠나 천 리 타향에서
그 부모를 생각하며 고향을 그리워하
는 효성스러운 자식의 마음보다도 천
배 만배 더 그리움이 있는 것이 지금
육의 세상의 삶이라는 것을 너희는
알아야 할 것이니라.
16 효성스러운 자식이 타향살이하면서
고향을 그리워하며 부모가 보고 싶어
그리워하며 눈물을 흘리는 자의 그 아
픔보다도 천배 만배 더 오늘의 육의
삶을 그리워하며 이를 후회하는 것이
라 내가 그리 표현함이니, 너희는 과
연 이 마음을 알겠느냐?
17 부모가 그리워도 가지 못하는 자, 고
향이 그리워도 가지 못하는 자가 타향
에서 몸부림치며 가슴을 부여잡고 우
는 그 아픔보다도 천배 만배 더 오늘
의 육의 삶의 세상이 그리우며 그때를
후회하게 된다고 내가 너희에게 말하
였음이니라.
18 죽어서 주막이 없으며 쉴 곳 없는 그
황망한 길을 심판을 받기 위하여 갈
때, 이승의 삶이 얼마나 생각나고 그
립고 소중한 것인지를 그때 뼈저리게
느끼고 후회를 한다 하였음이니라.
19 그때는 이미 그 누구도 돌이켜 보지
아니하며 너희를 도울 수 없으며 모
두가 다 끝나 버림이니, 그러니 너희
가 오늘의 삶이 소중함을 알라 그리
전하느니라.
20 고향이 그리워 부모가 그리워 몸부림
치는 효성스러운 자가 고향을 못 가
가슴을 부여잡고 우는 그것보다도 천
배 만배 이승의 삶이 그리워 몸부림칠
것이니, 이 뜻을 깊이 알아듣고 행하
도록 그리하라, 사랑하는 나의 아들딸
들아!

6,803 번째 하나님 말씀

2003년 7월 20일 10시 03분

1 사랑하는 나의 아들아!
2 "네, 아버님! 말씀하옵소서."
3 너희가 살아가는 그 삶이 고달프고 힘
들다 하여 나를 원망하며 남을 탓하고
원망하는 그와 같은 말을 해서는 아니
되는 것이니라.
4 너희가 노력하지 아니하며 연구하지
않는 그 대가로써 그 대가를 지불하며
거기에 대한 상급으로써 받아 살아가
는 것이니, 모두는 너희에게 달렸음을
알아야 할 것이니라.
5 육의 세상에 살아가는 그와 같은 것도
다 노력하고 노력하지 아니하는 거기
에 따라 삶의 차이가 있음이니,
6 더욱이 믿음이라는 것, 나에게 오르는
길은 과연 어떠하던가?
7 너희는 나로부터 선택된 백성이요, 내
가 너희를 쓰고자 함이니, 너희 스스
로 그 모두를 깨우치는 그와 같은 현
명함을 얻어야 할 것이니라.
8 육에서 노력하여 얻는 것만큼 믿음이
또한 그러하니라.

9 나의 성전에 와서 강론을 들으며 나의
법전을 읽으면서 너희가 이루고 못
이루는 그 모두를 다 남의 탓으로 돌
리는 그와 같은 마음 자세를 하고 있
다면, 너희는 한발 짝도 앞으로 나가
지 못한 자들이니라.
10 너희가 각자 역사함에 따라서 인간 세
상에서 각자가 노력한 만큼 얻을 수
있고 구할 수 있듯이,
11 믿음 또한 너희가 각자 변하고 변하
지 못하는 것은 다 개인에게 달렸거
늘, 너희는 남이 잘못 가기에 잘못 이
끌기에 그와 같이 변화되지 못하며 역
사함이 없다 그리 생각해서는 아니 될
것이니라.
12 또한, 너의 제자들이 알아야 할 것이
니라.
13 나 여호와는 너희에게 육의 세상의
부귀영화를 주지 아니한다 하였음이
니, 그 의미를 깊이 알아야 할 것이니
라.
14 내가 너희가 살다 다 버리고 오는 것,
하나도 가지고 오지 못하는 것, 짐이
되어 들고 올 수 없는 그와 같은 것을
내가 너희에게 내리지 아니한다 하였
음이니라.
15 마지막 구원의 길을 내가 도우며 그
길을 역사할 수 있도록 너희를 도와
주는 그와 같은 것이 내가 너희에게
마지막 주는 상이라 하였음이니, 그것
또한 너희가 어찌 살아오느냐에 따라
서 좌우된다 하였음이니라.
16 너희는 나의 아들이 잘못 가며, 나의
성령이 잘못되며, 나의 법전이 잘못되
었기에 나 여호와가 너희에게 내릴
것을 약속을 지키지 아니하기 때문이
라는 그와 같은 생각을 해서는 아니
될 것이니라.
17 나 여호와는 너희에게 약속을 지키지
아니함이 없으며 내가 명한 것을 이루
지 아니함이 없음이니라.
18 다만, 너희가 받을 수 있는 자격이요,
받을 수 있는 그 역사가 없음이니, 이
를 어찌한단 말이던가?
19 너희가 백 년을 살든, 오십 년을 살든
내가 너희에게 살 수 있는 명이 그와
같다 했을 때, 너희 스스로 자살하며
스스로 네 목숨을 끊을 때 그와 같은
것은 어쩔 수 없는 것이 아니라고 내
가 말하지 아니하였던가?
20 너희가 잘 관리하고 감사하는 마음으
로 너 자신을 잘 다스려 나갔을 때 너
희는 내가 명한 그 삶을 사는 것이요,
21 스스로 네 목숨을 초개같이 던지는 그
와 같은 행위를 하고 방탕한 생활을
하는 것은 너희 육이 스스로 무너지
는 무덤을 파는 것이니,
22 너희가 나의 아들 예수의 보혈로써 구
원을 받았다 하는 자, 그리고 나를 믿
음으로써 구원을 받았다는 종교 집단
너희가 그 의미를 알아야 할 것이니
라.
23 너희가 나의 아들 예수의 보혈로써 구
원을 받으며 내가 존재함을 믿으며 나
의 아들 예수를 믿는다 해서 구원을
받는다는 백성, 너희 스스로 행함을
잘못했을 때 그것이 구원을 받을 수
있는가?
24 내가 나의 아들을 백 년을 산다고 말
하며, 그 제자 중에 백 년을 사는 자가

있다 해도,
25 제가 그대로 잘 다스리지 아니하며 방
탕한 길을 가며 제 목숨을 초개같이
함부로 내휘두르며 머리로 바위를 받
는 그와 같은 행위를 한다면, 그가 지
탱할 수 있겠는가?
26 너희가 나의 아들 예수의 보혈로써 구
원을 받았으며 나를 믿으며 나의 아들
의 존재함을 믿는 그 자체도 그와 같
은 것이니, 그 의미를 알라.
27 그러니 너희가 노력하는 것, 너희가
행하는 대가요, 너희가 하는 것만큼
얻고 잃는다는 것을 절대 잊어버려서
는 아니 될 것이니라.
28 너희 개인이 어떠한 뜻을 이루며 소원
한 것이 이루어지지 아니하는 것이 나
의 아들이 잘못 가기에 나의 법전이
잘못되어서 내가 너희에게 약속을 지
키지 아니한다는 그와 같은 생각을
하지 말라.
29 너희가 약속을 받을 수 있는 자요, 약
속을 지켜서 내가 명하는 것을 내릴
수 있는 자세가 흐트러졌으며 너희가
잘못 가는 것은 내가 백 번 천 번이라
도 내릴 수 없음이니, 모두 다 각자의
탓이니라.
30 이제 모두 내가 각자 다스림이니, 너
희가 얻고 못 얻는 것은 너희 개인에
게 달렸다는 것을 깨우쳐 스스로 바로
서도록 그리하라, 사랑하는 나의 아들
아!

6,804 번째 하나님 말씀

2003년 7월 20일 11시 59분

1 사랑하는 나의 아들아!
2 "네, 아버님! 말씀하옵소서."
3 나의 법전인 이 책을 들고 이것이 진
정한 나 여호와의 성령이요, 나의 뜻
이 아니라 그리 말하는 자가 있거든,
4 네가 달과 해를 조절할 수 있으며 그
게 뜨고 지는 것을 마음대로 할 수 있
는 능력이 있거든 이 법전이 나의 것
이라 아니라 그리 말하라.
5 그와 같은 능력이 없거든 네가 감히
그와 같은 말을 삼가라 그리 전하라.
6 이 법전을 내린 사람이요, 이 법전을
가지고 만백성을 구하고자 나의 아들
을 통하여 '하늘에 오르는 길'이요, '하
나님! 말씀하옵소서'라는 마지막 시
대의 이 책은 태양을 뜨고 지게 조정
할 수 있는 나 여호와가 만들어 내린
것이니,
7 정녕 내가 내린 나의 법전이 내 것이
아니요, 참진리의 뜻이 아니요, 이것
이 사탄이요, 사악한 자라 그리 말하
거든,
8 네가 달과 해가 뜨고 지는 그 모두를
조정할 수 있으며 그를 역사할 수 있
거든 네가 이 법전이 아니라 그리 말
하며 그 능력이 없거든 감히 이 법전
을 놓고 평가하지 말라 그리 전하라.
9 그가 그리해도 깨닫지 못하거든 너희
는 말하라.
10 네 앞에 지금 보이지 않는 이 공기 속
에 수많은 병균이요, 벌레들이 살아서
움직이는 것을 네 눈으로 볼 수 없지

않으냐?
11 네가 그와 같은 것을 본다면 너희는
질식하여 살아갈 수 없는 백성이니,
너희의 그 눈의 시력이요, 보고 못 보
는 것도 조정하여 살아갈 수 있게 하
는 나 여호와 창조주가 바로 그 모두
를 태워서 너희를 구하기 위해 내려
보내는 것이 법전이요, 하늘에 오르는
길의 책이라 그리 가르쳐 주라.
12 그래도 그가 깨우치지 못하거든, '너
는 네 길을 가며 나는 내 길을 갈 것이
니, 이다음에 네가 죽어 나를 보면 알
게 될 것이니 그리 알라.' 하여 시시비
비를 하지 말도록 그리하라.
13 내가 나의 아들을 통하여 지금 단계적
인 훈련을 행하고 있다 하였음이니라.
14 너희는 나의 아들이 역사하는 그 모두
를 보게 될 것이며, 나의 법전이 이 세
상을 덮는 그 역사의 위대함을 보게
될 것이니라.
15 너희는 여기서 깊이 깨달아야 할 것
이니라.
16 이 소중한 시간이요, 이 귀한 시간에
내가 직접 나의 아들을 통하여 내린
성령을 듣고 깨닫는 너희는 보통 사
람으로서 여기에 불려온 것이 아니며,
나에게 초대받은 자가 아니라는 것을
알아야 할 것이니라.
17 너희는 다 해야 할 책무가 있으며 해
야 할 임무가 있는 자들이니라.
18 그러니 그 임무를 나로부터 명을 받을
때까지 나의 법전을 정독하고 깨우쳐
너희가 깨달음이 있을 때 내가 너희
에게 그 명을 줄 것이니,
19 아직 나로부터 대명을 받지 못한 자들
은 너희가 아직 깨달음이 부족함이요,
그 임무를 수행할 능력이 없기 때문이
니라.
20 너희가 두 손에 익은 홍시라는 것을
열 개씩 한 손에 들라 한다면 과연 들
겠느냐?
21 하나요, 두 개밖에 들 수 없는 너희에
게 그걸 맡길 수 없듯이, 너희가 깨우
치지 아니하며 바로 서지 못했음이니,
22 그것은 바로 너희가 아직도 아담과
이브가 사탄에게서 받은 그 마음의
욕심의 뿌리를 버리지 못했기 때문이
니라.
23 너희가 진정 욕심의 뿌리를 다 버렸다
생각할 때도 나로부터 역사함을 받지
못하며 나로부터 명을 받지 못할 때,
너희는 나의 법전을 던지고 간다 해도
내가 너희를 원망하지 아니하며 내가
너희를 미워하지 아니할 것이니라.
24 너희가 욕심을 비우지 못하였기 때문
에 내가 너희에게 임무를 내리지 못함
이니라.
25 일어설 수 없는 자가 무거운 짐을 지
고 일어선다면 그는 그 짐에 치여 죽
게 됨이니,
26 내가 너희에게 명을 내리고 임무를
주었을 때 준비되지 아니한 자가 그
임무를 수행한다면 너희는 곧 생명을
잃게 될 것이며, 너희는 그 명에 그 임
무에 의하여 치이게 됨이니라.
27 이제 그 모두를 받을 수 있는 것은 너
희가 욕심을 비움이니라.
28 이제 나의 법전을 읽고 강론을 들은
너희는 이제 아무것도 할 일이 없으
며 오로지 무엇인 줄 아느냐?

29 욕심을 비우는 것만을 노력하라.
30 욕심을 비우는 것이 너희가 선한 쪽
에 서는 것이니, 바로 그것이 80점의
그 입문에 들어서는 것이니라.
31 이는 너희가 60점의 한계를 벗어나는
길을 알고 있음이니, 벗어나는 것은
간단함이니라.
32 그리하여 내가 너희가 그리 임했을
때 각자 임무를 줄 것이며 너희에게
그 명을 줄 것이니, 못 받고 받는 것은
너희가 부족함에 있음이니라.
33 명심하여 행하도록 하라.
34 욕심을 버리라.
35 모든 것이 욕심의 그늘에서 이루어짐
이요, 그 욕심으로부터 너희는 모두
잘못된다는 것을 알아야 할 것이니라.
36 욕심을 버리지 않는 자, 욕심을 버리
지 아니하면 모두 다 썩어져 가는 것
이니라.
37 모든 종교 집단이요, 지금 믿음의 길
을 가는 그 백성이 욕심을 버리지 못
하였기 때문이니라.
38 그리하여 그들이 나의 뜻을 모르며 참
진리를 모르는 것이니, 그 의미를 깊
이 깨우쳐 너희가 욕심을 버리는 데
오늘서부터 최선을 다하도록 그리하
라.
39 너희가 어떠한 일에서도 이 길을 지키
고 가는 나로부터 선택된 백성이요,
나로부터 천국의 문을 열어 줄 수 있
는 그 문을 들어설 수 있는 백성이 되
겠다고 생각하며, 십계명을 암송하고
또 암송하면 거기서 길을 알 것이며
너희가 가야 할 길을 알 것이니라.
40 모든 마음을 비우라.
41 어찌하여 너희가 그 마음을 비우지
못하며 변화됨이 하나도 없는 그와 같
은 삶을 사는가?
42 이것이 너희의 오늘의 마음이니라.
43 너희의 그 흔들리지 않는 마음, 동요
되지 않는 그 마음만이 욕심을 비울
수 있는 근본임을 알라.
44 나의 법전을 믿으며 나 여호와가 존재
함을 믿는 그 마음이요, 그와 같은 마
음속에서 너희가 욕심을 버릴 수 있
음이니, 욕심을 버리는 데 모두를 다
바치도록 그리하라.
45 욕심을 버리라.
46 너희가 모든 면에서 욕심을 다 지우고
보라.
47 그러면 나로부터 너희가 얻을 것을
얻을 것이며 상을 받을 수 있음이니,
욕심을 비우라.
48 아직도 너희가 하나의 욕심을 비운 것
이 없음이니 그리 알라.

6,805 번째 하나님 말씀

2003년 7월 21일 08시 38분

1 사랑하는 나의아들아!
2 "네, 아버님! 말씀하옵소서."
3 내가 왜 네가 완벽해야 하며 완벽한
천사와 같은 사람이 되며 네 눈에서
비치는 그 인자함이 이 세상을 덮는
그 모습으로 변해야 한다는 것을 나
여호와가 그리 말하는지 알겠느냐?
4 네가 변함으로 하여 네 제자가 너를
보고 그리 따를 것이며, 그리하여 그
제자들이 또 그 스승을 닮아 그들이
변해 가는 것이니라.

5 그래도 세월이 흐르고 흐르면 그게 흐
트러지고 또 흐트러지는 것이거늘, 그
러니 시작할 때 네가 바로 서지 아니
하며, 너의 제자들이 바로 서지 아니
하며, 그 근본의 사악한 뿌리인 욕심
을 버리지 못한다면,
6 너의 제자는 더 욕심의 뿌리가 싹이
트기 시작함이니, 결국은 세월이 지난
다음에 사탄의 자식으로 모두 다 변하
는 것이요,
7 천사가 되어 하늘에 오르며 내가 이루
고자 하는 지상의 낙원을 이룰 수 없
는 것이기 때문이니, 나 여호와의 아
픈 마음을 네가 알겠느냐?
8 맑은 물에 한 덩어리 오물을 떨어트리
며 그것이 두 방울이 세 방울, 네 방울
이 됨으로 하여 결국 그 물은 절대 먹
을 수 없으며 썩은 물이 되지 않더냐?
9 지금의 모든 종교 집단이요, 모든 그
백성이 하늘에 오르는 길이요, 나의
뜻에 따라 살아간다고 하나,
10 위에서부터 그 틀을 잡지 못하여 그게
흐르면서 변질하고 또 변질하다 보니
지금은 더 이상 잡을 수 없게 그리되
었으며 내가 쓸 수 없는 생수들이 되
었으니,
11 내가 관계없는 것이라 하며 그들이 울
부짖고 기도하는 것, 또한 다 나와 관
계없다고 하였음이니, 그대로 흐르는
그와 같은 변화가 되지 아니하면 아니
됨이니라.
12 위에서 흐르는 그 맑은 물이 그저 그
대로 맑게 흐르는 그와 같은 길밖에
없음이니라.
13 그리하여 네가 바로 섰을 때 네 제자
가 바로 설 것이며,
14 또 네가 죽어 나에게 와 그 제자들이
바르게 서는 것이요,
15 한 점의 부끄럼이 있는 삶을 산다 하
면,
16 바로 1세대의 너의 제자들이 또 그보
다 더 두 개를 잘못하게 될 것이며, 그
다음에 나로부터 선택된 그 제자들은
세 개, 네 개를 잘못하게 되어 있음이
니,
17 그리하다 보면 결국 너희는 천 년에
걸쳐 지상에 낙원이 흐르는 것이 아니
요, 지상의 낙원을 건설할 수 없는 사
특한 자들이 이 세상을 지배하게 됨이
니,
18 그리하여 네가 죽어 오기 전까지 완벽
하게 변화되어야 할 것이며, 너의 제
자들이 또한 완벽하게 변화되도록 내
가 가르치고 원하는 것이 거기에 있음
을 너는 알아야 할 것이니라.
19 이것이 지금 내가 너에게 역사하고자
하는 뜻이며, 내가 이를 바로잡고자
하는 뜻이 거기에 있음을 절대 잊어서
는 아니 되는 것이니라, 사랑하는 나
의 아들아!

6,806 번째 하나님 말씀

2003년 7월 21일 11시 17분

1 "너는 나 외에는 다른 신들을 네게 있
게 말지니라.
2 너를 위하여 새긴 우상을 만들지 말
고, 또 위로 하늘에 있는 것이나 아래
로 땅에 있는 것이나 땅 아래 물속에
있는 것의 아무 형상이든지 만들지 말

며, 그것들에게 절하지 말며 그것들을
섬기지 말라.
3 너는 너의 하나님 여호와의 이름을 망
령되이 일컫지 말라.
4 안식일을 기억하여 거룩히 지키라.
5 네 부모를 공경하라.
6 살인하지 말지니라.
7 간음하지 말지니라.
8 도적질하지 말지니라.
9 네 이웃에 대하여 거짓 증거하지 말지
니라.
10 네 이웃의 집을 탐내지 말지니라.
11 나 여호와가 존재함을 믿는 그 자체가
구원의 길에 들어서는 기본이요, 근본
이며, 나의 법전을 가슴에 안고 정독
하는 자, 반석 위에 서서 하늘에 오르
는 찬란한 빛을 보게 되는 영광을 얻
게 됨이니라."
12 사랑하는 나의 아들아!
13 "네, 아버님! 말씀하옵소서."
14 나의 십계명을 기록하고 또 기록하여
나의 법전에 수없이 기록하여 전함이
니, 이게 곧 너희의 영혼을 구원하는
길이요, 하늘에 오르는 길의 근본의
양식이라는 그 소중함이 있으나,
15 너희는 어찌하여 계속하던 것도 남들
이 하라 충동질하며 권장하면 그를 하
지 아니하는 것이 너희의 습성이라
함이니, 너희의 마음이 그러하니라.
16 그러니 나의 십계명을 암송하고 읽고
또 읽으라 해도 너희가 과연 나의 십
계명을 얼마나 암송하고 얼마나 깨우
치며 그 의미를 아는가?
17 그 소중함을 너희가 모르기 때문이니
라.
18 나 여호와가 직접 내 손끝으로 쓴 친
필이라는 것을 내가 그리 너희에게 수
차 말하였으나, 그것을 암송하고 읽어
가슴에 안고 깨우치고자 하는 백성이
없음이니,
19 그리하여 나의 법전에 그 십계명을 수
없이 기록하여 전함이니, 그들로 하여
금 이 깨우침의 의미를 알도록 하고자
하는 것이 나 여호와의 뜻임을 알아야
할 것이니라.
20 이제 너를 따르는 제자들이요, 그리고
나의 법전을 읽고 깨우친 백성 너희가
십계명을 손으로 직접 쓸 때, 내가 직
접 불로 쓴 것처럼 내가 너희의 그 손
끝을 잡아 준다 하였음이니,
21 그리하여 그를 써 놓고 암송하고 깨우
치라 그리하였음이니, 곧 이는 무엇이
더냐?
22 너희가 시소에 서서 오른쪽은 선한
것이요, 왼쪽은 사악한 것이니, 너희
의 두 발이 오른쪽에서 절대 왼쪽으로
넘어가면 안 되는 시소라 하였음이니
라.
23 그래서 너희가 오른쪽에 두 발로 서서
넘어오지 않는 그 상을 내가 내리고자
함이니, 이는 바로 무엇이더냐?
24 모든 종교 집단이요, 수천 년 동안에
흘러오는 믿음의 길을 가는 자들, 그
리고 지금도 저희가 구원을 받았다
울부짖는 그들이 나의 성령이요, 나의
뜻을 따르며 오는 길이 아니라,
25 나의 성령과는 관계없는 사탄의 성령
을 저희 가슴에 모셔 놓고 있으며, 저
희 손으로 지은 성전에서 나의 성령이
아니요, 사탄들이 우글거리는 그와 같

은 형국이 지금의 종교 집단이요, 그
들이 존재하는 모습이 그렇다 하였음
이니라.
26 나의 성령이 임하는 것이 아니요, 사
탄이 우글거리며 사탄이 모여 있는 집
단이라 내가 그리 말하였음이니, 너희
가 그곳에 가지 아니하는 것만으로써
너희가 나에게 상을 받을 수 있음이니,
27 그리하여 내가 십계명을 이리 너희에
게 깨우쳐 주며 기록하여 너희 머리
맡에 놓고 아침과 저녁으로 그걸 읽고
깨우쳐 너희가 그 밝은 빛을 볼 수 있
도록 그리하라 함이니,
28 이게 바로 내가 너희에게 내린 상임
을 알아야 할 것이니라.
29 그러니 십계명이 얼마나 소중하고 귀
한 것인지를 너희는 알아야 할 것이
니라.
30 지금 나의 피조물 만백성들이 구원의
길이라 가고 있는 것이 나의 성령을
모시고 나의 성령을 받드는 그와 같은
교회요, 성당이요, 성막이 아니라 사
탄들이 우글거리는 곳이니,
31 그곳에 빠져 있지 아니하며 그곳에서
나온 것만으로써 내리는 상이니,
32 내가 십계명을 암송하는 것이며 내가
직접 친필로 쓴 것처럼 내가 너희의
손끝에 나의 손을 얹어 직접 기록하여
준 것이며 쓰도록 함을 너희는 알아
야 할 것이며,
33 그리하여 시소에 서 있는 너희에게
오른쪽으로 두 발이 다 넘어오는 그와
같은 상을 내리고자 하는 것은 너희
가 썩어져 있는 그 성전이요, 교회요,
그 집단 속에서 빠져나온 그 용감한
행동에 대한 내가 상을 내림이라는 것
을 잊어서는 아니 될 것이니 그리 알
라.
34 그리하여 너희가 하던 짓도 계속하라
면 하지 않는 그 습성을 내가 알고 있
기에 나의 법전에 십계명을 수없이 기
록하여 너희가 보고 읽도록, 그리고
깨우치도록 그리 훈련을 시키고 있음
을 너희는 알아야 할 것이니라.
35 이제 내가 너희를 사랑하는 그 의미
를 아는가?
36 그 사탄의 집에서 발을 빼 나온 용감
한 너희의 그 판단력이요, 그 용기를
내가 사랑함이니,
37 너희가 시소에서 완전히 선한 쪽으로
넘어올 수 있는 그 상을 받을 자격이
있음을 너희는 알라.
38 그리하여 내가 너희에게 내리는 상이
니라.

6,807 번째 하나님 말씀

2003년 7월 21일 11시 29분

1 사랑하는 나의 아들아!
2 "네, 아버님! 말씀하옵소서."
3 진정한 지도자요, 나의 뜻대로 살아가
는 백성이요, 나로부터 선택된 지도자
요, 선택된 백성 너희는 율법대로 살
아야 할 것이며, 나의 십계명대로 살
아야 함을 알아야 할 것이니라.
4 그대로 지키고 살 수 없다고 말하는
것, 그리 살아갈 수 없다고 말하는 것
은 나로부터 선택된 백성이 아니요,
나로부터 선택된 지도자가 아님이니
라.

5 그리고 그걸 지킬 수 없다는 말을 듣고 지킬 수 없다고 생각하는 그 백성은 나와 아무런 인연의 관계가 없는 것이라는 그 무서운 나의 뜻을 알아야 할 것이니라.

6 이제는 나의 법전을 읽고 깨우친 백성이요, 그리고 나의 아들을 따르는 제자 너희는 어떠한 말과 행동도 너희가 성령의 인도가 아닌 행동을 해서는 아니 되는 것이 너희가 지키고 가야 할 길임을 알아야 할 것이니라.

7 지금 모든 종교 집단이요, 지도자요, 그리고 믿음의 길을 가는 그 백성이 정녕 말과 행동을 나의 성령으로써 인도를 받아 행하는 것이 아니요, 저희 임의로 모두 행하며 지금까지 이끌어 왔기에,

8 너희가 말세요, 사악한 시대가 되었다는 것을 자인한 것이라는 것을 알아야 할 것이니라.

9 이제 내가 세상에 하나의 씨앗을 뿌려 그걸 가꾸고 길러 같이 가는 나의 아들을 따르는 제자들이요, 나의 법전을 읽고 깨우친 자들이요, 사탄의 소굴에서 뛰쳐나온 용기 있는 나의 백성 너희는,

10 바로 모든 말과 행동을 성령이 인도하는 대로 행하고 따르며, 그 일을 가며, 그 행위를 하며 삶을 살아야 하는 것을 절대 잊어서는 아니 될 것이니라.

11 오로지 너희는 이 길만이 나에게 오는 길이며 이제 그리 살아가야 함을 알라.

12 그러니 과연 너희에게 나의 성령이 임함이 무엇이던가?

13 너희는 정성스러운 기도요, 묵상으로써 나에게 답을 구하도록 그리하라.

14 너희가 기도와 묵상으로써 나에게 답을 구할 때 너희에게 내가 번개처럼 스쳐 가는 깨달음을 줄 것이며 정답을 항상 너희에게 내려 줄 것이니,

15 이제 나의 아들을 따르는 제자요, 나의 법전을 읽고 깨우친 백성 너희는 모든 것을 다 성령으로 임하여야 함을 알아야 하지 않겠느냐?

16 성서의 한 자를 빼도 안 되며 한 획을 고쳐도 아니 된다 그리 말하였음이니, 너희가 성서를 공부할 때만 그와 같은 마음 자세로 살아간다 하면 되겠는가?

17 모든 종교 집단 지도자들이 가르치기를 성서는 한 자도 빼도 더해도 아니 된다며 설교를 함이니라.

18 그러나 그게 무엇인 줄 알겠느냐?

19 나의 십계명이요, 나의 성령에서 더하고 빼지도 아니하는 삶이라는 그것이 바로 너희의 생활에 연장되는 것이며 삶을 그와 같이 살아야 한다는 것을 어찌 모른단 말이더냐?

20 너희가 글로써 기록되어 있는 성경에서 한 자를 빼고 안 빼는 것이 무엇이 중요하더냐?

21 너희가 빼고 안 빼는 그와 같은 삶을 사는 것이 중요하지 아니하더냐?

22 그러니 내가 너희에게 명하기를 너희가 말과 행동이요, 살아가는 모든 것은 성령이 인도하지 아니한 길을 가지 말라 하는 것은 바로 무엇이더냐?

23 너희가 잘못된 삶을 가는 것이 아니요, 나의 뜻대로 살아가는 길이 오로지 하늘에 오르는 길이라는 뜻이 아니

더냐?
24 그러니 성서의 한 자를 빼고 더하는
것만 그저 설교를 듣는 그 순간만 소
중하며 그것만 전부라 생각하는 것이
아니라,
25 성서의 한 획을 빼고 한 줄을 빼고 더
하지 말라는 것은 너희가 살아가는
그 삶을 나의 성령대로 그대로 살아가
는 것이요, 나의 성령의 그 궤도를 이
탈해서 사는 것은 아니 된다는 가르
침이니 그 의미는 무엇이더냐?
26 너희가 잘못된 삶이요, 나의 성령대로
살아가는 길은 과연 그 기준이 어디
있더냐?
27 나의 율법이니라, 그리고 나의 십계명
이니라.
28 그것이 나의 성령을 어긋나지 아니하
고 사는 삶이라는 것을 알라.
29 너희가 가르치는 성경의 그 말이요,
성서의 말은 한 획도 고치지 아니하며
한 자도 한 줄도 빼도 더해도 안 된다
면서,
30 너희가 사는 삶의 행동은 거기서 어긋
나도 살 수 있으며 그리고 구원을 받
을 수 있다, 그리 살아도 나에게 오를
수 있다고 그리 가르침이니,
31 이것이 나의 아들딸들이요, 진정한 나
의 진리를 가르치는 자가 하는 것이더
냐?
32 사탄이 하는 것이니라.
33 글이라는 것은 무엇이더냐?
34 너희의 바른 삶을 위하여 깨우쳐 주는
것이며, 너희가 행동하며 살아가는 것
을 일깨워 주는 보조 역할을 하는 것
이 성경이요, 글이니라.
35 모든 인간의 선배요, 조상이 아름다운
말을 기록하여 너희에게 전하는 것은
무엇을 의미하더냐?
36 너희가 그를 듣고 깨우쳐 흐트러지는
자세를 바로 하며, 부모에게 효도하지
아니하며 불효한 자가 너희 조상이요,
그 글로 남긴 것으로 감명 받은 것을
듣고 깨우쳐 불효하는 마음을 선한 효
도하는 자식의 마음으로 갖추도록 살
아가는 것을 보조하는 것이 아름다운
글이요, 책이요,
37 선배들이 너희 조상이 남긴 그 모든
글귀는 너희가 살아가는 데 보조 역할
이며, 너희를 돕고 바르게 살아가는
인도의 역할을 하는 것이니라.
38 나의 성서도 그와 같은 역할을 하는
것이요, 너희가 성서의 한 자를 빼고
더하고 한 획을 고치고 안 고치고 하
는 것은 그것은 별문제가 아니니라.
39 너희가 사는 것을 나의 성령에 어긋나
지 아니하며 한 점의 부끄럼이 없으며
한 점에 거역함이 없는 삶을 살도록
하는 것이 중요한 의미요, 뜻이 거기
에 있거늘,
40 보조 역할인 성경을 빼고 더하고 가감
해서 설명해도 아니 된다 하며,
41 너희는 바로 그와 같이 성령을 지키고
성령에 어긋나는 삶을 살아서는 너희
는 구원을 받지 못하며 지옥으로 가는
그것을 행하는 것은 빼고 더하고 그저
죄를 짓고 사악한 짓을 해도 용서를
빌면 된다고 그리 가르침이니,
42 이것이 얼마나 잘못된 것이며 얼마나
허황된 것이며 나 여호와의 뜻이요,
참진리를 모르고 가르친단 말이더냐?

43 정녕 종교 지도자는 무엇을 가르쳐야 하는가?

44 나의 율법이요, 법전대로 그대로 지키고 살라 가르치는 지금 나의 아들이 그 제자들에게 혹독한 가죽 채를 휘두르며 소리 지르고 있는 그것이 바로 나의 뜻이니 그게 무엇이더냐?

45 율법이요, 십계명대로 사는 것은 나의 성령으로 사는 것이요, 성령이 인도하는 길이거늘,

46 그리하여 나의 아들이 너희에게 한 점의 부끄럼이 없이 살라는 그것이, 성서의 한 획을 고치고 빼고 더하는 것보다 천배 만배 더 소중한 것이요, 나의 성령이요, 나의 뜻에 살아가는 삶이라는 것을,

47 어찌하여 그 이치를 깨우치는 자가 2천 년 동안을 흘러오면서 한 사람도 없었으며 종교 지도자들이 없었단 말이더냐?

48 그저 너희는 들은 대로 흘러가는 대로 가르치는 것이 아니더냐?

49 이제 나의 아들을 따르는 사랑하는 그 제자들이요, 나의 법전을 읽은 나로부터 선택된 소중하고 귀한 나의 백성 너희는 알라.

50 한 획을 빼고 더하지 말라는 것은, 너희의 삶을 한 점의 부끄럼이 없이 살라는 그것과 똑같음이니라.

51 그것이 더 중요하며 한 점의 부끄럼이 없이 살아가도록 하기 위하여 나의 성서에 그와 같은 내용이 기록되었음을 너희는 이제 알아야 할 것이며, 이 대목을 읽고 또 읽어 나의 뜻을 그리 깨우치도록 그리하라.

52 너희는 그 길뿐이니라.

53 성령의 그 길이요, 성령에 어긋나지 않는 것, 그것은 내가 살 길을 가르쳐 준 십계명이요, 율법대로 너희가 살아감이니, 내가 너희에게 은혜를 내림이니라.

54 너희는 묵상과 기도로써 정성을 다할 때 내가 너희에게 답을 줄 것이니, 성령이 임하여 내가 명하는 그 삶을 살아가도록 그리하라, 사랑하는 나의 아들딸들아!

55 지금의 모든 종교 집단이요, 지도자들이 길 잃은 자가 되었음이니라.

56 길을 모르며 갈 줄을 모르는 자, 제가 지금 어느 길을 가고 있는지 목적지를 모르며 방향을 모르는 자들이 지금 안내하는 자들이요,

57 캄캄한 밤을 헤매는 그와 같은 형국으로 모든 종교 지도자들이 끌고 감이니, 거기서 끌려가는 나의 사랑하는 백성이 얼마나 힘들고 어려운 길을 가느냐?

58 그 어렵고 힘든 삶이 너희가 나에게 오르는 길이 아니요, 구원을 받는 길이 아니라는 것을 그들에게 깨우쳐 주라.

59 이제 진리를 보도록 그리하라.

60 밝은 태양 아래 너희가 진정한 진리요, 나의 법전을 읽고 깨우치면 하늘에 오르는 길을 알 수 있음이니라.

61 너희가 모든 것을 알 때 처음에는 힘듦이니라.

62 너희가 학업을 하는 것, 어떠한 목적을 역사하는 것도 처음에 이루기는 힘들고 어려우나,

63 세월이 지나면 숙달이 되며 너희가
말하는 대로 몸에 배고 그 습관이 들
면 그것은 아무것도 아니니라.
64 거짓말하지 않는 습관을 들이기만 하
면 너희가 거짓말을 하고 싶어도 할
수 없는 것이며,
65 도둑질하는 것을 하지 않는 것으로 습
관을 들인다면 너희는 절대 도둑질을
할 수 없음이니라.
66 그리고 너희가 부모를 공경하는 것을
공경해 보기 시작하면 그 공경함이 아
무것도 아닌 것이니라.
67 그와 같은 이치가 있거늘, 어찌하여
너희는 그를 행하지 아니하며 행하지
도 아니하며, 나의 그 십계명을 지킬
수 없으며 율법을 지킬 수 없으며,
68 더욱이 모든 것을 내가 상세히 풀어서
너희가 깨달을 수 있도록 내리는 나의
법전대로 살 수 없으며 그대로 지키고
살 수 없다 그리 말하니,
69 너희가 얼마나 잘못된 백성이며 나를
능멸하며 나를 욕되게 하는 행위인 줄
알아야 할 것이니라.
70 이제 성서의 한 자도 빼지도 더하지도
한 줄을 고치지도 말라는 그것이 왜
기록되어 있느냐?
71 그 기록된 내용을 보고 행하는 것이
중요하기 때문에, 너희가 한 점의 부
끄럼이 없는 성령에 의한 삶을 살도록
그 모든 성서는 보조 역할을 하는 것
이요, 너희 행동이 중요함이니,
72 나의 아들을 따르는 제자요, 나의 법
전을 읽고 깨우친 백성 너희는 행동
하며 삶에 한 점의 부끄럼이 없도록
그리 살라.
73 성서에 기록된 내용이 너희가 바로
살라고 가르치는 보조 역할의 의미라
는 것을 이제 만백성에게 전하라, 사
랑하는 나의 아들딸들아!
74 말로써 고치지 아니하며 한 획도 고치
지 않고 더하고 빼지 않는 것을 소중
하고 귀하다고 하늘에 대고 그저 소리
를 지르면 허공에 날아가는 것이니라.
75 그와 같이 해야 한다 하면 무엇하는
가, 그와 같이 행동을 하는 것이 소중
하거늘,
76 직접 행동을 하기 위해서 내리는 그
뜻을 행동하지 아니하고 그저 허공에
대고 메아리를 침이니,
77 그저 바닷가에 가서 소리를 지르는 그
와 같은 행위를 하는 것이 바로 너희
임을 알라, 사랑하는 나의 아들딸들아!

6,808 번째 하나님 말씀

2003년 7월 21일 11시 41분

1 사랑하는 나의 아들아!
2 "네, 아버님! 말씀하옵소서."
3 정녕 사랑하는 너의 제자들이요, 나의
법전을 읽고 깨우친 백성 그들에게 기
다려 주라 그리 전하라.
4 너희가 기다림이 아니라 기다려야 할
때는 기다리는 것이 삶의 방법이라는
것을 깨우쳐 주라.
5 나의 아들 예수가 얼마나 많은 세월을
기다렸더냐?
6 나의 아들 예수도 기다렸음이니라.
7 나의 성령으로써 나의 명령이 떨어질
때까지 나의 아들은 30년이라는 그
긴 세월을 기다렸음을 너희는 어찌

모르느냐?
8 그러나 나의 아들 예수가 그 30년 동
안 기다리는 세월이 그냥 허송세월이
며 아무런 의미 없는 세월을 보낸 것
이 아니라는 것을 너희는 깨달아야
할 것이니라.
9 나의 아들이 30년 동안 기다리는 그
세월은 무미건조한 생활이 아니요, 그
냥 보낸 것이 아니라,
10 나의 아들은 많은 준비를 하였으며 그
가 세상에 나와 만백성을 구하기 위하
여 완전한 준비를 위하여 그는 말없이
기다리고 기다렸으며, 나의 명령이 떨
어질 때까지 그는 기다리면서 모든 준
비를 했음을 알라.
11 30년 동안 그저 목수로서 흘러가는
세월 속에서 그리 살아간 것이 아니라
는 것을 너희는 알아야 할 것이니라.
12 지금 나의 아들 또한 어떠한 나의 아
들이더냐?
13 나의 뜻을 받아 만백성을 구하며 새로
운 역사를 이루기 위하여 마지막 심판
의 시대에 나의 뜻을 만들어 세상에
전하니,
14 나의 아들이 법전인 나의 성령을 지금
기록하여 160권을 만들면서 그가 그
저 허송세월을 하는가?
15 세월을 기다리고 있음을 너희는 알아
야 할 것이니라.
16 어찌하여 기다리고 있음을 너의 제자
들이 그리 모르며 답답한 생각을 하며
마음이 그리 조급하단 말이던가?
17 기다려야 하느니라.
18 나의 아들이 허송세월하는 것이 아니
니라.
19 너희가 보기에는 나의 아들이 너희에
게 기다리라 하며 그저 세월을 낚는
것처럼 길을 가나 오직 그가 기다리더
냐?
20 160권의 법전을 만드는 데 그는 모두
를 다하며 지금 가고 있지 않은가?
21 나의 아들 예수도 그와 같이 고통과
시련 속에서 나의 명령이 떨어질 때까
지 30년이라는 길고 긴 세월을 기다
렸음이니 그리 알라.
22 너희 또한 내가 쓰고자 함이니라.
23 너희를 내가 쓰고자 함이니, 또한 너
희가 기다리는 그 지혜요, 기다리며
묵묵히 기다릴 수 있는 그와 같은 자
세가 필요함이니,
24 거기에서 기다리는 자를 내가 쓸 것
이며 기다리지 못하는 자는 내가 버리
게 될 것임이니라.
25 내가 너희에게 기다리는 그 지혜가 필
요함을 말함이니,
26 너희가 지금까지 기다리면서 과연 너
희 또한 허송세월을 보냈으며 나의
아들의 강론을 들으며 법전을 읽으면
서 지금 가는 그 세월이 무의미한 세
월이요, 허송세월을 보내고 있고 그러
한가?
27 너희는 어찌 변해야 하는지 스스로
알지 못하는가?
28 너희는 지금 변화 속에서 역사가 가고
있지 않은가?
29 계속 너희는 변화되고 있으며 바로
서고자 하는 것이 너희 뜻이며 깨달음
을 서서히 얻어 가는 것이 아니던가?
30 그와 같은 세월이 그저 허송생활하며
무의미한 세월을 보내는 것이 아니니

라.
31 너희를 기다리도록 하면서 나 여호와
가 쓸 수 있도록 훈련을 시키며 너희
를 내가 다스려 가고 있지 아니하더냐?
32 바로 나의 아들 또한 그러니라.
33 그리하여 나의 아들이 나의 명을 받고
세상에 나가 모든 역사를 할 때 내가
기다리도록 하기 위함이요, 더 기다려
야 할 때면 기다리게 됨이니라.
34 그러면서 기다리면서 그대로 보내는
것이 아니요, 모두를 단련을 시키며
훈련을 하며 그 준비들을 하고 있음이
니라.
35 나의 아들이나 또 나로부터 선택된 백
성 너희는 나의 명령이 떨어질 때까
지 기다릴 줄 알아야 할 것이니라.
36 그 기다림의 세월이 허송세월이 아님
을 알라.
37 모든 계획을 위한 준비요, 모든 계획
을 실천하기 위해 완전한 준비의 단계
가 필요한 것이니,
38 지금 나의 아들을 따르는 제자 너희
요, 나의 법전을 읽고 조급히 생각하
는 백성 너희는 모든 완전한 계획을
실천하기 위하여 지금은 준비 단계이
니라.
39 그리고 너희는 준비해 가면서 너희
스스로 변해 가는 삶이요, 너 자신이
내면의 뿌리를 굳건히 내려 가는 그와
같은 훈련을 쌓는 것이니,
40 조급히 생각하지 말며 불안해하지 말
며 흔들리는 마음을 가져서는 아니 됨
을 알라.
41 나의 아들 예수가 30년 동안 기다렸
음이니라.
42 성령으로써 세상에 태어난 나의 아들
을 너희가 믿는다면,
43 성령으로 세상에 나간 나의 아들이
30년 동안 기다리면서 그는 다져 왔
으며 준비해 왔으며 그리고 나의 명령
이 떨어질 때까지 묵묵히 그는 기다렸
음이니라.
44 모두를 다 그는 기다리고 있었음이니,
오늘의 나의 아들 또한 160권을 만들
어 세상에 전하는 것이 가장 소중하고
위대함이니,
45 그는 예수가 30년이요, 세상에 등장
하는 것보다 160권을 만들어 세상에
전하는 그 역사가 얼마나 위대한 것인
가를 너희는 알 것이거늘,
46 30년 동안 예수가 이룬 역사보다도
더 소중하고 위대한 역사요, 내 뜻을
이루는 것이 160권이 세상에 나오는
그 세월이라면,
47 기다리고 기다리는 것을 몇 배를 더
기다린다 해도 너희는 기다려야 할
것이니라.
48 나의 아들은 그리 기다릴 것이니라.
49 너희가 뭐라 말하든 나의 아들은 나의
명령이 떨어질 때까지 기다릴 것이며,
50 너희 또한 영원히 나에게 오르며 나의
전사로서 나의 뜻으로써 내가 이루고
자 하는 새 역사요, 만백성을 구하며
천 년 후에 새로운 하늘의 낙원을 지
상에 이루는 그 시기를 위해 기다릴
수 있는 자는 기다리면 필요로 하여
내가 쓸 것이며, 기다리지 아니한다면
내가 너희를 버리게 될 것이니 그리
알라.
51 지금 모든 종교 집단이요, 믿음의 길

을 가는 백성이 뭐라 하느냐?
52 그들은 천 년의 왕국이 이루어진다
그리하느니라.
53 천 년의 왕국이면 제한된 시간이니,
너희는 내가 가르치기를 뭐라 말하였
느냐?
54 천 년 동안 변화되는 그 역사라 하여
그 왕국은 영원히 지속하며 영원히
존재한다 하였으나,
55 그들은 천 년 후에 왕국이 끝나는 것
처럼 천 년 후면 이 지상이 덮어지고
멸망하는 것처럼 그 착각 속에서 어느
것이 진리요, 나 여호와의 뜻인지를
그들은 모르느니라.
56 나의 진리요, 나의 뜻은 영원히 존재
하며 하늘에서 이루어진 것같이 이
땅에서 이루어지는 것이 내 뜻이요,
너희의 소망일진대, 천 년에 걸쳐서
완벽한 나의 백성이 뿌리를 내리도록
하는 것이 내가 준비한 천 년이라 그
리 말한 것을,
57 너희는 천 년 왕국을 이루니 천 년의
왕국을 이루고 모두 다 끝난다 하며
그때 너희는 휴거라는 것을 받으며
부름을 받아 하늘에 오른다는 억지를
쓰며,
58 나의 아들을 통하여 내가 내리는 그것
이 잘못되었다 하며 이는 상대할 자가
못 된다 그리 말하니, 얼마나 답답하
고 괴로운 일이더냐?
59 천 년 왕국이 이루어지는 것이지, 천
년에 걸쳐서 다져지고 훈련된 속에서
왕국이 건립되는 것이 아니라 그들이
억지를 씀이니, 얼마나 어리석고 불쌍
한 답이더냐?
60 진정 너희가 가지고 있는 것은 검은
콩을 손에 가지고 보고 있거늘, 그걸
보고 흰 콩이요, 진정한 콩이요, 네 손
에 있는 것은 잘못된 것이요, 제 손에
있는 흰 콩이 콩이라 그리 말한다면,
61 검은 콩을 가지고 있으며 검은 콩을
역사한다고 내가 준 검은 콩을 가진
너희가 과연 무슨 말을 하겠는가?
62 이 답답하고 괴로운 것을 어찌 깨우치
겠는가?
63 나의 피조물 만백성 그들이 욕심 때문
에 남의 것을 보지 못하며 남이 저보
다 나은 것을 인정하지 아니하며, 남
이 가지고 있는 그 보석이 진짜 보석
으로서 찬란한 빛을 내는 것을 흙으로
덮으며 인정하지 않으며 그것으로써
지키고 버티려는 그 불쌍한 백성과
무엇이 다르더냐?
64 남의 손에 있는 그 진주요, 진짜 보석
은 흙으로 덮고 오물로 덮어 빛을 가
리려 하며 그리하여 보석이 아니라 말
하며,
65 제 손에 든 유리로 깎은 그 보석이야
말로 진정한 보석이라 하여, 그 빛을
발하기 위해서 진짜 보석처럼 빛을 발
할 수 있도록 온갖 방법을 다 동원하
여 감언이설을 하나,
66 결국은 너희가 오물을 묻이고 흙으로
덮은 그 보석이 그걸 씻고 세상에 나
왔을 때, 너희가 손에 들고 위대한 보
석이요, 진정한 보석이라 자랑했던 그
유리의 처참한 모습을 당연히 너희가
느낄 때가 있을 것이니,
67 그때는 너희가 나에게 와 심판을 받
아 이미 늦음을 알아야 할 것이니라.

68 너희가 오늘을 살며 나를 찾으며 나를
아버지라 부르는 그 영광이 얼마나 위
대한 것인지를 어찌 그리도 모르고 어
리석은 백성으로 살아간단 말이더냐?

6,809 번째 하나님 말씀

2003년 7월 21일 11시 49분

1 사랑하는 나의 아들아!
2 "네, 아버님! 말씀하옵소서."
3 너희가 욕심을 버리고 변화되는 삶의
길을 찾아가면서 정녕 나에게 기도하
고 경배하는 삶을 살라 내가 너희에게
그리 강조하고 가르쳤음이니라.
4 너희가 정녕 욕심을 버리지 못하며 변
화되는 삶을 살지 아니한다면, 너희는
정녕 나에게 오를 수 없기 때문이니라.
5 그러니 나로부터 선택된 백성이요, 나
의 아들을 따르는 너희는 욕심을 버
리며 변화되는 삶을 찾아 살며,
6 나에게 기도하고 경배하고 묵상으로
써 답을 받아 행하는 그와 같은 삶을
살며, 그 길을 위하여 너희가 기다리
고 또 기다리고 가는 그 삶을 살아가
야 함을 너희는 절대 잊지 말라.
7 너희가 욕심을 버리고 변화되었을 때,
나 여호와의 명령이 떨어지길 기다리
고 기다렸을 때, 나 여호와는 너희에
게 대화하는 길을 알려 줄 것이며 너
희가 나와 대화하는 그와 같은 영광을
얻게 된다는 것을 알아야 할 것이니
라.
8 너희가 정녕 나 여호와와 대화하고자
한다면, 너희 자신을 비우고 그 모두
를 다 개방하는 그와 같은 삶으로써
살아가야 함을 너희는 알아야 할 것
이니라.
9 너희가 욕심을 버리고 사는 삶도 소중
함이요, 이제 욕심을 버리고 살아갈
수 있도록 노력하는 나로부터 선택된
백성 너희는 너희 삶의 그 모두를 다
개방하며, 그리고 너희 가슴을 다 개
방하는 그와 같은 열린 마음으로 삶을
살아가도록 그리해야 함을 잊지 말라.
10 나 여호와가 너희가 하나를 깨우쳤을
때 더 무거운 것을 얹어 주며, 더 무거
운 것을 깨우쳤을 때 그보다 더 무거
운 짐을 내가 너희에게 지워 줌이니,
11 이것이 너희가 나에게 오르는 길이라
하니 나의 마음이 얼마나 아프고 저리
겠는가?
12 간신히 짐을 지고 일어나는 그 자식에
게 더 무거운 짐을 얹어 주지 아니하
면 아니 되는 그 부모의 마음이 어떠
하겠는가?
13 부모가 지고 이고 갈 수 있는 것이 있
다면 자식에게 얹어 주는 부모는 육의
세상에도 없을 것이니라.
14 부모가 더 이상 이고 지고 갈 수 없기
때문에 자식의 짐보다 열배 백배 더
무겁고 힘들기 때문에
15 간신히 걸어가는 자식에게 그 짐을 더
얹어 주는 그 부모의 마음이요, 부모
의 무능함이 얼마나 가슴 아프고 저려
오겠느냐?
16 나 여호와가 짐을 지고 간신히 일어선
너희에게 또 무거운 짐을 주며, 그 짐
을 지고 어깨요, 다리요, 몸이 단련되
어서 너희가 바로 걷는다 싶을 때, 내
가 또 너희에게 짐을 얹어 줘 비틀비

틀 다리를 또 훈련하며 마음을 훈련
하는 그와 같은 길을 가게 하는 나 여
호와의 아프고 저린 가슴을 너희가
알겠는가?
17 그 모두가 내가 너희를 사랑함이요,
너희가 그리 갈구하고 원하는 하늘에
오르는 길이 그 길이니, 내가 어찌 너
희에게 이를 중단할 수 있단 말이던가?
18 중단하지 못하는 나 여호와의 아픈 마
음을 정녕 모르겠단 말이더냐?
19 내가 뭐라 말하였느냐?
20 너희가 육에서 소원하는 것, 그리고
원하는 것을 내가 상으로 주지 아니하
며, 너희가 오로지 나에게 오르는 길
이요, 하늘에 오를 수 있는 그 영광의
손을 내미는 것이 내가 너희에게 주
는 가장 큰 사랑이요, 은혜라 그리 말
하였음이니,
21 그 상을 내가 너희에게 내려 주기 위
하여 훈련하고 훈련하여 다시 일어서
서 간신히 걸을 만하면 내가 무거운
짐을 나의 아들을 통하여 너희에게
또 얹어 줌이니,
22 이것이 바로 내가 너희에게 마지막
구원의 길에 손을 내밀 수 있는 그 길
이기에 내가 그리 가니, 나 여호와의
울고 있는 마음을 너희는 알아야 할
것이니라.
23 그 길이 아니면 나에게 오를 수 없기
때문이니라.
24 그리하여 너희에게 무거운 짐을 주고
또 그 짐을 주는 나 여호와의 뜻을 알
라.
25 너희가 정녕 그 무거운 짐을 지고 간
신히 일어나 걸을 때쯤 되면 내가 나
의 아들을 통하여 너희에게 더 무거운
짐을 얹어 주는 고통의 길이 얼마나
힘들겠느냐?
26 그 고통의 길이요, 어려운 길을 오는
것이 하늘에 오르는 길이요, 나에게
오르는 길이거늘, 그 고통과 시련도
모르며 말로써 믿으며 말로써 소리 지
르며 구원하며 찬송하며 하늘에 오르
는 길이라 하는 그 백성, 그 가련하고
불쌍한 자들을 위하여 너희가 바로
살아야 할 것이며,
27 너희는 그 어렵고 힘든 길을 마다하지
아니하며 또 너희가 이겨 나에게 오
기를 바라는 것이 나 여호와의 마음임
을 알라.
28 이제는 너희가 나와 대화하는 길을 가
르쳐 주었음이니라.
29 욕심을 버리고 너희가 변화되는 삶을
살 때 나와 대화할 수 있으며 나의 음
성을 들을 수 있다 하였음이니, 그 모
두는 너희에게 달렸음이니라.
30 나 여호와는 성령의 선물을 너희에게
내려 주는 것이 바로 이것임을 알라.
31 너희가 나에게 대화할 수 있는 그 길
이 바로 내가 너희에게 성령을 내려
주는 선물임을 절대 잊지 말라.
32 그 역사가 이루어지는 백성이요, 그걸
듣는 백성이 참다운 믿음이요, 진정한
길을 가는 백성이니,
33 이 세상에 너희 외에는 누구도 진정
한 길이요, 하늘에 오르는 빛을 볼 수
없으며 그 길을 알지도 못한다는 것을
너희는 알아야 할 것이니라.
34 지금 너희가 나를 찾으며 나와 대화
할 수 있는 것이 얼마나 소중하고 위

대한 것인가를 내가 일찍이 나의 아들
을 통하여 너희에게 기록하여 전했음
이니라.
35 너희가 이 세상에 존재하는 것, 세속
의 삶에 있는 것, 영과 육이 같이 존재
하는 곳에서 이 세상에서 너희가 사
는 것이 가장 위대하고 소중한 것임을
알라.
36 여기서 나를 찾을 수 있으며 나를 향
하여 너희가 올 수 있으며, 너희가 나
를 향하여 올 수 있는 노력의 길을 갈
수 있고 오는 것이 바로 너희가 영과
육이 같이 존재하는 이 세상에서 먼저
이루어짐이니,
37 너희가 육과 영이 분리되었을 때는 아
무리 너희가 나에게 오르고자 발버둥
치며 나를 아버지라 부른다 해도 너희
가 잘못 살아옴을 통곡하며 발버둥치
며 한 번의 기회를 달라 몸부림쳐도
그 기회가 없다는 것,
38 이 많은 세월 속에서 너희가 자유로
이 살아가는 이 세상 속에서 육과 영
혼이 같이 존재하는 이 세속의 삶에서
너희가 나에게 오를 수 있는 길을 보
고 찾아오라.
39 그러니 오늘의 삶이 가장 위대하고 소
중하며 영광된 이 시간을 단 1초라도
허술히 보내지 말며 헛되이 쓰지 말
라, 사랑하는 나의 아들딸들아!
40 이 무서운 하늘의 뜻을 알았다면 너희
는 바로 살아야 함을 절대 잊지 말라,
사랑하는 나의 아들딸들아!

6,810 번째 하나님 말씀

2003년 7월 21일 11시 55분

1 사랑하는 나의 아들아!
2 "네, 아버님! 말씀하옵소서."
3 내가 너희에게 일찍이 깨우쳐 전한 것
이 무엇이더냐?
4 너희가 기도하며 믿음의 길을 가는 가
장 소중한 것이라 생각하는 것은 너
희가 무엇인가를 이루고자 나를 향하
여 바라는 것, 그리고 소원하는 것을
이루고자 하는 그와 같은 것은 아무것
도 아니라는 것을 내가 너희에게 수없
이 깨우쳐 주었음이니라.
5 그러나 수천 년 동안 흘러오는 그 믿
음 속에서 나의 그 많은 백성이 어떠
한 믿음을 왔던가?
6 너희가 기도하는 믿음이라는 것은 가
장 소중한 것을 나로부터 바라며 이루
고자 하는 그 소원을 위하여 살아가는
그와 같은 믿음을 보고 왔지 않는가?
7 그러한 기도는 누구나 다 할 수 있는
것이니라.
8 아무 백성이나 그리할 수 있음이니라.
9 무릎 꿇고 손을 들고 소원하는 것을
이루고자 하는 그 욕망의 기도는 누구
나 다 할 수 있는 것이며 자연적으로
이루어지는 그와 같은 기도이니, 그건
나와 관계없으며 소중함이 아니라 내
가 너희에게 일찍이 깨우쳐 주었느니
라.
10 이제 나의 아들을 따르는 제자들이요,
나의 법전을 읽고 깨우친 만백성 너희
는 그와 같은 기도를 해서는 아니 된
다는 것을 일찍이 알았음이니,

11 이제 너희는 나 여호와의 뜻을 알고
자 하는 간절한 기도를 드려야 할 것
이며, 내가 역사하고자 하는 그 뜻을
알고자 하며 그 뜻에 살아가고자 하며
내가 이루고자 하는 것을 깨달아 그
길을 가는 것, 그리고 나의 뜻에 살아
가는 그와 같은 것을 위해서 너 자신
의 모든 것을 기울이는 그와 같은 열
정을 갖고,
12 너희를 위하는 기도가 아니라 내가 이
루고자 하는 그 역사를 위하여 기도하
며 경배하는 그와 같은 마음 자세로
살아야 할 것이며, 너희 기도는 그리
바뀌어야 함을 절대 잊어서는 아니
될 것이니라.
13 너희가 나에게 기도하고 경배하는 것
은 너희의 소원이요, 너희가 이루려는
그 가장 작은 것을 원하는 기도가 아
니라,
14 나 여호와의 뜻에 따라 살아가는 데
모든 것을 다 기울이며 모든 열정을
다 바쳐 경배하는 마음으로써 나에게
기도하라.
15 그리고 나의 생각과 내가 원하는 길
을 알고자 거기에 모든 것을 투자하는
믿음과 기도하는 그와 같은 삶을 살아
가야 할 것이니라.
16 지금의 모든 백성은 그와 같은 마음
으로 기도함이 아니라, 저에게 이루어
지는 것, 육의 세상에서 이루어지는
것이 무엇이 그리 소중하기에 육에서
이루어지는 저희의 그 가장 소중한
생각이요, 요구하는 것을 이루기 위한
그와 같은 기도를 하고 지금까지 흘러
왔음이니,
17 그와 같은 기도를 해서는 아니 되며
그와 같은 기도를 해서 이루어지는 것
이 없다 하면, 과연 그들은 저희가 만
든 성전이요, 교회라는 곳에 가 재물
을 바치며 눈물을 흘리며 과연 기도를
하겠는가?
18 그것이 사탄의 온상이요, 지금 죄의
온상이라는 것을 그들이 과연 언제쯤
보게 될 것인가?
19 그들이 나의 법전을 보고 저희의 마음
이 변화되어 성령이 임했을 때는 사탄
의 소굴이라는 것을 알게 될 것이니라.
20 그러나 그때는 이미 때가 늦음을 알
아야 할 것이니라.
21 이제 나의 백성이 해야 할 길이 무엇
인지 너희는 알고 있지 않은가?
22 너희가 가야 할 길이 무엇인 줄 알고
있지 않으냐?
23 이제는 너희만이라도 그러한 삶과 그
믿음의 길을 가는 백성에게 바로 일깨
워 주며 너희가 스스로 모범을 보이
는 그와 같은 삶을 살아야 할 것이니
라.
24 너희가 단 하나라도 기도하고 경배할
때 육의 세상의 작은 소원을 이루어지
지 아니한 것을 또 이루어지기를 바라
는 그와 같은 마음으로 살아간다면,
25 정녕 너희는 나와 대화할 기회가 열
리지 않을 것이며 나의 음성을 들을
기회는 영영 없음을 알아야 할 것이
니라.
26 그러니 소원을 비는 기도를 하지 아니
하며, 나의 뜻을 이루며 역사하는 그
곳에 동참할 수 있는 그와 같은 길을
보고 갈 수 있도록 그 모두를 기울여

기도하는 방법으로 나의 피조물 만백
성들을 깨우쳐 주며, 너희가 깨우치는
자가 되고자 한다면,
27 너희 스스로 만에 하나라도 너희 마
음에 작은 소원을 바라는 것, 그리고
힘들 때 무엇인가를 이루고자 하는 그
욕심의 기도를 마음속에 갖고 있다면
절대 그 뜻은 이루어지지 않으니,
28 나에게 기도하면서 너희가 육의 세상
에서 이루려는 것, 소원하는 것을 접
목시키지 말라.
29 접목시키는 순간에 그 가중된 벌만이
더 내려짐이니라.
30 나로부터 선택된 백성이요, 나의 뜻을
알며 하늘에 오르는 길을 아는 너희가
그를 거역할 때는 모르고 거역하는 백
성보다 그 매질이 더 무서우며 체벌이
무서움을 알라.
31 이제는 깨우칠 수 있으며 깨우치면서
갈 수 있는 백성이 아니요, 아무리 깨
우쳐도 가지 못하는 백성에게는 매질
하지 아니함이니라.
32 아무리 깨우쳐도 모르는 자, 아무리
매질해도 모르는 백성에게 나 여호와
가 어찌 매질하여 그를 가르친단 말이
더냐?
33 가르칠 때 깨달을 수 있는 자, 내가 명
했을 때 돌아설 수 있는 자, 내가 매로
다스렸을 때 바로 설 수 있는 백성에
게 내가 매를 내림이니, 그것이 체벌
이며 너희가 받는 체벌이 무서움을
이제 알아야 할 것이니 그리 알라.

6,811 번째 하나님 말씀

2003년 7월 21일 12시 01분

1 사랑하는 나의 아들아!
2 "네, 아버님! 말씀하옵소서."
3 지금 나의 피조물 만백성들이 가는
길이요, 믿음의 그 길이 구원의 길이
아니라 함을 내가 수없이 기록하여 전
하였음이니라.
4 그러니 내가 너희에게 소원하는 것,
인간 세상에서 가장 소중하며 귀한 것
하나 무엇인가를 얻기 위한 그와 같은
마음으로 기도하지 말라 내가 그리 말
하지 아니하였더냐?
5 너희가 하늘에 오르는 길이요, 나 여
호와의 가슴에 오는 길은 너희가 목이
말라 죽기 전에 그 갈증을 느끼는 자
가 물 한 컵을 마심으로써 그 갈증을
해소하는 그와 같은 기쁨이요, 그와
같은 것으로써 믿음의 길을 가는 것이
아님을 너희는 알아야 할 것이니라.
6 배고파 허덕이는 자가 한 끼의 식사를
취하고 만족해하는 그와 같은 것으로
써 믿음의 길을 가는 것이 아니요, 그
것이 믿음의 길을 가는 것이 아님을
알라.
7 너희가 어렵고 힘든 하나의 그 고비
요, 고통이요, 시련을 넘겼다 하여 그
것으로써 만족해하는 그와 같은 믿음
의 길을 가는 것이 아니라는 것을 너
희는 알아야 할 것이니라.
8 너희가 욕심과 탐심을 버리며 꾸준히
변함없이 가는 것이 나에게 오르는 길
이요, 믿음의 길을 가는 자들이라는
것을 알라.

9 너희가 무엇인가를 하나 이루어졌을
때 만족하는 자, 하나의 역사를 해결
되었을 때 만족하고 기뻐하는 그와 같
은 마음 자세로써 믿음의 길을 가는
것이 아니요, 나에게 오는 백성이 가
야 할 길이며 행해야 할 길이 아님을
너희는 알아야 할 것이니라.
10 나의 피조물 만백성들을 깨우치는 것
이 얼마나 힘들고 어려운 길인 줄 알
겠는가?
11 너희가 세 치 혓바닥으로써 나의 피
조물 만백성들을 마음대로 구원하며
역사한다 하는가?
12 너희 생각대로 계획하고 짜내서 만드
는 그 말을 나의 피조물 만백성 앞에
서 설교요, 강론이라 하면서 그것으로
써 나의 피조물 만백성을 구한다 생각
하는가?
13 갈증 나는 자가 물 한 컵을 마시고 해
소하듯이, 배고픈 자가 한 끼의 밥을
먹고 해소하는 것처럼 너희가 그저
생각으로 짜내어 나의 피조물 만백성
들을 순간적으로 흥분시키고 광분하
게 하며, 그들을 달래며, 그들을 위로
하며, 그들을 기쁘게 하며, 그들이 은
혜 받았다, 축복받았다 생각하게 하며,
14 그와 같이 세 치 혓바닥으로써 네 생
각으로써 짜 낸 그와 같은 생각으로써
나의 피조물 만백성들을 구원하며 하
늘에 오르는 길로 인도한다는 착각을
하지 말라.
15 그와 같은 방법으로써는 인도할 수도
없으며 그와 같은 행위는 내가 보지도
아니하며 듣지도 아니한다는 것을 너
희는 알아야 할 것이니라.
16 너희가 순간적으로 현혹게 하여 모면
하는 것, 너희 제자들을 속이며 신도
들을 속이며 너 자신을 속이며 주변의
인간을 속이는 그와 같은 행위를 하면
서 나의 피조물 만백성들을 인도하는
지도자로서 선다 할 때,
17 과연 그와 같은 행위를 하는 자가 하
늘에 오를 수 있으며 나의 피조물 만
백성들을 깨우쳐 인도할 수 있던가?
18 너희는 인간을 미혹게 하며 인간을
현혹게 하는 그와 같은 사악한 행위를
하고 있음이니라.
19 그러니 정녕 진정한 지도자라면 너희
의 짜인 생각으로써 나의 백성을 우
롱하는 것이 아니요, 네가 거울로 비
춰 봐, 유리로 비춰 봐 한 점의 부끄럼
이 없이 너 자신이 변하는 그와 같은
자세로 살아가는 것이 종교 지도자의
자세며 너희가 해야 할 길이라는 것을
먼저 알아야 할 것이니라.
20 내가 일찍이 말하였느니라.
21 꺼져 가는 등잔불에 기름을 붓는 것처
럼 순간적인 어떠한 어려움을 해결하
며 너희가 고난을 해결하는 그와 같은
것이 믿음의 길을 가는 것이 아니요,
22 영원히 변함없는 노력, 영원히 탐구하
는 길이요, 영원히 한 길에 지속하는
마음이 변함이 없으며 흔들리지 아니
하고 가는 그 마음이 나에게 오르는
길이니라.
23 흔들리지 않고 영원히 나의 뜻을 탐구
하며 나의 뜻을 알고자 하며 참진리를
알고자 변해 가는 그 삶이야말로 내가
그들을 영접하며 그 기도를 들어줌이
니라.

24 순간적인 것으로써 모면하며 순간적
인 잔꾀로써 나의 피조물 만백성들을
우롱하며 이 시간을 넘기며 이 시간에
그들이 축복받았다 하며 그들이 바치
는 재물을 긁어내려고 온갖 수단과
방법을 가리지 않는 세 치 혓바닥의
놀림으로 인하여 나의 피조물 만백성
들을 구할 수 없으며, 하늘에 오르는
길로 인도할 수 없으며, 너희는 천국
의 빛조차도 구경하지 못하는 자들이
라는 것을 알라.
25 꾸준히 노력하며 영원히 노력하여 참
진리에 의하여 변하지 않고 가는 것,
그리고 영원히 내 뜻이 무엇인가를 탐
구하는 것, 참진리를 위하여 모든 것
을 다 바쳐 기도하고 경배하는 백성만
이 나를 볼 수 있으며, 나의 음성을 들
을 수 있는 것이며, 하늘에 오르는 길
을 올 수 있는 것이라는 것을 잊지 말
라.
26 잠깐의 말장난으로써 너희를 구원하
지 못함이니, 그 사악한 자들의 말장
난에 현혹되어 너희 자신을 버리는 그
와 같은 어리석은 삶을 살지 말라, 나
의 사랑하는 만백성들아!

6,812 번째 하나님 말씀

2003년 7월 21일 12시 09분

1 사랑하는 나의 아들아!
2 "네, 아버님! 말씀하옵소서."
3 너희가 육의 세상에서 자유분방한 삶
을 살다 결국 육은 죽어 가며 그다음
에 이루어지는 길은 무엇이며 너희가
행해야 할 길은 무엇인 줄 알겠는가?
4 바로 너희가 나에게 와 심판을 받는
길임을 알아야 할 것이니라.
5 그러니 너희가 그 심판을 받는 길이란
무엇이더냐?
6 인간 세상에서 인간의 죄에 대한 심판
을 받는 것이 아니요, 그것은 백 번 천
번 기회가 다시 있으며 되돌아가 사람
으로서 바로 살 수 있는 그와 같은 기
회를 얻을 수 있을 것이니라.
7 그러나 너희가 나에게 심판을 받으러
오는 길은 어떠한 길이더냐?
8 한번 가면 돌아올 수 없는 길이라는
것을 너희는 깊이 깨우쳐야 함을 잊
어서는 아니 될 것이니라.
9 그러니 너희가 나로부터 심판을 받는
길은 한번 오고 나면 다시 돌아갈 수
없으며 돌릴 수 없는 길이니,
10 지금 너희 마음대로 너 자신의 육과
영혼을 통제하며 다스려 살아갈 수 있
고 마음대로 사용할 수 있으며 이용할
수 있는 오늘의 육의 이 세상의 삶이
너희에게 얼마나 소중하고 귀한 것인
지를 알라.
11 너희가 마음대로 행동하며 살아갈 수
있으며 악을 선택할 수 있으며 선을
선택할 수 있으며, 착하고 아름답게
사는 것이요, 남에게 누를 끼치며 사
는 것이요, 악한 마음을 가지고 사는
것이요, 선한 마음을 가지고 사는 것
이요, 그와 같은 것을 너희가 결정하
여 마음대로 다스리며 살아가는 것이
오늘의 육과 영혼이 같이한 이 세상이
니, 오늘의 삶을 얼마나 바로 살아야
하는지를 알겠는가?
12 그리고 그와 같은 선택을 자유자재로

할 수 있는 오늘 너희가 존재하는 것
이 나로부터 받은 얼마나 큰 축복이
요, 영광인지 그 소중함을 알아야 할
것이니, 어찌하여 이를 모르는가?
13 이것이 너희에게 얼마나 소중한 것이
며 그 소중한 시간은 한 번 흘러가면
절대 다시 오지 않으니,
14 그 시간 속에서 너희가 살아가는 오
늘의 삶을 어찌 살아야 하는가를 어
찌하여 그 두렵고 무서움을 모른단 말
이던가?
15 오늘의 너희가 존재하는 삶의 두렵고
무서움을 알며 그 소중하고 귀한 것을
알아야 할 것이니라.
16 오늘의 주어진 그 삶을 어찌 사느냐에
따라서 너희가 나에게 오르고 못 오
름이 결정되며, 나로부터 구원을 받고
못 받는 것이 오늘의 삶에 있음이니라.
17 자유분방하며 너희 마음대로 조정할
수 있으며 마음대로 다스릴 수 있는
그 시간을 내가 너희에게 주었음이니,
나에게 원망하지 말아야 할 것이니라.
18 내가 너희에게 원망을 들을 일이 없
으며 너희가 나에게 원망할 그와 같
은 자격이 없음을 알라.
19 너희에게 모두 자유분방하게 살아갈
수 있는 시간이요, 역사할 수 있는 모
든 기회를 다 주었음이니,
20 그를 갖고 마음대로 쓰고 살아온 네가
지옥으로 간다 하여 나에게 원망하지
말라.
21 그리고 지옥 불에 가 그 무서운 벌을
치르면서 너희가 나를 원망하지 말라.
22 나 여호와는 너희에게 그 소중하고
귀한 상을 다 은혜를 내려 주었음이니
그리 알라.
23 그 소중한 시간이 한번 흘러가고 지나
면 절대 다시 오지 않는다는 그 시간
속의 삶을 다시 한 번 돌이켜 보도록
그리하라.
24 나를 모르며 나의 진정한 뜻을 모르고
살아간다면, 아무리 너희가 발버둥치
고 노력한다 해도 구원을 받을 수 없
으며 하늘에 오르는 길을 볼 수 없음
이니,
25 우선 너희가 나 여호와의 진리가 무
엇이며 진리의 길을 찾는 것이 무엇인
가를 먼저 알아야 할 것이니라.
26 그 길을 찾는 자가 하늘에 오르는 길
에 들어설 수 있으며 빛을 볼 수 있음
이니라.
27 그러니 여기서 너희는 위로부터 생각
해 보라.
28 모세가 나의 명령에 따라 움직였던 그
와 같은 복종하는 마음이요, 노아가
방주를 만들겠다고 순종하는 마음이
요, 욥이 고통과 시련을 겪으면서 견
뎠던 그 모두요, 아브라함이 자식을
바치는 그와 같은 순종함이요, 그 모
든 역사하고 순종했던 것을 하나하나
기록하여 네 머리에 기억하고 살라.
29 그것이 너희가 나에게 오르는 길이라
는 간단한 이치거늘,
30 그리고 너희가 구약에 기록되어 있는
나의 십계명이요, 율법이요, 나의 아
들 예수를 통하여 베풀고자 역사했던
그 사랑의 작고 큰 것들을 모두 하나
하나 기억하여 그대로 가고 그와 같이
행하는 것이 나에게 오는 길이라 생각
한다면 오늘의 삶을 함부로 살아갈 수

없거늘,
31 어찌하여 너희에게 거울이 되며 가르침이 되며, 그걸 보고 행하면 하늘에 오를 수 있는 것을 다 세상에 내려 주었건만,
32 그저 그것을 한쪽 귀로 흘리며 너희와는 관계없는 것이요, 그것은 그들에게 필요한 것이며, 너희의 오늘의 삶은 그것과는 관계없다 생각하나,
33 그것은 절대적으로 너희와 관계요, 그와 같은 삶을 살고 안 삶에 너희가 나에게 오르고 못 오르는 것이 거기 있음이니, 그걸 거울삼아 너희가 오늘의 삶을 바로 살도록 그리하라.
34 한 번 가면 다시 돌이킬 수 없으며 얻을 수 없는 이 소중한 시간을 1초도 낭비하는 어리석은 삶을 살지 말도록 그리하라.
35 나의 아들을 따르는 제자들이요, 나의 법전을 읽는 백성 너희만이라도 돌이킬 수 없는 이 오늘의 소중한 시간을 절대 함부로 쓰지 말라.
36 소중히 쓰고 잘 다스려서 너희에게 나에게 올 수 있는 그 위대한 영광을 얻도록 그리하라.
37 똑같은 삶을 살며 똑같은 인생의 삶을 살아가며 똑같은 길을 가면서 한 길은 지옥으로 가는 길을 가는 자요, 한 길은 천국에 오는 길을 가는 자라면, 너희는 어떠한 길을 선택해야 하겠는가, 정확한 답이 나와 있지 않으냐?
38 그리하여 내가 항상 오답과 정답을 같이 내려 주니, 정답을 찾으면 된다는 나의 뜻을 깊이 새겨 너희가 오늘의 삶을 바로 살아가도록 그리하라, 사랑하는 나의 아들딸들아!

6,813 번째 하나님 말씀

2003년 7월 21일 12시 15분

1 사랑하는 나의 아들아!
2 "네, 아버님! 말씀하옵소서."
3 너희들의 육이 존재하는 세상의 삶을 살아가면서 만나고 헤어짐이 너희들이 인간의 관계요, 인간으로서 이루어지는 것이 아니던가?
4 너희가 이 세상에 살면서 인간관계의 이루어짐이, 사랑했던 사람이요, 소중히 생각했던 사람들이요, 영원히 간직하고 싶었던 그 사람과 헤어졌을 때, 또한 너희가 사랑했던 사람이 젊은 나이요, 젊은 시절에 이 세상 사람이 아니며 영원히 만날 수 없는 그와 같은 곳으로 떠나는 아픔을 가졌다면,
5 너희는 과연 그 사람과 사랑했던 그 아름다움을 간직하고 그 추억을 그리기 위해 어떠한 행동을 하더냐?
6 너희는 사랑했던 사람과 처음에 만났던 장소요, 대화하고 즐겼던 장소를 찾아가서 혼자 그와 대화를 하며 그와의 추억을 그리면서 그곳에 가 너희 자신을 한번 위로하고 달래며 때로는 눈물로써, 때로는 기쁨으로써 슬프고 아프고 설렜던 그 마음을 달래고 돌아서는 것이 아니더냐?
7 그리하여 지난 추억을 그리며 눈물을 흘리고 때로는 희망을 품고 아픈 가슴을 달래고 오는 것이 너희니라.
8 그러나 너희를 영원히 구원하는 것이요, 하늘에 오르는 길이라는 나의 법

전을 처음 접한 것을 과연 생각하며
나의 법전을 만남을 소중히 생각하여
그 장소를 가며 그곳에 가 나의 법전
을 만났던 그 기쁨을 생각하고 역사하
는 백성이 과연 어디에 있는가?
9 너희가 나의 법전을 처음 만나 오늘
날 구원의 길이요, 사악하고 썩어져
가는 사탄의 소굴에서 구원을 받는 그
은혜와 영광을 생각한다면,
10 과연 나의 법전을 처음 접했던 곳에
남들처럼 나의 법전을 접한 그곳에 가
기록하며, 그곳에 법전이 영원히 떨어
지지 아니하고 많은 사람이 또 구원
을 받을 수 있도록 그와 같은 역사의
행위를 하고 있는 나의 백성이요, 나
의 아들을 따르는 제자들이 과연 얼마
나 있는가?
11 너희는 인간 세상의 그리운 사람과 대
화하고 만났던 곳, 그 사람과 영원히
헤어졌을 때 그 추억의 눈물을 흘리며
기쁨을 다시 생각하며 아픈 마음을 달
래기 위해 그 장소를 수없이 찾아가는
것이 너희라 하였거늘,
12 너희가 영원히 사는 구원의 길이요,
그 썩어지고 썩어져 가는 그 소굴에서
너희를 구원해 줄 수 있는 나의 법전
을 접한 것을 영원히 기록하며 감사하
며 그곳을 찾아가며,
13 너희가 처음 나의 법전을 접했듯이 법
전을 접할 수 있도록 누군가 정성스럽
게 전해 준 그 사람의 마음을 감사하
며, 너희도 또한 영원히 그곳에 나의
법전을 남겨 두고자 하며 영원히 그곳
에 존재할 수 있는 그와 같은 역사를
하는 자가 있는가?
14 나의 법전을 처음 만난 곳을 영원히
기억하고자 하는 자, 그리고 나의 마
음이요, 나의 성령의 뜻인 나의 법전
을 그곳에 갖다 놓고 지금 갖다 놓는
자가 과연 얼마나 있는가?
15 너의 제자들에게 물어보며 너의 제자
의 마음을 한번 다스려 보도록 하며,
16 너희가 감사하고 은혜를 느낀다면 나
의 법전을 들고 동서남북으로 뛰기에
도 시간이 없거늘,
17 너희는 어찌하여 한 사람도 깨우쳐 나
의 성전에서 강론을 듣는 역사를 못
하는가?
18 과연 그러고도 너희가 나에게 콩을
얻기 바라며, 팥을 얻기 바라며, 너희
의 곪은 상처가 낫기를 바라며, 아픈
가슴의 상처를 치료 받기를 바라며,
너희의 어렵고 힘든 것을 나에게 은
혜를 받고자 생각하는 자가 있는가?
19 너희가 얼마나 욕심쟁이며 얼마나 부
끄러운 자이며, 너희들이 잘못되었다
생각하는가?
20 이 대목을 너희가 읽었을 때쯤이면
벌써 남아 있을 자와 떠날 자가 구분
되어 있을 것이며,
21 잘못하고 떠나간 자는 통곡할 것이며,
남아 있는 자는 이와 같은 역사의 깨
달음을 얻어 스스로 이와 같은 행위를
하고 가는 나의 백성만이 남아 있을
것이니라.
22 남아 있는 자, 떠나간 자, 나로부터 버
림을 받은 자, 구원을 받은 자의 그 차
이는 너희가 상상할 수 없을 것이니,
23 인간 세상에서 만난 그 추억을 그리기
위해 그곳에 찾아가 눈물을 짓고 옛날

을 회상하고 생각하는 삶을 살면서
24 너희의 생명이요, 영원히 구원을 받
는, 내가 직접 나의 모두를 태워 내린
나의 법전을 과연 그곳에 갖다 놓으며
그것을 누군가 읽어 너희처럼 깨우치
기를 바라는 행동을 과연 얼마나 하는
가?
25 너희가 그리하지 못하는 것은 물질의
욕심이요, 육이 편안하고자 하는 그
욕심이요, 나의 성령이요, 나의 뜻이
얼마나 소중한지 모르며 형식적인 믿
음으로 가고 있음이니,
26 거기서 아픈 곳이 치료되기를 바라며,
썩어져 가는 곳을 도려내기를 바라며,
너희의 힘든 역사가 이루어지기를 바
라지 말라.
27 이는 절대 있을 수 없으며, 나 여호와
는 그러한 너희에게 아무것도 내리지
아니하며 내가 너희를 기억하지 아니
한다는 것을 알라, 사랑하는 나의 아
들딸들아!

6,814 번째 하나님 말씀

2003년 7월 21일 13시 36분

1 사랑하는 나의 아들아!
2 "네, 아버님! 말씀하옵소서."
3 나의 아들 예수가 생명을 던져 너희를
구원하고자 했던 그 아픔의 시련의 고
통보다도 나 여호와의 마음이 더 아픈
것이 무엇인 줄 알겠느냐?
4 사랑하는 나의 아들이 그리 죽어 가도
록 생명을 던져 만백성을 구하고자 했
으나,
5 그 백성이 지금 잘못 가고 있으며 그
뜻을 거역하고 살아가는 그 모습을 바
라보는 나의 마음은 얼마나 아프며,
나의 아들 예수의 가슴은 얼마나 아프
겠느냐?
6 자기의 생명을 던져서 만백성을 구하
고자 했던 예수가 그를 거역하며 따르
지 않는 그 백성을 내려다보는 마음
이 얼마나 아프며, 또한 나 여호와가
그를 보는 마음은 어떻겠는가?
7 자식의 생명을 던져 너희를 구원하고
자 하여 그 자식을 버렸거늘, 그걸 받
은 백성이 그 길을 가지 아니하고 거
역하는 삶을 사는 것을 보는 나 여호
와의 가슴이 얼마나 아프겠느냐?
8 그러나 지금 그보다 더 아프고 저려
오는 것은 무엇인 줄 알겠느냐?
9 그 아픔보다 더 저리고 아프게 나 여
호와가 지금 겪는 것이 있음이니,
10 그것은 바로 내가 너희에게 내린 십계
명을 영혼의 생명이요, 구원의 길이라
하여 이것을 가장 많이 암송하며 이를
가장 많이 듣고 있는 너를 따르는 제
자들이 그대로 살아가지 못하며, 그와
같이 변하지 못하는 것이 바로 내가
나의 아들 예수가 고통스럽게 죽어 간
그 모습보다,
11 그 생명을 내가 담보로 던져 주고 너
희를 깨우치고자 하여 그 고통을 모두
덮고 보지 아니하며 내가 그를 구원하
지 아니하고 그러한 담보로 던져 주었
으며 그 생명까지 던져 주었건만, 그
를 받은 백성이 바로 살아가지 못하
는 것보다,
12 지금 내가 새로운 시대를 역사하고자
하여 내가 너희에게 나의 성령의 생

명이요, 영혼의 생명인 나의 십계명을
가장 많이 암송하고 많이 듣고 가는
백성이 그걸 지키고 바로 살아가지 못
하는 삶을 사는 것이 나 여호와의 가
슴이 더 아프고 저려 온다면 너희는
알겠느냐?
13 이제는 마지막 시대요, 내가 하늘에서
이루어진 것같이 이 지상에 낙원을
이루기 위하여 내 모두를 태워 나의
성령을 세상에 내려보낸다 하였음이
니, 이게 마지막이라 함이니라.
14 예수가 그와 같이 목숨을 던져 고통스
럽게 그 생명을 던져 너희를 구원하
고자 했던 그 역사는,
15 나 여호와가 이 세상을 직접 통제하며
직접 다스리는 한 번의 그 기회가 있
었기 때문에 그래도 여유가 있으며 내
가 아픈 마음을 달랠 수 있다 할 수 있
을 것이니라.
16 나의 아들 예수의 생명을 던져 너희를
구원하고자 하는 것도 너희를 구원하
고자 하는 역사였으며,
17 오늘도 또한 내가 너희를 구원하기
위하여 나의 아들을 통하여 새로운 성
경이요, 법전을 내려보내는 것은 나의
피조물 만백성들을 구하기 위한, 똑같
은 역사함이니, 그리하여 이는 무엇이
더 중요하더냐?
18 이제 마지막으로 기회가 더 없으며 내
가 직접 나의 성령을 태워 내려보내
너희를 구원하고자 함이니, 두 번 다
시 그와 같은 기회가 없다 하였음이니,
19 두 번 다시 기회가 없는 오늘에 바로
서야 할 너희가 나의 십계명을 가장
많이 암송하며 가장 많이 접하며 나의
법전을 접하고 전하는 나의 아들과 너
희가 바로 서지 못하는 것을 바라보는
것이,
20 나의 아들 예수가 죽어 가는 것을 바
라보는 것보다 더 아프고 저려 온다면
너희는 과연 나의 그 뜻을 알겠는가?
21 어느 누구도 아들이 죽어 가는 것보
다 너희가 깨우치지 못하며 십계명대
로 살지 못하는 것이 더 가슴이 아프
다면 믿지 못할 것이니라.
22 창조주 나 여호와는 어떠한 고통과 어
떠한 시련이요, 어떠한 역사함도 오로
지 나의 피조물 만백성들을 구하고자
역사함이니, 더 아프고 덜 아픔이 없
음이니라.
23 모두는 나 여호와의 진리요, 내가 내
리는 것은 정답이요, 그것 외에는 다
른 길이 없기 때문이니라.
24 이제 직접 내가 너희를 구원하고자 지
금 내가 새로운 성경이요, '하늘에 오
르는 길', '하나님! 말씀하옵소서'라는
이 책자를 내려보내는 것을 보고 깨우
친 백성 너희가 나의 아들이요, 또 그
를 따르는 자들이 가장 십계명을 많이
암송하며 십계명을 많이 접하면서, 너
희들이 바로 서지 못하며 그대로 지키
고 사는 백성이 없다 하면,
25 그를 접하지 아니하며, 그를 무시하
며, 그를 기억하고자 아니하며, 인간
은 그대로 살 수 없다고 방치해 두고
그저 뒷방에 묻어 두고 가는 그들이
과연 너희만큼 변할 수 있더냐?
26 정녕 변할 수 없음이니라.
27 오로지 변할 수 있는 것은 너희임이니
라.

28 우상의 상품을 갖다 팔고 사는 그 장
소에 너희가 가 보라.
29 과연 내가 친필로 직접 써 내린 그와
같은 십계명이 얼마나 많이 거기에
있으며 많은 백성이 그를 가져가며
그것을 구해 가는가?
30 정녕 나의 십계명은 사려고 해도 살
수 없으며 너희가 구하려고 해도 구
할 수 없는 것이니, 바로 그것이 무엇
이냐?
31 너희가 우상을 파는 장소이기 때문이
니라.
32 우상을 파는 장소요, 형물을 파는 그
와 같은 장소이기 때문에 내가 친필로
쓴 십계명은 그걸 소중히 생각하지 아
니하며 그걸 거기다 두고 관리하지 못
하는 것이니,
33 그게 바로 사탄의 후예들이 하는 짓이
라는 것을 너희는 알아야 할 것이니
라.
34 그러니 그들도 바라보지 아니하며 누
구도 만들어 이 십계명을 전하고자 사
가는 자, 또 갖다 걸어 놓고 공부하고
자 하는 자가 없기에,
35 내가 너희 손을 통하여 내가 직접 너
희 손을 잡고 써 내린 십계명을 걸어
놓고 이웃에 전하여 깨우치라 하였음
이니,
36 이를 보고 깨우치는 것은 너희밖에
없음이니, 이를 보고 깨우치고 가장
많이 접하는 너희가 바로 서지 못할
때,
37 나는 나의 아들의 죽음을 바라보는 것
보다 더 아프고 저려 옴을 너희는 알
아야 할 것이니, 나의 뜻을 만백성에
게 그리 전하라.
38 너희가 십계명대로 살지 않는 것이 나
의 아들 예수의 그 고통스러운 죽음을
보는 것보다도 더 내 가슴이 아프고
저리다는 것을 모두에게 전하도록 그
리하라.

6,815 번째 하나님 말씀

2003년 7월 21일 13시 39분

1 사랑하는 나의 아들아!
2 "네, 아버님! 말씀하옵소서."
3 너희가 나의 아들 예수를 만나며 나에
게 오며 나의 아들 예수의 보혈로써
구원을 받았다고 말하는 백성, 그러나
수천 년 동안 흘러오면서 나의 아들
예수의 보혈로 구원을 받으며 그를 만
날 수 있으며 나를 만날 수 있다는 백
성 너희는 알아야 할 것이니라.
4 너희는 어찌하여 죄 사함의 삶을 살
지 아니하며, 나의 아들 예수를 만나
며 나를 만날 수 있다 그리 말하는가?
5 이제 너희는 깨우쳐야 할 것이니라.
6 모든 백성 너희는 죄 사함을 하는 그
와 같은 삶을 살라.
7 천사와 같이 아름다운 마음으로 변하
는 그와 같은 삶으로 살지 아니하는
백성은 나의 아들 예수를 만날 수 없
으며 볼 수 없으며 또 나 여호와를 볼
수 없다는 것을 너희는 알아야 할 것
이니라.
8 너희가 천사의 삶이요, 천사와 같은
삶을 살아야만 예수의 보혈로써 은혜
를 받은 자요, 구원을 받은 자라는 것
을 잊지 말라.

9 너희가 천사와 같이 아름답게 살지 못
하는 자, 그와 같이 노력하여 변하고
자 하는 삶을 살지 않는 자는 절대 예
수의 보혈로써 구원을 받을 수 없음이
니라.
10 나의 아들 예수의 죽음으로써 대속한
그와 같은 은혜를 입고자 한다면, 너
희가 바로 그 은혜요, 그 길에 보답하
는 것은 아름다운 천사와 같이 사는
그 삶이 중요함이니,
11 그와 같이 사는 자만이 구원을 받을
수 있으며 은혜를 받을 수 있다는 것
을 알라.
12 그와 같이 살지 아니한 자는 어떠한
은혜도 받을 수 없다는 것을 알아야
할 것이니라.
13 너희가 천사와 같은 삶을 살아가고자
노력할 때 그때만 나의 성령이 너희
에게 임할 수 있음이니, 너희가 살아
있을 때 그 모두를 역사할 수 있음을
알아야 할 것이니라.
14 나의 성령이 너희에게 임하지 아니하
면 너희는 변화된 삶을 살 수 없으며,
성령이 임하지 아니한 자는 천국에 올
수 없다는 것이니,
15 그리하여 내가 너희에게 나의 법전을
읽지 아니하고 깨우치지 아니하는 자
는 하늘에 오를 수 없다는 그 의미를
너희는 알아야 할 것이니라.
16 너희가 성령으로써 임하고 다시 태어
나는 것은 오로지 나의 법전을 읽고
정독하는 그와 같은 삶에서 얻을 수
있으며 볼 수 있기 때문임을 너희는
알아야 할 것이니라.
17 너희가 정녕 지금 구원을 받은 자요,
나의 아들 예수를 만날 수 있으며 나
를 만날 수 있으며 천국의 문에 들어
설 수 있다고 생각한다면,
18 너희 삶을 오늘 이 순간부터 바로잡지
아니하며 천사와 같은 삶을 살지 아니
한다면, 너희는 정녕 나를 만날 수 없
으며 그리 갈구하는 예수를 볼 수 없
다는 것을 잊지 말라.

6,816 번째 하나님 말씀

2003년 7월 21일 13시 48분

1 사랑하는 나의 아들아!
2 "네, 아버님! 말씀하옵소서."
3 너희는 나 여호와가 사랑의 하나님이
요, 구원의 하나님이요, 그리고 베푸
는 하나님이요, 너희를 지옥으로 인도
하지 아니하며 오로지 천국으로 인도
하며 너희를 사랑하기에 지옥으로 가
는 백성을 놔두지 않는 나 여호와라
그리 말하고 전하며,
4 또한 종교 집단이요, 지도자들이 가르
치며, 듣는 자 너희는 그와 같은 기대
를 하고 사는 것이니라.
5 사랑의 하나님이기에 너희가 지옥으
로 가는 것을 절대 용납지 아니할 것
이다, 너희를 사랑하기 때문이라고 말
하나,
6 내가 체벌하며 상과 벌을 주는 것은
한 치의 사가 없으며 한 치의 오류가
없으며 너희가 행한 것만큼 이루어진
다는 것을 내가 수십 번 기록하여 전
했거늘,
7 너희가 아직도 그와 같은 생각을 버리
지 못하고 산다면, 너희는 정녕 나를

능멸하는 죄를 짓고 사는 자라는 것을
알며 나의 뜻을 거역하는 자들임을 알
라.
8 구원의 하나님이요, 사랑의 하나님이
요, 또한 하나님은 너희 자신을 사랑
하기 때문에 절대 너희에게 고통을
주지 않는 하나님이라 그리 말하고 있
으나, 너희는 여기서 깊이 하나 깨우
쳐야 함을 알아야 할 것이니라.
9 너희는 그리 말하면서 내가 한 형제
로서 세상에 내려보낸 모든 백성이
어떤 자는 구원을 받으며, 어떤 자는
이단이요, 사탄이요, 누구는 구원을
받는다고 너희가 구분하는 것이 얼마
나 어리석은 것인지를 알라.
10 너 자신을 모르는 자가 어찌 점수를
매길 수 있단 말이던가?
11 인간 세상에서 아무리 똑똑한 자라 해
도 그 채점할 수 있는 점수를 모르며
정답을 모르는 자가 그 시험지를 채점
하고 정답을 찾아낼 수 없는 것이니,
그는 자격이 없는 것이니라.
12 바로 너희가 어떠한 형국에 있는지
너 자신을 모르면서 어찌하여 너희가
만백성을 인도하고 선별하는 말을 할
수 있단 말이던가?
13 너희는 나의 모든 백성이 무당이요,
또는 돼지 머리 놓고 고사 지내는 자
요, 고깔 쓰고 춤을 추는 자요, 그리고
소원을 비는 자요, 서낭당에 가 절하
는 자요, 너희 종교 집단에서 구원을
받는 자, 그 모두는 다 내가 바꾸어 만
들 수 있으며 내가 역사할 수 있으며
내가 쓸 수 있다는 것부터 먼저 알아
야 할 것이니라.
14 어떠한 형태로 가든, 어떠한 짓을 하
든 나의 아들딸이요, 나의 백성이기에
내가 그들을 바꿔 쓸 수 있다는 것을
너희가 먼저 깨달아야 하거늘, 어찌하
여 너희는 그와 같은 깨달음을 알지
못한단 말이더냐?
15 너희는 모두가 다 사탄으로 역사하는
것이며 사탄의 짓을 하고 있는 백성이
라 하여 그를 사람으로 취급하지 아니
하며 똑같은 백성으로서 인정하지 아
니하며 나의 아들딸로서 인정하지 않
으려 하는 것이니, 그것이 바로 무엇
이더냐?
16 자기만 구원받으며 자기만 위대한 자
라는 그 욕심이요, 제 자리를 뺏길까
봐, 제 자리가 부족할까 봐 그저 조금
이라도 흠집이 있는 것 같으며 조금이
라도 실수가 있는 것 같으면 그저 밀
어붙이는 그와 같은 행위를 하고 있는
것이 너희가 아니더냐?
17 그러나 너희가 구원을 받음이요, 사랑
의 하나님이요, 지옥을 절대 보내지
않는 하나님이요, 너희는 선택받았다,
그리하여 너희 임의로 이단이요, 사
탄이요, 사이비라 구분 짓지 말라.
18 너희가 얼마나 어리석은 백성이더냐?
19 내가 불러 쓸 수 있으며 내가 변화시
킬 수 있으며 모두를 바꿔 놓을 수 있
다는 것을 너희는 어찌하여 생각하지
아니하며 믿지 않으려 하는가?
20 다만, 준비가 되어 있는 자는 나로부
터 구원을 받는다는 것을 너희는 알
아야 할 것이니라.
21 그러나 지금 가는 모든 백성 너희가
사랑이요, 구원의 그 길을 받고자 한

다면, 준비된 그와 같은 삶을 살아가
야 하는 것이 너희가 가야 할 길이니
라.
22 준비가 하나도 아니 된 백성이 남을
평가하고 있으며, 너희가 가고 있는
그 길은 헛된 노력을 하고 있는 길이
며 나와는 관계없는 길을 가는 자들이
니라.
23 나 여호와의 뜻에 순종하며 나의 계명
대로 살아가는 자는 영원히 구원을 받
는다는 것을 알아야 할 것이며,
24 그를 멀리하며 그를 지키는 데 게을리
하는 자는 절대 나로부터 구원을 받
을 수 없음이니, 너희는 아무런 준비
도 되어 있지 않은 자들이니라.
25 마음의 준비도 안 되어 있으며, 육신
의 준비도 아니 되었으며, 구원을 받
을 수 있는 그 준비조차도 모르며 그
앞에도 서 있지도 못하는 자들임을 너
희는 알아야 할 것이니라.
26 말로써 은혜를 입어 구원을 받고자 갈
구하고 있으니, 그것이 지금 너희가
가고 있는 믿음의 길이니라.
27 그러나 모든 행동을 하지 못하며 진실
한 믿음이 무엇인가를 알지 못하는 너
희가 얼마나 불쌍한 백성이냐?
28 나는 빈부의 차이 속에 허덕이는 백
성, 지식을 가진 자, 부귀와 영화를 누
리는 자, 권력을 가진 자, 노숙자로 길
거리에서 얻어먹는 자, 병투성이로 몸
이 썩어가는 자,
29 어떠한 백성이든 내가 그들을 구원하
여 쓰고자 하며 부리고자 하면, 내가
그 모두를 바꾸어 놓을 수 있는 그 역
사의 하나님이라는 것을 너희가 모르
고 있음이니,
30 그들이 가지고 있는 마음의 깊이를 모
르면서 함부로 평가하지 말라.
31 그와 같은 자들이 천사와 같은 삶을
살고 있으며 그 속에 더 곱고 아름다
운 마음으로 살아가고자 하고 있는지
너희가 과연 어찌 알며, 나의 뜻에 따
라 그와 같은 어렵고 힘든 길을 가고
있는지 너희는 알겠는가?
32 어찌하여 나의 아들 예수가 고통스럽
게 죽어 간 것은 위대하며 그것만 구
원의 보혈로써 받았다 하며,
33 지금 나의 뜻에 따라 병든 자로서 병
들지 않는 자를 깨우치도록 하며, 얻
어먹는 자를 보고 얻어먹지 않는 것을
영광으로 알며 축복으로 알며 감사를
알며,
34 그와 같이 너희를 가르치려고 바보요,
정신박약아요, 못난 사람으로서 세상
에 태어나 너희를 깨우치는 선생으로
서 그 육신의 고달프고 어려운 그 고
비 고비를 넘어가며 너희에게 본보기
로 살아가는 나에게 선택된 천사들이
수없이 있다는 것을 모르는가?
35 그 천사들의 노고요, 그 천사들의 위
대함이요, 그 천사들의 소중함을 전혀
모르는 것이 너희임을 알아야 할 것
이니라.
36 너희 곁에 누가 천사로 지금 같이하고
있으며 천사가 지나가며 천사가 너희
와 동행하는지 아는 자 있느냐?
37 그것도 구분하지 못하는 자가 함부로
평가하지 말라.
38 이 세상에 내려가 존재하는 천사들이
너희를 깨우치고자 지금 고통스럽고

어려운 육의 길을 가고 있는 그들의 고통이 얼마나 어려운 줄을 아는가?
39 그것도 모르는 자들이 어찌하여 인간이 인간을 평하는가?
40 천사가 내려가 너희와 더불어 동행하고 있는 것도 모르는 자들이 어찌하여 누구는 인간이요, 사탄이요, 사악한 자요, 사이비요, 그와 같은 말을 함부로 할 수 있단 말이더냐?
41 그와 같은 자가 가장 어리석은 자임을 너희는 알아야 할 것이니 그리 알라.
42 나의 성령이 임할 수 있는 것은 너희가 어떠한 형태로써 어떠한 모양으로써 지금 가지고 있고 못 가진 것, 명예가 있고 없는 것으로 결정됨이 아님을 알라.
43 그 모두는 나 여호와의 뜻에 따라 내가 그들을 쓰고자 하여 구원하며 내가 부리고자 역사할 수 있으며 내가 너희를 깨우치려고 지금 그와 같은 길을 가고 있는 나의 천사들이 있다는 것을 잊지 말라.
44 이제 이 세상에 살아가면서 항상 천사가 네 주변에 있으며 너를 인도할 수 있는 자가 같이 있다는 것을 알 때, 너희 주변에 있는 모든 사람을 사랑하는 마음을 갖게 될 것이며 그와 같은 마음으로 가지라.
45 이웃의 모든 형제요, 어렵고 가난한 자, 힘들고 무능한 자, 그 모두가 천사일지 모르니, 그들을 천사의 마음으로 바라보는 그와 같은 마음의 변화요, 삶의 변화를 하고 다스려 나가야만 될 것이니 그리 알라.
46 그 길도 모르며 그와 같은 마음 자세로써 살아가지 못하는 너희가 사랑이 무엇인 줄 알며 베푸는 것이 무엇인 줄 알겠느냐?
47 줄 수 있는 자가 남는 것을 주는 것은 사랑이 아니라 하였음이니, 그리고 너희가 넘을 수 없는 어렵고 힘든 고비를 넘는 것이 사랑이요, 베풂이요, 인내라 하지 아니하였더냐?
48 남들이 할 수 없는 그 길을 마다하지 아니하고 가는 것이 내가 선택한 백성이 가야 하는 길임을 가슴 깊이 새겨 살아가도록 그리하라.

6,817 번째 하나님 말씀

2003년 7월 21일 13시 54분

1 사랑하는 나의 아들아!
2 수천 년 동안 흘러오는 그 세월 속에서 깨달음이요, 그 방대한 집단이요, 그 물리적인 힘이요, 종교 집단의 성전이요, 교회요, 그 덩어리를 가지고 이 세상을 지배할 것처럼 지금 가고 있음이니,
3 2천 년 동안 그와 같이 번성하고 큰 것은 내가 문을 닫고 있으며, 너희를 벌하지 아니하였으며, 내가 보지 않는 그 암흑의 세계에서 이루어졌다는 것을 너희는 알아야 할 것이니라.
4 버려진 2천 년의 세월이 흘러 너희가 독버섯처럼 그리 성장할 수 있었음이니,
5 내가 하늘의 문을 열고 이제 나의 법전을 세상에 내려보내 너희를 다스리고자 하는 이후부터 그와 같은 역사는 있을 수 없을 것이며, 오로지 너희는

문을 닫으며 쓰러져 가는 그 길만이
이제 남았음을 알라.
6 그러니 나의 백성 모두는 이제부터 나
의 법전을 읽고 죽음에서 깨어나는 길
을 가라.
7 지금까지 흘러온 이 많은 세월 속의
삶은 정녕 구원의 길이 아니요, 하늘
에 오르는 길이 아니요, 삶의 길이 아
니었다는 것을 너희는 알아야 할 것
이니라.
8 이제 나의 법전을 읽고 깨우쳐 바로
사는 자가 나에게 올 수 있으며, 그렇
지 않으면 나로부터 등을 돌리며 멀어
지는 그 길을 가며 나 여호와가 손을
놓는 백성이라는 것을 절대 잊지 말라.
9 이제 하늘의 비밀이요, 하늘에 오르는
길과 뜻을 모두 기록한 것이 바로 나
의 법전이니,너희가 새로운 성령으로
써 태어나는 것, 성령으로써 임하는
것, 그리고 나에게 올 수 있는 길의 모
든 것이 나의 법전 속에 기록되어 있
음이니, 하늘의 모든 비밀이 나의 법
전에 기록됨을 알라.
10 그러하니 이것이 바로 나의 성령을 태
워서 내려보내는 것이니,
11 이를 읽고 깨우치지 아니하는 자는 정
녕 아무것도 알 수가 없으며, 너희가
그리 갈구하는 구원의 길을 볼 수 없
다는 것을 알라.
12 그렇지 않은 백성은 나를 만날 수 없
으며 나에게 오를 수 없음을 잊지 말
라.
13 나의 법전을 읽고 하늘의 비밀을 아는
자, 그걸 깨닫는 자는 그것으로써 영
광의 길에 들어서며 너희의 모든 죄
의 짐을 벗는 길이 거기 있으며, 죄의
짐을 벗는 방법이 거기에 있으며, 너
희가 용서받는 길이 거기 있으며,
14 죽어 와 나에게 심판을 받을 때만 벗
을 수 있는 그 육의 세상에서 짓고 진
그 죄를 다 벗는 길이 거기 있으며, 그
걸 지울 수 있는 방법이 거기에 있음
이니, 이를 너희가 안다면 곧 무엇이
더냐?
15 이를 알고 깨우쳐 가는 자는 성령이
너희에게 임하기 시작하는 것이요, 이
를 보고 깨우치지 못하는 자들은 그들
에게 성령이 절대 임하지 못함을 너희
는 알아야 할 것이니라.
16 너희 모든 짐을 벗을 수 있으며 죄를
용서받을 수 있는 그 길이 나의 법전
에 기록되어 있으며, 하늘의 비밀을
내가 내려보내 너희가 읽고 깨우치라
하였음이니,
17 이를 읽고 깨우쳐 그걸 아는 자는 거
듭나는 영광을 얻는 것이며 영원히 사
는 다시 태어남을 시작하게 하는 것이
요,
18 그렇지 아니하는 자는 다시 태어나는
길이 아니요, 지옥이요, 죽음으로 가
는 길을 가는 것이니, 이 얼마나 무서
운 것인가를 너희는 알아야 할 것이
니라.
19 너희가 나로부터 생명을 받아 나가 세
상에 한평생을 살아가면서 두 갈래의
삶의 길이 있음이니,
20 한 갈래는 나에게 오르는 그와 같은
영광의 길이요, 하나는 지옥으로 가는
길이라면, 너희는 과연 삶의 길을 어
떤 길을 선택해야 하는가?

21 이것은 당연한 것이 아니더냐?
22 이를 선별하지 못하며 이를 구분하지
못하는 백성은 나에게 왔을 때, 그 차
이는 너희가 상상할 수 없다는 것을
알아야 할 것이니라.
23 지금 나의 법전이 가장 소중함이 무엇
이더냐?
24 너희가 죽어 와 나에게 심판을 받았을
때만 너희 죄가 무엇인지 알며, 네가
천국에 오르는 길이 무엇인지 알고 통
곡하고 울고불고해도 다시 기회가 없
으며 역사할 수 없다는 것을, 그 앞에
서만 아는 것을 너희가 육의 세상에
서 존재하면서 그걸 다 알 수 있도록
내가 내려보낸 것이 나의 법전이니,
그리하여 하늘의 비밀이 여기에 기록
되어 있다 하였음이니라.
25 하늘의 비밀이란 무엇이더냐?
26 나 여호와가 역사하며, 이루고자 하는
것이며, 나에게 올 수 있는 그 길의 비
법이요, 그 방법이 거기에 있다는 것
을 알라.
27 너희가 죄를 벗어나는 것, 죄가 무엇
인가를 구분하는 것, 선한 길이 무엇
이며 하늘에 오르는 그 모두를 다 너
희가 알 수 있으며 납득할 수 있도록
기록하여 전했음이니,
28 이를 읽고 깨우쳐 그대로 행하는 자는
나의 성령이 너희에게 임함이니, 모두
를 얻게 된다는 것을 잊지 말라, 사랑
하는 나의 아들딸들아!

6,818 번째 하나님 말씀

2003년 7월 21일 21시 12분

1 사랑하는 나의 아들아!
2 "네, 아버님! 말씀하옵소서."
3 이 세상에 살아가는 육의 삶을 내가
뭐라 말하였느냐?
4 영원히 존속하는 이 우주 공간에 너희
는 잠깐 왔다 가는 사람이요, 하루살
이라는 그 벌레만큼 짧은 인생을 살다
가는 것이 너희라 내가 그리하였음이
니라.
5 그리고 이 세상에 모든 동식물이요,
미물이요, 내가 역사하여 존재하도록
한 것, 한 가지도 제대로 연구하지 못
하며 그걸 완전히 알고 가는 것이 없
는 것이 너희라 내가 그리 말하지 아
니하였던가?
6 그러니 너희가 나에게 오르는 길이요,
나의 대명을 역사하는 것이요, 그 모
두는 스스로 자신의 기준에서 평가하
며 스스로 깨달음을 얻고 가는 것이
정답이니라.
7 그 누구도 깨우쳐 줄 수 없으며 그 누
구도 인도해 줄 수 없는 것이 바로 그
와 같은 것이니라.
8 아무리 머릿속에 주입해 주며 이것이
옳다고 너희가 높이 들고 외쳐도 그
생각의 문이 닫혀 있으며 그 문을 열
지 못한다면,
9 그걸 받아들일 수 없는 것이 인간의
생각이요, 마음이니, 이를 깊이 깨우
쳐야 할 것이니라.
10 너의 제자들과 너를 따르는 백성은 모
두 자신의 마음을 다스림에서 스스로

평가하며 스스로 깨달음을 얻어야 한
다는 것을 잊어서는 아니 될 것이니라.
11 너희가 오른쪽 길로 갈 것이냐, 왼쪽
길로 갈 것이냐, 들판 길을 갈 것이냐,
산악 길을 선택할 것이냐
12 그 모두는 다 너희가 정하며 너희가
평가하여 너희 스스로 결정할 일이니
라.
13 그것이 바로 너희 몫이라 내가 그리
말하였음이니, 이를 명심하여 행하여
야 할 것이니라.
14 너희는 나로부터 선택된 자요, 내가
너희를 부른 자들이라 내가 아무리
너희에게 그리 말하며 깨우침을 준다
해도 스스로 생각하고 느끼는 그것이
가장 중요함이니,
15 이는 곧 너희 머리로써 스스로 판단
해야 함을 잊어서는 아니 될 것이니라.
16 나무를 잘 타는 그 짐승은 결국 나무
에서 떨어지게 된다고 내가 그리 너희
에게 전하여 깨우쳐 주었으며, 잡기를
좋아하는 그 백성은 결국 제가 남의
것을 탐내다 제 잔재주에 넘어져 쓰러
지는 것이 너희 삶이며,
17 너희는 영원한 것이 없으며, 너보다
더한 자들을 알게 되며, 너보다 더 강
자를 만나게 되며, 너희보다 더 능력
이 있는 자가 또 세상에 나오는 것이
니,
18 너희는 그 인간의 한계를 도전하고 노
력하며 변하는 삶을 살기에 그 끝과
한이 없다 하였음이니라.
19 너희가 인간 세상에 살아가는 것이요,
나에게 오는 그 믿음의 길 또한 그러
하니라.
20 너희 스스로 너 자신을 평가하고 판
단하여 옳고 그름을 스스로 생각해야
할 것이며, 스스로 생각하지 못하며
이곳에 기웃, 저곳에 기웃거리며 이
사람 저 사람에게 무엇인가를 얻고 깨
우치고자 한다면,
21 너 자신에게 걸려 너 스스로 아무것
도 얻지 못하고 쓰러지며 언젠가는
너희도 모르는 사이에 나에게 와 심판
을 받는 그 역사가 있음이니라.
22 일찍이 내가 너희에게 일깨워 주지 아
니하였더냐?
23 예수를 만난 그 여인이 네 신랑이 몇
이냐 할 때 다섯이라 하였음이니,
24 그는 그와 같이 결혼을 다섯 번 한 것
이 아니요, 그는 믿음의 길을 다섯 번
을 바꿨다 하였음이니,
25 그가 정녕 나의 아들 예수를 만나지
아니하였다면 얼마나 많은 변화의 역
사를 가져올 수 있겠는가?
26 너희가 흔들리는 마음이요, 의혹하는
마음이요, 의심하는 마음이 결국은 여
러 신랑을 얻는 것과 같은 그와 같은
형국으로 흘러감이니,
27 그리 한번 변하기 시작하면 그걸 감내
할 수 없으며 다스릴 수 없음이니, 그
마음을 충족할 곳이 세상에 없음이니
라.
28 그러니 너희 스스로 다스리고 하늘에
오르는 길이요, 구원의 길이요, 그 길
이 맞고 안 맞는 것은 너희 스스로 변
하는 삶이요, 스스로 깨달아 거기서
평가해 가는 길밖에 없음이니,
29 이를 너의 제자들과 나의 법전을 읽고
깨우치는 백성 그들에게 반드시 그와

같은 이치를 전해 주어야 할 것을 잊
지 말라, 사랑하는 나의 아들아!

6,819 번째 하나님 말씀

2003년 7월 21일 21시 19분

1 사랑하는 나의 아들아!
2 "네, 아버님! 말씀하옵소서."
3 나의 법전이 나의 성령의 뜻이 아니
라면, 과연 너희는 어디에서 무엇으로
써 나의 뜻이요, 내가 역사하는 걸 찾
을 수 있다고 생각하는가?
4 나의 법전을 정독하는 백성은 마음이
바뀌며 삶의 행동이 바뀌는 것을 스
스로 느끼게 될 것이며,
5 너희가 나의 법전을 읽고 깨우치면서
너희가 생각했던 마음이요, 사랑하는
마음이요, 살아가는 그 모든 행동이
요, 그 삶이 바뀌는 그와 같은 속에서
너희 자신도 모르는 놀라운 사실을 발
견하게 될 것이며, 그리고 많은 체험
을 다시 이루어 시작하게 됨이니,
6 그것이 바로 나의 법전이 진정한 나의
뜻이요, 하늘에 오르는 길이요, 내가
역사한 근거임을 너희는 알아야 할
것이니라.
7 너희가 생활하면서 너희 자신이 바뀌
는 그 소용돌이 속에서 때로는 놀랄
것이며, 때로는 너희 자신을 의심할
것이며,
8 때로는 네가 이와 같은 아름다운 마음
이 있는가, 그리고 네가 이와 같이 선
한 부분이 있는가, 네가 이와 같이 양
보할 수 있는 마음이 네 가슴속에 있
었던가, 그와 같은 모든 것을 체험하
게 될 것이니라.
9 이는 곧 너희가 거듭나기 시작하는 것
이며, 이게 곧 너희가 다시 태어나는
그와 같은 역사의 시작이라는 것을 알
아야 할 것이니라.
10 너희가 거듭나는 시작이요, 거듭나는
영광의 길을 알고 간다면 그보다 더
큰 영광의 은혜가 어디 있겠는가?
11 그것이 바로 나의 성령이 너희 몸에
임하기 시작하는 것이거늘, 어찌하여
너희는 그와 같은 이치를 모른단 말이
던가?
12 너희가 살아가면서 너희 자신도 몰랐
던 아름다운 모습이요, 남을 사랑하는
마음이요, 그리고 남을 용서하는 그와
같은 마음이 너희 스스로 가슴속에서
우러나올 때,
13 너희 자신이 놀라는 그와 같은 체험과
경험을 하며 사는 것, 그것이 진정한
나의 성령이요, 나의 뜻에 따라 살아
가는 백성이요,
14 나의 법전을 읽었을 때 그와 같은 변
화가 없다면 너희는 정녕 나의 법전
은 나의 성령이 아니요, 마지막 너희
를 심판하며 가르치는 새로운 나의 성
경이 아니라 하여도 너희를 내가 탓
하지 아니할 것이니라.
15 그러나 너희 마음의 동요요, 너희 삶
의 변화가 시작된다면, 그건 나의 성
령이요, 나의 뜻이요, 나의 아들이 나
로부터 명받아 만백성을 구하는 대명
을 받은 자라는 것을 너희는 생각해
야 하며,
16 거기에 대해 불안한 마음이요, 다른
생각이나 마음을 가져서는 나의 뜻을

역사할 수 없음을 알아야 할 것이니
라.
17 나의 성령이 임하기 시작한다면 너희
는 무엇을 알겠는가?
18 너희는 죄에 대한 마음을 알게 됨이니
라.
19 죄가 무엇인가를 알며, 추한 삶이 무
엇인가를 알며, 무엇이 잘못된 것인지
알며, 하늘에 오르는 길이 무엇인가를
알게 됨이니,
20 그리하여 너희 스스로 마음속에서 버
릴 것은 버리고 취할 것은 취하는 그
와 같은 용기 있는 마음으로 바뀌며
생활이 바뀌게 되는 것이니라.
21 그와 같이 너희처럼 바뀌는 삶을 살
아가는 나의 백성이 많이 넘쳐흐를
때, 그것이 바로 무엇인 줄 알겠느냐?
22 천 년에 내가 이 세상에 하늘과 같이
지상의 낙원을 건설하는 것이니라.
23 그리하여 그 백성은 그대로 살다 나
에게 구원을 받는 것이니, 그와 같이
너희가 마음이 변하는 것처럼 그 백
성이 변하는 것은 어떤 것으로 변하
겠느냐?
24 너희가 지금까지 많은 믿음의 생활을
했으며, 인생의 삶을 살아왔으며, 나
름대로 가장 똑똑한 자며, 남에게 책
잡히지 않으며 나름대로 네 인생을 꾸
려 갔다 생각하는 자, 그리고 충실히
믿음의 길을 왔다는 자,
25 그리고 성서를 수십 번씩 정독하여 깨
우침이 있으며, 종교 지도자로부터 강
론이나 설교를 수없이 들어 이 세상에
성서의 이치를 다 아는 것같이 생각했
던 백성이, 이제야 나의 법전을 읽고
너희가 거기서부터 다시 변화되는 삶
이요, 두려움을 알고 너희 자신의 마
음이 바뀌는 것, 그와 같이 시작하는
것이 바로 나의 성령이 임하는 것이요,
26 그와 같은 백성이 늘어남으로 그것이
지상의 천국이 이뤄지는 기초라는 것
을 너희는 깊이 가슴에 새겨 둬야 할
것이니 그리 알라.
27 그리하여 많은 백성에게 너희가 변한
것처럼 나의 법전을 전하여 그들을 깨
우쳐야 할 것이니라.
28 너희가 그와 같이 변한 동기요, 그 원
인의 근본이 무엇이더냐?
29 나의 법전을 읽고 깨우쳤으며 나의 아
들의 강론을 들었음이니,
30 그러니 그와 같이 나의 피조물 만백성
을 깨우쳐 너희처럼 변하여 하늘에 오
르는 길에 들어설 수 있도록 인도하는
것은 나의 법전을 전하는 것이요, 그
법전을 그들의 가슴에 안겨 주어 그들
이 정독할 수 있는 그 기회를 주는 것
이 너희 형제요, 만백성을 구하는 것
이니,
31 너희가 나로부터 얻은 것만큼 많은
백성에게 그리 베풀도록 하라, 사랑하
는 나의 아들딸들아!
32 너희가 베풀고 베푸는 속에서 나의 피
조물 만백성들을 구할 수 있음을 알라.

부 록

【하나님께서 가르쳐 주신 운동】

천재지변이 일어날 때, 동물이나 미물들은 미리 알고 대피하지만, 인간은 알지 못하고 큰 화를 당합니다. 하나님께서 인간에게 가장 높은 지혜를 주시고 완벽하게 창조해 주셨기에 동물들보다 더 잘 알 수 있지만, 욕심으로 마음이 혼탁해져서 한 치 앞을 보지 못하는 것입니다.

마찬가지로, 인간은 누구나 스스로 필요한 운동을 해서 건강을 지킬 수 있도록 하나님께서 만들어 주셨습니다. 우리의 머리에서 우리 몸에 필요한 동작을 해 달라고 끊임없이 신호를 보내지만, 인간이 혼탁하게 살아서 그 신호를 알아채지 못합니다. 그러니 자연스럽게 자기 몸이 원하는 그 신호를 따라서 운동하는 것이 하나님께서 가르쳐 주신 운동 방법입니다. 바로, 우리의 영이 육을 이끄는 운동입니다.

▶ 하나님 운동법

1. 눈을 감고, 발을 어깨너비로 벌리고 바르게 선다.
2. 몸에 힘을 풀고, 허리를 숙이면서 손과 머리를 아래로 내린다.
3. 허리를 펴고 싶을 때, 천천히 펴면서 하고 싶은 동작을 하면 운동이 시작된다. (사람마다 다르다.)
4. 멈추지 말고, 어떤 동작이든지 자기 몸의 느낌대로 계속 이어서 한다.

▶ 참고 사항

① 눈을 감은 상태로 아무 생각 하지 않고, 자기 몸의 느낌대로 움직입니다.

② 마음을 비우고, 욕심을 버리고, 지난날의 잘못을 반성하면서 몇 차례 시도하다 보면, 자기도 모르게 하고 싶은 동작이 끊임없이 생깁니다.

③ 운동 장소는 방 안이든 운동장이든 관계없으며, 걷거나 달리고 싶을 때는 눈을 떠도 됩니다.

④ 매일 40분 이상, 주 4회 이상, 3개월 이상 하면 음식 조절에 들어갑니다.
- 음식으로 생긴 병은 음식으로 치료하게 되며, 어떤 음식을 먹어야 하는지 스스로 알게 됩니다.
(자기 몸에 필요한 음식만 먹고 싶어집니다.)

⑤ 사랑하는 사람과 함께 운동하면 서로 치료해 주기도 합니다.

⑥ 운동을 하다가 몸의 어느 한 부분을 계속 손으로 자극한다면 그쪽에 이상이 있는 것이니, 의사에게 상담을 받고 적절한 치료를 받으면 됩니다.

⑦ 다이어트 및 기타 건강관리에 효과적입니다.

⑧ 꾸준히 운동하여 영이 맑아지면, 자신의 과거와 미래를 스스로 보게 됩니다.

누구나 스스로 하실 수 있습니다.

간 행 사

《새로운 성경》은:

· 새로운 성경은, 하나님께서 선량하고 선한 자를 선택하여 십계명을 암송하도록 하시고, 십계명을 암송한 다음에 음성으로써 들려주시는 말씀을 듣고 그대로 카세트테이프에 녹음해서 받아쓴 책입니다.

· 90분짜리 녹음테이프 700여 개에 달하는 말씀으로, 1999년 8월부터 2004년 7월까지 총 160권(권당 288쪽)을 완성하였으며, 그 이후에도 현재까지 계속 말씀을 내려 주고 계십니다.

· 새로운 성경은 "하늘을 두루마리 삼고 바닷물을 먹물 삼아 쓰고 써도 다 못 쓴다"는, 끝없이 방대한 하나님의 말씀이 두루마리로 직접 내려오는 것입니다. 이러한 새로운 성경은 구약과 신약을 폐하려는 것이 아니라 "인봉된 성서의 비유의 뜻"을 상세히 설명하여 완성하고자 하나님께서 직접 내려 주신 말씀입니다.

《새로운 성경》의 구성:

· 제 목: 2013년, 160권 모음집을 발간하면서, 본 도서의 제목을 "하나님! 말씀하옵소서"에서 《새로운 성경》 으로 명해 주셨습니다.

· 단행본: 각 권당 288쪽(신국판) 책이 160권까지 시리즈로 출판됩니다.
(모음집은 단행본을 16권씩 묶어서, 총 10부로 구성됩니다.)

《새로운 성경》의 성경적 근거:

· 신약 성경 [요한복음] 16장 13절에 "진리의 성령이 오시면 그가 너희를 모든 진리 가운데로 인도하시리니 그가 자의로 말하지 않고, 오직 듣는 것만을 말하며" 하신 말씀처럼 하나님의 음성을 들은 것만 기록하였으며,

· "장래 일을 너희에게 알리시리라" 하신 말씀과 같이 개인, 나라, 인류의 "장래"일을 하나님께서 알려 주시는 것만 기록하여 책으로 만들었습니다.

《새로운 성경》의 기록 방법:

- 1999년 8월부터 하나님께서 저에게 들려주시는 음성을 기록하였습니다. 처음에는 제가 들은 말씀을 불러 주면 저의 아내가 기록하여, 2000년 1월 29일에 1권 초판이 세상에 나왔습니다. 2000년 4월부터는 주시는 말씀을 받아 녹음기에 기록하여 시리즈로 출간하기 시작하였습니다.

- 녹음을 시작하면서 하나님의 말씀을 받는 데 가속도가 붙었고, 2001년 5월 3일에 1부(1~16권까지)를 인쇄하여 출판하였으며, 2004년 7월까지 총160권 분량의 말씀을 받아 기록하였습니다.

하나님께서 저에게 주신 것은:

- 첫째, 만백성을 상대로 내려 주시는 "기도", 둘째, 수시로 내려 주시는 "묵상", 셋째, 개인의 과거, 현재, 미래를 알려 주시는 "개인 기도", 넷째, 개인의 건강을 위해서 내려 주시는 "음식 처방", 다섯째, 하나님께서 가르쳐 주신 "운동"등이 있습니다. 이 중에 첫 번째, "기도"를 책으로 편찬하였습니다. 사람의 생사, 개인의 미래에 관한 천기는 수록하지 말라 하셨습니다.

강론 안내:

- 하나님께서는 지금도 매일 저에게 새로운 하늘의 비밀의 말씀을 내려 주고 계십니다. 수시로 내려 주시는 말씀을 정리해서 제자를 육성하라는 말씀에 따라 매주 강론을 하고 있습니다. 누구나 무료로 들으실 수 있습니다. (book160.com)

《새로운 성경》을 읽는 분들에게 드리는 선물:

- 개인 기도: 개인의 과거, 현재, 미래에 관하여 말씀을 내려 주십니다.

- 음식 처방: 사람은 음식을 먹고살다가 건강을 잃으니, 음식과 운동으로 건강을 되찾는 방법을 알려 드립니다. 단, 하나님이 계심을 믿고, 십계명을 지키겠다고 진실로 서약하는 분들께 알려드립니다.

《새로운 성경》의 은혜와 기적:

- 새로운 성경 전160권은 16권씩 묶어서 총 10부의 모음집으로 구성됩니다. 모음집 한 부를 읽고 깨우치는 자에게 하나님께서 다음과 같은 기적이 있다고 하셨습니다.

· "첫째, 그가 죽어 하늘에 갔을 때 그의 죄를 묻지 아니하며, 구원을 받는 위대한 은혜가 있으며, 둘째, 그의 소원과 소망이 이루어지고, 셋째, 죽은 자(부모, 형제, 자식, 사랑하고 은혜 입은 분)의 이름으로 구입한 책을 읽고 누군가 한 사람이 깨우칠 때, 그 죽은 자가 지옥에서 천국으로 구원을 받게 되며, 넷째, 유산, 중절 수술 등으로 태어나지 못한 아이를 위하여 구입한 책을 보고 한 명이 깨우쳤을 때, 그 아이가 사람으로 다시 한 번 태어나는 은혜를 받는다."

· "새로운 성경"을 3회 이상 정성을 다해 정독하는 자, 성서의 비밀을 알게 되고, 세상의 이치를 알게 되며, 세상을 지배하고 통제할 수 있는 지혜를 다 얻게 된다고 하셨습니다. 이 책은 만백성이 정독하고 이웃에게 전하여, 평생 가슴에 묻은 슬픔과 고통의 짐을 벗고 미래를 위한 힘찬 삶을 살아가도록 하는 책입니다.

끝으로

· 하나님께서는 흰 눈이 세상을 덮듯이 새로운 성경을 온 세상에 전하라고 하셨습니다. 《새로운 성경》 을 각국어로 번역해서 온 인류에게 구원의 길을 깨우쳐 주고, 그 수익으로 가난하고 어려운 백성을 구제하여, 만백성의 영과 육을 함께 구원하는 선지자의 임무를 수행하라고 저에게 명하셨습니다.

· 하늘에서 내려 주신 말씀의 보화를 만백성에게 나누어 주는 것이 선지자의 임무라고 하셨습니다. 새로운 성경을 통해서 얻는 재물을 사용할 곳도 하나님께서 일일이 명해 주십니다. 모든 재물은 저의 자의로 쓸 수 없고, 하나님께서 명하시는 대로만 쓰여집니다.

· 어떤 명분으로든 십일조나 각종 헌금을 거두어들이지 말라 하셨으며, 국내뿐 아니라 각국에 성전과 단독 서점을 운영하며, 한국의 많은 젊은이들을 전 세계에 지도자로 내보내라고 하셨습니다.

· 우리는 세계적으로 새로운 성경을 보급하며 어려운 이들을 돕는 역사를 해 나갈 것입니다. 지금까지 비록 몇 명 안 되는 제자들과 함께 이러한 일을 역사했지만, 앞으로도 계속 하나님께서 기뻐하시는 일들을 해 나갈 것입니다. 부족한 저희에게 여러분들의 지혜와 성원을 보내 주시기를 바랍니다. 많은 분들의 참여와 도움을 간절히 기다립니다. 감사합니다.

한국어로 내려온 《새로운 성경》 단행본을 출간하며
2016년 4월 10일

발행인 **김 용 철**

한국어로 내려온

새로운 **성 경** · 6부 · 제93권

지은이 하나님 말씀
대역자 김용철

초판인쇄 1쇄 2017년 4월 3일

펴낸 곳 도서출판 하얀마음
등록번호 제 10-2107호 (2001년 2월 14일)
주소 서울시 노원구 덕릉로86길5, 2층
전화번호 02) 313-1114
팩스 02) 393-5554
전자우편 book160@hanmail.net
편집위원 조나영 김미향 이석교
제작지원 김홍숙 이미숙 이미란

도서상담 1600-7527
ISBN 978-89-5875-193-9 (04230)
978-89-5875-100-7 (세 트)

값 10,000원
잘못된 책은 구입하신 곳에서 바꾸어 드립니다.

※이 책은 10부로 제작되며, 각 부 16권씩 총160권으로 구성됩니다.※

1부	2부	3부	4부	5부	**6부**	7부	8부	9부	10부
1권	17권	33권	49권	65권	81권	97권	113권	129권	145권
2권	18권	34권	50권	66권	82권	98권	114권	130권	146권
3권	19권	35권	51권	67권	83권	99권	115권	131권	147권
4권	20권	36권	52권	68권	84권	100권	116권	132권	148권
5권	21권	37권	53권	69권	85권	101권	117권	133권	149권
6권	22권	38권	54권	70권	86권	102권	118권	134권	150권
7권	23권	39권	55권	71권	87권	103권	119권	135권	151권
8권	24권	40권	56권	72권	88권	104권	120권	136권	152권
9권	25권	41권	57권	73권	89권	105권	121권	137권	153권
10권	26권	42권	58권	74권	90권	106권	122권	138권	154권
11권	27권	43권	59권	75권	91권	107권	123권	139권	155권
12권	28권	44권	60권	76권	92권	108권	124권	140권	156권
13권	29권	45권	61권	77권	93권	109권	125권	141권	157권
14권	30권	46권	62권	78권	94권	110권	126권	142권	158권
15권	31권	47권	63권	79권	95권	111권	127권	143권	159권
16권	32권	48권	64권	80권	96권	112권	128권	144권	160권